别让管理输给不懂财会知识

管理者决策工具

[英]马特·班伯　[英]西蒙·帕里◎著
梁小清　胡妮　陆音◎译

A Decision-Making Approach
Accounting and
Finance for Managers

金城出版社
GOLD WALL PRESS
·北京·

图书在版编目（CIP）数据

别让管理输给不懂财会知识：管理者决策工具／
(英) 马特·班伯, (英) 西蒙·帕里著；梁小清, 胡妮,
陆音译. — 北京：金城出版社有限公司, 2024.1
书名原文：Accounting and Finance for Managers：
A Decision-Making Approach
ISBN 978-7-5155-2517-4

Ⅰ.①别… Ⅱ.①马… ②西… ③梁… ④胡… ⑤陆…
Ⅲ.①企业管理－财务管理 Ⅳ.①F275

中国国家版本馆CIP数据核字（2023）第185521号

ACCOUNTING AND FINANCE FOR MANAGERS by Matt Bamber, Simon Parry
Copyright © Matt Bamber and Simon Parry 2014, 2018
This translation of Accounting and Finance for Managers is published by arrangement with
Kogan Page.
Simplified Chinese edition copyright:
2024 Gold Wall Press Co., Ltd.

别让管理输给不懂财会知识：管理者决策工具
BIE RANG GUANLI SHU GEI BU DONG CAI KUAI ZHISHI: GUANLIZHE JUECE GONGJU

作　　者	[英]马特·班伯　[英]西蒙·帕里
译　　者	梁小清　胡　妮　陆　音
责任编辑	李明辉
责任校对	岳　伟
责任印制	李仕杰
开　　本	710毫米×1000毫米　1/16
印　　张	27.25
字　　数	460千字
版　　次	2024年1月第1版
印　　次	2024年1月第1次印刷
印　　刷	天津旭丰源印刷有限公司
书　　号	ISBN 978-7-5155-2517-4
定　　价	79.80元

出版发行	金城出版社有限公司　北京市朝阳区利泽东二路3号　邮编：100102
发 行 部	(010) 84254364
编 辑 部	(010) 64391966
总 编 室	(010) 64228516
网　　址	http://www.jccb.com.cn
电子邮箱	jinchengchuban@163.com
法律顾问	北京植德律师事务所　18911105819

目 录

前 言	01
怎样阅读本书	02
关于术语的说明	03
提供课程大纲	03

第 1 章　会计概论　　001

学习目标	001
学习成果	001
学习重点	001
管理问题	002
引　言	002
谁是会计师？会计师做什么？	003
两种会计形式：财务会计和管理会计	006
财务会计	007
财务会计信息的使用者是谁？	010
概念框架和监管框架	011
有效财务信息的质量特征	013
监管框架	016
标准制定程序	017
企业类型	019
年度报告和财务报表	022
财务报表的要素	023
财务报表的组合	032
财务报表一些关键问题和主题的简要指南	032
参考文献	036
补充阅读	036

第 2 章　会计概念与会计体系　　038

学习目标　　038
学习成果　　038
学习重点　　038
管理问题　　038
引　言　　039
财务报表的目的是什么　　039
综合收益表（利润表）　　039
财务状况表（资产负债表）　　041
现金流量表　　042
编制财务报表　　045
利润表：销售成本　　049
基础概念：计量属性和基本会计概念　　052
进一步讨论厂房、资产和设备三个问题　　063
参考文献　　075
补充阅读　　075

第 3 章　财务分析 I　　076

学习目标　　076
学习成果　　076
学习重点　　076
管理问题　　076
引　言　　077
以投资为导向的财务报表分析　　078
其他用户及其需求　　079
水平分析与趋势分析　　080
垂直分析　　084
比率分析　　088
关键比率　　089
缺点和局限性　　127
小　结　　129
参考文献　　134

第4章 财务分析 Ⅱ 136

- 学习目标 136
- 学习成果 136
- 学习重点 136
- 管理问题 136
- 引 言 137
- 信息驱动 138
- 利益相关者的管理 139
- 企业社会责任报告 142
- 收益公告、电话会议和投资者报告 143
- 媒体关系：新闻稿与报纸报道 144
- 社交媒体和互联网公告 148
- 小 结 148
- 参考文献 149
- 补充阅读 150

第5章 经营计划 151

- 学习目标 151
- 学习成果 151
- 学习重点 151
- 管理问题 151
- 引 言 152
- 为什么要做预算 152
- 预算的功能：经营计划与控制 153
- 预算编制过程 154
- 实际预算编制 156
- 编制预算的基本步骤 160
- 不同类型组织的预算编制 167
- 预算编制的局限性和问题 168
- 改进经营计划和预算 172
- 小 结 175
- 参考文献 177
- 补充阅读 177

第 6 章　预算与绩效管理　　　178

- 学习目标　　　178
- 学习成果　　　178
- 学习重点　　　178
- 管理问题　　　178
- 引　言　　　179
- 责任中心　　　180
- 可控性原则　　　181
- 与利润有关的绩效测量　　　181
- 标准成本　　　185
- 标准成本和差异分析　　　187
- 差异分析　　　187
- 投资中心的绩效管理　　　192
- 哪一个是更好的测量工具：投资回报率，还是经济增加值　　　194
- 非财务绩效指标　　　195
- 平衡计分卡　　　195
- 非营利组织的绩效测量　　　198
- 公共部门目标：物有所值　　　200
- 非营利组织绩效测量案例　　　201
- 绩效管理行为方面：游戏和创意会计　　　202
- 外部对绩效的影响　　　203
- 现代商业体系中的绩效管理　　　204
- 小结　　　206
- 参考文献　　　208
- 补充材料　　　209

第 7 章　现金与营运资金管理　　　210

- 学习目标　　　210
- 学习成果　　　210
- 学习重点　　　210
- 管理问题　　　210
- 引　言　　　211
- 企业为什么需要现金　　　211

什么是现金流 211
企业需要多少现金 213
现金持有量模型的建立方法 217
现金预测：现金预算 222
现金管理：提高现金流的策略 226
解释和分析现金流预测 241
小结 245
补充阅读 247

第 8 章　定价策略　248

学习目标 248
学习成果 248
学习重点 248
管理问题 248
引　言 249
会计师视角：成本和定价 250
边际成本加成定价法 255
生命周期成本和定价 258
总结：成本定价 259
经济学家角度 260
营销人员角度 266
结合三种视角：制定合适的定价策略 269
定价策略 270
目标定价和目标成本 275
价值工程 276
小　结 276
参考文献 278

第 9 章　投资决策　279

学习目标 279
学习成果 279
学习重点 279

管理问题	280
引　言	280
投资评估：基础	281
传统的评估技术	281
将现实世界的复杂性纳入投资评估	297
投资评估的背景	305
采取更广泛的战略视角	309
小　结	311
补充阅读	314

第 10 章　融资决策　　315

学习目标	315
学习成果	315
学习重点	315
管理问题	315
引　言	316
融资的基本动态：风险与回报	316
股权融资	317
股权筹资	320
债务融资	321
优化融资的基本原则	323
资本结构决策	327
从实际考虑来优化融资	333
股利政策	334
小　结	336
参考文献	337
补充阅读	338

第 11 章　经营决策　　339

学习目标	339
学习成果	339
学习重点	339

管理问题	339
引　言	340
经营决策	340
本量利分析法	341
相关成本	352
小　结	363
参考文献	365

附录1　复式记账法简介　　　　　　　　　　366

复式记账法步骤	366
莫比乌斯公司	372

附录2　国际财务报告准则和国际会计准则　　383

国际财务报告准则	383
国际会计准则	384

附录3　收益公告示例　　　　　　　　　　　　386

IBM公司1季度13期公告	386

附录4　复利现值系数表　　　　　　　　　　　415

附录5　年金现值系数表　　　　　　　　　　　417

前　言

我们希望本书提供更有用的会计信息，方便个人或管理者进行决策。我们在谈会计和会计师，但是希望大家明白一点，这群人并不产生所有会计信息。更重要的是，他们产生的信息要由整个组织和员工在运营、战术和战略层面进行解读。你可能会这么想：总有某些行业会免于会计的掣肘！事实却并非如此。例如，随便找一个营销总监，让他谈谈今年的预算感受，或者问销售团队经理对其目标收入分红的想法，他们显然会有一堆牢骚要讲。

这个话题涉及的范围很广，将其作为一门学科看待，会计和财务就变得不那么容易了。学生通常有一个先入为主的概念，他们认为学习会计和财务需要有坚实的数学基础，同时认为这门学科通常会包含一套令人费解、复杂的规则，或者这门学科对于他们来说简直无聊透了！这些设想是没有根据的，最终也会被证明是不真实的。这么多说法中只有一个是事实：会计和财务是一个积木式练习，即一个问题奠定了下一个问题的基础。因此，我们在整个过程中都提供了习题。其中一些习题是为了跟进主题，而另一些则是提供给你练习的。我们敦促你练习，是因为这些习题让你有机会反思所学到的东西，并探究这些过程和（或）结果背后的目的。我们还提供了一些现实生活中的例子和插图来帮助你更好地掌握知识点。我们尝试让你打破传统的寻找标准答案的学习机制，去思考为什么这个"答案"可能很重要。

为了使本书尽可能便于使用，我们将其分为两大部分：财务会计（第1—4章）和管理会计（第5—11章）。这是会计和财务专业的学术研究领域的两大主要子学科。各章的篇幅差别很大，这在一定程度上可以解释为我们认为各章对初学者相对重要性不同的反映。每一主题均包含以下建议：投入越多，收获越多。每一章都只有冰山一角显露出来，我们期待你尽可能更宽、更广地寻找其他资源。这些资源可能是媒体发布的新闻稿、学术期刊、商业期刊和交流论坛等。你参与越多，理解越深。同时，在你的一生中，将能获得更多的信息，做出理性的决策。

你可能已经十分熟悉这些通用术语，比如年报、财报、会计、审计，但是你可能并不知道它们意味着什么。这样就好办了！财务会计部分就是在这些术语及相关的主题上扩展的。管理会计部分则介绍一些实用的工具、办法和技巧，帮助你对企业的一些重要问题提供建议和制定解决方案。

财务会计部分提供了常见的商业组织模式，例如个体经营、合伙企业、有限责任公司和股份有限公司。随后本书针对这些类型的优势和劣势进行了一一解释和揭秘。虽然前几章重点都在关注公司的报告实践（因为它是比其他方式有更简单、易分析的会计形式），但财务会计和管理会计各章节的大量信息和建议也可以运用到其他组织，包括非营利组织。

怎样阅读本书

本书的目标是将核心信息涵盖在正文中，除此之外，本书还囊括了一些案例和习题。如果你一开始就跟着每章节做基础练习，那太好了！你可能会觉得简单而乐于继续跟进。然而，还有许多人因不按部就班而变得寸步难行。如果你恰好落入艰难阵营，详细规划你自己的时间，空出更多时间来学习，是有益的。本书也提供了一些与核心内容同步的支撑性案例。这些补充的内容和案例十分不同，足以防止高年级学生觉得无聊。会计和财务常常被描绘为由教师主导、被动、肤浅的学习，这一直让我们觉得很奇怪。我们坚决不同意这个观点。你应该发现我们列出了许多与生活息息相关的例子，比如练习接球，接受惩罚，尝试一个实验，选择合适的化学品，等等。这些示例可以帮助你增长经验，指导你未来的决策行为。事实上，我们这门课优于其他学科。因为它们是真实的，这些示例很有趣！你可以在日常生活中看到它们就在你眼前。我们常常泛泛而谈，一旦你开始了解这点，你看问题的眼光将会完全不同！

本书还特设了"专家观点"，目的是鼓励你拓展思路，提供更深入的主题和问题供你继续思考。尽管这些问题都不是必需的，但它们搭起了基础知识与先进教学大纲之间的桥梁，弥补了它们之间的空隙。会计解决方案并不像许多人所认为的那样是二元的。在实际操作中，它的自由裁量范围很大。即使是进入该学科的第一步，我们也希望向你展示一些内容有趣的争论、矛盾的观点，说明它们是如何产生的。

关于术语的说明

我们觉得在这个早期阶段值得一提，这是一本为国际读者设计的教科书。因此，我们选用了《国际财务报告准则》（IFRS）所使用的术语。偶尔我们会引用国际会计准则理事会（IASB）编制的相关文件，例如《国际财务报告准则》《国际会计准则》（IAS）或《财务会计概念框架》（CF）。我们不建议初学者寻找这些参考资料，但显然会有人可能想要。如果你有兴趣，我们强烈推荐IASplus.com。它是非常值得一看的网站，由"四大"会计师事务所之一的德勤会计师事务所进行维护，是公认的查询国际财务报告更新的首选网站。

提供课程大纲

我们非常期待采用本书的教师用完全不同的方法处理授课内容和展示教学成果。本书旨在为大学标准系列讲座设计一部教程，但材料和练习已经在研讨会和小型研讨会小组进行了试用，发现它适用于所有教学规模和教学要求。

大学课程长短因机构和管辖权而异。下面提供了一些课程大纲标准。

24学时大纲（12周×2学时/周）

第1周	第1章
第2周	第2章
第3周	第3章
第4周	第3章
第5周	第4章
第6周	第5章
第7周	第6章

第 8 周	第 7 章
第 9 周	第 8 章
第 10 周	第 9 章
第 11 周	第 10 章
第 12 周	第 11 章

16 学时大纲（8 周 ×2 小时 / 周）

第 1 周	第 1 章
第 2 周	第 2 章
第 3 周	第 3 章
第 4 周	第 4 章
第 5 周	第 5、10 章
第 6 周	第 6、7 章
第 7 周	第 8、9 章
第 8 周	第 11 章

24 学时大纲（24 周 ×1 小时 / 周）

第 1 周	第 1 章
第 2 周	第 1 章
第 3 周	第 2 章
第 4 周	第 2 章
第 5 周	附录：术语
第 6 周	第 3 章
第 7 周	第 3 章
第 8 周	第 4 章
第 9 周	第 4 章
第 10 周	第 5 章
第 11 周	第 5 章
第 12 周	第 6 章
第 13 周	第 6 章

第 14 周	第 7 章
第 15 周	第 7 章
第 16 周	第 8 章
第 17 周	第 8 章
第 18 周	第 9 章
第 19 周	第 9 章
第 20 周	第 9 章
第 21 周	第 10 章
第 22 周	第 10 章
第 23 周	第 11 章
第 24 周	第 11 章

第 1 章

会计概论

学习目标

了解财务会计的基本概念和框架,理解财务报表的结构和内容。

学习成果

在学习本章后,读者将能够:
- 讨论财务会计的作用和编制财务报表所需信息。
- 描述资产负债表、利润表、现金流量表之间的关系。
- 了解年度报告和主要财务报表的内容和结构。
- 描述会计的概念和监管框架。
- 评估财务报表无法提供的信息。

学习重点

- 为什么企业需要财务会计人员和财务报表?
- 财务账户记录的信息类型。
- 概念:资产和负债、收益和支出。
- 介绍三种基础财务报表:资产负债表、利润表和现金流量表。
- 介绍会计监管体系及其规范财务报表信息内容的方式。
- 讨论财务报表的关键问题和焦点。

> **管理问题**
>
> 　　管理者需要能够"读懂"而不是编制财务报表。同样重要的是，他们需要明白哪些企业信息能通过财务报表获得，哪些信息不能通过财务报表获得。

引　言

　　尽管这对我们来说不可思议，但总有少数新手认为财务会计准则是沉闷的，虽然没有什么事实可以进一步证明他们的观点。实际上，我们的工作常常令人着迷，因为它是动态的。财务会计的作用在不断被创新重新定义。你即将学习的信息能从根本上指导不同层次的个人或不同类型的公司提高决策能力。如果你（选择）在会计师事务所或会计行业工作，那么可以放心，这些地方绝不会沉闷，它总是充满活力、变化多端和令人费尽脑筋。

　　本书第1—4章讨论了财务会计的作用以及它产生的信息的目的、用途。我们概述一些基本的编制规则，提出几种分析和解释方法，并介绍一些关于财务会计及其作用的更广泛的问题。第5—10章讲管理会计和二级学科财务管理。

　　在本章开始，将解答一些问题，这些问题最常被对会计和财务不了解的新手问到，它们是：会计师是做什么的？会计师的作用是什么？在一个组织中会计师发挥这种功能的广泛目的是什么？会介绍概念和监管框架的关键点并由此确定最常见的商业组织类型。接着，将分析谁是财务信息的编制者和使用者。另外，还将介绍标准制定者及其在会计领域的作用。在本章结尾，将回顾一些与财务会计的主要信息产品——年度报告和财务报表——有关的常见关键问题。

　　多年的教学经验使我们清楚了解，有不少学习者认为这些内容之间是混乱和不相关的。财务和会计的结合本身就是致命的关键问题。因此，我们试图通过打破"硬性要求"，引入其他问题来尽可能使学习变得有趣。比如：谁使用这些信息？为什么一个合法可信的标准制定机构很重要（必要）？这样做带来的另一个问题是这些内容可能会让人感觉脱节。这是因为，除了你需要知道的基本内容外，可惜的是，作为一本入门教科书，本书没有足够的篇幅承载更有趣的主题来讲解财务会计的发展、改进、目的和重要性。在引言里就指出这些问题没有正确或错误的答案似乎过于残酷。但是，我们愿意借此机会让你在完成阅读学习过程中以自己的方式进行思考。例如：你认为一个全球财务报告体系值得期待吗？你认为应该允许会计师自我监管吗？你认为政府应该介入司法体系以便制定出更公正的制度吗？你认为会计系统应该包含一套限制性规则或者基于某些原则吗？为什么会有一个充满活力的会计和财务学术群体？另外，考虑到实践（现实）中的快速变化，进展相对缓慢的研究群体如何助力行业？

谁是会计师？会计师做什么？

上千年来一直没有改变的是，我们在每天的生活和工作中都要依靠会计师和会计信息做出更恰当的决策。在这个背景下，你可能会面临一些决策，例如是否购买、出租或经营资产；将产品价格定得比你的竞争对手高或低；是否将产品、项目或者部门外包；是否签订新的合同；是否收购竞争企业。这类事例实在太多，说也说不完！

牛津词典对"会计"（名词）的定义是"核算财务账户的过程或工作"，对"会计师"的定义则是"从事核算或监督财务账户工作的人"。然而，这个定义过于简单。很长一段时间，会计被认为是一个收集、分析和传递财务信息，帮助用户更好做出决策的过程。这项工作仍然是会计的首要任务，但是，近来，会计师还是被要求将其职责扩展到新的领域。例如，会计师现在正深入参与非财务信息的编制工作，包括企业社会责任报告。会计师身着灰色套装的稳重、保守形象显然已经过时了。会计工作已经改变！我们现在需要成为传播者及行动者！我们需要面向客户而不是仅仅在计算器上敲数字。会计的边界已发生变化，无论你认为这一点是好是坏，变化已成为现实。

好消息是会计作为常识已经得到了广泛的传播。除了其他因素外，对财务信息的相对依赖程度的提高、监管的增加和专业化水平的提升推动了会计呈现方式和方法的复杂化。但所有会计业务的核心都是为了将财务数据转化为对决策有用的信息。

专家观点 1.1　寻找定义——会计师的工作是什么?

国际会计师联合会（IFAC）2011年起草了一份咨询文件《一个拟定的"职业会计师"定义》，这份文件说明了定义问题的细微之处和复杂性。该文件呼吁从业者关注许多因为"专业会计"一词缺乏特异性而加剧的重要问题。国际会计师联合会将他们的定义分成三个层级来描述：

1．最初，"专业会计师"一词的定义是强调某种官方形式的会计资格（例如正规教育、资格或认证）。

2．接着，国际会计师联合会描述了专业会计师的工作，概括了其核心职责，这些职责意味着专业会计师要在满足各种社会期望的条件下应用其技能。因此，其定义承认了会计师及其职业的公共利益责任。

3．最后（这部分是可选的，视每个司法辖区的特点而定），该定义指出，不同的专业会计师可以根据某些要素进行区分，比如职责类型（如公共部门会计、审计）、接受正式培训或一般教育的层次。

简单的方式是通过实例来理解会计师的作用。来看下面的一段材料，试着把自己当作故事的主人公。你将看到会计的最简单形式出现的方式和原因。

示例 1.1　攀登

很长一段时间，你一直在想如何将你对攀登的热情转变成商机。在最近的攀登之旅中，你遇到了克里斯，一个攀登装备设计师。他同意为你提供100个镁粉袋和100件攀登T恤，单价分别是4美元和5美元。你与他达成协议，随着货物的销售，你将分批付款。一到家，你就在一家拍卖网站上架了30个镁粉袋和50件T恤，分别以8美元和10美元的单价在3天内售罄。有一半客户立即付了款。你提供了20天付账期，过去的经验告诉你，客户倾向于充分利用这一优惠。

继续下一步之前，你很想搞清楚自己的财务状况吧！

表 1-1　示例 1.1 解决方案

你拥有什么	价格（美元）	你欠什么	价格（美元）
购买 70 个单价 4 美元的镁粉袋	280	你欠克里斯 100 个单价 4 美元的镁粉袋	400
购买 50 件单价 5 美元的 T 恤	250	你欠克里斯 100 件单价 5 美元的 T 恤	500
每个镁粉袋收入 8 美元，有 15 个镁粉袋收入立即到账	120	——	——
还有 15 个单价 8 美元镁粉袋收入未到账	120	——	——
单件 T 恤收入 10 美元，有 25 件 T 恤收入立即到账	250	——	——
还有 25 件单价 10 美元的 T 恤收入未到账	250	——	——

通过思考这个例子，我们介绍了很多基本会计原则。你所思考的问题和企业家及其股东思考了上千年的问题是一样的。从内部视角看，你只需要考虑你的财务状况：

- 我的财富增加（减少）了多少？
- 我欠谁的钱？
- 我欠了多少？
- 谁欠我的钱？
- 他们欠我多少钱？
- 我有多少现金？
- 我的库存（未售出的产品）价值是多少？

不过，考虑到这种分析可能会激发你的兴趣，现在你可以思考其他相关问题了，比如你的业绩、未来状况、现金流量，以及你可能面临的任何限制和机会。这些问题可能包括：

- 我扣除成本了吗？
- 我盈利了吗？
- 我的定价是否合理？
- 我的所有顾客都会付款吗？
- 克里斯愿意等多久的账款？

- 克里斯愿意让我买更多的货物吗？
- 我可以通过谈判压低购买价格吗？
- 克里斯卖给我的商品会一直保持同样的质量吗？

……

摘录1.1　会计研究的角度

许多开始学习会计和财务的人不相信有一个庞大、蓬勃发展、活跃的研究群体存在。比这更可怕的是，大众对会计师的所有认知都来自媒体，而媒体总喜欢以二元论形式描述我们生活中的事情。他们引导听众相信非黑即白，非此即彼。他们没有告诉你，这门学科是灰色的海洋（不是灰西装），很少有决策能如此明确。

建立实践和理论（即会计专业）之间的联系是很重要的。我们需要有一个充满活力的学术界，就像学术界需要一个强大、可信和对社会负责的会计专业一样。有不少人认为差距从来没有变大，而另一些人则认为差距从来没有变小。卡普兰的观点和建议更为平衡，"会计学术研究提高了专业知识和实践的发展"，专业学术研究在指导专业决策和增加专业知识方面都有帮助，学术界在其他许多领域也能发挥更多作用。他指出：

> 会计学者将关注点放在理解市场和客户如何处理会计数据上，便远离了会计过程本身。会计学并不能解决过去40年实践中出现的重要的测量和估值问题。这种差距正好解释了我们在风险测量和管理以及复杂金融安全评估中为何会错失机会。

卡普兰（2011）

但是，当学术界承认现实与理论的差距时，不用太沮丧，学术界也在积极进行变革，而这往往是寻求解决方案的第一步。

两种会计形式：财务会计和管理会计

广义的会计有两种形式：财务会计和管理会计。两者的主要差异体现在四个方面，如表1-2所示：

表 1-2 财务会计和管理会计的差异

关键不同点	财务会计	管理会计
使用者	外部人员,企业的主要所有者(如股东)	公司内部管理人员
报告格式	受具体的地区法律、具体交易法规和会计准则约束	依据信息的目的可以采用任何一种形式
频次	一般是1年;大型上市企业有时会依据法规出季度或半年报告	根据需求而定。每天、每周、每月、每季度、每年都会自然而然产生一些信息,进行一些活动。其他信息会根据临时需要给出
内容	以基于过去交易的历史信息为主	前瞻性角度。详细分析过去的结果,纳入已知的变化,以便为未来做计划

练习:现在做习题 1.1。

专家观点 1.2　会计的起源

众所周知,簿记由卢卡·帕乔利(被称为"会计之父")在其著作《算术、几何、比及比例概要》(威尼斯,1497)中首次记录。这本数学教科书中有一节描述了威尼斯商人使用的复式簿记方法。帕乔利描述了一个由日记账和分类账组成的系统,用来说明资产、负债、收益和损失。但是,记录资产和负债、收益和支出的系统已经存在了上千年。例如,公元前 2000 年的埃及人和美索不达米亚人用泥板文书记录财务往来。事实上,琼斯(2011)确定了第一次会计丑闻也发生在同一时期。

财务会计

所以,我们知道财务会计和管理会计之间存在着本质区别。现在更进一步关注人们在哪里可以找到财务会计师,以及他们负责生产和编制什么。在企业的外部,可以经常看到会计师为企业提供有关财务报告等相关事项的外部服务和建议,例如审计和会计服务。组织内部也有会计师负责编制内部会计记录和相关信息。

财务会计师和其工作伙伴一起工作并接受其培训已是很常见的事情。这些工作伙伴的类型广泛,从单打独斗的个体户到年收入数百亿美元的全球组织都有。因此造就了一批家喻户晓的所谓精英专业会计公司。其中最著名的被称为"四大"（会计师事务所），分别是普华永道会计师事务所、德勤会计师事务所、毕马威会计师事务所和安永会计师事务所。

专家观点 1.3　专业会计资格

当人们提到自己是会计师时，对于没有经验的人来说，可能很自然地认为指的是"特许会计师"。但是，能够称自己为特许会计师的人必须成为以下特许会计师协会中的一员：英格兰和威尔士特许会计师协会（ICAEW）、苏格兰特许会计师协会（ICAS）、爱尔兰特许会计师协会（CAI）、澳大利亚特许会计师协会（ICAA）、津巴布韦许会计师协会（ICAZ）、新西兰特许会计师协会（ICANZ）、加拿大特许会计师协会（CICA）或南非特许会计师协会（SAICA）。

英国的招聘广告通常明确要求"会计师经过英国及爱尔兰会计职业团体咨询委员会（CCAB）认证"。会计职业团体咨询委员会是一个伞状组织，包括5名成员：英国特许公认会计师协会（ACCA）、英国特许公共财政与会计协会（CIPFA）、英格兰和威尔士特许会计师协会、爱尔兰特许会计师协会和苏格兰特许会计师协会。

〔注：英国特许管理会计师协会（CIMA）2011年3月发出退出会计职业团体咨询委员会的通告。〕

"四大"长期处于支配地位令人担忧，多数专业人士都期望这种状况在不远的将来能够发生变化（见摘录1.2）。不过，会计服务市场竞争很激烈。除了"四大"之外还有数百家会计师事务所。由于没有义务与一家会计师事务所捆绑在一起，各类组织经常进行招标。实际上，从商业角度来看，想让你目前的审计师收费更低，没有比让别人参与竞标更有效的方式了！

摘录 1.2　四大会计师事务所

英国竞争委员会（UCKK）称"四大"的审计优势已不再适合投资者

弗兰克·比尔特

会计网（Accountingweb），2013年3月4日

英国竞争委员会称，"四大"控制了英国审计市场，它们抑制了对

上市公司的审计工作的竞争，损害了股东的利益。英国竞争委员会在其发布于 2013 年 2 月 22 日的《法定审计服务市场调查》报告中指出，可能的补救措施之一是审计公司的强制轮换。

英国竞争委员会的报告是重要的里程碑。因为这个关键报告，2011 年英国上议院经济事务委员会发动了为期 16 个月的调查。主要质询对象就是四大会计师事务所毕马威、德勤、安永、善华永道。

英国竞争委员会审计调查组组长劳拉·卡斯滕森对英国会计网说："基本上，我们确定了两组问题。第一组是公司不更换审计师的'黏性'和倾向，以及可能导致的有害问题；第二组是要证实审计师更加直接地迎合股东所需。"

英国竞争委员会建议：
- 强制招标
- 强制轮换审计师事务所
- 扩大审计范围和（或）更频繁地进行审计质量评估
- 禁止贷款文件中"只接受四大"的条款
- 加强对审计委员会的问责
- 更好的股东—审计师关系
- 扩展报告要求的范围

英国竞争委员会得出的结论是："四大"承担了大部分大公司的审计工作，它们却很少更换审计师。事实上，这一做法可能会伤害上市公司审计工作的竞争性，其结果就是审计价格偏高，质量偏低，与更加开放的市场相比，缺乏创新和差异化。

报告称，缺乏竞争会带来风险，导致审计师对高管的独立性不够，对管理层尽可能粉饰账目的企图不够警惕。

怎么解释这个问题？为什么它与你相关？

"四大"的存在有好处，但也有缺点。从摘录 1.2 中可识别两个潜在问题：审计黏性和对目标一致性的威胁。关于是否应该在固定的服务期限后强制轮换审计公司依然存在不少争议，比如，公司要强制每 5 年将审计工作拿出来投标，同时可能不允许现任公司参与竞标。最近，竞争委员会在英国提出了审计工作竞标的一系列举措，其目的就是增加市场竞争，同时限制这些精英巨头的主导地位。很明显，虽然这将解决一组问题，但又产生了另一组问题。例如成本增加、学习曲线效应、部门／

行业审计专业发展停滞的风险。毫无疑问，审计公司被比喻成待在高级管理者"口袋里"的东西（反之亦然），显然这是不健康的，但是，提出的解决方案都不完美。

最终，财务会计师的核心职能是编制（审查或审计）年度报告和财务报表。传统意义上，这些文件可作为组织绩效和财务状况的总结。近来，它已成为其他信息的存储库，这一点将在后文中更加详细地进行说明。

除了提供财务支持外，由会计师（或会计师事务所）提供的服务范围可以总结如下：

● 基础服务，包括审计和合规性评估；
● 税务服务，包括税收筹划、制定税收战略和税务合规工作；
● 业务工作，包括帮助企业成长、繁荣或自我重组，重组包括融资或兼并以及收购等；
● 咨询服务，包括内部审计、风险管理建议和企业复苏（或破产）。

> **问题讨论**
>
> 您知道会计师提供这么广泛的服务吗？但他们不是唯一的专业服务提供商，您能列出其他服务提供商吗？为什么管理者们需要会计师和其他外部顾问来提供这些服务？

财务会计信息的使用者是谁？

如果财务会计师需要负责编制年度报告和财务报表，那么就值得提出一些问题：谁在使用这些信息？他们用这些信息来做什么（图1-1）？

财务报告的概念框架（简称F）将使用财务报告的主要用户识别为现有的潜在投资者、出借方和其他债权人。他们使用这些信息来做决策，例如购买、出售或持有股权（或债务），以及解决贷款或其他形式信贷问题（F，目标2）。信息旨在让这些利益相关者评估整体的企业绩效和财务状况，以及衡量现金流的前景。这些用户可能会热衷于评估管理层在使用整体资源过程中的责任感（F，目标4）。

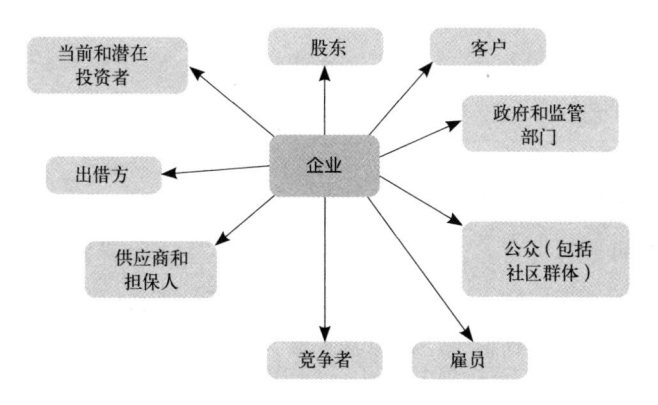

图 1-1　财务报告信息使用者

概念框架指出，还有其他利益相关者可能也会发现通用财务报告的有用性，包括监管机构、公众、政府、客户、员工和竞争对手。国际会计准则理事会指出，有关利益方不应仅限于获取财务报告，在对企业的地位和表现进行全面评估时，还有其他可用的信息。

练习：现在做习题 1.2。

概念框架和监管框架

可以声称自主的职业数量十分有限，但会计就是其中之一。政府已将监管责任转交给他们认为可信、可靠和对社会负责的专家团体。在很多方面，这样做有很大益处。但是，它确实意味着这个中心协调机构（或多个机构）在受到政治、社会和技术的复杂性挑战时，需要具备必要的能力和技能，能够快速且有效地应对一切问题。

会计行业需要一个强大、健全和公平的概念框架和监管框架。下文目的在于介绍会计行业的主要参与者，并概述一些流程。

专家观点 1.4　会计标准制定者的当下难题

该专业领域所面临的最新问题有不少，其中一个就是金融工具报告标准。考虑到使用中的金融发展以及衍生金融工具的复杂性，这些工具也会定期更新。比如，这些工具应该被显示在何种价值上：成本价值还是市场价值？当你知道这些常常用于表示经济状况的重要资产（或负债）显示为零（或接近零）时，这个决策制定会变得更加困难。标准制定者需要问自己："当工具没有市场时，你如何评估它的价值？如何创建一个适合所有目的的规则？让管理者怎样向投资者解释持有这些工具可能会面临的风险？是否存在一个允许披露的最低量？"在10年前或更早，如果公司能够做到上面提及的某一点就足以令人惊讶万分。在那时，公司持有大量变现能力强的衍生金融工具，却没有被强制要求必须声明它们的价值。虽然我们现在的规则可能并不完美，但是它们肯定比以前更有用。

基于原则的标准与基于规则的标准

作为标准制定者，国际会计准则理事会渴望创造原则驱动的要求而不是规则驱动的准则。这样的做法被认为可以缓解一些硬性规则，比如法律合规性，或"围绕规则工作"造成的问题，即使面对以前没遇到的情况，也能够支持组织去满足要求。然而，这确实意味着组织经常需要做出判断，因为报告代码并不完全是僵化和刻板的。

概念框架

除了规则的编写方式外，还需要注意会计的概念框架是一个文件大纲。在没有具体报告要求或指导规则时，这个大纲提供了补充性指导。这意味着，没有标准告诉他们该做什么时，这个文件常常可以指导编制者。概念框架是一个参考框架，它有两个目的：第一，使用它来帮助公司做出财务报告决策；第二，国际会计准则理事会通过它帮助自己制定新的会计准则和修改旧的会计准则。

概念框架涉及以下关键问题：

  1. 财务报告的目标；

  2. 有用财务信息的质量特征；

  3. 财务报表构成要素的定义、确认和计量；

  4. 资本和资本保全的概念。

通用财务报告的目标是提供有用的财务信息报告给主要的利益相关者。"有用性"概念在客观上是极具争议的。会计和财务研究已经尝试过定义和完善财务报告质量的概念，然而，关键问题是"质量"是一个模糊术语，因此任何完整和绝对的定义都值得怀疑。

有效财务信息的质量特征

定义"质量"这种模糊概念，对每个曾经接触过这个命题的人来说都很困难。例如，是什么让莎士比亚的《哈姆雷特》戏剧如此精彩？这个问题回答起来相对容易。但是什么促成了它的高贵品质呢？哪些品质可以反映到其他作品中呢？这些问题的回答相对就不那么容易了。会计师及其监管机构也存在同样的困扰.什么特征确保财务信息的质量足够好或是对决策有用呢？作为回应，国际会计准则理事会在财务信息"有用性"这个概念上声明：首先也是最重要的是它必须保证其声明的所有相关内容是可靠的，其后我们有4点需要进一步强化，即可比性、可验证性、及时性和可理解性。这些总结在图1-2中，同时包括了这些特征的定义。

定义质量几乎是不可能的，其他术语定义起来也相当困难。我们认为标准制定者选择定义它们会给使用者带来很大帮助（F，质量特征6-20）：

基本特征

● 相关性。财务信息可以影响用户决策。信息能够在决策中产生影响，即使有些用户选择不利用它或已经通过其他来源意识到它。财务信息能够发挥作用取决于它是否具有预测价值、确认价值或两者兼而有之。

● 可靠性。财务报告用文字和数字代表经济现象。成为有用的财务信息不仅要说明相关现象，还要忠实说明它生成要说明的现象。一份完全忠实的说明，其描述要具备三个特征，即完整、中立、无差错。

强化特征

● 可比性。用户的决策涉及多个方案之间选择，例如，抛售或持有股票，投资于一个报告企业或另一个。因此，报告企业信息如果能与其他企业类似信息进行比较，或者与该企业的其他时段类似信息比较的话，会更有用。可比性

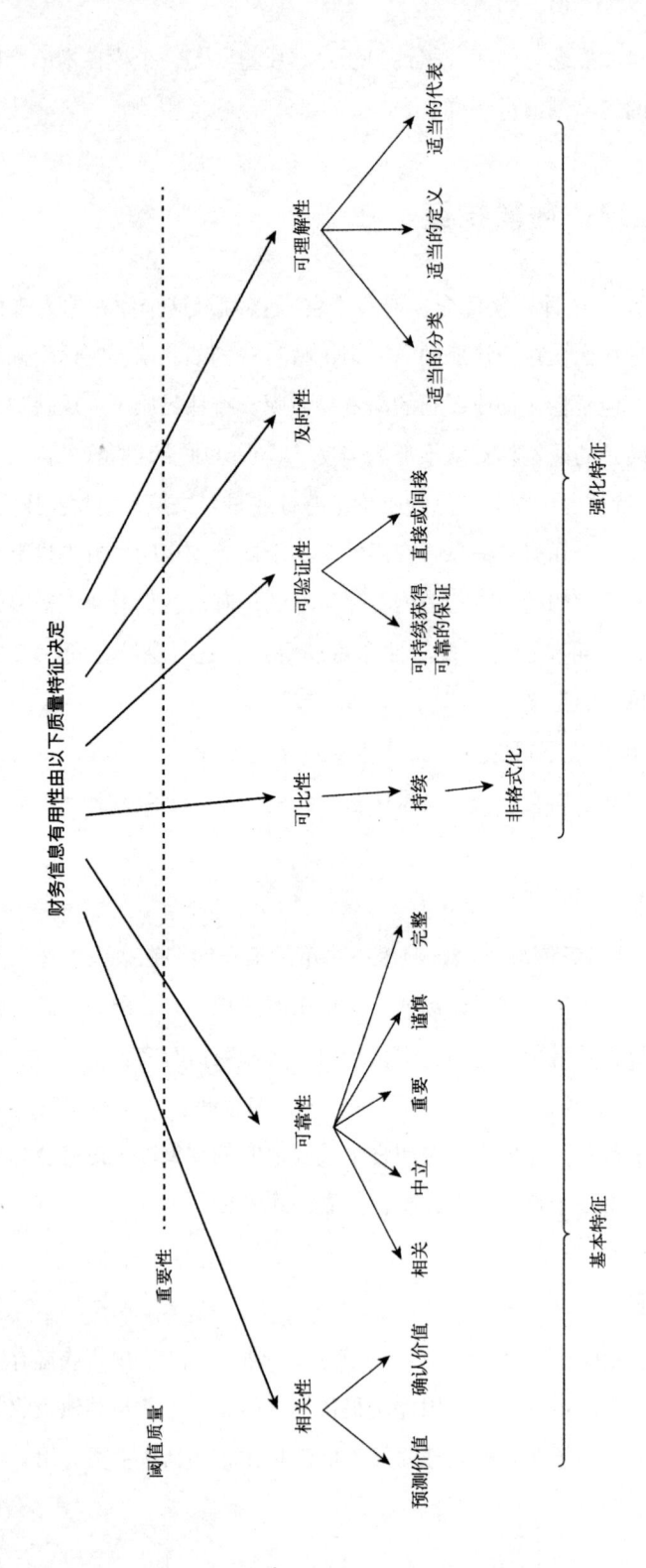

图 1-2　账务信息有用性的质量特征

可以让用户识别和理解各个项目中的相似和差异。

● 可验证性。它向用户保证信息忠实地说明了它要说明的经济现象。可验证性意味着有差异认知和独立的观察者可以达成共识，不是必须完全同意，特定的描述是忠实的说明。量化信息不需要单点估计就可以验证，一系列可能的量和相关概率也能被验证。

● 及时性。它意味着及时向决策者提供能够影响他们决策的信息。通常，信息越陈旧，它的作用越小。但是，有些信息可能在报告期结束之后很长时间还是及时的，因为，例如有些用户可能需要确认和评估趋势。

● 可理解性。财务报告是为具有合理知识的用户准备的，方便他们的商业和经济活动，以及让他们努力审查和分析所使用的信息。为了让信息具备可理解性，需要对信息进行分类、定性，清晰准确地将其呈现。

问题讨论

你认为这个特征列表是包罗无遗的吗？

重要性

你会经常听到会计师单独提到重要性这个概念。重要性是理解财务报告和审计宗旨及目标的关键概念。该术语如果被遗漏或错误陈述，则会影响用户以财务信息为基础所做的决策。

重要性是每个企业具体的变量，它需要基于每个企业的性质或数量（或两者都）相关的信息制定而成，因此，没有单一、明确的计量方法或量化阈值。每个重要性都必须根据报告内容和自身特点进行审查，然后分析得出所需要的内容。

问题讨论

你能举出你拥有的两个"重要性"指标（一个由大小决定，另一个由其性质决定）吗？

练习：现在做习题 1.3。

监管框架

我们简要介绍了概念框架,现在该转向监管框架。在这个层级学习中,你不必了解会计准则制定程序或更广泛的监管框架的复杂性。不过,对主要机构和程序结构的了解既有趣又有价值。图 1-3 勾勒了国际财务报告准则基金会(简称 IFRS 基金会)的结构。图 1-4 概述了正当标准制定程序的各个阶段。

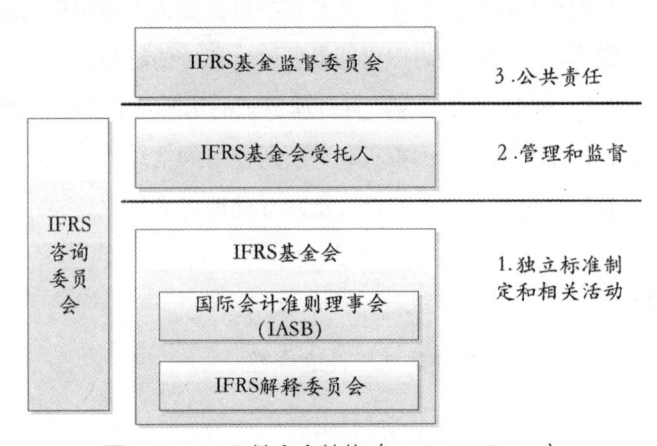

图 1-3　IFRS 基金会结构(www.IFRS.org)

IFRS 基金会

IFRS 基金会是独立的非营利私营部门组织。IFRS 基金会以公共利益概念作为其核心,这反映在其对会计师及其工作的定义上(例如,国际会计师联合会,2011)。IFRS 基金会的主要目标如下:

● 通过标准制定者国际会计准则理事会开发一套高质量、可理解、可执行和全球通用的《国际财务报告准则》。

● 促进这些标准的使用和严格应用。

● 要考虑到新兴经济体和中小企业的财务报告需求。

● 推动和促进《国际财务报告准则》的采用,使其作为国际会计准则理事会发布的标准和解释,融合国家会计准则和《国际财务报告准则》。

(信息来源:www.IFRS.org)

国际会计准则理事会

国际会计准则理事会是代表 IFRS 基金会的独立标准制定机构。国际会计准则理事会目前有 15 名全职成员负责《国际财务报告准则》的开发和发布。有趣的是，国际会计准则理事会的所有会议都是公开举行，并进行网络直播的。国际会计准则理事会和 IFRS 基金会非常重视可比较性、包容性和协商性的概念。他们积极与世界各地的利益相关者建立联系，包括投资者、分析师、监管者、商业领袖、其他会计准则制定者和会计行业的专家。

IFRS 解释委员会

IFRS 解释委员会的 14 名成员负责审查当前《国际财务报告准则》背景下提出的广泛会计问题，就这些问题提供权威指南。其成员来自不同的专业和不同的国家。

> **专家观点 1.5　这是一个不公平或有偏见的制度吗？**
>
> 尽管有研究发现，没有充分证据证明，在标准制定过程中，不同利益相关者群体的影响力存在层级差异，但国际会计准则理事会已经建立了能够保证公平和严谨的体系（图 1-4）。这个过程既有可见的阶段，也有不可见的阶段，尽管有人认为"黑暗"阶段的存在削弱了透明度，但它们也允许理事会私下听取有价值的专家意见，否则这些意见就无法被听到。为了使程序更加透明，理事会最近向公众开放了理事会会议，提供了会议记录，并将其公布到网上。

练习：现在做习题 1.4。

标准制定程序

图 1-4 概述了财务报告标准制定的程序，这是会计要求的创新和实施的模板。如你所见，这套程序是稳固、可参与和透明的，其结果需要在利益相关者之间达成一致。参与者，包括编制者、用户、审计师、代表机构等的协商一致有助于确保标准制定者的持续合法性。它还意味着编制者可能会满足这些要求，并且用户可以理解它们的价值。

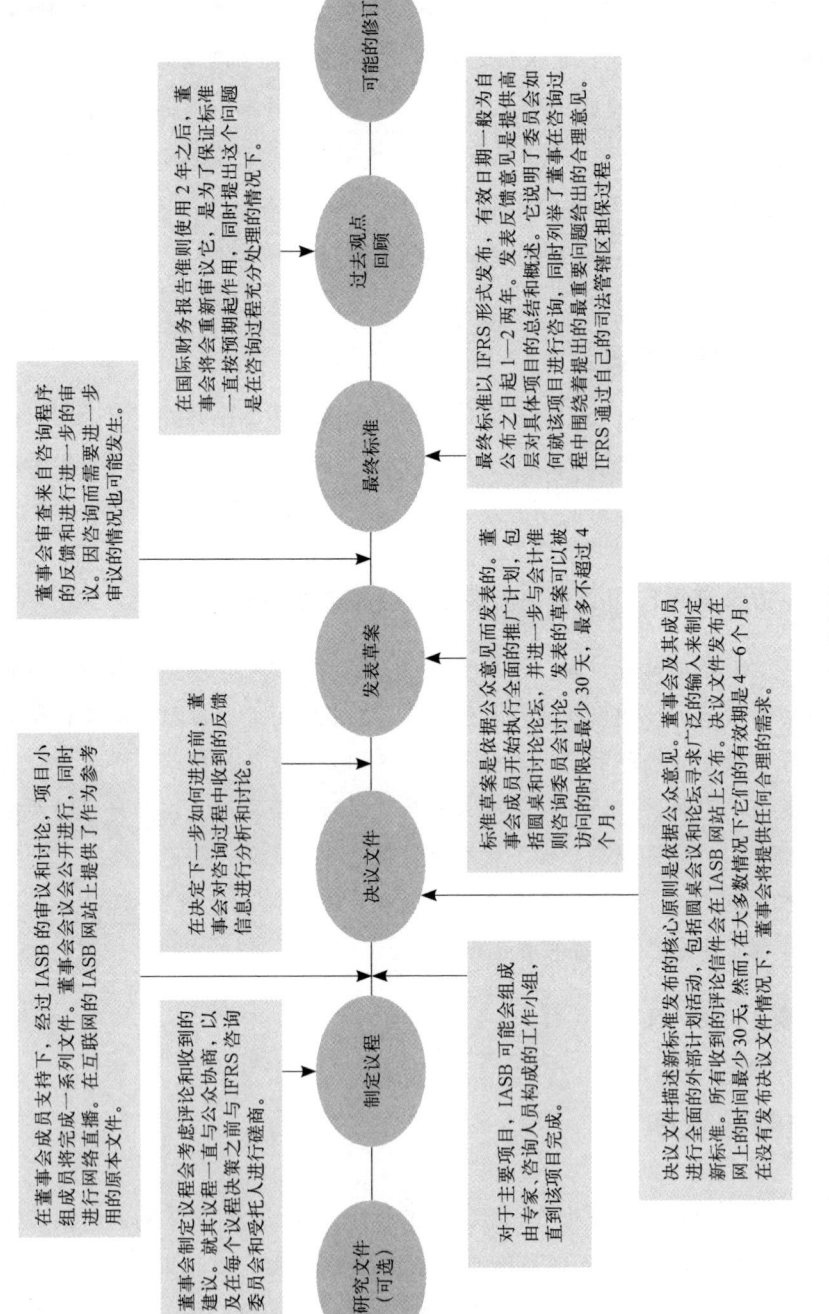

图 1.4 IASB 标准制定过程

企业类型

我们正处于本章所涉及主题的十字路口。第一部分考虑了会计师的作用以及围绕他们形成的系统和流程，还描述了概念框架和监管框架。会计要存在，就必须有会计科目。因此，根据基础背景信息，我们提出了两个更深入的问题："企业是什么"和"企业的目的是什么"。两个问题的答案都不是直截了当的，实际上，它们常常纠缠不清。

企业是什么

有人可能会说，从最简单的意义上讲，企业应该以其法律形式来定义。因此，我们简要回顾现有最常见的企业类型。

目前有多种商业模式或企业类型可以选择，每种都有其相对的优点和缺点。英国政府有一套优秀的办法来解释各类商业模式之间的主要不同之处，政府网站还为想要创业的人提供建议。有三个特别有用的商业模式需要注意：

1. 独资企业；
2. 合伙制；
3. 有限公司。

独资企业

顾名思义，独资企业就是选择为自己工作的人。如上文"攀登"的例子中看到的，我们让"你"经营自己的业务。你尚未为该业务注册公司，即它不是有限责任公司。你不和其他人分享业务所有权，即你没有商业伙伴。这并不意味着你不能有任何雇员，这是不常见的。这类企业通常在资产、负债、收入和费用上均很小。有很多这类例子，人们独自开展业务，如水管工、电工、理发师、私人教师、艺术家、摄影师等。

独资企业需要编制的财务会计信息是有限的，通常的目的是满足税务机关的需要，偶尔，金融机构可能会要求其提供具体信息，特别是在贷款时。

因此，建立独资企业往往是许多企业家的第一步。这种商业模式的主要优点是保留控制权。所有者全权负责所有决策。另一个关键优势是减少了会计和法律监管的负担。主要的缺点是无限责任！换句话说，独资经营者对所有业务是负全部责任的。

合伙制

当两个人或者更多人决定一起经营业务时，就会发生合伙关系。作为个体经营者建立企业，其监管负担很低，特别是与有限公司相比。合伙制的规模可以差异巨大。它有可能是在资产、负债、收入和费用上都很低的合伙，比如美发师、水管工、教练；也可能是庞大的全球企业，比如医疗、法律和会计等领域的企业。

建立合伙关系的好处是合伙人可以分担所有者的责任和负担，还可以带来更多技术和专业知识的组合，提高业务水平。举个例子，你可能想要财务会计师和税务会计师，但很少有人是两方面都强的专家。这时，建立会计合伙关系，就可解决这个问题。合伙制的缺点很大程度上来源于决策制定问题，经常分享所有权对已有的良好运作关系会造成重大负担。还有，有些人只喜欢自己做所有的决策，而不是分享这个角色。

有限责任公司

在英国，私营企业被称为有限责任公司。它常见的缩写为 Ltd.。澳大利亚的私营企业使用的对等术语是专有有限公司，缩写为 Pty.Ltd.。在印度和巴基斯坦的名称是 Pvt.Ltd.。在南非的名称也是 Pty.Ltd.。在美国通常看到的有限公司的缩写是 Inc.，Ltd. 也是允许的。

"有限"这个词会影响到财务风险。有限责任公司在法律上是独立法人。因此，当个体经营和合作制需要全权负责其业务时，有限责任公司的股东只需要以其出资额对公司债务承担有限责任。有限责任公司以企业的名义开展所有活动，例如以公司的名义制定票据，银行账户需要设置在公司名下（不是直接负责人或经理人的姓名）。但请注意，贷款人和贸易伙伴要求公司董事提供个人担保的事并不常见。当然，这一点也让它失去了公司所带来的许多优势。

与合伙制一样，公司的规模也有小有大。大多数家喻户晓的公司都是公开有限公司（即上市公司）。表 1-3 列出了组建公司的一些优点和缺点。

表 1-3 组建公司的优缺点

优点	缺点
有限责任降低了个人投资风险。	对有限责任公司而言，监管负担要远远大于个体经营者和合伙制企业。有限责任公司必须公布年度财务报表。这些都是公开报表，当然，这意味着任何人（包括竞争对手和员工）都可以看到这家企业做得有多好（或有多差）。如上所述，个体经营者和合伙制企业都不必公布其财务报表。
理论上，为有限责任公司筹集资金更简单，因为需要额外融资时，可以出售新股。没有对不同股东数量的限制，投资者可以来自任何地方。事实上，世界上大部分大公司都是上市公司，这意味着它们的股票是公开交易的。	有限公司的会计准则必须遵守国内外相关财务报表的要求。
合伙制企业或个体经营的存在依赖于所有者。另一方面，有限责任公司与股东具有独立的法律身份，这意味着董事、管理层和所有者可以进出出，但公司无论如何都将继续存在。	对大公司的财务报表进行审计是每个国家国内法律的普遍要求。换句话说，它们需要接受独立审查，以确保它们真实、公正，并符合所有相关法律要求和会计准则。这个过程既费时又费钱。
还有可能的税收优惠。公司支付企业所得税，同时，个体经营者和合伙人要缴纳个人所得税。	虽然融资被列为一种优势，但请注意，发行股票是受法律监管的，在证券交易所公开出售股票可能是一件极其昂贵的事情（有时是昂贵的失败）。此外，降低股本的金额或摆脱妨碍管理目标的股东都是相当困难的。
假设二级市场是流动性较强的，在有限责任公司中辞去所有者的股东职位要比辞去合伙人的身份简单得多。	

企业的目标是什么

这个问题没有明确的答案。通常认为企业的目标就是为了让"股东财富最大化"。然而，这种财务目标应与一系列非财务目标相平衡。

非财务目标通常集中在以下 3 个内涵丰富的小标题中：

1. 道德；

2. 社会；

3. 环境。

企业是一个商业组织，涉及制造、设计、开发、销售等。只要其风险和报酬在股东可接受的范围内，他们就会继续保持满意状态。然而，其他利益相关者也必须满意。我们对"客户至上"争论不已，也就是说企业的存在既是"因为"客户也是"为了"客户。企业所服务的社区可能是影响企业业绩的关键因素。因此，社会和环境政策可以决定成功的相对水平（或失败的程度）。企业的一大职能是对厂房、财产和设备、员工等进行投资，这些投资能够创造工作岗位和利润，再进一步又能产生税收，这对企业所在国家的整体经济至关重要。

年度报告和财务报表

每家企业都应该（并且会）就一定会计期限内的企业状况和业绩表现进行总结。年度报告和财务报表中包含了一套主要财务报表。报表的内容和基本准备指南将在接下来的内容和章节慢慢介绍。

在《2010年财务报告概念框架》（以下简称《概念框架》）中，国际会计准则理事会称"财务报表的目标是提供关于企业财务状况、业绩表现以及财务状况变化的信息，这些信息有助于各类使用者做经济决策"。《概念框架》要求所有《国际财务报告准则》报告企业就其经济资源、债权及其变化编制如下信息：

1. **经济资源和债权**
● 经济资源和债权记录在该企业的财务资产负债表中：
第2章有一系列习题和例子，向你展示如何编制一套基础的财务报表，其中包括财务状况表和综合收益表（利润表）。第3章和第4章概述这些报表作为工具如何说明企业的业绩和状况。
● 经济资源和债权是企业的资产和负债（定义见下文）。这些在本质上要么是流动的，要么是非流动的。
● 用户需要了解企业经济资源和债权的状况及价值，以帮助他们评估财务的优势和劣势、流动性和偿债能力，以及企业融资的需要和能力（F，目标13）。

2. **经济资源和债权的变化**
● 企业应该让用户知道，并允许他们区分由以下两种因素所造成的经济资源和债权变化：企业业绩；其他事件或交易（F，目标 15）。

企业业绩的变化：经济资源可能会发生变化，例如在会计期内由生产增加导致的结果。可能在年底，企业将持有更多非流动资产（满足生产要求）、库存（因为订单的规模将相应增加，没有卖出的部分将增加）、应收账款（即期末客户所欠款项）、应付账款（即应付供应商的款项）等。

其他事项或交易：举个例子，一家公司可能会为了融资而发行新股本。根据定义，这就不是一个与绩效相关的事件。

● 企业源自业绩的经济资源和债权变化被呈现在综合收益表中。

编制财务报表的内容在第 2 章中有所涉及，但在第 3 章和第 4 章中详细解释了这些财务信息。

● 企业源自其他事件和交易所的经济资源和债权变化被呈现在权益变动表中。

● 经济资源和债权的变化会影响用户评估公司的过去业绩和产生未来现金流的能力。

3. 过去的现金流可影响财务业绩

● 财务报表、综合收益表、权益变动表以权责发生制为基础编制。根据权责发生制编制的报告和根据收付实现制编制的报告的结果可能会有所不同，企业也会被要求准备一份现金流量表。

● 报表详细列出了企业产生现金和花费现金的情况（F，目标 20）。

财务报表的要素

正如所知，财务报表编制的信息包括企业的经济资源和债权以及经济资源和债权的变化。然而，这些术语可能会混淆，因为在日常生活中我们不使用它们。因此，将这些短语改写为下面更为常见的术语（摘自《概念框架》）可能更有帮助。

1. 财务状况表术语

资产——由企业过去经营交易或各个事项形成的，由企业拥有或控制的，预期会给企业带来经济利益的资源。

● 在财务状况表中，资产被分为两种：流动资产（1 年内到期）和非流动资产（超过1年到期）。

● 流动资产包括库存、应收账款、银行存款和现金。非流动资产包括厂房、资产和设备。

负债——企业过去的交易或事项形成、预期会导致经济利益流出企业的现时义务。

● 在财务状况表中，负债被划分为流动负债（1年内偿还）和非流动负债（1年以上偿还）。

● 流动负债的例子包括交易应付账款和银行透支。非流动负债包括长期债务（如银行贷款）和未来成本准备金。

资产和负债的定义包含对未来经济利益的参考。它代表的是直接或间接为企业现金和现金等价物做贡献的潜力。

权益——在扣除其全部负债后，该企业资产的剩余权益。

准备金——符合负债定义之外的现时债务，即使负债金额必须估算。

2．利润表术语

国际会计准则理事会采用了一种资产负债表会计方法。这意味着收益与损失是根据资产和负债变化来衡量的。换句话说，资产的增加会带来收益，而负债的增加会造成损失。同样，资产的减少等同于损失，负债的减少等同于收益。

收益——经济效益增加。

损失——经济效益减少。

示例1.2 博柏利集团

博柏利公司作为集设计、开发、生产和销售于一体的奢侈品供应商，在全球享有盛誉。产品设计和开发集中在博柏利的伦敦总部。公司致力于通过内部开发的营销方案来连接品牌和产品。博柏利的产品通过其Burberry.com的网上商店进行网络销售，也有第三方批发商，线上和线下同时销售。这些活动由全球近11000名员工完成。

专家观点1.6 复杂的财务报表

这里呈现的财务报表是为了进行解释说明。虚构企业的财务报表缺乏完整性和风险体现，从而掩盖了其复杂性。然而，你会看到世界上最大的企业之一的财务报表也会产生同样的问题。不要担心你不认识的行话，而是要接受这样一个事实：在这个阶段，你可以对会计基础知识进行了解。一旦你完成了财务会计的部分，你可能想回到这一节，看看你的学习进步了多少。

让我们一起研究他们的年度报告前言部分。博柏利这样的大型上市公司通常会提供初步概要，会将当前和先前的业绩与财务状况相关的关键指标汇集在一起。博柏利公司称此部分为"金融亮点"（表1-4）

表1-4　博柏利公司的"金融亮点"*

	收入（英镑）	调整后税前利润（英镑）**	调整后稀释每股收益（便士）***	现金净价（英镑）	每股股息（便士）	资本费用（英镑）
2016年	2515	421	69.9	660	37.0	138
2015年	2523	456	76.9	552	35.2	156
2014年	2330	461	75.4	403	32.0	154
2013年	1999	428	70.0	297	29.0	176
2012年	1857	376	61.6	338	25.0	153

注：

* 所有数据截至2016年3月31日。

** 调整后税前利润在调整项之前陈述。报告税前利润为4.16亿英镑（2015年为4.45亿英镑）。

*** 调整后稀释每股收益在调整项之前陈述。报告稀释每股收益为69.4便士（2015年为75.1便士）。

年度报告通常遵循标准格式，通过报告前几页呈现出来（图1-5博柏利公司年度报告首页）。这可以让你快速、轻松地浏览冗长的文档。当然，技术正在使这些冗长的文档更加通畅，这反过来又提高了它们的实用性。年度报告是针对各种用户群体设计的，而其需求会因为背景的变化而变化。因此，某部分内容与一个用户相关却可能与另一个用户毫不相关。

公司高管通常要分析企业的业绩和状况。这些信息披露没有规定格式。在此，为了配合高管的叙述，博柏利公司涵括了对其策略的更新和对商业模式的解释，包括渠道、地区和产品组合。

财务报表和附注都有变得越来越长和复杂的趋势。作为回应并保护用户不需要深入研究细节，实体企业通常会突出某些关键业绩指标，提供财务审查以及主要风险的总结。

年度报告也成为一个知识库。某些合规性披露，包括具体涉及公司治理问题和董事的薪酬。

战略报告
引言
10 主席的信
12 创意总监和执行官的信
16 高级领导班子
博柏利集团概况
21 商业模式
22 运营模型
23 渠道组合
24 区域组合
25 产品组合
26 市场概况
核心战略
30 推动未来产出和增长
32 关键绩效指标
34 品牌激励
36 实现产品潜力
38 优化通道
40 放开市场机会
42 追求卓越经营
44 建立企业文化
绩效
50 集团财务回顾
56 主要风险

董事会与治理
64 董事会
68 公司治理报告
83 董事薪酬报告
106 董事报告
财务报表
114 董事责任声明书
115 独立审计师向博柏利集团有限公司成员汇报
121 集团利润表
122 集团综合收益表
123 集团资产负债表
124 集团权益变动表
125 集团现金流量表
125 现金净额分析
126 财务报表附注
170 五年总结
172 博柏利集团有限公司的成员的独立审计师报告
174 公司资产负债表
175 公司变更声明
176 公司财务声明
182 股东信息

这里对财务报表的描述及附注不像前端的年度报告经审查那样严格。

董事责任的一项声明是遵守审计员的报告。
遵守的内容就是基础财务报表和财务报表附注。

正如博柏利公司的报告是建立在统一基础上的（即集团内部实体结果都汇集在这个单一报表中），母公司财务报表也有介绍。独立财务将为所有实体单独编制报表。在集团中，通常用于税收目的及守规。

一个实体的年度报告包含如下情况并不少见，比如某些非财务披露，道德、社会和环境哲学的详细描述，以及与企业社会责任报告（CSR）一致的行为。越来越多像博柏利这样的大公司会单独编制企业社会责任报告了。

大多数大型上市公司的年度报告会总结过去五年的业绩，他们的财务年度日历（包括报告日期）和术语表。

图 1.5　博柏利公司内容展示

图 1-6　博柏利公司利润表

	备注	截至 2016 年 3 月 31 日 （百万英镑）	截至 2015 年 3 月 31 日 （百万英镑）
持续运营			
收入	3	2514.7	2523.2
销售成本		−752	−757.7
毛利		1762.7	1765.5
净营业费用	4	−1359.8	−1325.2
营业利润		402.9	440.3
财务			
收入		5.1	4.4
费用		2.3	3.8
其他收入		9.9	3.7
净收入	8	12.7	4.3
税前利润	5	415.6	444.6
税金	9	−101.0	−103.5
年利润		314.6	341.1
可分配			
公司股东		309.5	336.3
非控股权益		5.1	4.8
年利润		314.6	341.1
每股收益			
基本	10	70.0 便士	76.4 便士
稀释	10	69.4 便士	75.1 便士

税前调整利润		415.6	444.6
税前利润			
调整项：			
香水和美容执照摊销 的无形营业费用	6	14.9	14.9
看跌期权收入	6	−9.9	−3.7

（续表）

	备注	截至 2016 年 3 月 31 日（百万英镑）	截至 2015 年 3 月 31 日（百万英镑）
税前调整利润——非公认会计准则计量数据		420.6	455.8
调整的每股收益——非公认会计准则计量数据			
基本	10	70.5 便士	78.3 便士
稀释	10	69.9 便士	76.9 便士
每股股息			
中期	11	10.2 便士	9.7 便士
建议期末（3 月 31 日未确认为负债）	11	26.8 便士	25.5 便士

注：

利润表遵守标准格式要求。

它的目的是让用户评估企业在会计期间的业绩。

这只是一种相对较新的现象，即公司被迫披露更多的税前收入和利润信息。

关键项目包括收入、毛利、营业利润（也称息税前利润或息税前收益）和年利润（也称所得利润或净利润）。

财务状况表

图 1-7　博柏利公司财务状况表（资产负债表）

	备注	2016 年 3 月 31 日（百万英镑）	2015 年 3 月 31 日（百万英镑）
资产			
非流动资产			
无形资产	12	189.6	193.5
厂房、资产和设备	13	426.2	436.5
投资资产		2.4	2.2
递延税项资产	14	134.4	145
交易及其他应收账款	15	66.5	60.5
衍生金融资产	17	0.3	1.5

(续表)

	备注	2016年3月31日（百万英镑）	2015年3月31日（百万英镑）
		819.4	839.2
流动资产			
库存	16	486.7	436.6
交易和其他收入	15	285.4	260.3
衍生金融资产	17	8	8.4
应收所得税		3	11.3
现金和现金等价物	18	711.8	617.4
		1494.9	1334.0
全部资产		2314.3	2173.2
负债			
非流动负债			
交易与其他应付账款	19	−114.7	−117.1
递延税负债	14	−0.6	−0.9
退休福利义务		−0.7	−0.7
其他负债和费用的准备	20	−38.4	−22.2
		−154.4	−140.9
流动负债			
银行借贷及透支	21	−51.5	−65.2
衍生金融负债	17	−2.3	−12.5
交易与其他应付账款	19	−387.2	−406
其他债务和费用的准备	20	−17.6	−10.3
所得税负债		−80.4	−86.8
		−539.0	−580.8
总负债		−693.4	−721.7
净资产		1620.9	1451.5
股权			
公司股东应得资本和储备金			
普通股股本	22	0.2	0.2
股票溢价账户		209.8	207.6
资本公积	22	41.1	45.3
套期保值准备	22	8.1	−0.3

(续表)

	备注	2016年3月31日 （百万英镑）	2015年3月31日 （百万英镑）
外币兑换准备	22	164.9	147.3
留存收益		1140.90	1000.8
股东权益		1565.0	1400.9
非控股权益利息		55.9	50.6
总权益		1620.9	1451.5

注：

　　财务状况表原来的表头通常叫资产负债表。你会注意到这张资产负债表余额：净资产为16.209亿英镑，股东权益合计也为16.209亿英镑（即净资产等于总股本）。然而，有趣的是，资产负债表之所以这样命名，是因为它是对"余额表"的重新命名。

　　据说，财务状况的陈述就像一张财务照片。它是企业在某个时间点捕捉资产和负债的细节汇总快照。在现代术语中，它可能更合适称为"自拍照"！

　　尽管在财务报告条例中允许有几种格式，但上述格式在英国是最常见的。

　　该报表是按流动性（也就是将资产或负债转化为现金的速度）的顺序编制的。

现金流量表

图1-8　博柏利公司现金流量表

	备注	2016年3月31日 （百万英镑）	2015年3月31日 （百万英镑）
由营业活动而产生的现金流			
营业利润		402.9	440.3
折旧		111.9	104
摊销		35.2	34.6
净减值费用		26.5	4.1
厂房、资产和设备的处置损失和无形资产		1.2	2.1
衍生工具的损失/收益		3.1	−2.0
关于雇员股权激励计划的（信贷）/费用		−0.3	21.0
股权互换的合同结算支付		−1.6	−0.2
库存增加		−49.3	−15.1

（续表）

	备注	2016年3月31日（百万英镑）	2015年3月31日（百万英镑）
应收账款增加		−31.7	−43.8
应付账款和准备的增加		5.1	23.1
经营活动产生的现金		503	568.1
收到利息		4.8	3.8
支付利息		−1.7	−2.6
已付税款		−94.8	−114.4
经营活动产生的现金净额		411.3	454.9
投资活动现金流量			
购买厂房、资产和设备		−107.3	−127.8
无形资产收购		−30.7	−27.9
出售厂房、资产和设备的收益		0.5	
出售无形资产所得			1.3
投资活动的净现金流量		−137.5	−154.4
金融活动的现金流量			
年度支付股息	11	−157.7	−144.9
支付给非控股权益股息		−0.7	−0.4
非控股权益出资			−0.4
从非控股权益获得子公司额外权益的付款			−3.4
普通股发行		2.2	2.8
用ESOP信托回购股份		−10.9	−19.2
融资活动现金流出净额		−167.1	−164.7
现金和现金等价物净增长		106.7	135.8
汇率变动的影响		1.4	13.9
年初现金及现金等价物		552.2	402.5
年末现金和现金等价物		660.3	552.2
	净现金分析		
资产负债表的现金和现金等价物	18	711.8	617.4
银行透支	21	−51.5	−65.2
净现金		660.3	552.2

注：

现金流量表格式受其自身财务报告准则《国际会计准则7：现金流量表》约束。

现金产生/花费分为三个部分：经营活动、投资活动和筹资活动。与传统的损益表指标一样，经营活动产生的现金流越来越多地被分析师用作衡量业绩的指标。

> **专家观点 1.7　财务年终**
>
> 组织可以把其年终安排到他们喜欢的日期。有许多决定因素包括：财务总监或董事长最不忙时（例如，玩具制造商将尽量避免一年中最繁忙的时间，如圣诞节），资产价值最大化时（例如，与刚才相反，玩具制造商也可能会在存货最有价值的时候，将传统的送礼期称为年终），也可能是外部会计师最方便时（这样可能会稍微减少你的账单）。

练习：现在做习题1.5。

财务报表的组合

虽然这可能会让你一开始有点困惑，但下面的示意图（图1-9）显示了不同的财务报表如何合在一起。当你在做第2—4章的练习时，可以随时回过头来看看。

财务报表一些关键问题和主题的简要指南

我们不想把这一章写成消极的注释，但似乎到了应该考虑一些财务报表问题的时候。你可能认为其中一些类型的报表比其他类型的报表更重要。是的！你是对的！我们将在接下来的几章对其中一些问题进行反思，但现在一份概要就够了：

● 质量特征之间的均衡，尤其是在一些强化质量特征之间。一种状况可能本身就很复杂，因此要使它变得可验证、可比较和可理解。

● 由于财务报告和审计过程的性质，财务报表通常受困于不能及时提供

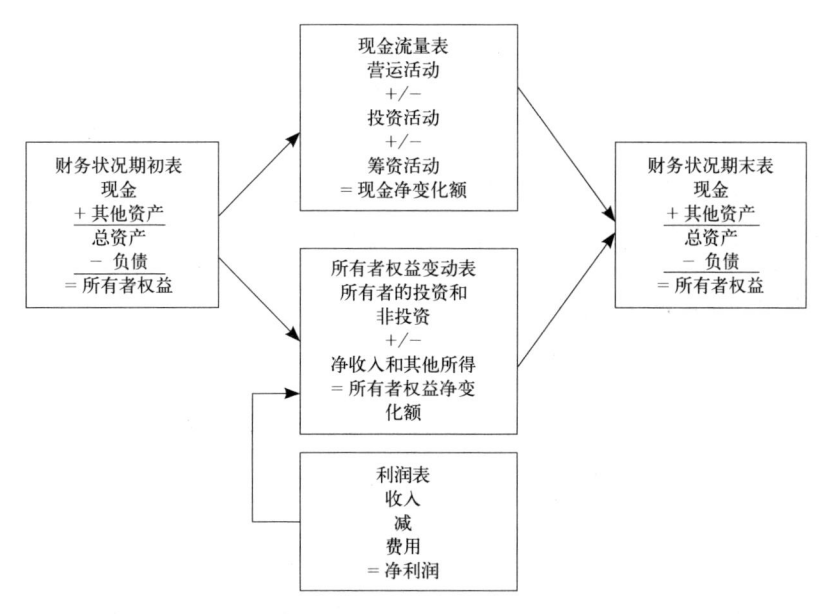

图 1.9　财务报表如何合到一起

信息。报表所包含的信息基于过去的交易，当它被公布出来时，与之相联系的那段时间已经过去。所以很多人认为年度报告只是带有确认价值的监管文件，而不是有积极经济效益的文件。

● 成本效益问题。换言之，在什么阶段编制报告会变得过于复杂和繁重？有观点认为编制报表的成本难道不是远远大于所编制出的信息的好处吗？

● 报表的使用者千差万别，使用者之间很可能会出现冲突。国际会计准则理事会建议当前和潜在投资者是报表的主要用户。但是，年度报告和财务报表没有显著改变以适应这一点。实际上，在正规标准制定程序中，投资者的参与度是极为有限的。因此，如果年度报告的第一批读者就是投资者群体，为什么不允许他们更多地参与其中呢？

● 由于存在各种利益间的冲突，会计师事务所在参与标准制定过程中，他们在审计、编制和发布财务报表时，可能会出现精神分裂式行为。他们必然会经常被夹在自身利益、公共利益、客户利益与机构利益中间。

● 标准制定是复杂的过程，不同利益相关者群体之间存在冲突和竞争性利益，不可能达成完全一致的协议。

● 国际会计概念尽管有其固有的好处，但只是一种抱负，而不是一个可达成的现实？

● 选择合适的确认方法及计量方法会不同程度地依赖于资产分类（或负债分类）和可获得信息。例如，衍生金融工具（如远期外汇合约、期权、互换信贷）购买成本很少，但有可能使企业承担重大义务。所以，我们会提问：哪种计量方法比较好？按市值计价还是按历史成本？

练习：现在做习题1.6。

问 题

1. 会计的两种主要形式是什么？列出两种形式的实践者所产生的信息类型之间的主要差异。

2. 应收账款和应付账款的含义是什么？

3. 潜在投资者和当前投资者是财务报表的主要使用者，但还有其他人。请列出除投资者外的其他4类不同用户，并解释他们所要的信息。

4. 列出财务报告的2个基本质量特征，并对两者进行简要描述。

5. 列出财务报告的4个强化质量特征，并对其进行简要描述。

6. 国际会计准则理事会是什么？其在IFRS基金会和标准制定框架中的作用是什么？

7. 建立企业有几个优点，但是你能列出一些常见缺点吗？

8. 定义3个术语：资产、负债和权益。

答案见www.koganpage.com/accountingfm2。

习 题

答案见www.koganpage.com/accountingfm2

习题1.1　比较财务会计与管理会计

对示例1.1中提出的补充问题进行反思。你认为可以直接得出准确和可信赖的答案吗？试着用通俗易懂的词语编制财务会计与管理会计相比较的例子。

习题1.2　识别财务报告的使用者

使用表1–1所示的信息，列出3个关键用户群，并简要解释每个群体可能希望从企业编制的公开财务信息中查明的信息：

（1）分区公司是一家专门生产用于储存和运输的自动折叠箱公司。该公司成立于1923年。它从一家拥有4名员工的家族企业发展成一个缓慢而结构化的有机组织，一个收入超过8500万美元的国际组织，拥有超过400名员工。公司没有债务，仍然是家族所有。

（2）格朗克是一家拥有第二大船队的欧洲渡轮公司。该公司为欧洲大陆所有主要港口提供服务。过去5年，该公司并购了4家处于财务困境和面临破产的竞争对手。这一行为导致了极高的借贷问题。

（3）水世界是一个非营利慈善组织。他们的目标是在赞比亚提供安全的饮用水。

习题 1.3 你能为下面的每个问题给出一个建议吗？简要解释理由：

（1）因其大小达成的平衡是重要的吗？

（2）因其性质达成的平衡是重要的吗？

（3）因其内容达成的平衡是重要的吗？

习题 1.4 财务报告国际化引起了人们的广泛关注。有很多人支持，同时也有很多人反对。例如，美国使用《美国公认会计准则》（GAAP），而不是国际标准。

（1）简要列出一致使用国际财务报告的主要优点。

（2）简要概述你认为采用国际报告的主要障碍可能是什么。

习题 1.5 这是一个简单的练习，让你熟悉财务报表中所列的信息。用第1章学到的3个基本财务报表的内容检查以下信息：

（1）截至2016年3月31日，博柏利公司的厂房、资产和设备价值是多少？

（2）截至2016年3月31日，博柏利公司的交易和其他应付账款金额是多少？（注：博柏利公司有长期和短期交易及其他应付账款项。）

（3）在最近一个财务结算期，博柏利公司持有多少现金和现金等价物？

（4）截至2016年3月31日，博柏利公司一年的总收入是多少？

（5）博柏利公司在2015年3月31日至2016年3月31日的营业利润是多少？

（6）截至2016年3月31日，流动资产的总和是多少？你能尽可能地从资产负债表中将其提取出来吗？

(7) 截至 2016 年 3 月 31 日，博柏利公司通过经营活动产生了多少现金？

习题 1.6　国际会计准则理事会在概念框架内承认，通用财务报告不能提供用户可能需要做出的经济决策的所有信息。他们建议用户也需要考虑其他来源的相关信息。

(1) 简要概述你认为哪些信息是财务报表不能告诉外部用户的。

(2) 列出潜在投资者在做出投资（或撤资）决策之前需要的进一步信息（即超出年度报告和财务报表）的例子。

参考文献

1. Burberry plc (2016) [accessed 27 June 2017] Burberry Annual Report 2015/2016 [Online]

2. https://www.burberryplc.com/content/dam/burberry/corporate/Investors/Results_Reports/2016/5-annual_report_2015_16/Report_burberry_annual_report_2015-16.pdf

3. International Federation of Accountants (2011) A Proposed Definition of 'Professional Accountant', Agenda Paper 7-B

4. Jones, M (2011) *Creative Accounting, Fraud and International Accounting Scandals*, John Wiley & Sons Ltd, Chichester, UK

5. Kaplan, R S (2011) Accounting scholarship that advances professional knowledge and practice, *The Accounting Review*, 86 (2), pp 367–83

6. Pacioli, L (1497) *Summa de arithmetica, geometria, proportioni et proportionalita*, Venice, Italy

补充阅读

1. Carnegie, G D and Napier, C J (2010) Traditional accountants and business professionals: portraying the accounting profession after Enron, *Accounting, Organizations and Society*, 35 (3), pp 360–76

2. DeCoster, D T and Rhode, J G (1971) The accountant's stereotype: real or imagined, deserved or unwarranted, *Accounting Review, 46,* pp 651–64

3. International Accounting Standards Board (2010) The Conceptual Framework for Financial Reporting 2010, IFRS Foundation Publications Department, London

第 2 章
会计概念与会计体系

学习目标

本章将介绍你在日常管理活动中会遇到的各类财务会计信息，提供簿记的基本指南，并概述如何编制一套简单明了的财务报表。另外，本章还会阐述一些计量规则和会计概念。

学习成果

在学习本章后，读者将能够：
- 描述会计系统的关键要素。
- 识别不同类型的会计调整。
- 评估会计调整对报告结果的影响。
- 编制基础的主要财务报表。

学习重点

- 会计系统记录对象和记录方法。
- 收付实现制、权责发生制和其他会计调整。
- 会计调整对利润和财务报表的影响。
- 调整的实际问题，例如处理有形的非流动资产。

管理问题

本章将利用管理技巧具体阐述和评估会计调整对汇报结果的影响。

引 言

在这一章中，我们试图告诉你财务报表为什么重要，并描述其内容，向你展示如何编制一套简单明了的财务报表。附录1是用复式簿记方式处理问题，可使用同样的方法练习相同的示例。

尽管本章所提供的资料仅代表了财务报告相关内容的冰山一角，但对了解如何从数据中挖掘信息却非常有帮助。反过来，这里所包含的一系列练习可以说明质量、复杂性和背景对于了解一个公司状况和业绩至关重要。

本章还将介绍一些关键的会计概念和公约。这说明，在一定程度上，编制财务报表既是科学，也是艺术。本章还强调了会计程序和政策如何对报告结果产生影响。作为管理者，你需要知道，会计并不是僵化或固定的系统，它的输出并不是预先设定的。相反，规定也具有灵活性，允许一定范围内的呈现、确认、计量和披露的差异。

财务报表的目的是什么

我们希望你会同意，这个问题显而易见是本章的出发点。在前一章结束时，展示了博柏利公司的财务报表。希望你也看过一些公司的年度报告。如果你对它们有特别的兴趣和／或喜爱它们的活动、产品或服务，通常年报看起来会更有趣。对于博柏利公司，我们向你展示了3个主要财务报表：综合收益表（利润表）、财务状况表（资产负债表）、现金流量表。本章将重点讨论这些报表，并引导你进行一些基本交易的核算。

综合收益表（利润表）

利润表显示了企业在一段特定时间内赚了多少钱。我们讲过，"会计期间"通常是一年，但大型组织通常需要编制临时报表，如季度报表。

利润表的编排将取决于企业，但有一些典型的标题，包括：

● **毛利**：一家公司从事其正常经营活动（如销售货物和／或服务）而产生的收入。直接与销售这些商品有关的成本被称为"销货成本"（或"销售成本")。收入减去销售成本的净额就得出毛利数据。

毛利是指在扣除间接费用（比如营业费用、财务费用或税收）之前，未加上其他非由正常经营活动产生的收入，如财务收益。

● **营业利润**：毛利扣除不直接产生利润的企业费用。这些间接成本可能包括租金成本、营业费用、取暖和照明成本、行政管理费用、工资和薪金、折旧等。

营业利润扣除了财务收入和（或）成本（包括应收／应付利息）和税收，这就是为什么营业利润有时被称为息税前利润（PBIT）或息税前收入（EBIT）。

● **年度利润**（会计期间）：从经营利润扣除所有其他费用的利润。这一总额每年会记录在财务报表上作为滚动基础。这个账户的余额累积在"留存收益"这栏下面。

专家观点 2.1　综合收益

综合收益表实际上分为两部分。顶部是"利润表"，底部是"综合收益表"。作为基础的经验法则，利润表显示了企业已实现的损益，而综合收益表则完整包含了已经实现和未实现的损益。

未实现损益的例子包括因按市场价重新评估不动产价值、现金流对冲损益和外汇兑换损益等问题而产生的损益。

在线阅读

列举出的公司，比如博柏利公司会受到更大程度的审查和监管。我们提供了几个例子（在线可获得），这些示例表明以不同方式呈现信息的自由仍然存在。参见 www.Kogangppe.com/accountingfm2。

图 2-1　马兰博公司

马兰博公司是一家虚构企业。举这个例子仅仅是为了说明利润表的各个组成部分。你会注意到公司的收入是 900000 美元，毛利 600000 美元，营业利润 366000 美元，年利润 267000 美元。该报表包括组织的名称、表头和日期。

马兰博公司收益表	美元
截至 2014 年 9 月 30 日的一年	
收入	900000
销售成本	300000
毛利	600000
营业成本：	
取暖和照明	25000
租金和税费	50000
电机运行成本	8000
工资和薪金	100000
保险	40000
邮费、包装及文具	4000
折旧	6000
摊销	1000
营业利润	366000
财务收入	5000
财务成本	14000
税前利润	357000
税费	90000
年度利润	267000

我们建议你在互联网上搜索你"最喜欢（最不喜欢）的品牌"或"最受欢迎（最不受欢迎）的公司"的财务报表。通过企业网站（通常投资者会关注）可以很容易追踪到存档的年度报告（在美国，查 10-Ks）。你也可以搜索"公司 ×× 年度报告"，可以直接链接到相关的 PDF 文件。综合报表也可通过其他平台获得，如雅虎财经或谷歌财经。这样做的好处是，有时个人参与或者情境化学习能使思考的问题更有意义。

财务状况表（资产负债表）

财务状况表（通常称为资产负债表）类似于财务照片：一个组织在某一时刻当前价值的快照。

财务报表是按照如下一条黄金法则编制的：

● 在会计分类账中的每个借项必须与每个贷项相匹配。

这一规则在财务状况表中更明显或更易理解。会计等式如下：

资产－负债＝权益（股东资金）

资产和负债都分为流动（一年内到期）或非流动（一年以上到期）两种。下面是每个类别的简要描述和几个例子：

● **非流动资产**的购买意图是利用它们在数年内产生收益。非流动资产有两种形式：有形资产和无形资产。有形资产是可以触摸、看见和感觉的东西。无形资产是具有可实现市场价值的资产，尽管没有实体存在。无形资产的资本化（即资产负债表上的资产化）的规定是相当严格的。分析师通常会重新评估一家企业的无形资产的价值，因为它们通常是市场价值（即股票价格）与账面价值（即财务状况表中底部的名义净价值）之间差异的关键驱动因素。

有形非流动资产的例子包括财产（土地和建筑物）、厂房、设备、卫生器具、配件、机动车辆等。

无形非流动资产的例子包括（购买的）商誉、专利、特许权使用费、计算机软件等。

● **流动资产**是预计在一年内出售或转换成另一种形式的资产。

例如库存、交易应收账款、银行存款和库存现金、现金等价物、预付款。

● **非流动负债**是指企业在未来12个月内没有义务偿还的债务。

例如银行贷款、抵押贷款、公司债券、股票贷款、准备金等。

● **流动负债**是在未来12个月内需要解决的债务。

例如银行透支、短期借款、应付账款、应交税款等。

> **在线阅读**
>
> 我们提供了几个例子（线上可见 www.koganpage.com/accountingfm2），这些例子显示出，一些复杂企业的财务状况报表就是利润表的镜像反映。如前所述，建议你搜索自己熟悉的品牌和公司，看看他们的年度报告。

现金流量表

现金流量表展示了一年中我们赚取或花费的现金（和现金等价物）。顾名思义，现金流量表的重点是现金流入与现金流出。该报表分为3个活动：经营、投资和融资。

专家观点 2.2 编制现金流量表

财务会计专业学生普遍认为现金流量表是 3 个主要报表中最难编制的。这一点让人惊讶，因为我们往往在开始编制报表之前就知道了答案。如果你知道期初和期末的现金状况（可从财务状况表或账簿和记录中获得），编制现金流量表就成了一种协调工作，平衡各项活动，将其分配到适当的类别，即决定它们是经营、投资还是融资。

请注意，利润表和资产负债表是以权责发生制为基础编制的，而现金流量表是以收付实现制为基础编制的。这很重要，因为组织可能盈利（或亏损），但却损失（或获得）现金。最近的一个好例子是亚马逊公司。该公司从经营活动中获得了巨额现金流，但经常是负的净收入。稍后将对此进行更详细的解释。最终，会计利润和现金利润会协调一致，但它们年复一年一直保持一致的可能性微乎其微。

问题讨论

你认为现金流量表中披露的"营业现金流"的数字与利润表中披露的"净利润"数字相比会更重要、更不重要或同等重要吗？

以权责发生制为基础与其他以收付实现制为基础的计量方法，两者之间的关键差异包括：

- **时间差异**。例如，货物可以出售给一家企业，立即交付并在同一时间发出付款票据。然而，如果你授予了一个信用期，则应该期望你的客户利用它（毕竟，这对他们来说本质上是一笔无息贷款）。因此，收入可以作为在该期间发生的交易被记入利润表，但如果在期末未收到现金，那么它将显示为客户欠款余额。换句话说，现金跟随销售。
- **会计估算**。在编制财务报表时，会计人员必须进行会计估算。举个对固定资产折旧的会计处理例子。折旧是与资产随着时间推移产生损耗相关的成本代表，因此非流动资产随着产生收入的潜力被消耗（稍后详述），必须在利润表中被注销。然而，在现金栏，支付款项往往会出现在报表前端。
- **利润表中忽视的会计交易**。例如，资本费用、出售股本、偿还贷款等。

- **营运资金状况的变化**。例如,库存增加意味着企业将现金投资在库存中,它希望通过出售这些货物转化为现金。表 2-1 显示了营运资本周期,揭示了在营运资本中投资和再投资的过程如何使得短期资源的管理至关重要。它也说明了注重企业现金周期的重要性。

> **专家观点 2.3 财务报告准则**
>
> 财务报告是有许多规定的,其中最重要的是《国际财务报告准则》(IFRS)。国际会计准则理事会前身被称为国际会计准则委员会 (IASC)。该机构发布了《国际会计准则》(IAS)。虽然《国际会计准则》在不断发展和完善,但它们都将被《国际财务报告准则》所取代。这项活动还远未完成,所以很多规则依然存在。因此,你通常会看到参照《国际会计准则》以及《国际财务报告准则》的引用提示。有关完整列表,请参见附录 2。

我们在后面的章节中将再次回到本章内容,但目前值得注意的是现金概念在财务会计和管理会计中均很重要。现金通常被描述为企业的"生命线",因为没有现金,企业就不能指望长期生存。

图 2-2 解释了传统制造业是如何运作的,同时强调了现金在运作过程中的重要性。当公司持有库存或被欠款时,现金余额就会减少。这可以通过欠其他人的钱(应付账款)来抵消,如果管理层超长使用他们的信用,就要小心后果。当然,这过于简化了问题,但确实强调了效率的重要性。

> **问题讨论**
>
> 资产产生高回报有两个重要的组成部分:盈利能力和效率。考虑到存货、应收账款或应付账款的平衡,你能讲讲盈利能力和效率之间为什么以及要怎样做到平衡吗?

在编制现金流量表时,你会注意到,流动资产(如库存)的增加会导致现金的减少。我们希望图 2-2 能清楚地看出原因。

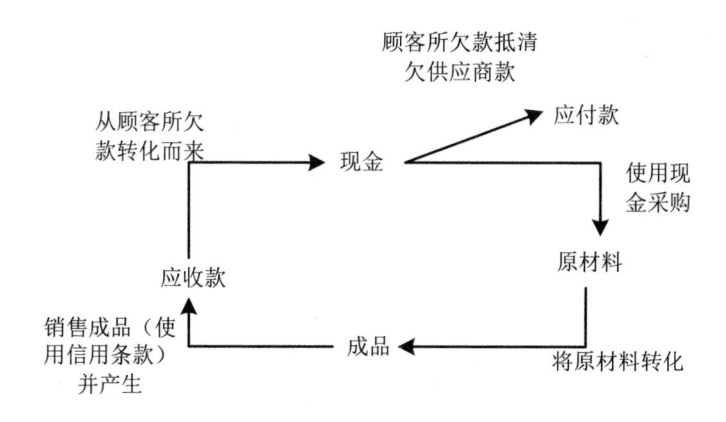

图 2-2 营运资金周期

练习：现在做习题 2.1。

编制财务报表

即使你不需要被要求编制一份完整详尽的财务报表，但理解基本知识对于任何财务信息解释性研究都是必不可少的。在这一节中，目的是只涵盖基础的但最有价值的原则。

复式记账简介

复式记账是一种记录经济业务的方法。基础原则是有借必有贷，借贷必相等。这种记账方法已经有上千年的历史。它及时、规范地确认和记录营业活动的金额，帮助业主和管理者安排其日常事务。今天有许多很有用的电脑簿记软件可以辅助会计人员编制关键报表。然而，这些会计软件本身并没有教会你会计，它们只是简化了数据输入的过程。

专家观点 2.4　掌握财务会计基础知识

财务会计应该被看作一项基础工作。你应该努力掌握每个阶段所获得的技能和知识，然后再进入下一阶段。这里有一个警示，与复式记账法有关。许多会计师聊天会有"我发现了"或"灵光一闪"的时刻。他们的意思是，总有一天他们醒来发现复式记账真的很有意义！逻辑思维总是有帮助的！每当你进行经济活动时，想象复式记账法的作用。例如，你从商店买报纸。你把你的钱换成了（视同）等值资产。

示例2.1　莫比乌斯（1）

假设你想开始经营自己的企业，它叫莫比乌斯公司。下面示例莫比乌斯（1）到莫比乌斯（3）显示的交易信息代表了企业第一周的交易。

第1天，你选择将你自己与交易企业之间的财务分开，并从个人银行账户转移了1000美元到以莫比乌斯公司的名义开办的新企业持有的银行账户上。

假设新企业是独立法人企业，这会如何影响会计等式？

资产－负债＝所有者权益（即注入资本）

1000美元－0美元＝1000美元

注：如你所见，会计等式捕获交易双方的数据，只有将条目做两次才能使等式（引申开来就是财务状况表）平衡。

继续这个练习……

第2天，你从朋友那里借了500美元，为生意提供更多的经济帮助。这对会计等式有何影响？

资产－负债＝所有者权益

1500美元－500美元＝1000美元

注：这个经济行为的效果是将资产增加了500美元，因为从你朋友借来的金额将存入企业的流动账户。负债将增加500美元。这代表企业承担了新的贷款。你投资的资本在这个交易过程中既没有增加也没有减少，因此仍然保持在1000美元。当然，这意味着会计等式继续平衡。

上面的交易说明，如果对等式的一侧做出调整，则必须对等式的另一侧或同一侧进行相应的调整。

习题2.2　会计等式调整

继续上面的例子，对以下交易做出必要的调整：

1. 第3天，莫比乌斯公司通过投资500美元现金获得了一台新电脑。

2. 第 4 天，莫比乌斯公司购买了价值 400 美元的原材料，并将其作为存货。处理与这些购买有关的发票所需的现金需要在 10 天之内付清，因为这是供应商给出的信用优惠。

上述交易仅涉及财务状况表。它们只要求我们对资产、负债和权益进行变更，没有考虑利润的影响。这些是过于简单化的例子，因此它们为下一步会计调整提供了机会，让我们看看会计等式如何随着企业交易而变化。

示例 2.2 莫比乌斯（2）：交易活动

第 5 天，莫比乌斯公司利用前一天购买的原材料生产了 30 件成品库存。

第 6 天，莫比乌斯公司以每件 50 美元售价卖掉其中一半库存。其中有 5 件的现金立即到账。其余商品卖掉后，公司给予客户 10 天之内付款的账期。

解答

原材料和成品库存之间的转移对会计等式没有影响（实际上很难想象没有价值被添加到产品中，如额外的材料、直接的劳动，但为了简单起见，假设在本例子中就是这样的）。我们只需将 400 美元从一种流动资产类别转移到另一种资产类别中，即从原材料库存到成品库存。因此，在这个阶段，会计等式保持不变，如下：

$$资产 - 负债 = 股东资金$$

$$1900 美元 - 900 美元 = 1000 美元$$

然而，产品的销售确实产生了企业的净值变化。归根结底，大多数组织把股东财富最大化作为其企业目标，他们购买商品，然后竭尽全力为利润而销售，这并不奇怪。在这种情况下，货物的成本为 400 美元，并被转化为 30 个可销售的库存单位，其中一半被以每件 50 美元的价格售出。5 人立即付款，10 人在 10 天的账期下购买产品。因此，我们将记录的会计等式的变化如下（表 2-1）：

1. 产生的收入：15 件 × 50 美元 / 件 = 750 美元。

2. 其中现金收入为 5 件 × 50 美元 / 件 = 250 美元，而客户所欠的金额为 10 件 × 50 美元 / 件 = 500 美元。

3. 产生销售额的库存成本是 200 美元。

表 2-1 莫比乌斯公司交易活动记录

资产	美元	负债	美元	资金	美元
期初余额	1900	期初余额	900	期初余额	1000
				对留存收益的贡献	
2) 到账现金	250			1) 收入	750
2) 顾客欠款	500			3) 销售成本	−200
3) 库存消耗	−200				
期终余额	2450		900		1550

资产和负债的影响是直接的。由于持有的现金和客户欠款的增加，所以资产增加，而负债仍保持不变。

但是为什么股东的资金水平发生了变化？这项业务产生了 550 美元的利润（750 美元的收入减去 200 美元的库存消耗所得）。这些留存收益被添加到股东的资金中，并一直持续到分配时期。

示例 2.3 莫比乌斯（3）：财务报表（第 1 周）

在会计学习阶段，编制复杂的财务报表既不必要也不可取。然而，我们有可能将我们所拥有的信息转化为一套基本的综合财务报表：

莫比乌斯公司
第 1 周结束时的综合财务报表

资产	美元
非流动资产	
电脑 [500（3）]	500
流动资产	
银行现金 [（1000（1）+500（2）−500（3）+250（5c）]	1250
库存	
原材料 [400（4）−400（5b）]	0
成品 [400（5a）−200（5b）]	200
应收账款 − 顾客欠款 [500（5c）]	500
负债	
从朋友贷款 [500（2）]	−500
应付账款 − 欠供应商金额 [400（4）]	−400

	（续表）
净资产	1550
股东资金（资本和储备）	
资本 [1000（1）]	1000
净利润（550 利润表中转移而来的）	550
股东资金	1550
莫比乌斯公司	
截至 × 年 × 月 × 日（第 1 周）	美元
收入 [750（5c）]	750
销售成本 [200（5b）]	200
利润	550
在会计期末转到财务状况报表	

注：交易数字显示在方括号中，帮助确认匹配的会计条目。你会注意到，每一笔交易完成后，财务状况表结束，并且会达到平衡（即上半部等于下半部分）。

专家观点 2.5　收入与费用

国际会计准则理事会更希望我们将资产和负债的增加或减少视为损益。然而，对于非会计人员来说更常见的是将收入超过费用的部分视为利润。

收入通常指组织通过销售商品和服务产生的收益。

费用（成本）是在产生收入的过程中发生的。

在会计期末，利润表被重置为零，因为该报表是"会计期间"结束的报告，而财务状况表则显示企业"在会计期结束时"的状况。

因此，假设上述交易代表了莫比乌斯公司在交易第 1 周结束时的状况，业务将在第 2 周开始时，将利润表余额重置为零，利润 550 美元将在财务报表中被保留到使用前（可用来补偿损失或重新进行分配）。

利润表：销售成本

销售成本采用权责发生制原则将费用与其发生期间匹配。销售成本有时被称为"销货成本"。换句话说，我们将销售的产品单位与购买（生产）这些产品单位的直接成本相匹配。基本工作如下：

销售成本

期初库存	x
购买	x
（期末库存）	(x)
	x

练习：现在做习题 2.3。

示例 2.4　莫比乌斯（4）：财务报表（续）

现在，我们有第 1 周末的财务状况报表，可以直接调整报表，从而了解企业净资产和盈利水平如何在第 2 周交易中改变，见表 2-2 所示。

记住：复式记账是双重入账方法，需要把每笔交易录入两次，使财务状况表达到平衡。

表 2-2　莫比乌斯公司第 2 周财务状况变化

交易日	
8	企业获得 800 美元的原材料。发票需要在 10 日内支付。
9	所有原材料转化成了每件 60 美元的库存商品。
10	收到一个水电费账单，公司立即支付了 200 美元现金。注：假设此费用只与此会计期间有关。
11	莫比乌斯公司售出单价 60 美元的库存 35 件。其中有 20 件收到了现金，其余成品以 10 天的账期提供给客户。
12	莫比乌斯公司以 100 美元价格买了一台打印／扫描机。莫比乌斯公司买了一些文具（包括纸和信封）花了 50 美元。
13	莫比乌斯公司到账的 500 美元是顾客用 10 天账期所购买商品的回款。
14	已在第 1 周支付了 400 美元的报酬给供应商。莫比乌斯公司为了开发网上业务，为此支付 750 美元请了网页设计师。

解答

按上面的内容排序，已经完成了练习，所有交易都已被双重录入。在下面的解决方案中，每类账户（调整）已被单独编号，以便你可以跟踪每一次交易。例如，日记账 1：增加原材料 800 美元和增加供应商交易 800 美元。还要注意，从第 1 周开始的结余已经在前面简单地提出，因此没有交易编号。

莫比乌斯公司

第 2 周结束时的综合财务报表

资产

非流动资产

电脑（500）	500
打印／扫描机 [100（5）]	100

流动资产

银行现金 [1250−200（3）+1200（4）−100（5）−50（6）+500（7）−400（8）−750（9）]	1450

库存

原材料 [0+800（1）−800（2）]	0
成品 [200+800（2）−466.67（4）]	533.33
应收账款−客户欠的金额 [500+900（4）−500（7）]	900.00

负债

从朋友处得到的贷款（500）	−500
应付货款−欠供应商的金额 [400+800（1）−400（8）]	−800

净资产   2183.33

股东资金（资本及储备）

资本（1000）	1000.00

留存利润

结转（上次结余）	550
第 2 周产生的利润	633.33

股东的资金   2183.33

莫比乌斯公司

综合利润表

截至 × 年 × 月 × 日（第 2 周）

收入 [2100（4）]	2100.00
销售成本 [466.67（4）]	−466.67
毛利	1633.33

费用：

公用事业 [200（3）]	−200
印刷、邮资及文具 [50（6）]	−50
网站开发成本 [750（9）]	−750
利润	633.33

练习：现在做习题 2.4。

基础概念：计量属性和基本会计概念

让我们从这些准备练习中稍做休息，把注意力转移到一些计量属性和基本概念上。你会明白，并不是所有的事情都很容易解释，比如说，用现金购买报纸。上面的练习开发了一系列简单的交易，在这期间我们特意将你对确认、计量和披露问题的工作最小化。下面将概述一些财务报告的复杂性以及处理指南。

在此之后，我们将再次拿起莫比乌斯公司的案例，并通过一些准备练习来说明这些概念是如何通过数字而不是文本来处理的。

计量属性

在财务会计中有一些基本的计量属性，它们解释了财务报表如何记录余额。由于在财务报表中记录价值的基础计量的重要性，能吸引如此多的学术和专业评论也就不足为奇了。下面的内容是本章的关键：

- 历史成本会计。
- 现行成本会计。
- 混合计量模型。
- 货币计量概念。
- 企业概念。

在线阅读

更多关于计量属性的信息参见 www.koganpage.com/accountingfm2。

基本会计概念

有许多基本会计概念是通过规定来实施的。以下是相关概念，随后将对每个概念进行简短的解释：

- 权责发生制。
- 持续经营原则。
- 谨慎原则。
- 明细分类原则。
- 重要性原则。

权责发生制

权责发生制通常被称为匹配概念或匹配原则。实际上,"匹配"是一种假设更简单的操作方式,即使它并不严格适用于某些公认会计准则(GAAP)。权责发生制要求收入、利润和相关费用应匹配同时期的利润表。

在许多日常示例中,一笔交易记录在哪个会计期间取决于你使用的是权责发生制会计系统还是收付实现制会计系统。例如,电费通常是拖欠的。假设到 12 月 31 日结束,你有 11 张相关年度的电费月结单,还在等待第 12 张也是最后一张电费清单。你需要累计这笔费用,因为在这段时间里你要消耗电能。你得带上这笔成本计入本期利润表,并在财务状况表中相应的负债栏记上这一笔。

这个例子放到生活中也是可能的。因为在你的账户结算日之前,电力公司还没有发布清单给你,所以你可能需要估算 12 月的消费金额。这很容易看到权责发生制会计如何导致决策者增加主动性选择,因为有时对未来交易价值的估算是完全必要的。

> **专家观点 2.6　不要混淆应计账户和权责发生制**
>
> 虽然这些术语是明确相关的,但是你应该小心,不要混淆应计项目和权责发生制(也称应计制)。企业需要通过建立应计项目(即在财务状况表中设置一个流动负债)来增加用电成本(即将成本引入这个时期的利润表)。权责发生制还负责产生资产(即预付款)和相关收益。

持续经营原则

企业需要根据它们是持续经营的事项来准备项目。这样做可以向用户证明,该企业在商业上是有实力的,能够在到期时偿付债务,其所有者(或其他董事们)打算在可预见的将来继续运营。特别是,当一家企业提供其持续经营状况的承诺时,用户应该能够假定企业不会在 12 个月或更长的时间内破产清算或缩小其经营规模。

尽管标准制定者和专业机构向投资者保证,如果一家企业写了一份声明,声称他们不是一个持续经营的企业,投资者们也不需要惊慌,我们应该注意到,很难在年度报告中找到包含这种内容的声明。一些人可能会认为,提供一份企业不是持续经营的声明应被解释为透明和开放的标志。公司面对一个不确定的未来，并不是在就其持续经营状况给出明确的负面表述，而是指对其可预见的未来表示怀疑。

不保持持续经营状态的关键财务会计的复杂性在于，资产和负债应被估价，显示在其"破产"价值上，即如果它们被分批出售，企业破产，它们还能卖出多少钱。例如，非流动资产将需要被列为流动资产。它们以前被记录的价值（即成本减去累计折旧）将需要调整到其"被迫出售"价值上。

专家观点 2.7　持续经营（持续经营信息披露）

虽然有一些司法管辖区（如美国）没有明确规定企业持续经营状况的陈述，但大多数公司董事都会提一提在可预见的未来继续正常交易的可能性。事实上，即使在不需要的情况下，这样的声明也得到了相关股东的全面支持（所示如加拉赫和保罗，2012）。下面举两家公司的例子。第一家是惠特布雷德公司，一个大型零售品牌集团；第二家是牛津仪器集团，它是一家为研究和工业企业提供高科技工具和系统的领先供应商。

1. 惠特布雷德公司

2015年和2016年的年度报告和财务报表。

可从其网站下载中心下载：www.whitbread.co.uk/global/download-centre/reports-and-presentations.html。

董事会报告如下：

持续经营

业务产生了巨大营业现金流，信贷余量充足，两者支持了董事会观点，即集团有足够的资金来满足其可预见的营运资本要求。

董事会得出结论，持续经营的基础仍然是恰当的。

在第99页，审计师报告反映了持续经营的理性状态。德勤会计师事务所写道："我们同意董事会采用持续经营的会计基础，我们没有发现任何重大的不确定性问题。然而，由于并非所有的未来事件或条件都可以预测，因此该声明不能保证该集团持续经营的能力。

2. 牛津仪器公司

2016年度报告和财务报表

可从该公司网站下载中心下载：www.oxford-instruments.com/investors。

董事会报告如下:

持续经营

集团的业务活动,以及可能影响其未来发展、业绩和状况的因素,会在业绩、战略和运营部分列出。财务审查中描述了集团的财务状况、现金流量、偿债能力状况和借款额度。

集团的多样性结合它的财务实力为可持续经营提供坚实的基础。董事会审查了集团的预测,并对它们进行了调整,以纳入与销售业绩变化相关的一些潜在方案。董事会认为,集团有能力在其现有的债务额度下运作。本次审查还考虑了套期保值安排。董事会认为集团能有效应对其经营风险。

在做出合理的询问后,董事会认为,集团在可预见的未来有足够的资源继续运营。财务报表以此为基础编制。

审计师的报告与"持续经营"报告是一致的。在第83页,毕马威会计师事务所写道:根据《上市规则》,我们需要进行审查:

● 董事会与持续经营和长期生存能力有关的声明,载于第31页;

● 第44页至第50页《公司治理声明》中,与该公司遵守《2014年英国公司治理准则》的11项规定有关的部分,供我们审查。

关于上述责任,我们没有什么可报告的。

中立和(或)谨慎原则

会计交易和其他事件有时是不确定的,然而,为了使信息对决策有用,并满足基本的质量特征,它们仍然必须及时报告(以与适当的会计期间相对应)。因此,管理者经常需要做出估计来抵消不确定性。从历史上看,最好是谨慎行事。这并不是说,准确度对会计师和他们所产生的信息并不重要,但有时谨慎会减少因相关报告出现错误而导致的风险。

欧洲财务报告咨询小组(EFRAG),连同法国、德国、意大利和英国的国家标准制定机构,于2013年4月发布了一份联合公报,阐明了他们在谨慎惯例上的立场。在这份公报中,他们注意到谨慎的作用和历史。《1978年欧盟公司法第四号指令》要求,"必须谨慎地评估",特别是只包括资产负债表日的利润,而与该会计年度相关的所有损失都要考虑进去。然而,谨慎的起源要追溯得更远。

会计监管机构更倾向于要求用一种保守的方式来记录交易，简单说就是"预防最差的方案"。有种倾向就是管理者在意识到可能存在损失的时候确认损失，而只在确实获得收益的时候确认收益。虽然有些人认为谨慎是轻率——这是任何财务报告系统中一个明确的不良特征——的对立面，另一些人则认为谨慎是将偏见引入财务报表。

近年来，人们的态度似乎有所转变。谨慎应作为主要理想属性的观念已经过时，取而代之的是国际会计准则理事会编制的"中立"概念。然而，这并不意味着完全不一样了。当然，从关于质量特征的章节（财务报告概念框架部分）删去"谨慎"一词被一些人视为转折点。同时，先前的基本质量特征"可靠性"被"真实陈述"取代。在概念框架的结论基础指出，真实陈述"包含了之前的框架所包含的可靠性方面的主要特征"。该部分继续指出："真实比形式、谨慎性（保守主义）和可验证性都重要，它们在之前的概念框架中属于可靠性，现在也没有被归入真实陈述的范畴。"

国际会计准则理事会一直在谨慎地设计其概念框架来区分以下内容：

（1）故意淡化资产和利润，或夸大负债和费用；

（2）采取谨慎的方法，做出使不确定性成为必要的判断，使资产和收入不被高估，负债和费用不被低估。

请参阅一篇线上短文 www.koganpage.com/accountingfm2，这篇文章关注了（过度）谨慎的各种实际缺陷。

专家观点 2.8　有条件保守主义与无条件保守主义

学术文献也区分了有条件保守主义和无条件保守主义，有条件保守主义会在好消息和坏消息识别的及时性上有所侧重（对坏消息会更早承认），而无条件保守主义则会系统性低估净资产。根据一些学术文献，用户发现及早识别损失是有用的，因为市场对他们的预期不如对收益的预期那么频繁。人们一致同意有条件保守主义是有用的，而无条件保守主义则更有争议性。

明细分类原则

明细分类原则意思是分成不同部分。这个原则被应用于会计中，重要资产和负债通常应按其总金额单独披露,而不是相互抵消。例如,从短期现金余额中抵消短期借款是不被允许的。在某些情况下,抵消会对决策产生重大影响。

重要性

上文讨论过这个原则,它可能以自己的方式加强了它对财务报告和会计更广泛的基础性。我们引入重要性作为阈值质量。换句话说,无论何种大小或性质的企业,信息被认为是重要的,排除信息有可能扭曲企业财务状况或经营业绩的真实性。这一原则在很多方面都是有利的,尤其是因为它允许会计人员将注意力集中在有意义的余额上,并且在默认情况下,避免公司会计师花费巨大的成本调查不必要的情况。

示例 2.5　莫比乌斯公司(5)

直到这里,莫比乌斯公司的交易一直相对简单和无争议。现在你已经准备好进入下一个层次了吗?下面的例子说明了固定资产是如何产生作用的。虽然有许多标准来处理会计估算,《国际会计准则第 16 号:厂房、资产和设备》是一个非常好的工具,让我们更详细地讨论谨慎原则和权责发生制惯例。

我们在第 2 周结束时完成了先前的练习。因此,在第 3 周开始练习。在离开这个例子时,期末情况看起来如下(即第 3 周第一天财务状况的期始状态):

莫比乌斯公司
第 3 周开始时财务状况概述

	美元
资产	
非流动资产	
电脑	500.00
打印机/扫描仪	100.00
流动资产	
银行现金	1450.00
库存	
原材料	0.00
成品	533.33

（续表）

应收账款－客户欠付的金额	900.00
负债	
从朋友处得到的贷款	-500.00
应付货款－欠供应商的金额[400+800（1）-400（8）]	-800.00
净资产	2183.33
所有者权益	
资本	1000.00
留存利润（第1周和第2周）	1183.33
股东资金	2183.33

下列信息与第3周和第4周有关：

固定资产

1. 在第4周结束时，标志着第一个整月的交易结束，你已经注意到固定资产——打印/扫描机和电脑都出现了损耗迹象。你认为打印机将继续有效运行20个月，但在此之后，它将需要报废。电脑在40个月后不能再用于商业用途，但你知道一个朋友会在那时以100美元买下它。

2. 在第3周第一天，你决定买一辆专门用于商业用途的新汽车。机动车的有用经济寿命估计为5年，在该阶段终值为0美元。供应商的票据显示了以下成本：

莫比乌斯公司购买新车的成本	美元
汽车	19500
运输费用	500
其他配件	
非标准黑色无光油漆作业	1000
敞篷车顶功能	2000
一箱汽油	150
道路税（1年）	200
总计	23350

你以10%的票面利率从银行贷款购买汽车。利息每季度付一次。本金（即借入资本额）应在5年内全部偿还。

解答

表2-3所示的折旧费用，现在值得单独关注。

折旧是会计估算。收购这些资产的现金在收购当天就已支付。我们知道，随着时间的推移资产会贬值，因此直到出售或处置的那一天为止，（根据谨慎的观点）把它们以其购买价格放在财务状况表中是不恰当的。而是，我们将成本分散在资产的有用经济寿命上（根据应计惯例）。折旧是指无论是由于技术过时、市场变化还是时间流逝（即老化）而导致的固定资产在有用经济寿命中的磨损、消耗或其他损耗。

打印／扫描机

你估计打印／扫描机的经济寿命是 20 个月。因此，在月底，你应该显示资产减少了二十分之一的价值，即 100/20=5 美元／月的折旧。

该折旧费从固定资产的账面价值（买入价）中扣除（即 100−5 = 95 美元），而成本则作为费用（减少利润 5 美元）计入利润表。财务状况表上所显示的金额称为账面净值（NBV）。

这个过程将逐月持续下去，直到资产达到其有用经济寿命的尽头。换句话说，就是在接下来的 20 个月中，每个月你将减去 5 美元的资产，直到 100 美元全部被耗尽（表 2–3）。

表 2-3　打印机／扫描仪折旧表（单位：美元）

	成本	折旧	累计折旧	账面净值
1 个月	100	5	5	95
2 个月	100	5	10	90
3 个月	100	5	15	85
4 个月	100	5	20	80
5 个月	100	5	25	75
6 个月	100	5	30	70
7 个月	100	5	35	65
8 个月	100	5	40	60
9 个月	100	5	45	55
10 个月	100	5	50	50
11 个月	100	5	55	45
12 个月	100	5	60	40
13 个月	100	5	65	35
14 个月	100	5	70	30
15 个月	100	5	75	25
16 个月	100	5	80	20
17 个月	100	5	85	15

(续表)

	成本	折旧	累计折旧	账面净值
18 个月	100	5	90	10
19 个月	100	5	95	5
20 个月	100	5	100	0

表 2–3 中显示的折旧费每月计入利润表。账面净值（最后一列）也会出现在财务状况表中。

电脑

电脑的处理是相似的。唯一的区别是资产具有估计的残值。

你估计这台电脑的使用寿命是 40 个月，然后它会以 100 美元的价格被卖掉。因此，现在我们只需要将资产贬值到预期的终值，如下：

$$\frac{成本-残值}{有用寿命} = 折旧费$$

$$\frac{500 美元 - 100 美元}{40 个月} = 10(美元/月)$$

因此，在第一个月的月底，这台电脑将值 490 美元（500 美元 – 10 美元），本月的折旧费（每个月都有，一直持续到该资产的有用寿命结束）为 10 美元。

问题讨论

会计准则允许管理者选择折旧率。你认为这是为什么？这种会计选择的优点和缺点是什么？

汽车购置

《国际会计准则第 16 号：厂房、资产和设备》指出，资产的成本包括使资产达到其所需的场地和条件的所有成本。正如你所看到的，这是一个主观的练习。敞篷车顶功能是个必要的改装还是为了使用目的对资产所做的必要调整？

请记住，资本化余额要进入财务状况表，并在资产有效经济寿命内勾销。任何你认为不适合资本化的成本都应直接记在利润表上。我们建议做如下调整：

第2章 会计概念与会计体系

	资本（美元）	费用（美元）
汽车	19500	
运输费用	500	
其他配件		
非标准黑色无光油漆作业	~~1000~~	1000
敞篷车顶功能	~~2000~~	2000
一箱汽油	~~150~~	150
道路税（1年）	~~200~~	200
总计	20000	3350

资产的账面价值记录在财务状况表中，费用为20000美元，超过5年将折旧成没有残值。然而，如果按比例计算折旧，记住你拥有这项资产只有两周。因此：

	美元		美元
成本			20000
折旧	20000/5年		
	=4000/年		
	=333.33/月		
	≈77/周（一年算52周）		−154
账面净值			19846

银行贷款购车

所需贷款总额为23350美元。贷款在大约5年内全部偿还，因此被归类为非流动负债。

利息（每年10%）每季度支付一次。每年的利息费用是2335美元（23350美元×10%）。每季度费用583.75美元。由于只考虑了两周的未付利息，我们需要增加的金额是90美元[计算为：2335美元/52周=（约）45美元/周]。

由于在第一个月交易结束时欠付利息，所以它需要被归类为负债。贷款余额在几年内偿还，利息在未来几个月内到期。因此，这种余额应归类为流动负债。在此期间，需要对利润进行相应的费用匹配，以确保已将相应的费用与期限相匹配。

会计分录如下：

- 将财务报表中固定资产的成本增加 20000 美元。
- 立即收到的 3350 美元"额外附加费"记录到利润表上。
- 增加相同的非流动负债金额，即 23350 元。记住，你需要一笔贷款来支付给汽车供应商！
- 与折旧费相关的 154 美元记录到利润表上。复式记账需要将它粘贴到累计折旧账户的另一边。这一分录的效果是将净利润减少了 154 美元，并将汽车的价值减少了 154 美元。
- 最后，你需要在月末支付利息。一年的利润需要对应支付 90 美元，而未支付利息作为流动负债需要在财务状况表中显示出来。

第 4 周（1 个月）结束时的财务状况和利润表摘录

注意：这些是摘录，即报表只是概述，并不完整。我们只是强调了由于上述交易而改变的余额。

莫比乌斯公司
第 4 周结束时的财务状况摘录

	期初余额（美元）	调整（美元）	备注	期末余额（美元）
资产				
非流动资产				
电脑	500	−10	2	490
打印／扫描机	100	−5	1	95
汽车 [20000 美元（成本）−154 美元（累计折旧）]		19846	3.4	19846
流动负债				
贷款利息应计		−90	5	−90
非流动负债				
银行贷款（10% 利息，5 年还完）		−23350	3	−23350

(续表)

所有者权益

亏损	−3609	6	−3609

莫比乌斯公司
截至 × 年 × 月 × 日（第4周）
利润表的摘录

费用

折旧费－打印／扫描机	−5	1	−5
折旧费－电脑	−10	2	−10
汽车成本（额外费用）	−3350	3	−3350
折旧费－汽车费用	−154	4	−154
筹资成本	−90	5	−90
利润／（亏损）	0 −3609	6	−3609

注：1. 在会计期间，打印／扫描机折旧费。

2. 在会计期间，电脑折旧费。

3. 汽车额外配件的购置成本。

4. 在会计期间，汽车车辆折旧费。

5. 贷款利息。

6. 将利润（亏损）移至财务状况表（此移动纯粹是为了说明，假设没有其他交易在会计期间再发生，将结束分类账簿）。

进一步讨论厂房、资产和设备三个问题

让我们趁此机会简要地进一步讨论三个问题，你应该注意到固定资产的会计处理方法：

- 确认和后续再计量。
- 非流动资产处置。
- 可选折旧方法。

确认与后续再计量

我们已将例子简化，假设所有非流动资产都是有形资产，并将资产包括

在成本中。现实情况是，一些非流动资产是无形资产，从而使账面价值更难以量化——一家企业可以选择是否在每个会计期末将资产重新估价为其公开市场价值（公允价值）。如果管理层选择采用重新估价政策，那么必须保证坚持这一点：某些资产不应因其比其他资产更有价值而被优先选择出来。换言之，如果有一些你认为升值的财产和一些没升值的财产，不能只选择你认为有利于财务状况的资产去重新估价。

非流动资产处置

我们已经处理了非流动资产的购置，但这只是故事的一部分。这些资产可以处置或出售。如果以上面例子中的电脑为例，在 40 个月内资产贬值到 100 美元。这意味着，在第二个（完整）年度结束时，财务状况表上将显示持有资产 260 美元（即 500 美元 −10 美元 ×24 个月）的账面净值。如果决定出售资产并找到愿意支付给你 300 美元的人，你将获利 40 美元。如果以 100 美元的价格出售资产，你将亏损 160 美元。

在处置资产时，资产及其累计折旧被完全注销（在财务报表中将不会留下资产的痕迹），销售收入与账面净值之间的差额形成的收益（亏损）被贷记（借记）到利润表上。

在一个完美的世界里，销售收入和账面净值之间是没有差别的。这意味着折旧估计是准确的。然而，在资产处置过程中没有看到收益或亏损是不常见的。这些只是对所有权期内的折旧不足或过度折旧的反映。换句话说，收益意味着你对资产贬值的估计过于谨慎，亏损意味着不够谨慎。调节收益和账面净值的最终分录是修正分录。

可选折旧方法

有许多常用的计算折旧的方法。规则是灵活的，原因是折旧需要会计估算。主观性是允许的，但其基本精神是余额应当是真实和公平的反映，所有权的成本应该与资产所提供的经济利益相匹配。组织应尽可能适当、准确地记录其资产和负债、收益和亏损。假设管理层比其他利益相关者更了解事实，他们应该负责来选择折旧政策。

在折旧的案例中,我们推导出一种衡量资产损耗水平的方法,即一项非流动资产的有用经济寿命的消耗或其他减损,可以源自使用、时间流逝或老化、技术过时或市场变化。因此,很容易看出为什么会有不同的折旧方法演变出来。

两种最常用的折旧方法是直线法和余额递减法。通过示例来说明这些方法之间的差别是最简单的。

示例 2.6 折旧方法

你购买了一项价值 500 美元的资产,预计残值为 0 美元。第一种情况,你在直线法的基础上贬值资产;第二种情况,你在余额递减法的基础上贬值资产:

1. **直线法**试图在一段时间内均匀地贬值资产。你相信这项有形非流动资产有 5 年的有用经济寿命。因此,每年收取 100 美元资产折旧(500 美元 /5 年)。图 2-3 显示了该时期资产的账面净值。

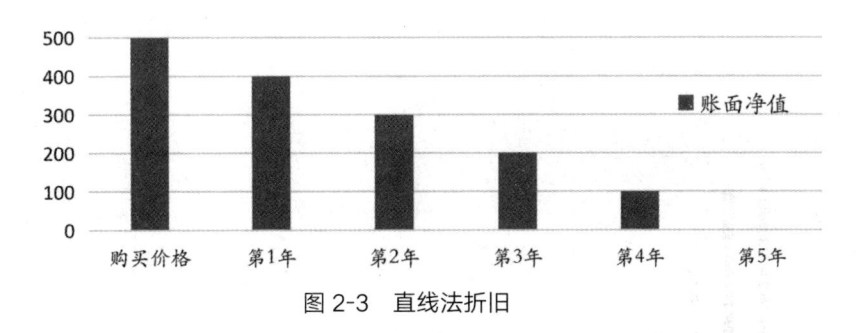

图 2-3 直线法折旧

2. **余额递减法**通常用于在使用寿命的初期损失价值较大的资产。用余额递减法进行折旧,你可以选择的资产例子是汽车、高科技产品等。

以余额递减法为基础计算折旧费,你需要给出一个适当的百分比。假设资产需要在 20% 的折旧率上贬值(注:上面的例子显示的是资产用直线法在 20% 贬值率上的贬值结果)。在第 1 年,折旧费与以前的基础是相同的,因为它仅仅是购买价格的 20%。然而,第 2 年和随后的所有年份,基于账面净值计算折旧 [即第 2 年折旧为 400 美元(NBV)× 20% = 80 美元]。下面的方法和图 2-4 说明了差异。

	美元	账面净值（美元）
购买价格	500	
第1年折旧费	−100	
第1年底账面净值		400
第2年折旧费	−80	
第2年底账面净值		320
第3年折旧费	−64	
第3年底账面净值		256
第4年折旧费	−51.2	
第4年底账面净值		204.8
第5年折旧费	−40.96	
第5年底账面净值		163.84
第6年折旧费	−32.77	
第6年底账面净值		131.07
等等		

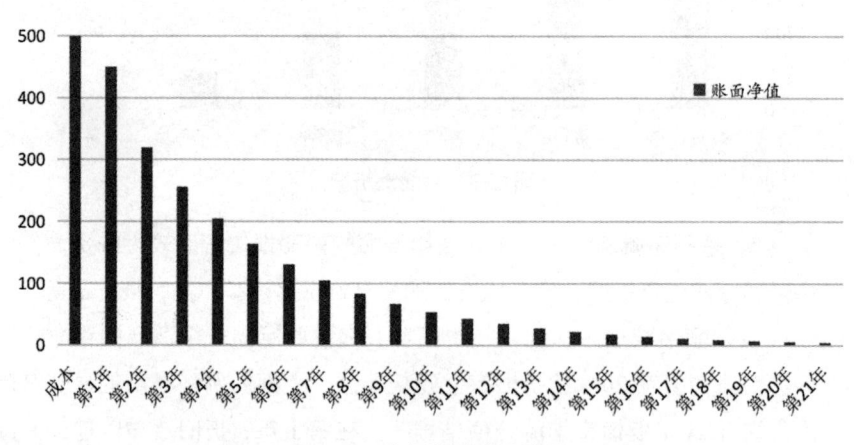

图 2-4　余额递减法示意图

会计信息记录

得出这一章的结论时，你可能想更直观地了解会计账簿和记录方式。我们尽量简化记录过程，主要是因为电脑记账软件的出现意味着许多记录过程发生在幕后。在按下按钮时，系统就可以打印异常报告、在某个日期的试算余额、草拟的财务报表等。系统还允许你深入了解客户或供应商的账户，如果需要的话，可以查到单个票据。在不久以前，这还是一个漫长而令人筋疲力尽的过程！当然，手动系统也可以做同样的事情，只是它更耗时。图 2-5 中的流程图显示了如何在分类账户之间整理和转移信息，随后如何将其汇总为试算余额，然后再将其改写成一套财务报表。

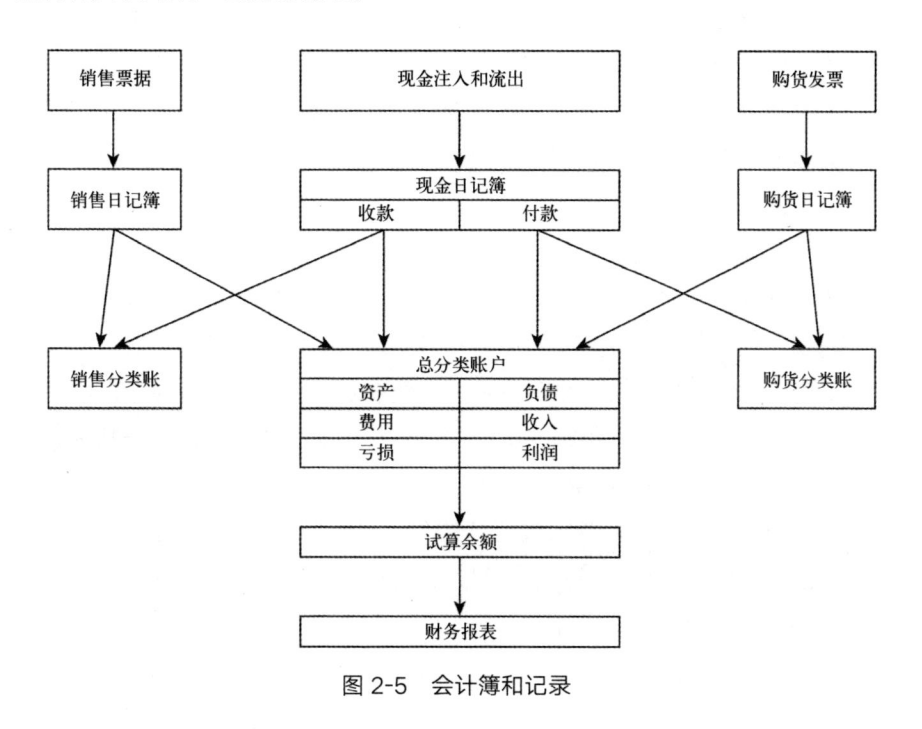

图 2-5　会计簿和记录

练习：现在做习题 2.5。

示例 2.7　莫比乌斯（6）

期末调整

在每个会计期末，公司很可能需要进行一系列期末调整。非流动资产折旧就是一个例子。通常做的调整是修正分录、以权责发生制会计将数字进行估算或调整。让我们再次考虑在第 4 周末的莫比乌斯公司的财务状况和利润表。下列是相关的信息：

1. 莫比乌斯公司在交易的第 3 周安装了一条电话线和网络宽带。电话公司每季度会滞后发放费用清单，你还没有收到第一张费用清单。这笔交易没有记录在会计记录中，因此也没被包括在财务报表中。你估计在第一个会计期间的使用将花费大约 100 美元。

2. 在第 4 周最后一天，你找到了合适地点来建立公司。每月租金是 1000 美元，房东要求你预先支付。你是用现金支付的。

3. 莫比乌斯公司以赊销的方式售出了 20000 美元的产品。期末客户（从所有交易中）欠下的总金额为 4900 美元。

4. 莫比乌斯公司在第 3 周和第 4 周的交易中赊购了另外 9000 美元的原材料。8000 美元的价值被转化为成品，其中四分之三被售出。其余部分在期末作为库存持有。这是该期结束时仅有的货物，因为从第 1 周和第 2 周起的成品在第 3 周售出。在会计期末，供应商总共欠了 2000 美元。

解答

1. 莫比乌斯公司报告以权责发生制（而不是收付实现制）为基础。该惯例要求，在获得收益时，收益、利润和相关的成本应与同一时期的利润表相匹配。因此，我们需要对应此期间的损益收取相关比例的电话费用。为了使这一会计分录生效，需要在财务状况表中有相应的分录。换言之，需要将 100 美元的电话费用记在利润表上，并在财务状况表中设定相同数额的流动负债。

2. 1000 美元的租金开支需要转入下一个期间，因为这是其发生的时期。让我们把这个交易分成两部分。第一部分是现金交易。现金离开银行账户时，相应的分录要在利润表中设置为租金费用。然而，正如我们所知，费用应该转入下一个会计期间，故有 1000 美元的利润不应该在那里。需要在一个会计期间结束时修正分录作为会计交易的第二部分。

由于现金已实际支付，"银行现金"余额不能，也不应该进行调整。而是，需要纳入一种不同类型的流动资产；在这个案例中，它就是预付款。通过增加资产 1000 美元，就可以在利润表填上分录的另一边。所需要做的就是用这个抵消我们纳入现金交易部分的那 1000 美元。这将在利润表中的租金成本降低到 0 美元，用预付收益抵消现金亏损，使流动资产净值为 0 美元。

注释：交易第三部分在这里没有处理，因为它涉及预付款的释放。在下一个会计期间结束时，租金成本需要从利润中扣除，预付款需要从财务状况表中移除（并且可能还要在另外的分录中设置）。

3. 收入应增加 20000 美元。应收账款应涨到 4900 美元。现金余额应适当纠正，以反映这些销售额和已经开票但没有在前期收取的货款。

4. 该公司购买了 9000 美元的原材料，其中 8000 美元转化为成品库存，四分之三售出。因此，在这一时期结束时持有库存。原材料的结余余额应显示为 1000 美元的流动资产，期末库存清单应包含在 2000 美元内。

结算交易应付账款（流动负债）应在财务状况表中显示为 2000 美元。我们必须假定所有其他余额都已支付。

第 4 周交易结束时的财务报表如下：

莫比乌斯公司
第 4 周结束时的财务状况摘录

	美元	美元
资产		
固定资产		
电脑		490
打印／扫描机		95
汽车		19846
		20431
流动资产		
银行现金 [1450（b/fwd）−1000（2a）+16000（3b）−800（4a）−7000（4e）]	8650	
库存		
原材料 [1000（4d）]	1000	
成品 [533.33（4b/fwd）−533.33（4b）+2000（4b）]	2000	
应收账款－客户欠付的金额 [900+20000（3a）−16000（3b）]	4900	
预付款 [1000（2b）]	1000	
	17550	

	美元	美元
流动负债		
应付货款－欠供应商的金额 [800（b/fwd）−800（4a）+9000（4c）−7000（4e）]	−2000	
贷款利息应计	−90	

（续表）

应计 [100 (1)]	−100
	−2190
净流动资产	15360
非流动负债	
从朋友处借贷	−500
银行贷款	−23350
净资产（负债）	11941
股东资金（资本和储备金）	
资本	1000
留存利润（第1周至第4周）	10941
股东资金	11941

莫比乌斯公司

截至 × 年 × 月 × 日（第4周）利润表摘录

收入 [2850（b/fwd）+20000（3a）]		22850
销售成本		
期初库存	0	
购货费用 [666.67（b/fwd）+533.33（4b）+9000（4c）]	10200	
期末库存 [1000（4d）+2000（4d）]	−3000	
		−7200
毛利		15650
费用		
公共事业		−200
打印、邮资和文具		−50
网站建设费用		−750
折旧（5+10+154）		−169
汽车成本		−3350
电话服务费 [100（1）]		−100
租金成本 [+1000（2a）−1000（2b）]		0
息税前利润		11031
融资成本		−90
利润		10941

示例 2.8　莫比乌斯（7）

现金流量表

莫比乌斯公司是一家业务简单的企业，没有复杂的交易，因此可以快速直接地转换权责发生制财务信息，以揭示现金流的变化。当然，在交易的第一阶段结束时也简化了编制过程。请注意格式，特别是要分为三个不同的部分：营运活动、投资活动和融资活动。这是为了便于解释和分析现金状况。

莫比乌斯公司
截至 × 年 × 月 × 日（1 个月）现金流量表

	美元	美元
营运活动产生的现金流：		
营业现金（注1）		4490
利息支付（包括这里及下面的融资活动）		−90
分期付款（包括这里及下面的融资活动）		0
营运活动产生的净现金流		4400
投资活动产生的现金流		
资产收购	−20600	
资产售出	0	
投资活动产生的净现金流		−20600
融资活动产生的现金流		
股票发行	1000	
贷款到账	23850	
贷款预付	0	
融资活动产生的净现金流		24850
净现金流入／流出		8650
期初净现金		0
	美元	美元
期末净现金		8650
注1　营运活动和净现金一致		
营运产生的现金		10941
期间利润		90
利息支付		169
折旧		−5900
增加交易应收账款（含预付款）		2190
增加交易应付账款（含应计）		−3000
增加库存费用		4490

练习：现在做习题 2.6。

专家观点 2.9　现金流量表

（在编制其他财务报表时）编制现金流量表的优点是，你得到了余额数据——现金和现金等价物的结余余额。有时这可能是一个综合余额（例如小额现金、银行透支、短期现金和现金等价物），但最终，这使得练习更容易完成。有趣的是，你可能会发现，在现实生活中完成这项练习时，电脑记账软件常常很难生成一个准确的现金流量表，除非负责输入数据的人清楚地标明项目的"现金"和"非现金"。

问　题

1. 概述财务状况表的内容和目的。
2. 概述综合收益表的内容和目的。
3. 概述现金流量表的内容和目的。
4. 什么是权责发生制？举一个例子表明你明白这一点。
5. 如果一家企业的账目是在破产基础上编制的，这意味着什么？
6. 列出并描述两种折旧方法。就每种方法，提供一个与某项适用该方法的资产有关的例子。

习　题

参见 www.koganpage.com/accountingfm2。

习题 2.1　财务报表内容：

（1）利润表：收入－费用＝利润

这两个分类，你能列出一些例子吗？

收入案例	费用案例

（2）账务状况表：资产－负债＝股东资金（净值）

你能写出资产和负债的例子吗？

资产案例	负债案例

习题 2.2 见第 46 页。

习题 2.3 攀登

第 1 章中的示例 1.1 提供了以下信息：很长一段时间，你一直在想如何将你对攀登的热情转变成商机。在最近的攀登之旅中，你遇到了克里斯，一个攀登装备设计师。他同意为你提供 100 个镁粉袋和 100 件攀登 T 恤，单价分别是 4 美元和 5 美元。你与他达成协议，随着货物的销售，你将分批付款。一到家，你就在一家拍卖网站上架了 30 个镁粉袋和 50 件 T 恤，分别以 8 美元和 10 美元的单价在 3 天内售罄。

有一半客户立即付了款。你提供了 20 天付账期，过去的经验告诉你，客户倾向于充分利用这一优惠。

要求：根据这些信息，编制财务状况表和利润表。

习题 2.4 哥布林·库姆公司

请说明下列哪个项目可以作为资产出现在优质饮料龙头企业哥布林·库姆公司的财务状况表上：

● 在该年度，公司以 40 天付账期为条件向特洛伊罗斯·迭勒克特公司售出价值 150000 美元产品。这笔货款在年底仍未到账，管理层认为这货笔款将永远不会收到。

● 哥布林·库姆公司到年底持有 2200 万美元的成品存货。在这笔金额中有 50 万美元涉及该年度被禁止销售的一款产品。董事会已确定该产品是高效除漆剂。买家已经找到，他们愿意出价 10 万美元将这批无法销售的库存商品全部买走。

● 一家竞争公司生产了一种名叫"阿博尔"的大众威士忌。该年年初哥布林·库姆公司花 3000 万美元收购了该公司（并默认为"阿博尔"品牌）。当时资产减去负债的公允价值估计为 1000 万美元。

● 哥布林·库姆公司聘请了新的企业传播团队。他们坚信该服务将引导企业每年利润增长超过 1200 万美元。

● 一家竞争公司老唐·夸里公司开发了一款产品。哥布林·库姆公司的董事会决定在未来 4 年以 200 万美元的价格购买制造和分销这种产品的专有权。这种新型饮料已经证明是成功的，销量超过了预期。

练习 2.5　攀登案例（续）

新业务交易"攀登"在继续加速！这些产品已被证明颇受欢迎，你认为这是抓住机会的好时候，决定扩大和增加业务。下表是截至 2016 年 12 月 31 日的现金交易表的一部分：

现金流入描述	美元	现金流出描述	美元
销售现金	32000	付供应商货款	49000
信用销售款	106000	器械购买费用	55000
投资资本（转自私人银行账户）	30000	租金和利率	7800
银行贷款	45000	公共事业费（水电煤气等）	3500
收到利息	200	保险金	1200
器械销售额	2500	电话费	300
		邮资和打包	200
		网站建设成本	1500
		旅游／攀登费用	10500
		日常开销	6300
		人员工资	12000
		酬金（你的薪资）	8000
		支付利息	2300
		目前余额	58100
	215700		215700

同时还获得以下信息：

1. 器械于 2016 年 4 月 1 日购买。这些资产的估计有用经济寿命为 4 年。残值估计为 0 美元。你可以假设在购买年内有 1 年的折旧，但在销售年度没有。

2. 一些器械很快被证明是不必要的，且在年内以 2500 美元的价格出售。原价是 5000 美元。

3. 截至 2016 年 12 月 31 日，仍欠 400 英镑水电费。

4. 截至 2016 年 12 月 31 日，期末存货为 14000 美元。

5. 截至 2016 年 12 月 31 日，交易应收账款为 10500 美元。

6. 截至 2016 年 12 月 31 日，交易应付账款项为 18000 美元。

7. 你需要在 2016 年 12 月 31 日支付 1500 美元会计费用。

根据上述信息，请你判断扩大和增加业务是否合理。

习题 2.6　攀登案例（续）

根据习题 2.5 的解决方案，为截至 2016 年 12 月 31 日的攀登案例编制一个现金流量表。

参考文献

1. Gallagher, M and Paul, B (2012) Assessing Going Concern: Stakeholders would benefit from clarity in US disclosure requirements, *Point of view*, PricewaterhouseCooper LLP Publications, December

补充阅读

1. Bakar, N B A and Said, J M (2007) Historical cost versus current cost accounting, *Accountants Today*, January

2. Elliott, B and Elliott, J (2011) *Financial Accounting and Reporting*, 15th edn, Pearson Education, Harlow Fahnestock, R T and Bostwick, E D (2011)

3. An analysis of the fair value controversy, *Proceedings of The American Society of Business and Behavioral Sciences at Las Vegas*, 18(1), pp 910－213 Hendriksen, E F and Van Breda, M F (1992) *Accounting Theory*, 5th edn, Irwin Professional Publishing, Burr Ridge, IL

4. Institute of Chartered Accountants in England and Wales (2009) Going concern: don't panic, *Accountancy*, January

5. Laux, C and Leuz, C (2009) The crisis of fair-value accounting: making sense of the recent debate, *Accounting, Organizations and Society*, 34(6), pp 826－34

6. Power, M (2010) Fair value accounting, financial economics and the transformation of reliability, *Accounting and Business Research*, 40(3), pp 197－220

第 3 章
财务分析 I

学习目标

本章的目的是帮助提升财务会计信息的分析和解释能力。本章作为财务分析的第一个章节,重点是理解适当的分析形式,例如计算关键管理比率。本章将描述如何通过各种方法来评估企业的业绩和状况。

学习成果

在学习本章后,读者将能够:
- 确认财务报表的主要内容,可以通过财务报表进行企业状况评估。
- 将运用水平分析、趋势分析、垂直分析和比率分析来解释企业年度报告中所包含的财务报表内容。
- 从当前和潜在投资者或其他利益相关者的角度评估公司。

学习重点

- 财务分析角度:盈利能力、流动性、效率、偿债能力和投资者回报。
- 运用比率分析和其他方法解析和评价公司的全套会计工作。
- 本章将包含小型案例,便于练习,学生必须从不同的角度评价公司。

管理问题

虽然管理者能够计算比率是有帮助的,但更重要的是,他们要能够通过解释和分析财务报表掌握分析方法。

引 言

本章考虑各种财务报表分析形式，包括：

- 水平分析。
- 趋势分析。
- 垂直分析。
- 比率分析。

我们在下一章将这些方法结合起来。假设学习这些分析方法对你来说是比较新颖的。使用适当，比率分析是一种非常有效地将数据转变成有意义信息的方式。进行比率分析的关键是关注信息使用者及其存在的问题。例如，当前（或潜在）投资者可能希望了解组织的状况、业绩和财务战略。出借方可能想衡量短期流动性和长期偿债能力。他们衡量短期流动性是为了衡量公司是否可以支付其利息，衡量长期偿债能力是确定公司是否有可能存在偿还困难。另一方面，一个环保活动家调查年度报告和财务报表的动机可能会大不相同。当计算和解释关键比率时，他们很可能从社会、环境或道德角度来判断公司。因此，有一列长长的清单去计算财务比率的好坏，但更好的是能够开发出一套更有效的方法去确认最需要计算的比率，然后一一解释它们。

财务比率的有用性早已被确立。陈和希梅尔达（1981）在其论文《财务比率有用性的实证分析》（*An Empirical Analysis of Useful Financial Ratios*）中这样写道：

> 财务比率在评价一家企业的业绩和状况方面起着重要作用。多年来，实证研究一再证明财务比率的有用性。例如，通过检查财务比率，财务陷入困境的公司可以在宣告破产前一年与未破产公司分离，其准确率大于90%。在确定债券评级时，当财务比率作为唯一使用的评价变量时，所得评级与机构评级几乎相同。在使用财务比率时，有一个反复出现的问题：如何从现有财务数据计算的数百个比率中轻易提取出某个数据，而该数据正是分析我们手头任务所需要的（pp51—60）。

本章提供了一个财务比率表，我们认为这是最有用的。同时还展示了如何计算每一个比率,并帮助你建立分析和解释的能力。为了让这些内容更真实、更生动,我们精心准备了航空公司的比率分析案例。

本章内容分为五大类:

- 盈利能力;
- 流动性;
- 效率;
- 偿债能力;
- 投资者回报。

以投资为导向的财务报表分析

以投资为导向的财务报表分析(买入、持有或卖出)假设投资者是理性的、厌恶风险的,并试图根据未来现金流的折现值来最大化其收益。换言之,我们假设投资者有一个边界,在这个边界上交易回报和风险得到了权衡,如果回报达不到既定基准,投资将被拒绝。

然而,在对企业进行投资之前,有两个基本假设:

1. 在证券交易所购买股票不只是纸面上的交易,它是对企业的投资。
2. 在你投资企业之前,你应该了解该企业。

因此,不要把你的状况和业绩评估限定为数字练习。如果继续进行对企业的分析练习,你要么以投资者身份,要么以未来投资者的身份去思考问题。所以,你就必须了解该公司所处的行业和公司在行业中的地位。你应该考虑的问题有:

- 组织的目标;
- 经营战略;
- 了解其销售的产品/提供的服务;
- 了解正在研发的产品;
- 对高层管理团队及其愿景的信任程度;
- 产业竞争力和业内地位;
- 企业的商誉;
- 企业经营的政治、法律、法规、社会和道德环境;

第3章 财务分析 I

- 将产品推向市场所需的技术；
- 对熟练和非熟练员工的依赖和人才市场的竞争力；
- ……

问题讨论

你已经了解了很多公司，而且能够获得大量的信息，包括其年度报告和财务报表。你认为机构投资者及其金融中介机构是不是知道你所不知道的信息？

其他用户及其需求

如前所述，投资者并不是唯一有财务信息需求的用户群体。他们并不是唯一对企业财务报表感兴趣的群体。表3-1列出了这些不同用户群体可能具有的广泛动机，以及可以满足其需求的信息类型。

表3-1　用户群体信息需求

用户群体	参考年度报告的潜在动机	财务信息需求示例
投资者	关注企业的管理。关键问题是增长（历史和潜在的）、业绩（过去、现在和未来）、状况、风险和回报。	相对于所承担的风险水平，投资回报（股息和资本增长）是多少？
员工	员工们想知道公司是否稳定和有偿债能力。	公司在财务上稳定吗？在可预见的将来还会持续吗？借款水平和到期日将是有用的信息吗？我所在的企业和工作部门的盈利情况如何？
顾客	可能是基于得到公平价格进行调查的动机，也可能是对某个供应商的过度依赖。	公司盈利吗？如果盈利，是否存在过度盈利的问题？与竞争对手相比，价格如何？公司（你的供应商）是否有偿债能力，还是你应该寻找替代品？
出借方	公司是否有偿债能力，是否有短期资源满足利息支付？	考虑一些问题，比如利息保障倍数、已动用资本报酬、债务股本比。

(续表)

用户群体	参考年度报告的潜在动机	财务信息需求示例
供应商及其他债权人	供应商将主要关心是否会得到他们被欠的钱。他们也可能有依赖问题，比如他们的客户公司在可预见的未来是否会继续运营，他们是否应该寻找新的客户。	考虑流动性（短期财务状况）、营运资本状况和需求、偿债能力（中长期财务状况）等问题。
公众	公司运营是否会对环境、社会和道德负责任？	对于大企业，年度报告可能包括或附带企业社会责任报告。当然，这对于非财务问题的决策非常有用。公众，尤其是在大企业经营覆盖范围的社区公众，将会关心社区事务，例如公司如何对待员工的报酬；公司是否会继续存在并投资当地社区，公司是增长还是收缩？因此，衡量盈利能力和业绩的计量标准对这个用户群体也很重要。
政府及其机构	政府及其机构将关注一系列问题，如税收、董事薪酬、雇用详情、治理等。年度报告通常是此类披露要求的指定资料库。	被提及的问题将取决于调查的性质。收入水平对销售税（增值税）至关重要。营业利润水平与公司所得税有关。在建立更广泛的宏观经济环境时，企业的偿债能力可能是令人感兴趣的。

水平分析与趋势分析

方法概要

水平分析以逐行进行横向比较为基础，其目标是衡量一家公司在给定时间内的相对业绩水平（或状况）。当然，对原始数字进行这种分析（水平分析）是可能的，但通常情况下更多的做法是最好使用第一个账户周期作为基础值，并设置为"100"（趋势分析）。然后从这个基础值开始，你将分析未来时期的百分比增长。因此，如果收入从第1年度1亿美元变化到第2年1.1亿美元，收入增长可以用1000万美元（水平分析）或1.1（即基数的110%；趋势分析）

来表示。或者，如果收入在第 2 年跌到 0.75 亿美元，这将被记录为 0.75（即基数的 75%），表明从期初的状况下降了 25%。

虽然进行这项练习可能是费时的，但它有助于揭示模式和趋势以及不规则和异常情况。这种分析并不少见，它是审计公司在收到一套新的年度财务信息时进行分析的第一步。这是一个直截了当的分析评审。逐行比较数字可以构成与财务总监讨论会计期内业绩的基础。这种方法也提供了机会确认前几年账户余额中的任何异常变动，从而确认那些风险较高的余额（因为有可能出现误报）。这可以帮助决策者分清财务领域中潜在的错误信息或误报。推断当前趋势，预测未来增长，通常被用作一种可信度和（或）稳健性检查，而且人们谈论曲棍球棒效应的情况并不罕见，所谓"曲棍球棒效应"就是描述曲棍球棒形状收入增长的图表很可能是"太好而不真实的"。

我们选择采用瑞安航空公司作为案例来展示这些方法。在过去的 10 年以上时间里，这家公司在欧洲已经家喻户晓，并成功赢得了廉价航空公司的声誉。以下是该公司网站的介绍：

> 瑞安航空公司是欧洲最受欢迎的航空公司之一，年客运量为 1.19 亿人次。每天有 1800 多趟航班从 85 个机场起飞，连接 33 个国家的 200 多个目的地。公司拥有 360 多架波音 737 客机，还有 300 架波音 737 客机在订购中，这将使瑞安航空公司以更低票价服务顾客。到 2024 财年，公司年客运量将增加到 2 亿人次。瑞安航空拥有一支由超过 1.2 万名高技能航空专业人员组成的团队，提供欧洲第一的准点率和 31 年行业领先的安全记录。
>
> www.ryanair.com （2017 年 4 月）

示例 3.1 提供了从 2003 年到 2016 年挑选出来的 14 年的财务信息。水平分析揭示了强劲的增长曲线（表 3-2、表 3-3）。

表 3-2　2003—2016 年瑞安航空公司财务信息 I

单位：千英镑

	2003	2004	2005	2006	2007	2008	2009	2010	2011	2012	2013	2014	2015	2016
营业收入	842508	1074224	1319037	1692530	2236985	2713822	2941965	2988100	3629500	4390200	4884000	5036700	5654000	6535800
营业费用	547671	801388	949957	1279265	1765240	2176742	2849334	2586000	3141300	3707000	4165800	4378100	4611100	5075700
息税前利润	294837	272836	369080	413265	471745	537080	92631	402100	488200	683200	718200	658600	1042900	1460100
税后利润	239398	206611	280043	306712	435600	390708	169200	305300	374600	560400	569300	522800	866700	1559100
股利	0	0	0	0	0	0	0	0	500000	0	0	0	520000	0
股票回购	0	0	0	0	0	0	0	0	0	124600	0	481700	112000	706100
应付利息（财务费用）	30886	47564	57629	73958	82876	97088	130544	72100	93900	109200	99300	83200	74200	71100
每股基本收益	31.71	27.2	35.1	20	28.2	25.84	11.44	20.68	25.21	38.03	39.45	36.96	62.59	116.26
流动资产	1114346	1317973	1653421	2053627	2409266	2387122	2543077	3063400	3477600	3876600	3763900	3444300	5742000	4821500
应收账款	14970	14932	20644	29909	23412	34178	41791	44300	50600	51500	56100	58100	60100	66100
应付账款	61604	67936	92118	79283	127243	129289	132671	154000	150800	181200	138300	150000	196500	230600
库存	22788	26440	2460	3422	2420	1997	2075	2500	2700	2800	2700	2500	2100	3300
流动负债	377539	486826	649302	845872	1190172	1557150	1379191	1549600	1837200	1815000	1911700	2274500	3346000	3369500
非流动负债	847440	996884	1434348	1796362	2033742	2268207	2583610	3165200	3804900	3879300	3758700	3251800	4804300	4252000
股东权益	1241728	1455288	1734503	1991985	2539773	2502194	2425061	2848600	2953900	3306700	3272600	3285500	4035100	3596800
已动用资本	2089168	2452172	3168851	3788347	4573515	4770401	5008671	6013800	6758800	7186000	7031300	6537300	8839400	7848800

(续表)

	2004	2005	2006	2007	2008	2009	2010	2011	2012	2013	2014	2015	2016
销售收入	842508	128	157	201	266	322	349	355	431	521	580	598	671	776
营业利润	294837	93	125	140	160	182	31	136	166	232	244	223	354	495
税后利润	239398	86	117	128	26	163	71	128	156	234	238	218	362	651
应付利息	30886	154	187	239	268	314	423	233	304	354	322	269	240	230
基本每股收益	32	86	111	63	89	81	36	65	80	120	124	117	197	367
流动资产	1114346	118	148	184	211	214	228	275	312	348	338	309	515	433
流动负债	377539	129	172	224	296	412	365	410	487	481	506	602	886	892
应收账款	14970	100	138	200	156	228	279	296	338	344	375	388	401	442
应付账款	61604	110	150	129	89	210	215	250	245	294	224	243	319	374
库存	22788	116	11	15	11	9	9	11	12	12	12	11	9	14
股东权益	1241728	117	140	160	205	202	195	229	238	266	264	265	325	290
非流动负债	847440	118	169	212	240	268	305	374	449	458	444	384	567	502
已动用资本	2089168	117	152	181	219	228	240	288	324	344	337	313	423	376

示例 3.1　对瑞安航空公司的历史分析与趋势分析

问题

这种分析的主要问题是：

- 假定不同年份的余额之间可比较：

会计政策有可能发生变化，比如会计要求、财务战略等，我们用直接的同比比较是不可能的。

- 决定以哪一个时期为基准年：

例如，设置 2009 年作为瑞安航空公司的基准年并不会造成实质性改变。

关于财务分析练习的一点注意事项

记住，这些练习的最简单方面就是完成数据收集练习和执行机械计算。任何财务分析的焦点都应该落在"分析"上。确保你不要简单地问自己诸如"余额剩多少"或"余额怎么那么少"之类的问题，但同样"为什么"和"那又怎么样"的问题也是如此。你可能想问自己的一些初步问题是：

- 这些信息会告诉我公司的业绩如何吗？
- 与其他财务周期相比，公司做得好吗？
- 公司是否超过了自己的目标？
- 与同一行业的其他公司相比如何？
- 哪些方面是未来需要思考的：企业；地方经济；全球经济；客户与供应商；政治改革；社会、环境和道德氛围等？

垂直分析

水平分析以特定的年份为基础确定跨时段的趋势，垂直分析则是逐年寻找数据中的模式。在利润表中，收入应重新表述为"100"，所有后续数字根据这个基准进行重新测算。在财务状况表中，使用（净）资产数字作为基准。这当然意味着，你有两个总数要加到"100"。这项练习要将那些重要余额（根据数值大小）与不重要的余额区分开来。再次，审计师使用这种方法确定重要余额和高于平均潜在风险的区域。

示例 3.2 显示了瑞安航空截至 2016 年 3 月 31 日加一个比较期的财务状况报表和利润表。

示例 3.2　对瑞安航空公司的垂直分析

表 3-3　瑞安航空公司利润表示例

利润表
时间截至 3 月 31 日

	2016 百万英镑	%	2015 百万英镑	%
收入	6535.8	100.0%	5654.0	100.0%
营业费用				
员工成本	−585.4	−9.0%	−502.9	−8.9%
折旧	−427.3	−6.5%	−377.7	−6.7%
燃油	−2071.4	−31.7%	−1992.1	−35.2%
维修、护理和补修	−130.3	−2.0%	−134.9	−2.4%
飞机租金	−115.1	−1.8%	−109.4	−1.9%
航线费用	−622.9	−9.5%	−547.4	−9.7%
机场付费	−830.6	−12.7%	−712.8	−12.6%
销售和分销	−292.7	−4.5%	−233.9	−4.1%
营业利润	1460.1		1042.9	
其他收入（费用）				
财务收益	17.9	0.3%	17.9	0.3%
账务费用	−71.1	−1.1%	−74.2	−1.3%
外汇交易所得（亏损）	−71.1	0.0%	−4.2	−0.1%
财产处置所得	317.5	4.9%	0.0	0.0%
税前利润	1721.9		982.4	
日常利润所得税	−162.8	−2.5%	−71.1	−2.0%
年度利润	1559.1		866.7	

专家观点 3.1　其他股东的反应

这不是对公司的批评，当前和潜在的投资者可能都乐于看到利润数字上升，但你认为员工会如何看待这些数字？你认为环保主义者会很高兴看到乘客数字增加吗？他们会为航空公司实现更高水平的盈利能力喝彩吗？

表 3-4　瑞安航空公司财务状况表示例

财务状况表 截至 3 月 31 日	2016 百万英镑	%	2015 百万英镑	%
非流动资产				
厂房、资产和设备	6261.5	55.8%	5471.1	44.9%
无形资产	46.8	0.4%	46.8	0.4%
可供销售资产	0.0	0.0%	371.0	3.0%
金融衍生工具	88.5	0.8%	554.5	4.6%
总非流动资产	6396.8	57.0%	6443.4	52.9%
流动资产				
库存	3.3	0.0%	2.1	0.0%
其他资产	148.5	1.3%	138.7	1.1%
应交税费	0.0	0.0%	0.8	0.0%
应收账款	66.1	0.6%	60.1	0.5%
金融衍生工具	269.1	2.4%	744.8	6.1%
限制用途的现金	13.0	0.1%	6.7	0.1%
金融资产：现金 > 3 个月	3062.3	27.3%	3604.6	29.6%
现金和现金等价物	1259.2	11.2%	1184.6	9.7%
总流动资产	4821.5	43.0%	5742.0	47.1%
总资产	11218.3		12185.4	
流动负债				
应付账款	230.6	2.1%	196.5	1.6%
应计费用和其他负债	2112.7	18.8%	1938.2	15.9%
一年内到期债务	449.9	4.0%	399.6	3.3%
应交税费	20.9	0.2%	0.0	0.0%
金融衍生工具	555.4	5.0%	811.7	6.7%
总流动负债	3369.5	30.0%	3346.0	27.5%
非流动负债				
准备金	149.3	1.3%	180.8	1.5%
金融衍生工具	111.6	1.0%	37.4	0.6%
延期税收	385.5	3.4%	462.3	3.8%
其他信贷	32.5	0.3%	55.8	0.5%
长期债务	3537.1	31.9%	4032.0	33.1%
总非流动负债	4252.0	37.9%	4804.3	39.4%

(续表)

股权和储备金				
发行的股本	7.7	0.1%	8.7	0.1%
股本溢价账户	719.4	6.4%	718.6	5.9%
其他不记名资本	2.3	0.0%	1.3	0.0%
留存资本	3166.1	28.2%	2706.2	22.2%
其他储备金	298.7	−2.7%	600.3	4.9%
权益和储备金	3596.8	32.1%	4035.1	33.1%
	11218.3	100.0%	12185.4	100.0%

解读垂直分析信息

应该很容易理解垂直分析这种模式为什么既吸引人又能提供信息。分析师的注意力将立即被吸引到最关键的余额上。通过与往年的垂直分析进行比较，它还可以被用作一种水平分析形式。在瑞安航空公司的案例中，盈利能力的主要驱动因素是收入、员工成本、折旧、燃油、航线费用、机场付费。燃油成本大约相当于总收入的三分之一（2016年占31.7%；2015年占35.2%），因此对最终结果至关重要。然而，燃料批发价格的变化——这通常是一种波动性商品，或者燃油管理方式（对冲计划）的转变对瑞安这样的航空公司会产生深远的（正面或负面）影响。

财务状况表显示的资产余额是固定资产（即飞机）及现金和现金等价物的值。水平分析表明，瑞安航空公司不维持年度股利支付政策，因此现金要么累积，要么用于回报而不是花掉。然而，最近，该公司已回购一些股票并支付特别股利，以分配部分累积的现金储备。尽管如此，在经济萧条时期，该公司需要一个现金缓冲来保护自己。航空业的利润尤其不可预测（高度依赖固定成本，如工资和折旧，这意味着企业的利润相对较易波动），而不幸的是，过去10年中许多企业没有幸存下来。最近的股利支付和股票回购很可能是为了强调管理层坚信所持有的现金储备远远大于所需的现金。他们有两种选择：要么重新投资于企业（见本书后面的资本投资决策的标准），要么公司将资金转交给股东。鉴于目前净现值投资机会不足，只能采取后一种选择。最突出的负债是购买固定资产所需的长期债务。

请注意，根据上面的垂直分析，你还可以得出许多其他有用和深刻的结论。然而，这是一种与其他方法结合使用的方法，因为它允许分析师简单地对关键数据进行快速评估。该方法的优点在于其执行和解释的简单性；它的弱点来自其简单性。

比率分析

比率分析简介

使用比率分析，至少在理论上讲，是一个简单的过程。我们只需要仔细选择一个相关分子，然后除以一个同等相关分母，就可以得到一个可能对评估企业的业绩、财务状况和（或）战略有意义的计算。一旦求得结果，在适用时，就可对其进行解释和进一步分析。你的计算通常会提供一个比率（如流动比率）、百分比（如毛利率），但也有其他比率显示若干倍数（如利息保障倍数）或若干天（如应收账款的回收天数）。

在这个阶段，你应该注意到一个重要的考虑因素，即试图孤立地解释比率——即使是时间序列——往好了说是无益，往坏了说是误导。这个练习的目的是就财务状况和业绩的相对水平提出建议。我们应该问的问题是："相对于谁或什么？"简而言之，比率分析最常用来：

- 评估当前年度业绩和财务状况；
- 比较跨时间段的业绩和财务状况（时间序列分析）；
- 评估目标比率是否已达到；
- 审查公司的具体业绩与同行或整个行业进行比较（截面分析）。

专家观点 3.2　培养比率分析法的解释技能

练习，练习，练习！看，看，看！

我们被金融信息和新闻包围着。虽然我们可以设定学习的比率，给你一些关于如何解释结果的提示和建议，但没有人能够在不练习和不看别人写的东西的情况下培养分析方法的使用技能：

比率是工具，在单独使用时，它们的价值是有限的。使用的工具越多，分析越有效。例如，你不能在同样的高尔夫俱乐部练习每一次击球，然后希望能成为优秀的高尔夫球手。越多地在每个俱乐部练习，你才能更好地衡量哪一个俱乐部该用一击。所以，同理，我们需要精

通所使用的财务工具。（黛安娜·莫里森，雷克公司首席执行官）

给出一个警告和建议，我们发现学生们常常进行一长串比率练习，而不是处理他们被要求的有重要意义的关键比率。这完全可理解，特别是对于那些之前没有被要求练习这种分析的人，用一个更深入的方式去理解比率，然后分析比率输出，这样的做法会令人更满意。对于那些不积极参与日常事务，特别是不关注商业新闻的人来说，这个问题更加显著。我们强烈建议追求更广泛的语境理解。随着时间推移，这种深层次的参与会让你成为更好的分析家，并做出更好的决策。

关键比率

盈利能力比率

盈利能力比率旨在衡量企业的业绩。如上所述，进行这种比率分析的两种主要方法，一是计算和分析随时间的变化（时间序列分析），二是将结果与竞争对手或行业进行比较（截面分析）。

盈利能力分析的新手可能会直接去查利润表最底端的数字（即年度利润），并与前一年的数字进行比较。事实上，如下文摘录3.1所示，盈利能力可能是头条新闻。高于预期利润被解释为好消息，而重大亏损和（或）利润预警是坏消息，可能会对公司股票（股份）价格产生严重影响。第一份新闻稿显示了鲍佛贝蒂公司在2016年如何盈利。这引起了人们的注意，因为这被认为是一个鼓舞人心的标志。然而，摘录3.1的两份摘录也表明，这些商业记者已经深入挖掘了信息，以了解为什么盈利水平发生了改变；在百时美施贵宝公司的案例中，利润预警中是否存在潜在优势。因此，尽管每年的利润很重要，但将它们作为年度（或持续）业绩的评估是有点幼稚的。此外，考虑到相对规模对回报水平的重要性，比较企业之间的实际利润并不是一个特别有用的措施。我们提出以下三个核心盈利比率，并附上解释提示。它们是：

- 已动用资本回报率（ROCE）；
- 毛利率；
- 净利率。

当然，我们强烈建议你深入研究那些结果，并在适当的时候进行更进一步的分析。这可以使用其他财务和非财务业绩相关信息，也可以采用其他分析方法，如水平分析、趋势分析或垂直分析。

> **摘录 3.1　盈利能力作为头条新闻**
>
> **1. 盈利能力：底线的重要性**
>
> 鲍佛贝蒂公司回归盈利
>
> 英国广播公司（2017 年 3 月 16 日）
>
> 　　鲍佛贝蒂公司在 2015 年亏损 1.99 亿英镑后，在横贯铁路项目以及将前奥运体育场改造成西汉姆球场的项目中的利润达到了 800 万英镑。鲍佛方面称……在经过十多年并购带动的增长之后，它到 2014 年，公司已变得过于复杂。鲍佛方面补充道，公司总体上缺乏领导力和战略方向，内部业务存在相互竞争。然而，鲍佛称，它的业务现已被简化……分析家们对该公司的进展感到欣慰。投资服务公司哈格里夫斯·兰斯顿股票分析师尼古拉·海厄特说："转型计划的自救阶段已经使集团恢复到合理状态，在下半年，所有重要的建筑部门都恢复了盈利。""该策略现在要求集团将利润率恢复到行业平均水平——大约 2%。"他说，"这不是一个过于雄心勃勃的目标，而是鲍佛贝蒂公司在未来一段时间内将要实现的目标。"
>
> **2. 利润预警**
>
> 百时美施贵宝公司的柠檬汁理论
>
> 查理·格兰特
>
> 《华尔街日报》，2017 年 1 月 27 日
>
> 　　百时美施贵宝公司目前还没有摆脱其近期的困境，价值投资者的机会越来越接近。该公司报告第 4 季度销售额为 52 亿美元，超过分析师预期，调整后的每股收益为 63 美分。它还削减了 2017 年的利润预测。星期四股价再次下滑，迄今为止年内已下跌近 20%。尽管公司的畅销癌症治疗药物欧狄沃的销售超出分析师预期，利润预警仍然出现。去年 8 月开始的一系列糟糕事态拖累了股票。在用新免疫疗法进军利润丰厚的肺癌市场的竞赛中，百时美施贵宝公司失去了领导地位。在夏季，一个测试癌症治疗药物欧狄沃的关键临床试验失败了，而其竞争对手却已经取得了

进展。……好消息是，失利的事实已在股市上得到体现，结果是股票也因此变得更便宜了。

已动用资本回报率

投资者通常认为已动用资本回报率或与此密切相关的衍生比率，如净资产收益率（ROE）、普通资本回报率、股东资金回报率（ROSF）、会计收益率等，是衡量业绩的最重要指标。下面，我们给出最常用的公式。

已动用资本回报率计算如下：

$$\frac{利润}{资本} \times 100\%$$

或者，更精确为：

$$\frac{税前利润}{已动用资本} \times 100\%$$

但是，在进行这种分析时，请尽量保持无偏见和客观性。已动用资本回报率不仅有很多变体，还有许多其他的关键比率，我们将在下文提供给大家。我们强烈建议你要一直自己计算。这不仅会让你清楚知道什么是被包含或被排除的，还可以帮助你理解比率的性质、目的和意义，并且它还有助于你进行更有意义的截面分析。在整个练习过程中，有一个基本的，但不会说出口的公式，你应该永远记住：无用输入 = 无用输出！

这个比率揭示了什么？资本回报率权衡了在一段时间内相对于所提供的资本量产生回报的水平。有时，资本回报率被管理者当作度量阈值，决定其是接受还是拒绝未来提出的研究项目。在评价历史表现时，也常会用到资本回报率。换言之，以出资人的眼光来看待这种关系，投资者正试图衡量他们的资金花了多少以及资源管理的好坏。在极端情况下，人们可能会认为，回报低于无风险回报率的企业可能会更好地清算资产，并将现金收益投资于10年期美国政府国债。

建议资本回报率越高越好，这是不可信的。这种做法通过忽略背景条件而简化了问题。资本回报率高并不一定意味着这家企业是一个好的投资对象。记住，投资者必须权衡收益风险。例如，一个在石油和天然气开采行业中具有平均资本回报率（例如10%）的企业会被视为一家业绩相对较差的企业，而一家房地产信托公司实现同样的资本回报率将被视为一种健康投资。

然而，人们可以正确地建议，如果资本回报率低于公司投资者预期的加权要求回报率，这将被认为是很差的投资。企业的目标是寻找产生财富的投资项目。如果资本回报率低于那些要求回报率，正在进行的项目就是在破坏财富。有时候，决定接受低收益的项目是必要的，但在常规和长期的基础上这样做会增加资本提取的风险，这将对公司的财务状况造成不利影响。

深入研究解释比率变化。比率提供了一个结果，人们对其可以做广泛、描述性和无意义的陈述。例如，如工作示例3.3所示，资本回报率从2015年的11.8%增加到2016年的18.6%。虽然这可能是合乎逻辑的，但对这个比率的解释不应局限于这样的陈述："根据投资者回报和瑞安航空公司的业绩情况，这种变化预示瑞安航空公司迎来了好年景。"坦白讲，我们不知道这是否真的预示着瑞安航空公司的好年景，或者这是否是另一个管理决策或外部事件的作用。在我们有能力做出这种评估之前，还需要问一些后续问题，例如：

- 结果与目标相符吗？
- 与前几年相比，结果如何？
- 资本回报率是否符合市场预期？
- 在同一时间内，竞争对手的表现如何？
- 这个百分比增长是如何实现的？
- 这个百分比增长是可持续吗？

如果你所要做的只是关注财务信息本身，你的分析将是有限的。然而，你可以在识别趋势、模式、优势、弱点以及潜在的上行风险和下行风险区域等方面取得进展。对于非会计专业人士来说，要理解主要报表余额之间的相互关联可能很困难，但只要参与其中就会非常有帮助。现在你可能对为什么必须进行一系列财务会计练习（比如第1章和第2章中列出的那些习题）有了更好地理解。这些知识让你看到并更好地理解资产与负债、收益与亏损之间的相互关系。

有两个变量决定一家企业的资本回报率：利润和已动用资本。对于这样（从11.8%到18.6%）向上增长的比率，下列情况之一必然发生：

第3章 财务分析 I

- 利润增加，已动用资本减少。
- 按百分比计算，利润比已动用资本增加得更多。
- 按百分比计算，已动用资本比利润减少得更多。
- 利润保持不变，已动用资本减少。
- 已动用资本不变，利润增加。

在这个例子中，营业利润增长了惊人的40%，而已动用资本下降了将近11%。公式中的权重倾向于分母（因为已动用资本的数额），但这些增长的变化对结果有放大作用。进一步分析说明收入增加16%而相对应的成本只增加了10%。对于那些知道瑞安航空公司战略的人来说，这一点也不足为奇。该公司有一个令人难以置信的行业领先纪录，即能够实现这些收入增长的同时削减成本，尽管部分原因是该期间的燃料成本较低。该年度的这些变化带来了营业利润的大幅增加。已动用资本额度的降低与回购普通股（作为向股东支付累积的可分配留存收益的手段）有关，也意味着非流动负债减少，被增加的留存收益部分抵消（即作为该年度的一笔成功交易被计入财务状况表上的留存收益一栏的累积利润）。首席执行官就该期间所做报告开篇如下："我很高兴向你介绍瑞安航空公司2016年年度报告。在过去12个月中，我们的利润增长了43%，达到了12.42亿欧元。值得高兴的是，这种增长还是在票价降低的情况下（下降了1%）实现的。我们的单位成本在过去一年中减少了6%，在我们的'永远追求更佳'客户体验计划的刺激下，客流量增加了18%，客户达到1.064亿人次，载客率增加5%，达到了93%。我们打算在'永远追求更佳'计划的第三年继续降低票价和成本，同时继续提升客户体验。去年，我们的航班准点率处于行业领先地位，90%的航班都准时到达。"（瑞安航空年度报告，2016，第5页）

如果情况不同，已动用资本增加，就需要研究其他的余额。例如，有可能是，非流动负债增加了，在这种情况下，你需要看看这是不是借钱用于收购新的长期资产的结果。如果它是被用于购买飞机或其他能够创收的厂房、资产和设备，我们预计也会在财务状况表中看到非流动资产的增加。这将可能影响资产周转率等比率。更重要的是，假设该资产被投入使用，我们期望看到购买资产带来的收入增加。与此相关值得注意的是，由于资产很难立即投入使用，所以收益会存在滞后。考虑到这一点，你现在应该有一大堆想要调查的问题。

例如：
- 这家公司是如何做到让收入增加 16%，同时其非流动性负债下降 10.5% 的？
- 这些飞机以前没有得到充分利用吗？
- 客户需求去年下降，今年回升了吗？
- 前几年购买的飞机投入运营了吗？今年使用情况如何？
- 那些飞机是通过非债务融资合同获得（如通过经营租赁）的吗？
- 今年物价上涨了吗？
- ……

计算中的综合问题：

1. 利润应该如何定义？

我们在已动用资本回报率的计算中提到利润，通常认为营业利润是最有用的业绩指标，而不是年度利润或留存利润。这也被称为息税前利润（简称 PBIT）。使用这个数据而不是其他数据的逻辑依据是，它可以更清楚地呈现当前业绩状况以及同样重要的当前管理工作。由于不同的企业往往受不同的融资需求和税收制度限制，这项数据可以极大地增加企业间的可比性。

为什么不包括税收成本？

假设税收制度是公平和管理良好的，那么在保持相同的有效税率情况下，支付更大的税收账单可以被解释为更好的业绩表现，并且，推而广之，在其他条件都相同的情况下，这也是管理良好的表现。因此，基于税后利润进行业绩判断，可能会对那些税前利润较低的公司形成不恰当的判断，认为它们的税额也低，这就可能破坏公平的竞争环境。当然，我们承认税收在一定程度上是可控的，健全的财务计划和灵活的会计政策与实践可以降低有效税率。

为什么不包括融资成本？

首先，最重要的是，我们正试图与同类项相匹配。换句话说，我们报告的已动用资本是股权加非流动负债，因此我们想知道股权和债务融资提供者所产生的利润是多少（即扣除支付利息之前）。

还有第二个原因，尽管是较小的原因，就是这个利润中不包括支付利息。利息支出通常在融资成本类别中占据主要位置（尽管包括其他成本，例如为交易而持有的金融衍生工具的收益和损失）。期限内贷款通常与同期内的持有资产相匹配。例如，飞机被认为会继续产生大约 23 年的收入，贷款就是在此基础上协商。如果高层管理团队的人事变更率是大约每五年一次，就必须判断新管理层对旧贷款的处理是否公平和恰当。

息税前利润是否真的能代表应付利息和纳税之前的利润，还存在一些争论。事实上，财务收益通常被添加到营业利润数字里，而财务费用被排除在营业利润之外。

2．已动用资本是什么意思？

那些负责向公司提供资本的人，期望管理层选择并承担价值创造活动，这些价值创造活动要能充分而恰当地为管理层选择承担的风险提供回报。资本供应或项目融资被认为来自一个或两个来源：股权和（或）债权。

● 股权可以通过内部融资提供，如累积留存收益和缩短营运资本周转期。然而，更为常见的是，股权这一术语是指通过出售股本来筹集资金。

● 债权指的是各种形式的借款，种类很多。例如，企业可以向银行或其他贷款机构申请贷款，申请抵押贷款以帮助它们购买土地和建筑，签订长期租用协议以获取厂房、车辆和机器，出售债券以资助扩张计划，等等。

请注意，我们只关注长期债权融资，因此忽略了其他形式的短期债权，如银行透支。简而言之，没有包含或排除短期借款的规则。我们建议，如果银行透支被用作长期融资选择，它应该被包括在已动用资本的债权中。

因此，已动用资本可概括为：

股权 + 债权

对于财务状况表，我们建议你用如下两个类别代替：

股东资本 + 非流动负债

偶尔你会看到企业平均分配已动用资本。在评估单个的一次性投资时，我们建议这是可行的方法（因为所需的期初资本和期末资本很容易拿到），但如果重点是计算整个企业的已动用资本回报率，提取期末（周期结束）状况并使用这些数据就有点太简单了。

摘录 3.2　盈利能力解释

受丑闻和火灾困扰的三星业绩仍超预期

卡里什玛·瓦斯瓦尼

英国广播公司，2017 年 4 月 7 日

尽管三星事实上的老板即将因政治腐败丑闻受审，三星电子仍有望公布创纪录的年度业绩。

得益于其强大的内存芯片销售，三星预计其 1—3 月利润将增长 48%。这将是它将近 4 年中最好的季度利润，显示出它已从 Galaxy Note 7 的惨败中复苏了。

考虑到贪污指控和手机爆炸的尴尬，这个估计并不过分。

预计 88 亿美元（70 亿英镑）的利润不包括公司期望从它的新手机（即将于本月底上架的新款改进的 Galaxy 8）中得到的利润。分析人士称，得益于围绕 Galaxy 8 和人工智能技术 BixBy 的宣传，三星第二季度业绩甚至会比第一季度更好。

英美资源集团老板称利润是"低得难以接受"

——马克·库蒂法尼寻求重组英美资源集团

BBC 在线，2013 年 7 月 26 日

英美资源集团老板马克·库蒂法尼把公司利润描述为"低得难以接受"。在全球经济形势依然疲软情况下，由于受到大宗商品价格下跌的打击，这家矿业巨头宣布上半年利润下降了 68%。截至 6 月底，这 6 个月的税后利润下降至 4.03 亿美元（合 2.62 亿英镑），而 2012 年则为 12.54 亿美元。库蒂法尼承诺削减开支，将管道项目的数量减少一半。他还说，公司将推动表现不佳的矿井的生产。"我们在经营层面上的表现与预算相比差得难以接受。"库蒂法尼说。

他还补充道："在过去 8 个季度中，只有 11% 的业务一直在与目标保持一致。"他还表示，希望制订一个"更具纪律性的方法去做计划、执行和交付"。

库蒂法尼在 4 月接替辛西娅·卡罗尔被任命为首席执行官。然而，英美资源集团确实从某些生产领域的改进和业务所在国的货币贬值中获益。因此，在上半年，该公司的基础营业利润仅下降了 15%，达到 32.62

亿美元。

艰难时期

英美资源集团是大型跨国矿业公司中最小的一家。近年来，它的股票还没有跟上里奥·廷托和必和必拓等公司的步伐。英美资源集团一直面临着一些重大的问题，例如其最近在南非的业务公司爆发了劳工动乱，在巴西米纳斯－里约铁矿石项目上超支数十亿美元。通过削减成本和管道项目，库蒂法尼简化了公司管理结构，改善了资产经营业绩，有望在3年内将现金流提高13亿美元。

他还打算将已动用资本回报率从目前的11%提高到15%。已动用资本回报率是矿业公司用来衡量拥有资产价值的关键数据。

毛利率

毛利率是分析师可以在扣除营业费用之前评估交易业绩的关键比率。或者，换句话说，它是与销售相关的直接利润。毛利率计算如下：

$$\frac{利润}{资本} \times 100\%$$

很少有像前面资本回报率的计算中所示的那样存在定义问题，毛利计算如下：

$$销售收入 - 销售成本$$

我们引入的销售成本计算如下：

$$期初库存 + 进货 - 期末库存$$

在很多情况中，特别是对于销售商（即以一种原始状态或未加工方式销售产品的公司，比如超市），这种销货成本记录是合理的。然而，对于制造商来说，将销售成本称为销售货物成本更恰当。修正后的推论是预计在这个数字中包括直接生产成本，如制造费用。因此，产品销售成本不仅包括材料的直接采购成本，还包括直接人工成本、生产相关的工厂成本以及类似成本。不同企业对"出线"成本（即在销售成本内或高出毛利线）的包含或排除会在进行业绩分析时带来困难。如果你正在进行部门（或行业）分析，你会发现不同公司之间会存在显著差异，我们建议你计算净利润率，并确保这不是费用分类差异的结果。

大多数公司会公布其毛利数据。然而，航空公司把所有费用都归入营运费用。这是不常见的做法。这意味着我们无法计算瑞安航空公司的毛利率。然而，分析这一比率的变化时，第一个挑战是找出原因。这里只有两个变量：

- 收入增加、减少，还是保持不变？
- 销售成本增加、减少，还是保持不变？

为了调查达成目标，你可以考虑出现如下这种变化的可能解释：

- 销售组合的变化，如：

新产品是在一年内推出的吗？

老产品的销售缩减了吗？

高利润／低利润产品今年与前几年比更受欢迎吗？

- 销售价格的变化。
- 向客户提供折扣的增加／减少。
- 库存采购程序或供应商的变更。
- 产品及相关原材料要求的变更。
- 生产效率的提高／降低。
- 供应商提供折扣的增加／减少。
- 成本分类的变更，从营业费用而来或转到营业费用。
- 由于过时或其他原因造成库存价值冲销的增加或减少。
- ……

净利率

净利率是可以让分析师在扣除经营费用后评估交易业绩的关键比率。它是衡量与收入相关的营业利润的指标，为公司在本年度业绩表现提供指导。这个比率计算如下：

$$\frac{\text{税前利润}}{\text{已动用资本}} \times 100\%$$

如上所述（相对于已动用资本回报率），净利率的计算也可适用于采取不同的衡量盈利能力的方法。最常见的是，净利率使用息税前利润。这促进了可比性，并考虑了管理者对会计成本的控制力。

盈利水平本质上难以在企业之间和年度之间进行比较，更不用说在不同行业经营的企业之间。结果将取决于管理团队和公司业绩，但也将涉及外部事件，如当时的财务状况和竞争程度。

瑞安航空公司的净利润率从2015年的18.4%上升到2016年的22.3%。与以前的比率一样，这种观察需要进一步的分析和解释。一个天真的观察者会急于得出这比前一年提高了。事实上，只能说可能提高了。然而，这个说法在没有参考其他信息的情况下是不可验证的。你可能要考虑下列问题：

● 关于成本结构和年度同比项目对比，你的水平分析、趋势分析和垂直分析显示了什么？

● 成本上升是与通货膨胀率持平，还是高于或低于通货膨胀率？

● 利润率的变动能在多大程度上反映大宗商品价格的波动（这种波动几乎是不可控的，比如燃料成本）？

● 其他公司对经济环境的反应如何，其成本是否以可比较方式转移到受审查企业？

● 是否有确认或计量会计政策的变更，如折旧率变更？

虽然每一家企业的成本结构和策略都是不同的，但在进行这种分析时，某些成本的变化水平通常是值得单独询问的：

● 研究与开发；

● 折旧和摊销；

● 养老金费用；

● 雇员成本，包括员工培训和开发费用（如另行披露）；

● 董事报酬；

● 政府补助金。

下面的摘录总结了瑞安航空公司对其盈利能力评价：

尽管价格竞争和某些成本在增加，但不断扩大的客流量和运力、高载客率和积极的成本控制，使得瑞安航空可以继续产生营业利润。瑞安航空的盈亏平衡系数在2015年和2016年的会计年度内均为72%。在2015财年每位乘客的成本为50.92欧元，而在2016财年为47.69欧元。这个数据的下降主要反映了2016财年19.46欧元的人均燃料成本较2015财政年的22欧元更低。瑞安航空在2015财年取得了10.429亿欧元营业利润，2016 财年利润为 14.601 亿欧元。该公司在 2015 财年获得 8.667 亿欧元税后利润，在 2016 财年是 15.591 亿欧元利润。瑞安航空公司在 2016 财年接收了 41 架波音 733-800 飞机。该公司将在 2017 财年接收另外 52 架波音 733-800 飞机，并预计这些已接收的飞机和净租赁合同将使公司在 2017 财年将利润增加大约 10%。（瑞安航空年度报告，2016，第 9 页）

然而，过去的结果并不一定预示着未来的业绩。为此，需要注意如下表述：

此处讨论的历史经营结果可能不代表瑞安航空公司未来的经营业绩。瑞安航空公司的未来经营业绩将受到众多因素的影响：整体客运量、新机场的可用性、燃料价格和竞争加剧期的航空公司定价环境；瑞安航空为其计划的飞机购置和排放提供资本由此产生的债务服务义务；爱尔兰、英国和欧盟的经济和政治条件；欧盟内的恐怖、威胁或攻击；旅行季节性变化；政府法规、诉讼和劳动关系的发展；外币波动、银行危机的影响和欧元区的解体风险；竞争与公众对低票价航空公司安全的认知；飞机购置、租赁和其他经营成本的变化；由火山灰排放或其他大气引起的航班中断；由欧洲定期和长期空中交通管制人员罢工造成的飞行中断；收入和企业所得税；金融和欧元区危机的影响。由于石油储备的耗尽、燃料生产能力的不足和（或）燃料油生产国施加的生产限制，未来的燃料费用也可能增加。由于瑞安航空的机队扩建和更换计划，维修费用可能也会增加。此外，新波音 737-800 飞机和波音 737-MAX-200 飞机的融资将增加该公司未偿还的借款总额，并增加因此类债务而必须多支付的款项。2001 年 9 月 11 日恐怖袭击事件后，战争行为或恐怖主义引起的某些第三方责任的保险费用大幅增加。尽管瑞安航空目前通过对每张机票征收特殊的"保险费"将增加的保险成本转嫁给了乘客，但无法保证它会继续成功。（瑞安航空年度报告，2016，第 91 页）

示例 3.3　瑞安航空公司利润率

已动用资本回报率：

（利润／资本）×100%

	2016	2015
	百万英镑	百万英镑
息税前利润 （不包括财务收入与财务费用）	1460.10	1042.90
股东资金	3596.80	4804.30
+	+	+
非流动负债 （包括所有的非流动负债）	4252.00	4035.10
	$\dfrac{1460.10}{7848.80} \times 100\%$	$\dfrac{1042.90}{8839.40} \times 100\%$
	=18.6%	=11.80%

毛利边际：

（毛利／收入）×100%

	2016	2015
毛利	N/A	N/A
收入	6535.80	5654.00
	=N/A	=N/A

净利润边际

（息税前利润／收入）×100%

	2016	2015
息税前利润 （不包括财务收入与财务费用）	1460.10	1042.90
收入	6535.80	5654.00
	$\dfrac{1460.10}{6535.80} \times 100\%$	$\dfrac{1042.90}{5654.00} \times 100\%$
	=15.6%	=13.5%

摘录 3.3　瑞安航空公司 2016 年主席报告

主席报告

尊敬的股东们：

过去的一年对我们的航空公司来说是成功的一年。本年度亮点如下：

● 随着载客率从 88% 上升到 93%，我们的客户增长了 18%，达到 1.064 亿人次；

- 我们发布了第 2 年度"永远追求更佳"客户体验计划；
- 我们开辟了 7 个新机场和 100 多条新航线；
- 我们成为第一家在一年内运送超过 1 亿国际旅客的航空公司；
- 我们在 10 月推出了新的网站和手机应用程序；
- 我们与所有 84 名飞行员和机组人员基地达成了 5 年的工资和工作条件协议；
- 11 月，我们将爱尔兰航空公司收益（3.98 亿欧元）返还给股东；我们于 2 月启动了第 7 次股票回购计划，并在 2016 年 6 月完成；
- 我们的税后利润增加了 43%，达到 12.42 亿欧元（不包含出售 29.8% 的爱尔兰航空公司股票获得的特别收益 3.175 亿欧元）。

去年，我们保持了对成本的不懈关注，我很高兴地报告，尽管我们在更昂贵的主要机场显著增长，单位成本还是下降了 6%（排除燃料成本下降了 2%）。值得注意的是，在我们推出"永远追求更佳"计划的两年中，排除燃料成本，我们已经将成本削减了 2% 以上。在 2016 财年，我们接收了 41 架新波音 733-800 飞机，新飞机帮助我们扩展到更多的主要机场和航线。我们的准点率一直是业内最优，在 2016 财年我们的准点航班占比超过 90%。

2015 年 9 月，董事会接受了 IAG 集团以 3.98 亿欧元收购瑞安航空持有的爱尔兰航空 29.8% 股份的报价。在 2016 财年，我们通过回购股票（7.06 亿欧元）和"B"股票计划（3.98 亿欧元）向股东返还了 11.04 亿欧元。2016 年 2 月，我们又宣布了一项 8 亿欧元的回购计划。在 2016 年 6 月英国脱欧公投后，我们将回购计划的规模扩大到 8.86 亿欧元，并于 2016 年 6 月底完成。自 2008 以来，我们已经向股东返还了 42 亿欧元。

自从去年我给您写信以来，董事会已经发生了一些变化。迈克尔·霍根在去年年度股东大会上辞职，约翰·莱希决定不谋求在 9 月的年度股东大会上连任。我衷心感谢作为安全委员会成员迈克尔和约翰对董事会的宝贵贡献，同时欢迎我们的新董事：去年 8 月加入董事会的霍华德·米勒和 2016 年 5 月加入的迈克·奥布赖恩。我希望与他们密切合作。

过去一年，我们的盈利能力增长强劲，同时在"永远追求更佳"计划的第 2 年进一步提高了产品和服务水平。我个人感谢瑞安航空公司 11500 位航空专业人员。他们继续代表客户和股东努力工作，同时提供了最优惠的票价、最好的准点航班、最卓越的客户服务，最重要的是，为去年乘坐瑞安航空的 10.6 亿旅客提供了领衔行业 31 年的安全飞行记录。我们带着期待欢迎大家再次登上瑞安航空公司的航班。

谨上

董事长

大卫·邦德曼

专家观点 3.3　高级管理团队的财务分析

现代公司报告的好处之一是提供了来自高层管理团队的大量自我分析和反馈。摘录 3.3 显示了瑞安航空董事长如何对 2016 财年的结果进行解释。当然，这篇文章的目的可能是为了自我宣传，进行形象管理宣传。然而，这些公司代表所写的内容需要与年度报告中的财务信息相一致。对于那些刚接触公司报告和财务分析的人来说，这是一个极好的学习工具。

易变现比率

易变现比率旨在为用户提供对企业短期状况的了解——短期内意味着未来 12 个月以及这些短期资产（负债）在 12 个月内是否被公司有效地使用了。短期资产和负债水平的变化也可以为偿债能力和目前业绩水平的持续性提供保证，但同时，过高的流动负债水平对投资者来说是一个红色预警。过高的流动资产水平可能被解释为资源的不良使用。实现正确的营运资金状况平衡（流动资产与流动负债的比率）既是科学又是艺术。需要注意的是，这些措施可以通过门面的粉饰（也就是在会计期末创建或持有你本来没有的资产）来操纵。例如，布吕根、克里希南和塞达尔 2011 年在《当代会计研究》（*Contemporary Accounting Research*）中发表的一篇文章，考察了 2008 年金融危机前美国三大汽车制造商（即通用汽车、福特汽车和克莱斯勒集团）的库存水平和会计实践。这些公司似乎感到了产生短期回报的压力，管理者们想尝试通过增加库存达到这样的结果。由于他们以吸收成本的方式进行库存记录和报告系统核算，尽管没有相应的销售增长，增加成品库存量可以人为造成利润上升的假象。因此，库存持有期等监控数字对了解你正在分析的企业十分重要。

有许多易变现比率可以产生，但是你需要开始关注的两个关键比率是流动比率和酸性测试比率（又称速动比率）。

流动比率

流动比率计算如下：

$$\frac{流动资产}{流动负债}$$

结果以比率表示，但也可以被视为一个倍数关系。你可能会看到一个作为参考的目标比率。更确切地说，流动比率 2∶1 和速动比率 1∶1 过去被认为是理想的。这个假设是一家企业只要在被要求的情况下能立刻拿出两倍于其欠款的金额，就说明它能保证流动性。然而，时代已经改变了，人们对资源过剩或不足的解释也发生了变化。管理者经常评估他们从短期流动资源中提取最大价值的能力。

评论家坚持认为，流动资产与流动负债的最佳比率往往忽略了流动性和盈利能力之间的关系。如果一个企业的库存生产能力有限，并在会计期间有意识地决定库存，那么（假设所有其他条件都相同）将发生下列情况：

- 期末流动资产将提高；
- 流动比率和速动比率将增加；
- 库存的销售金额会较低；
- 利润会降低。

如示例 3.4 所示，2016 年瑞安航空公司持有的流动资产与流动负债的比值为 1.43，也就是说，流动资产是流动负债的 1.43 倍。通常情况下，这一比率的上升表明企业有更佳的状况。与盈利能力比率一样，如果不将驱动力的变化以及这种变化发生的更广泛背景考虑进去，流动比率数据就不能适当或准确地对企业进行评价。

瑞安航空公司的增长主要是由现金和现金等价物的净增长驱动的。公司持有的短期衍生品的公允价值已经下降（资产和负债）。虽然这可能会对燃料成本和其他对冲费用产生实质性影响，但对流动比率的影响并不显著。该公司在 2016 年底持有超过 43 亿欧元现金。能产生这个数额的现金必须被积极看待。然而，不能把它花在经营活动上的开销（即投资净现值项目）可能会被视为弱点，这就是为什么在过去 12 个月中公司会返还股东超过 10 亿美元，这个数额和对飞机的投资一样多。此外，在更广泛背景下，人们不应忘记，在经济不确定性、动荡和衰退时期，现金的增加和盈利能力的提高都发生了。因此，我们忽略了一个重要问题，但这将是必不可少的，即要全面分析瑞安航空公司的状况和业绩，就要将该公司在这一时期相对其他航空公司的业绩拿来对比，更具体地说，是其他低成本航空公司的业绩进行对比分析。

酸性测试比率（速动比率）

酸性测试比率与流动比率相似。分母依然是相同的（即流动负债），但分子流动资产根据库存进行了调整。

酸性测试比率计算如下：

$$\frac{流动资产 - 库存}{流动负债}$$

将库存从流动资产中剔除的理由是，它们是流动资产分类中流动性最低的资产。当企业面临现金短缺和面临真正的破产风险时，库存的价值很低。当企业将出售库存作为持续经营的方式时，这些库存的价值几乎总是高于成本。当企业被清算时，库存的价值通常远低于成本，因为购买者可能察觉到这是廉价购买的机会，而且他们知道如果企业不能存活的话，这意味着后续备件生产会停止，并且不易获得维修。这种现象已经被证明会影响到各行各业，并不会因为公司规模的不同而有所区别，例如英国罗孚汽车公司（汽车行业）和雷曼兄弟（金融服务业）。

航空公司的库存通常较低，尤其是像瑞安航空这样专门从事低成本的短途旅行的公司。瑞安航空公司会运送少量的食品和免税货物上飞机，其目的是在飞机上销售。因此，可以认为流动性不太重要。值得注意的是，当航空公司面临破产清算时，竞争对手或新进入者更倾向于利用处境艰难的公司状况，并以超低折扣价大幅购买（远低于库存价）这些公司的固定资产——飞机和起降权。

虽然你可能会对瑞安航空公司现金和现金等价物的巨大余额感到震惊，但它并不是唯一一家在过去10年积累了大量现金储备的公司。有几个原因，包括缺少积极的净现值项目投资；美国的高税率使得跨境汇款成本高昂，在不确定时期不愿意返还现金给投资者。因此，一个经过调整的速动比率可能更具信息价值：

$$\frac{经营活动产生的现金流^*}{流动负债}$$

*这个余额来自现金流量表

示例 3.4　瑞安公司的流动比率

流动比率：

流动资产
―――――
流动负债

	2016	2015
	百万英镑	百万英镑
流动资产	4821.5	5742.0
流动负债	3369.5	3346.0

$$\frac{4821.50}{3369.50} = 1.43:1 \text{（或1.43倍）} \qquad \frac{5742.0}{3346.0} = 1.72:1 \text{（或1.72倍）}$$

速动比率

流动资产 − 库存
―――――――
流动负债

	2016	2015
	百万英镑	百万英镑
流动资产	4821.5	5742.0
减	—	—
库存	3.3	2.1
流动负债	3369.5	3346.0

$$\frac{4818.2}{3369.5} = 1.43:1 \text{（或1.43倍）} \qquad \frac{5739.4}{3346.0} = 1.72:1 \text{（或1.72倍）}$$

调整后的经营现金流比率

经营活动产生的现金流
―――――――――
流动债务

	2016	2015
	百万英镑	百万英镑
经营活动产生的现金流	1846.3	1689.4
流动负债	3369.5	3346.0

$$\frac{1846.3}{3369.5} = 0.55:1 \text{（或0.55倍）} \qquad \frac{1689.4}{3346.0} = 0.50:1 \text{（或0.50倍）}$$

效率比率

效率比率的计算为分析师提供了关于（短期）资源的使用信息。这个宽泛的定义意味着可以计算出许多比率和许多值得注意的关系。我们建议你从三个基本营运资金比率开始，并在需要时做进一步的调查。这些内容如下：

- 应收账款回收期（或回收天数）；
- 库存持有天数；
- 应付账款支付天数。

练习的目的有两个，第一是测算所考虑的企业是否比前几年更有效地管理了资源；第二是与竞争对手相比，谁更有效地管理了资源。然而，与其他比率类别一样，对结果的解释将取决于所涉及的内容，例如：

- 公司经营的行业；
- 企业采用的营运资金管理策略（攻击性或防御性）；
- 财务状况；
- 竞争对手的营运资金管理方法；
- 信用评级和短期信用的可获得性；
- ……

谨慎概念在财务会计中的应用，意味着其结果在年与年的对比中大体是可用的。库存按成本和可变现净值的价值计算，应收账款数字显示为欠款余额，但不能立即到账，而应付账款是企业应付的负债，包括欠供应商的金额。

你可以考虑的用来探索效率的其他比率包括：

- 库存周转率 [销售成本／（期末）库存]；
- 平均库存周转率（销售成本／平均库存，平均库存即期初库存加上期末库存除以2）；
- 非流动资产周转率（收入／非流动资产）；
- 雇员人均收入（或任何其他非财务费用驱动因素）；
- 每架飞机收入（或任何其他主要资产类别）。

摘录3.4　业绩好但流动性差，还有比这种情况最坏的事吗？

1993年在北希尔兹开放的Wet'N'Wild水上乐园进入破产程序
BBC在线，2013年10月17日

英国北泰恩赛德的一个水上乐园已经进入破产程序，近70人面临失业危险。尽管今年大部分时间都盈利，北希尔兹的Wet'N'Wild水上乐园将于星期一进入破产程序。普华永道负责人称，这家室内水上乐园在1993开张时雇用了69人，其中大部分人员将面临失业。普华永道的发言人声称，除了关闭乐园，没有其他选择，他们正在寻找有兴趣的买家。

据英国广播公司了解，该公司一直与北泰恩赛德委员会合作，支付数万英镑的商业利率和其他负债。

该委员会没有参与破产程序。

普华永道联合管理人兼合伙人托比·安德伍德表示："尽管该公司在今年大部分时间都实现了盈利，但在未来几个月将面临流动性问题。

"不幸的是，随着更安静的冬季交易期的到来，我们除了关闭水上乐园外，别无选择，只能让大多数员工失业。我们将在继续维持水上乐园的同时寻求买家。"

Kent & Lime停止运营
《零售力量》（*Power Retail*），2017年4月12日
作者：普里尼撒·格温德尔

4年前，男装在线零售商Kent & Lime开业，目标是让男人购物更容易，但令人遗憾的是，本周该公司因为现金流问题而决定停止运营。Kent & Lime在其（不再会经营的）主页上发布了一个令人信服的声明："我们关闭是因为时间和金钱对我们不利。我们探索了每一个途径和每一种生存的可能，但结束Kent & Lime的决定是正确和理性的。感谢我们的客户、品牌合作伙伴和所有支持该业务的人……"

Kent & Lime联合创始人威尔·罗杰斯说："2016年底，我们决定从持股模式转变成与厂商直营供货的品牌和零售商合作。这是一种更具流动性和商业性的安排，能实质性降低营运资金压力。虽然我们在积极筹集资金，但我们也需要结果。不幸的是，我们创造的令人鼓舞的结果并不足以确保及时的投资。我们决定关闭公司是因为完成转型所需的时

间和运营资金正在变得无法承受。"

应收账款回收期

应收账款回收期的计算如下：

$$\frac{应收账款}{赊销金额} \times 365 \text{ 天}$$

应收账款回收期计算的注意事项

请注意，赊销金额很少披露在年度报告中。然而，作为销售的收入数据却几乎总是单独显示，它可以作为赊销金额。销售额有时会被分解成不同类型，这可能有助于你的分析，例如，宝马集团将销售额划分成汽车销售收入和金融服务收入（由宝马集团提供的购车贷款利息）。你应该意识到，用收入代替赊销可能会使分析失真。虽然大多数公司只通过短期信用协议进行交易（如票据要求在28天内收到付款），情况并非总是如此。例如，如果你正在调查超市的比率，大多数顾客在结账时一般付现金。这些企业只允许少数顾客延期支付。在这种情况下，如果你用收入来计算交易应收账款回收期，得到的结果会大大缩短实际的回收期。

一些人认为，使用平均应收账款比期末应收账款更合适。他们认为这可以告诉你平均的顾客支付时间。期末和均值各有优缺点，显而易见的是，它们会产生显著不同的结果，那么就需要恰当的解释，同时进行有效协调。

解释应收账款回收期

虽然对买方和卖方都有利，但分析师倾向于将应收账款视为给客户的短期无息贷款。你允许客户支付的时间越长，你的资金周转周期就越长。反过来，这意味着你将有更长的一段时间没有现金。在这方面，有一种机会成本附加在交易应收账款上，即企业可以用现金来做更有价值的事情，例如在经营中进行有益的投资。

简而言之，交易应收账款回收期是表明信用客户为购买产品或服务支付的时间（或天数）。通常比前几年和行业平均值较短的回收期更好，就意味着你正在更快速地回收现金。假设企业是有利可图的，这也意味着你正在更有效地促进现金的产生。换句话说，你更有效地利用了资源。较短的交易应收账款回收期可以指明信用管理的改进，如谨慎选择有信誉的客户；更积极地追逐逾期账款等。

然而，这种天真的解释有几个问题：

● 计算的本质是将权重加到较大的客户身上。因此，如果大客户支付得更快（或更慢），得出的回收期就是更短（或更长），数据会失真。

● 如果几个小客户不付款，就很难从这个简单的比率计算中挑选出来，但是这可能是对你的分析和企业都十分重要的信息。

● 个人可能对一家公司的应收账款回收期政策和过程持怀疑态度，因其应收账款回收期比平均值更短。

维持高要求的企业收款部，其战略运行的风险是疏远客户，特别是如果经营领域竞争激烈，客户可以到其他地方购买类似产品和服务。

提供大折扣可能会加速回收，但会降低盈利能力。

● 比平均值更短的回款天数可能是由于计算中存在潜在的薄弱环节，如在收入数字中包含了现金销售。

不幸的是，瑞安航空的应收账款项提供了一个几乎无意义的结果（参见示例3.5）。从表面上看，应收账款回收期显示出较低的优秀天数（约4天）。这通常会被解释为对短期资源极其有效的利用。然而，当我们分析上下文内容时，就会发现这个结论不够周全。多数瑞安航空公司的客户都没有获得信贷结算期。相反，顾客预订机票时要付现金。因为我们没有分解的收入数字，不可能了解到客户用多长时间信用承担他们的义务。提供一些违约风险保证对投资者而言并不是一个重大问题，瑞安航空公司确实分别披露了2016年3月31日、2015年3月31日或2014年3月31日的应收账款中"个人客户占10%以下"，（瑞安航空年度报告，2016，第167页），在这笔余额中，只有不到0.2%被认为是损失或坏账。

库存持有天数

库存持有天数计算如下：

$$\frac{库存}{销售成本} \times 365 天$$

库存往往是企业的重要资产类别，代表大量的短期资源被占用。库存持有期使分析师可判断企业保持其平均库存需要多少天。

考虑到持有任何库存都意味着占用现金，并且延长了使用现金来创造价值的机会，那么库存持有期越短越好。

年度差异的解释应该是直截了当的。以下活动可以解释清楚：
- 销售组合的变化；
- 提供的产品或服务的改变；
- 商品价格变动；
- 供应链变化；
- 需求的增长（下降）；
- 库存控制管理的改善（或恶化）；
- 高（或低）水平的陈货；
- 购买策略的变化，如批量采购（利用折扣）或更谨慎的购买政策；
- 企业特定成长期；
- ……

有两个问题可以阻碍企业之间的可比性：

1. 不同行业之间的库存需求不同，这会导致库存持有期计算结果的差异较大。例如，超级市场大量储存短期生活产品，因此库存天数将相对较低，而房屋建筑公司则可能因其业务性质而具有更长的库存天数。

2. 并非所有的企业库存管理策略都是相同的，无论是在行业内部还是行业之间。一些公司将采用复杂的库存管理实践，而其他公司则会落后。每一家企业都会权衡成本，引入先进的库存控制系统，并做出恰当的选择。例如，准时生产系统在汽车制造业中很流行，这不仅需要供应商提供优质的原材料，同时顾名思义，需要及时生产！请注意，这个系统不是针对每个个体，因而可能存在许多潜在的问题，例如与供应商关系的破裂、意外的生产差异、质量问题、订单的后期变更、优先订单等。

如果我们更仔细地查看瑞安航空公司的库存持有期，首先要注意的是，我们不得不在计算中得出销售成本，大多数公司都披露了这一数字，而航空公司却将所有费用归类为营运费用。但我们对此不用感到抱歉：处理真实世界的信息就是混乱的。这是财务分析的本质——我们接受所给予的信息，并将它运用到自己的最终结果中。在本案例中，瑞安航空公司有强烈的动机只使用维护、材料和修理费用，但更均衡的观点可能是将营运费用作为一个整体来使用。两种计算将在后面展示。虽然差别很大，但无论从哪种角度看，持有库存对瑞安航空公司来说都不是重要的风险，至少在余额"大小"方面不是。这个数字（即库存余额）不到企业总资产1%的三分之一，不到税后利润1%的一半。

然而，情况并非总是如此。该公司持有的库存在2005年度显著减少。当时库存持有期从2004年的12天减少到2005年的1天以下。这家公司现在只持有必要的库存，例如在飞机上可供使用的有限数量的零食和少量打算在中途出售的免税产品。这是公司削减成本战略的一部分。令人惊讶的是，现在看来对我们来说是常识的东西，当时都是创新想法。正如摘录3.5所示，飞机上的食物对航空公司来说不是微不足道的事情。精打细算是会计界常用的贬义词，但本文对此的描述显示对生活起到重要作用的精打细算，对成功企业的作用是一样重要的。报告强调了一家名叫德尔塔的航空公司，仅仅通过从沙拉上减掉一颗草莓就可以每年节省21万美元。

摘录3.5 飞机餐

高空美食：飞机餐能好吃吗？
《纽约时报》，2012年3月10
作者 杰德·穆阿瓦德

去年，德尔塔公司雇用了美国纳帕谷的厨师长迈克尔·基亚雷洛为商务舱乘客提供新的菜单。这些旅客在横跨大陆的航线（从纽约到洛杉矶，从纽约到旧金山）上飞行。这并不是德尔塔公司第一次与著名厨师共事。自2006年国际商务航班开通以来，这家航空公司提供的餐食就是由迈阿密的大厨米歇尔·伯恩斯坦负责。

"我们的厨师就像肖像画家一样，"维兰德先生说，"他们可以很有创意，但我们需要把它转化成数字绘画。"这个过程始于2011年5月，当时基亚雷洛先生在旧金山机场边一个盒子制造厂的厨房会见了德尔塔公司的高管和餐饮厨师，以展示他的一些食谱。他尝试过的几十种菜肴，包括菜蓟和白豆，小排配玉米粥，还有用茄子和山羊奶酪做的小千层面等。

"我以做美食闻名，而航空公司一般都不知道，"基亚雷洛先生说，"如果我做这个工作，可能失去的比得到的还要多。"他是半打烹任书的作者，同时还是食品网络上的节目主持人，参加过"顶级大厨大师赛"和"下一代厨神"。

在他周围挤着德尔塔公司的厨师和他的饮食伙伴，他们在一个小电

第3章 财务分析 I

子秤上称重每一种成分,仔细检查笔记和图片,并试图计算每天一次吃一千份这样的菜要花多少钱。

基亚雷洛先生花了 6 个月才拿出菜单。他测试了食谱,挑选了季节性的成分,考虑了纹理和颜色,并研究了在一个小型航空托盘上用餐的方法。然后德尔塔公司的厨师不得不学习他的烹饪和服务方式。精算会计师(财务)将每一项进行定价。高管和经常坐飞机的旅客被挑选出来品尝他的创作。

有很多问题。樱桃西红柿应该切成什么样?(回答:把它们整个放着。)鸡肉应该先烤哪一面?(先烤有皮的一面。)多少片火腿可以当开胃菜?(两片大的,而不是三片,打破了口味和价格之间的平衡。)

对于像德尔塔这样的航空公司来说,这些都不是微不足道的事情。几年前,从牛排中刮下 1 盎司(约 28 克)的决定使航空公司每年节省了 25 万美元。厨房劳动的每一步都会在每天准备这么多的饭菜时增加成本。

根据德尔塔公司的统计,一家餐馆餐费的组成大约是这样的:肉占 60%,开胃菜占 17%,沙拉占 10%,甜点占 7%。

德尔塔还计算出,在国内航线上从头等舱供应的沙拉中减少一颗草莓,每年可以节省 21 万美元。公司每年会分发出去 610 万袋花生和同样数量的椒盐卷饼。花生价格上涨 1%,就会使德尔塔公司的成本一年增加 61 万美元。

其他航空公司也在效仿。联合航空公司在 2 月宣布,它将升级其头等舱和商务舱乘客的服务,并将改变餐点的准备方法,以提高质量和口味。它还说,在国际航线上将开始提供一种新的冰淇淋圣代方案,有 6 种口味可供选择。在国内航班上,优质旅客将得到新点心,包括热饼干。

应付账款信用期

应付账款信用期计算如下:

$$\frac{应付账款}{赊购} \times 365 \text{ 天}$$

关于应付账款信用期计算的一点注意事项

如前所述,应收账款回收期要求收入除以赊销金额乘以 365 天。然而,赊销金额很少提供,因此我们需要寻找替代物。虽然收入不是一个完美的替代物，但通常是令人满意的。赊购也存在同样问题。这一数字很少公开披露。因此，我们需要寻找替代物。通常，人们会使用销售成本数据。因为在简化状态下，销售成本是：产品的期初库存加上采购减去期末库存；大型企业不以赊购方式采购货物是不正常的。

分析瑞安航空的效率比率的复杂性（见示例3.5）：第一，费用被归类为经营费用；第二，应付账款可能与前述任何一项经营费用有关。因此，我们将经营费用作为销售成本的替代物。请注意，在航空产业之外进行这样的替代是不可以的。

解释应付账款信用期的结果

观察某企业持有的流动资产，如果把应收账款和库存理解为减少企业现金的资源，那么流动负债，如应付账款则可以被视为对这些影响的抵消。应收账款实质上是企业向客户提供无息贷款，但应付账款却是相反的，即供应商向企业发放了无息贷款。因此，通常认为较高的交易应付账款支付期是可取的。

然而，当公司应付账款的天数超过一定水平时，可能会出现明显的附加风险，主要是引起行为问题和损失供应商的好评。关系破裂可能会带来严重的问题，例如，供应商在收到货款之前等待太长时间，就可能通过提供劣质产品惩罚缓慢支付的企业。最坏的情况，他们可能干脆停止供应产品或服务，并破坏市场，以对付拖拖拉拉的付款人。

在瑞安航空公司的案例（见示例3.5）中，过去10年，交易应付账款支付期十分稳定地保持在15天到20天。然而，在2003年，天数却高达41天。与其他营运资本比率一样，如果没有更多的信息，很难解释这实际上意味着什么。此外，尽管余额是重要的（2016年3.695亿欧元），但不太可能会引起目前或潜在投资者及贷款人的过度关注。3000万欧元的转移似乎是一个很大的转变，但在公司其他财务数字的宏伟计划中，这显得微不足道。

示例 3.5 瑞安航空公司的效率比率

应收账款回收天数

$$\frac{应收账款}{赊销金额^a} \times 365 \text{ 天}$$

1. 我们不得不用收入来代替赊销

	2016	2015
	百万欧元	百万欧元
应收账款	66.1	60.1
收入	6535.8	5654.0

$$\frac{66.1}{6535.8} \times 365 \qquad \frac{60.1}{5654} \times 365$$
$$= 3.7 \text{ 天} \qquad\qquad = 3.9 \text{ 天}$$

库存持有天数：

$$\frac{库存}{销售成本^b} \times 365 \text{ 天}$$

2. 考虑到航空公司分类没有直接成本项，只有营运费用，我们不得不找一个合适的替代物来替代销售成本。与库存有关的一个可能的费用是"维护、材料和修理"，但我们已根据这个数字和总营运费用数字计算了库存持有天数。因此，这些计算仅用于解释说明。

	2016	2015
	百万欧元	百万欧元
库存	3.3	2.1
维护、材料和修理	(i) 130.3	(i) 134.9
营运费用（代替销售成本）	(ii) 5075.7	(ii) 4611.1

$$(i) \quad \frac{3.3}{130.3} \times 365 \qquad (i) \quad \frac{2.1}{134.9} \times 365$$
$$= 9.2 \text{ 天} \qquad\qquad = 5.7 \text{ 天}$$

$$(ii) \quad \frac{3.3}{5075.7} \times 365 \qquad (ii) \quad \frac{2.1}{4611.1} \times 365$$
$$= 0.24 \text{ 天} \qquad\qquad = 0.17 \text{ 天}$$

应付账款支付天数：

$$\frac{应付账款}{赊购^a} \times 365 \text{ 天}$$

(续表)

3. 正如在计算应收账款回款天数时，用收入代替赊销金额一样，在计算应付账款支付天数时，通常用销售成本代替赊购。但是，由于航空公司没有披露销售成本，我们要找到一个适当的替换数字。与库存持有天数一样，我们选择使用营运费用，但再次强调，这只是为了解释说明。

	2016	2015
	百万欧元	百万欧元
应付账款	230.6	196.5
营运费用（代替赊购）	5075.70	4611.1

$$\frac{230.6}{5075.7} \times 365 = 16.6 \text{ 天} \qquad \frac{196.5}{4611.1} \times 365 = 15.6 \text{ 天}$$

偿债能力比率

我们解释说，流动性比率目的在于让客户了解企业的短期状况。另一方面，偿债能力比率允许用户评估和定位企业的中长期状况。如果没有某种形式的融资，公司就不可能投资有所产出的项目。因此，他们的持续经营状况将无以为继。投资周期可以设想如图 3-1 所示。

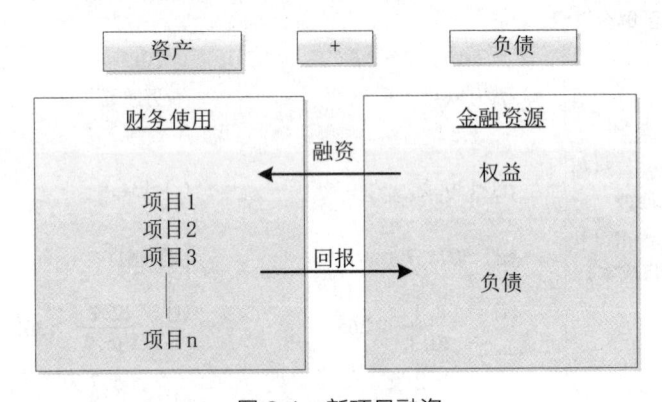

图 3-1 新项目融资

专家观点 3.4　债务——公司角度和股东视角

从公司角度来看：债务是一种更可取的融资选择，总的来说，债务还本付息比股权低，而且利息支出可以享受税收减免，而股息支出则不能（如果你想证明这一点，就想想损益表的顺序。请注意税收支出发生在利息支出之后）。

从股东角度来看:债务融资增加了(感知)风险,因为它通常具有以下特征:

● 利息支付是一项义务。(股息是自由支配的)。
● 债务是有保障的。例如,不偿还以建筑物为抵押的贷款,可能导致资产借出方收回抵押品并出售以解决债务问题。(股票很少在资产上得到担保。)
● 债务的寿命有限(即有赎回日期)。(股权是永久性投资。)
● 在清算过程中,股东权益排名最后。

主要偿债能力比率考虑了债务和股本的相对水平,因为这个比率揭示了企业融资的方式。有人认为,随着一家企业的债务水平上升,股本提供者(股东)需要更大的报酬来对付这种融资风险。图 3-2 强调了债务成本和权益成本之间的关系,因为融资风险(即适当的高额借贷)被引入企业。债务成本是债务融资提供者的加权平均要去回报。权益成本是持有企业权益的投资者所要求的回报。请注意,在极端的融资风险水平下,债务提供者和权益提供者的回报要求都急剧增加,在企业面临破产风险时就可能出现这种情况。

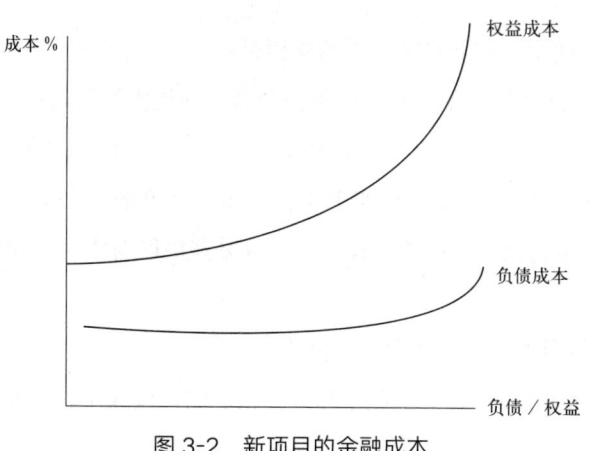

图 3-2 新项目的金融成本

尽管如此,分析师还是很难比较和解释一家公司的融资水平。一般来说,我们将指出需要在债务和风险之间实现谨慎的平衡。高负债率(债务与权益之比)意味着更大的偿债风险。然而,关键的问题是:怎样算高?此外,低的速动比率也意味着债务提供的成本比较优势没有得到适当的利用。同样,这并不能提供任何真知灼见去解答另一个问题——怎样算低？综合解释的问题是企业层面、产业层面和全球层面的内在差异，需要进行探索和解释。

在企业层面，差异可能出现，原因是：

● 债务和股票市场的变化是不同的。

● 企业层面的债务有效性视不同企业和不同时段而有所不同。

● 资金提供者需要适时考虑投资和拟议项目的风险。

● 对债务或权益可能有不同的管理偏好，当管理改变时，这些偏好也可能改变。

● ……

在产业层面，差异可能出现的原因是：

● 所资助项目的类型各不相同，因此它们的融资要求也不同。例如，一家投资于大型资产的公司为了创造持续收入（如房屋建筑、大型建筑项目、飞机等）将有更多常规性大笔融资需求。因此，这些产业的实际债务水平和相对债务水平通常都会更高。

● 市场对资本需求的看法会有所不同。

● ……

在全球层面上，差异可能出现的原因是：

● 根据经济情况，不同形式的融资会有不同程度的可用性。

● 全球市场对未来投资和融资安排的观点会随着时间的推移而变化。

● 可能存在政府或监管机构干预。例如，有关融资水平的立法（例如，金融机构需要维持核心一级资本比率），或某些地区对中小企业信贷额度的限制。

● 全球和国内货币市场需求和供给水平会有差异。

● 考虑到（预期）通货膨胀率和其他投资的机会成本，这可能不太有利。

● ……

我们经常采用三个核心比率来揭示企业所面临的融资风险：

● 杠杆比率；

● 利息保障倍数；

● 股利产出率。

杠杆比率

有几种可接受的方法来计算公司的杠杆水平。在所有条件都相同的条件下，我们希望使用以下定义：

$$\frac{债务的市场价值}{权益的市场价值} \times 100\%$$

或者可以替换为：

$$\frac{债务的市场价值}{权益的市场价值 + 债务的市场价值} \times 100\%$$

然而，如果你只知道财务状况表，在实践中还可以这样替换：

$$\frac{非流动负债}{股东资金} \times 100\%$$

或者可以：

$$\frac{税前利润}{已动用资本} \times 100\%$$

计算难点

● 融资风险的计算是市场价值比市场价值，而不是账面价值比账面价值。这些数值将明显不同，尤其是对于一个成熟且盈利的公司来说。对于经营了几年的公司来说，继续以账面价值出售股票是极为罕见的。投资者将被要求支付溢价。应用账面价值可能会增加负债的权重。然而，普鲁登斯可能会告诉你，这并不是一件坏事。不过，值得注意的是，使用这种方法计算的杠杆比率只能作为参考。

● 非流动负债将包含不属于债务工具的余额。理想情况下，你所能捕捉到的唯一的非流动负债将是那些直接与长期债务相关的债务。

● 流动负债可能包含用于为企业融资的负债，因此应包括在负债计算中。例如，银行透支可能为堵财政缺口的其他短期银行贷款。计算中包含这些短期偿债项目，可能有助于更清楚地理解融资风险。

● 在资本回报率描述中所涉及股东资本定义的相关问题。在这里也存在相同的问题。

解释杠杆比率

杠杆比率越大，融资风险越大。最后，假设这一点保持在合理范围内，投资者并不介意融资风险的上升，只要它们合理或得到恰当的补偿。前文提供了关于如何解释比率的增加（减少）的各种提示。

在瑞安航空公司的案例中，在过去 8 年中杠杆比率一直保持在 54% 左右（最小值是 2014 年的 49.7%；最大值是 2011 年的 56.3%）。虽然这一比例在 2015 年至 2016 年间基本保持不变，但它可能会促使人们怀疑公司是否过度依赖债务融资。然而，我们期望一家航空公司在运营策略和商业模式方面保持较高的负债率。他们购买寿命较长的资产（超过 20 年），通过短期贷款债务或以现金购买这些金融资产将是糟糕的财务管理手段。一家拥有强大购买力和早期就更换政策的航空公司——就像瑞安航空公司所拥有的那样——与同行业中的其他公司相比，融资需求的比例要高得多。尽管这听起来可能有悖常理，但金融分析师可能更关注的是企业债务的低水平，而不是高水平。

分析师是否应该关心瑞安航空的杠杆水平？这是一个更难的问题！易变现水平和作为缓冲所保留的现金流量表明任何短期问题都是可以处理的。解释偿债能力比率时的主要问题是我们将中期业绩默认为长期业绩，即预测业务所产生的利润／现金流，因为任何涉及未来需求（或事件）的解释都会出错。

因此，与其他比率一样，分析师将搜索附加信息来支持他们的评价。公司不仅评估未来的需求，而且整个航空产业有一个监管机构，他们定期评估未来几个月和几年内可能会发生什么。人们也想知道同行业其他公司的杠杆比率，以及其他可比行业中的那些公司的负债比率，即传统上与高水平借贷相关的比率。

摘要 3.6　鸡或蛋——偿债能力与流动性

银行缺乏偿债能力而产生问题

一位银行分析师称，合作社银行的管理层"视而不见"，导致了严重的内部管理问题。

作者：凯文·怀特　《金融时报》在线版　2013 年 5 月 15 日

在合作社银行上周陷入危机后，天达银行分析师伊恩·戈登表示，合作社银行的问题根源在于缺乏偿债能力。

上周，评级机构穆迪下调了该银行的信用评级，担心其可能需要政府救助。据本周巴克莱银行发布的一份分析报告称，资产负债表上的缺口可能高达 18 亿英镑。该报告分析道：合作社银行债券持有人可能会成为受害者，因为合作社银行不能发行股票。随后的信用评级下调导致银行首席执行官巴里·图特尔立即辞职，并宣布集团新首席执行官尤安·萨瑟兰对整个企业进行重新的战略审查。

戈登先生说："不像 2008 年，哈利法克斯苏格兰银行、北岩银行、布拉德福-宾利银行等面临的流动性问题，合作社银行的问题就在于偿债能力，或是缺乏偿债能力。"该银行在 1 月因未能正确处理来自联邦安全署的 1629 个包装、邮费和保险费的投诉而被处 113300 英镑罚金。它在 Finacle IT 项目上减计 1.5 亿英镑（到发稿为止）。他补充说，上星期五的债券价格下跌了 25%，"这表明市场定价预示了违约风险"。他又补充道："这家银行的资本化程度低于某些同行，而作为互助银行，监管机构允许其使用更少的审查。为了使该银行尽可能安全和保险，需要现金注入，但我不认为这将必然导致救助。更有可能的是，合作社集团本身也会介入。"

当被问及该银行是否存在偿债能力不足的情形时，合作社银行的一位发言人说："我们知道偿债能力问题和提高资本充足率的必要性。"当被问及戈登先生的评论，即银行的监管审查较少时，发言人补充说："的确，我们银行不是上市公司，但我们会定期公布账务清单，并让投资者、新闻和监管机构参与，同时受到相当严格的审查。"

根据 2012 年的调查结果，银行部门为集团贡献了 17.6% 的收入，为 22.1 亿英镑，其中 2012 年食品零售部门收入为 74.4 亿英镑。2012 年它的总运营亏损为 2.805 亿英镑（相比于 2011 年 1.411 亿英镑利润），而税前亏损为 6.737 亿英镑（相比之下，2011 年的利润为 0.542 亿英镑）。

2013 年到 2017 年发生了什么——合作社银行的最新故事
合作社银行是新的布拉福德-宾利银行

作者：帕特里克·科林森《卫报》在线版 2017 年 2 月 13 日

提议出售意味着一个独立、传统道德的挑战者——合作社银行的主要玩家前景已不复存在。合作社银行现在宣布出售，正在走布拉福德-宾利银行的破产和清算道路，可能从此名字成为历史。有价值的地方是，它 140 万个活期存款账户持有者和 1 个现在还算不错的抵押贷款账簿。坏的地方是，剩下的不良贷款（其中大部分是与不列颠购房互助社的灾难性合并产生的）将不得不清算。但不要对这里发生的事情耿耿于怀……合作社的头衔，无论如何，是对冲基金所有权上的一个误称，一旦合作社放弃剩下的 20% 股票份额，毫无疑问它一定会死……从某种意义上说，且不管小报文章曝光它的"圣洁卫理公会派"董事长的滑稽行为，合作社银行在 2013 年曝光了 15 亿英镑黑洞之后还能幸存下来就是奇迹。永远不要忘记，它没有像它的银行业老大哥们一样得到纳税人的救助……但是，对于产生收入来说，持续的低利率环境是一个痛苦的负担。合作社银行是一个基础资本薄弱的银行，很少有明显的方法来重建它。在 App 和网上银行的新世界里，客户很少访问分支机构，合作社银行不能成为独立的"挑战者"，也不能成为银行业中的"大姐头"，或者灵活的新贵。

利息保障倍数

利息保障倍数显示（理论上）可从公司的收入中支付财务费用多少次。比率计算如下：

$$\frac{营业利润}{财务费用}$$

因此，这是一个企业偿债能力的指标。同样，与其他比率一样，很难建议最佳的比率水平。然而，我们建议，如果利息保障倍数低于 1，这是一个强烈的信号，即目前的债务水平是负担不起的。如果在接下来的几个月或几年内没有支付利息，出借方可能会实施收回条款。

高利息保障倍数也是不可取的。如果一家公司能够支付 10 倍的财务费用，那么投资者可能会质疑该公司利用相对较廉价的融资形式（即债务）是否合理。

在瑞安航空公司的案例中，利息保障倍数大约是 20 倍。如果我们对债务偿还能力（偿债能力）的缺乏有任何担忧，那么这可能会有助于减轻我们的担忧。瑞安航空的奇怪之处在于关注点可能是这种情况出现在高位。然而，这几乎肯定是公司盈利能力的反映，而不是他们的融资安排或策略。

股利产出率

这是另一个有用的比率，尤其是对于一家公司而言，股东经常获得股息的报酬（而不仅仅是资本的增长）。股利产出率显示分析师可从可用利润中支付股息多少次。计算如下：

第 3 章 财务分析 I

$$\frac{税后利润}{支付股息}$$

和利息保障倍数一样，股利产出率不存在最佳状况。小于 1 的比率表明缺乏可承受性，并且降低了在该水平上剩余股息的可能性。高股利产出率可能会让股东质疑为什么股息支付不太大，尤其是如果没有证据表明利润正在重新被用于投资时。

瑞安航空很少支付股息。相反，他们的股东通过资本增值（可以通过出售股票来获得报酬）。然而，现金水平已经增长，并且在一些情况下，管理层决定将这些现金中的一部分分配为特殊股息或回购股份。2015 年，企业宣布了股利产出率是 1.7 倍，即使我们把回购作为投资者支付比率的一部分，在 2015 年和 2016 年，瑞安航空的比值均超过 1。当一家公司支付比率增加时，总是会引发未来支付（股息或股票回购）是否可能的问题。

示例 3.6　瑞安航空的偿债能力比率

杠杆比率

$$\frac{非流动负债}{动用资本} \times 100\%$$

	2016	2015
	百万欧元	百万欧元
非流动负债	4252.0	4804.3
运用资本	7848.8	8839.4

$$\frac{4252.0}{7848.8} \times 100\% = 54.20\% \qquad \frac{4804.3}{8839.4} \times 100\% = 54.4\%$$

利息保障倍数

$$\frac{营业利润}{财务费用}$$

	2016	2015
	百万欧元	百万欧元
营业利润	1460.1	1042.9
财务费用	71.1	74.2

(续表)

$$\frac{1460.1}{71.1} = 20.5 \text{ 倍} \qquad \frac{1042.9}{74.2} = 14.1 \text{ 倍}$$

股利产出率

$$\frac{\text{税后利润}}{\text{股利}}$$

	2016	2015
	百万欧元	百万欧元
税后利润	1559.1	866.7
股利	N/A	520.0

$$= \text{N/A} \qquad \frac{866.7}{520.0} = 1.7 \text{ 倍}$$

投资者比率

当前和潜在的投资者是财务报表的主要使用者。上面列出的比率所有利益相关者都有一定的兴趣，而下面的一组比率对主要用户来群体来说是最有价值和最感兴趣的。同样，投资者可以计算出各种比率以评估他们对所考虑的企业的立场，但你会经常遇到以下这些数字，它们也很有用：

- 投资者回报：股息收益和资本收益；
- 每股收益；
- 市盈率。

投资者回报：股息收益和资本收益

股利产出率允许分析者以账面价值来解释一家公司的股利支付，即公司可以从现有的年度会计利润中支付多少股息。股东更感兴趣的是他们所做投资的收益率。每年的股本回报率包含两个部分：股息和资本增长。计算如下：

$$\frac{\text{每股股息}}{\text{每股市场价值}} \times 100\% + \frac{\text{每股资本增长}}{\text{每股市场价值}} \times 100\%$$

股息收益率向投资者揭示了投资回报。示例 3.7 演示了投资者如何衡量他们的年度回报。这些数字可能有点误导人，因为我们在使用未经调整的信息来解释复杂的状况。例如，瑞安航空公司尽管在 2016 年没有支付股息，但进行了大规模的股票回购,这是一种不同方式,公司可以奖励股东(这不是股息支付或资本增长)。此外,2016 年 3 月 31 日的股价是 13.14 欧元,2015 年 3 月 31 日是 10.80 欧元,但在 2015 年 10 月 28 日有一个 39/40 股票分割,这意味着我们并不是同类比较。记住:无用输入 = 无用输出。尽管如此,下面还是进行了计算,但也提出了合理的质疑。

示例 3.7

表 3.5 两家公司的股价股息示例

	1.1.X0 股票价格	31.12.X0 股票价格	年股息
麦热吉公司	160 便士	180 便士	12 便士
迷失幻影公司	100 便士	105 便士	3 便士

两家公司股息收益计算如下:

麦热吉公司 $\frac{12}{160} \times 100\% = 7.5\%$

迷失幻影公司 $\frac{3}{100} \times 100\% = 3.0\%$

不过,需要注意的是,在进行收益分析时,还应考虑资本增长的因素。

麦热吉公司 $\frac{20\ (180-160)}{160} \times 100\% = 12.5\%$

迷失幻影公司 $\frac{5\ (105-100)}{100} \times 100\% = 5.0\%$

因此,这两只股票的总年回报率分别计算如下:

麦热吉公司 =20.0%(7.5%+12.5%)

迷失幻影公司 =8.0%(3.0%+5.0%)

每股收益

每股收益通常显示在利润表的账面上(即公开披露的数字)。为了避免对这一数字的操纵,有些会计规则规定了其计算公式(IAS 33)。简要说来,基本计算公式如下:

$$\frac{归属于普通股股东的当期净利润}{当期在外流通的加权平均普通股数}$$

每股收益的标准解释是,数值越大,股东的地位越好。由于基础会计和可能交易的复杂性,管理层有可能(尽管不是直截了当的)利用这个比率告诉投资者他们想要听到的东西。然而，值得注意的是，任何会计主导的操纵策略只能在有限时间内起作用，最终都会暴露出来！

考虑到瑞安航空公司的利润增加，每股收益从2015年到2016年大幅增加。事实上，近年来这一数字大幅上升。每股收益多年来徘徊在20欧元到30欧元之间，跃升至2015年的63欧元和2016年的116欧元。其中有流通股减少（由于股票回购）的原因，也有企业利润提高的原因。

> **专家观点3.5　IAS 33对基本每股收益的定义**
>
> 在IAS 33中更长的阐述是：基本每股收益是通过用母公司的普通股持有者收益或亏损（作分子）除以普通股加权平均数（作分母）计算的。IAS 33.10用于计算的盈利分子（持续经营的利润或亏损和净利润或净亏损）应扣除所有费用，包括税收、少数股东权益和优先股股利。IAS 33.12分母（股数）的计算方式是用当期初始发行的股票，扣除当期购回或发行的股票数，再乘以时间加权因子来计算的。IAS 33包括对在各种情况下发行的股票进行适当的日期识别的指南。（IAS 33.20—21）

市盈率

市盈率是透过股权提供者（即股东）的眼光来评价投资的常用手段。然而，解释这个比率并不简单。它运用了一个简单的观点，基本原理是，结果会给你带来一个乘数（即你需要多少倍于当前的收益才能达到你在公开市场上支付的股票价格）。反过来，这可以让你评估现在投资的价值和任何未来公司打算做的投资，从而允许你将未来项目和企业作为整体来定价。它还预示了投资该企业股票的回报速度。换句话说，比如市盈率是10，可以解释为当前的价格是当前收益的10倍，或者在这个收益水平上需要10年才能覆盖该价格的投资。

然而，有更详细的解释。本质上，市盈率可以概括为市净率除以净资产收益率；其中市净率是一个变量，表示异常收益的幅度（即净资产收益率减去股东必要报酬率）乘以股本账面价值的增长，并将永久资产考虑进去，然后用股本成本折现为现值。但这是一本入门教材，因此我们将把这个故事放置一段时间。相反，目前的市盈率可以计算如下：

$$\frac{每股市场价值}{每股收益}$$

当投资者看到一个盈利企业持有较高的市盈率时，预期是未来的增长（收益）高于通货膨胀。供求的基本原理与有效市场假设交织在一起，引导理性的投资者推断出分子，即股价（每股市场价值）的改变带来了高市盈率，表明股票的需求高于平均值。在有需求的地方，股价会上涨，而在股价上涨之前，股东，为未来所支付的金额就会实现。高于平均水平的业绩，或更常见的未来高于平均水平的业绩承诺，都会产生需求。

可以想见，一家公司的股价可以出于多种原因而变动，而会计收益可能不是当前或未来业绩及财务状况的真实反映。因此，你不仅需要对底层数据进行进一步调查，最重要的是，还需要在一定背景下对市盈率进行评估。同行业中公司之间的市盈率比较尤其能暴露公司的真实状况（见在线内容：www.koganpage.com/Accountingfm2）。

瑞安航空公司在 2015 年至 2017 年的市盈率一直在波动（范围是 8.5—34，2016 年 12 月 31 日是 9.53，2015 年 12 月 31 日是 33.93，2017 年 7 月是 17.0）。2016 年的市盈率之所以下降，部分原因在于公司进行了股本重组：B 股诞生，"普通股股本"合并。这就减少了股票的数量，并对每股收益产生了相应的影响。由于成本结构和固定成本的依赖，航空公司的市盈率和每股收益率相对其他行业可能一直存在波动，尽管如此，瑞安航空公司的股价一直在上涨。市盈率指标表明市场相信该公司将继续盈利，超出成本和通货膨胀。

缺点和局限性

正如我们在本章中所说，各种财务分析技术的主要缺点和局限性可能是显而易见的。你可能一直在问自己一些问题，如下：

1. 真实的可比性是可能的吗？

子问题包括：

● 我们比较什么企业，为什么我们选择比较它们？

● 从战略、经济、政治、文化上看，这些企业之间有什么区别？

● 这些企业是否有相似的会计政策？换句话说，从财务报表所获信息可比吗？

虽然要求会计人员选择以确保财务信息"真实和公平"呈现的政策，但还是需要管理判断。例如，两个同质公司以不同方式估计同质资产的有用经济寿命的差异会对利润产生重大影响。如果一家航空公司选择飞机折旧时限为25年，而另一家航空公司认为飞机只能营运10年，这将对每年的会计利润产生巨大影响，后者比前者更早确认成本。

无须灵活运用会计方法，就可以操纵年度业绩。例如，在年度内削减某些项目支出，比如员工培训和发展成本、广告和营销费用，企业会立即提高利润。然而，对利润的中长时期影响必然是不利的。

有一些复杂的会计交易是可以隐藏的，通常是通过公布股票的走势，并将收益／亏损的实现推迟到未来的时期。

● 不同会计期间有可比性吗？

本年度是否发生过一次性事件，对企业的盈利能力产生积极或消极的影响？

如果有，我们是否应该在分析中进行调整？

更广泛的经济／政治／社会／文化环境是否具有可比性呢？

2. 财务报表是向后追溯。它是由历史信息组成的。年度报告的编制和审计是一项漫长的工作，对于上市公司来说，提交期限是年终后的3个月。因此，当你能分析截至2016年3月31日的年度财务报表时，事实上，下一年的第一季度将接近结束。无论商业、工业、场所或任何其他外在环境，3个月都是很长的时间！

3. 财务报表不能说明整个故事（见第4章）。在过去几十年中，我们见证了指数增长的手段和方法，它们能够使一个公司用来与投资者和其他利益相关者进行沟通。公众对新闻的渴求也使公司在传播策略上更加积极主动。尽管年度报告仍然是重要的，但它以前作为投资者对企业状况和业绩理解的基础地位已经被取代。对于分析师来说，使用他们掌控的现场信息，年度报告已经起到了更加确凿的作用。

(问题讨论)

自由裁量与自愿披露有何区别？提供额外信息的潜在成本和好处是什么？

小　结

在本章，我们讲述了四种可能的财务信息分析方法：
- 水平分析；
- 趋势分析；
- 垂直分析；
- 比率分析（盈利能力比率、效率比率、流动性比率、偿债能力比率和投资者比率）。

我们已经在会计背景下解释了这些方法，并将每种方法应用于年度报告中。我们认为，要想从分析中得到最大价值，就需要用利益相关者的眼光来看待投资。例如，如果你代表一个正在考虑购买某公司股票的潜在投资者进行分析，你就需要明白你是在为一个即将获得该公司股份的人提供建议。那么，这家企业与其他公司正在竞争，因此也需要对它们进行审查。背景环境（经济、社会、政治和技术）也很重要，它会给你的分析提供信息。

财务报表分析的机制相对简单。然而，对结果的后续解释要困难得多。让我们假设你正在计算毛利率，并利用这些信息来解释业绩。你可以采取如下方法：

- 业绩计算：周期比较；行业间比较。
- 用单纯的术语评价相对业绩：

比率是增加还是减少，行业比率增加还是减少？

表示向上移动通常被认为是正的，而向下移动则是负的。

毛利率高于同行的利润率通常被认为是积极的信号。

- 试着解释为什么会有这样的变化：

今年与往年相比（时间序列分析），或者本企业与行业内其他企业相比（同业比较），或者当前的政治／经济／社会／技术环境与前一期相比，企业及其会计政策是否有变化？

使用水平分析、趋势分析和垂直分析来理解支持这一变化的会计数字（即收入和销售成本）。

- 尽量寻找其他证据来佐证你的理由，如新闻稿。
- 回答问题"那又怎样"：

这种变化的含义和后果是什么？

你相信它是可持续的吗？

对投资有什么影响？

你所做的分析有什么局限性？

在你确信你的提议是恰当的和准确之前，你还需要什么信息？

财务分析是主观的，有大量定量和定性的数据可用。进行这些练习的技巧之一就是知道何时何地停止。你需要运用判断，这是通过实践和经验进行微调的。

问　题

1．列出三个盈利比率，并展示它们应该如何计算。

2．讨论三个可能的原因，为什么一家企业的毛利润率从今年到明年可能会增加？

3．"流动性"是什么意思，供应商为什么要评估客户公司的流动性状况？

4．描述营运资本周期，并计算你选择的公司的周期长度。

5．你如何评价一家企业的偿债能力，并陈述你认为可能是一些"红牌警告"问题。

6．比率分析作为财务分析的一种，其局限性是什么？

习　题

答案见 www.koganpage.com/accountingfm2

习题3.1　鹰有限公司生产和销售洗衣机。董事会一段时间以来一直关注着他们的市场份额，一直在下降的主要原因是由于全行业的竞争。他们意识到，在一定程度上，该行业已经成为其自身成功的受害者，因为洗衣机越来越可靠和耐用，不需要定期更换。因此，董事会正在考虑投资麻雀有限公司。

麻雀制造洗碗机。董事会相信协同效应将包括共享技术、扩大分销网络、增加技术熟练的员工和管理人员，以及共用文秘和制造总部等方面的优势。

表 3-6 显示的是最近发布的截至 2016 年 10 月 31 日鹰和麻雀两家公司的（汇总）财务报表。

表 3-6　鹰和麻雀两家公司的（汇总）财务报表

综合收益表	鹰公司 2016 百万英镑	2015 百万英镑	麻雀公司 2016 百万英镑	2015 百万英镑
销售收入	12000	13000	9500	7800
销售成本	−8000	−8200	−4100	−2600
毛利润	4000	4800	5400	5200
运营费用	−2500	−2550	−2600	−2700
财务费用	−550	−500	−900	−300
税前利润	950	1750	1900	2200
所得税	−300	−600	−800	−900
期间利润	650	1150	1100	1300
财务状况表				
非流动资产	13075	12000	11000	6000
流动资产	2600	2800	1500	1400
流动负债	−3200	−3000	−2500	−1500
非流动负债	−275	−250	−4500	−1500
	12200	11550	5500	4400
所有者权益	12200	11550	5500	4400
流动资产				
存货	800	900	700	400
应收账款	1000	1800	750	600
银行存款	800	100	50	400
流动负债				
应付账款	1550	1300	650	400
其他应付账款	1200	1200	1000	200
现有税率费用	450	500	850	900

思考：

（1）鹰有限公司董事会要求你分析麻雀有限公司的状况和业绩。

（2）作为分析的一部分，董事会还要求你使用上述信息来比较和对比鹰有限公司与麻雀有限公司的状况和业绩。他们要求你结束分析时，得出你是否认为鹰有限公司应该投标收购麻雀有限公司的结论，请给出理由。

运营费用	−2500	−2550	−2600	−2700
财务费用	−550	−500	−900	−300
税前利润	950	1750	1900	2200
所得税	−300	−600	−800	−900
期间利润	650	1150	1100	1300
财务状况表				
非流动资产	13075	12000	11000	6000
流动资产	2600	2800	1500	1400
流动负债	−3200	−3000	−2500	−1500
非流动负债	−275	−250	−4500	−1500
	12200	11550	5500	4400
所有者权益	12200	11550	5500	4400
流动资产				
存货	800	900	700	400
应收账款	1000	1800	750	600

习题 3.2 截至 2016 年 12 月 31 日零售集团巴克斯代尔公司（汇总）财务报表的摘录（表 3-7），并附有首席执行官报告的摘录。

表 3-7 巴克斯代尔公司（汇总）财务报表摘录

综合收益表	2016	2015
	百万美镑	百万英镑
收入	9062	9022
销售成本	−5690	−5535
毛利润	3372	3487
营业费用	−2501	−2276
营业利润	871	1211
财务收益	50	65
财务费用	−215	−147
税前业务利润	706	1129
所得税	−199	−308
年度利润	507	821

（续表）

财务状况表	2016	2015
	百万英镑	百万英镑
非流动资产	5868	5979
流动资产		
存货	1020	850
应收账款	45	47
现金和现金等价物	5	100
其他流动资产	320	185
	1390	1182
总资产	7258	7161
所有者权益	2100	1964
非流动负债	2851	3208
流动负债		
应付账款	1410	1250
其他应付款	897	739
	7258	7161

首席执行官报告摘录：

在这一年中，我们直截了当地采取行动，以应对全球经济衰退的挑战，采取措施，严格管理成本，并迅速响应客户不断变化的需求。我们调整后的利润去年下降到了 5.07 亿英镑，部分原因是商业大街的环境，以及我们有意识的决定提高我们的价值，而不是损害我们的质量。在过去 125 年里，我们在巴克斯代尔品牌上建立了无可比拟的信任，在困难时期不会牺牲我们的核心原则。尽管我们非常重视食品、家具和一般商品，但我们客户最大的购物来源是服装，而且作为英国领先的服装零售商，我们拥有最大的市场份额，随着消费者控制费用，需求将不可避免地减少。虽然价值市场份额从 11% 下降到 10.7%，但我们的市场占有率为 11.2%。我们相信这是我们团队与我们客户基础一致的证据。我们在 2016 年支付了 3 亿英镑的股息，而在 2015 年英镑支付了 3.5 亿英镑。

思考：

根据以上提供的信息，一位可能的潜在投资者要求你分析巴克斯代尔公司的状况和业绩。

参考文献

1. BBC (2013) [accessed 27 June 2017], Anglo American Boss says profits 'unacceptably poor', BBC News, 26/07 [Online], http://www.bbc.co.uk/news/business-23466885

2. BBC (2013) [accessed 27 June 2017]Wet 'N' Wild waterpark enters administration, BBC News, 17/10 [Online] http://www.bbc.co.uk/news/uk-england-tyne-24561902 [last accessed 27 June 2017]

3. BBC (2017) [accessed 27 June 2017]Balfour Beatty returns to profit, BBC News, 16/03 [Online} http://www.bbc.com/news/business-39289206

4. Brüggen, A, Krishnan, R and Sedatole, K L (2011) Drivers and Consequences of Short-Term Production Decisions: Evidence from the auto industry, Contemporary Accounting Research, 28(1), pp 83 – 123

5. Chen, K H and Shimerda, T A (1981) An empirical analysis of useful financial ratios,*Financial Management*, pp 51 – 60

6. Collinson, P (2017) [accessed 27 June 2017] The Co-op Bank is the new Bradford &Bingley, The Guardian, 13/02 [Online]https://www.theguardian.com/business/2017/feb/13/the-co-op-bank-is-the-new-bradford-bingley

Govender, P (2017) [accessed 27 June 2017] Kent & Lime calls it quits, Power Retail, 12/04 [Online] http://www.powerretail.com.au/news/kent-lime-close-liquidation/

7. Grant, C (2017) [accessed 27 June 2017] Bristol-Myers Squibb: Make lemonade from lemons, The Wall Street Journal, 26/01

[Online]https://www.wsj.com/articles/bristolmyers-squibb-make-lemonade-from-lemons-1485449533

8. Mouawad, J (2012) [accessed 27 June 2017] Beyond Mile-High Grub: Can airline food be tasty？ The New York Times, 10/03

[Online] http://www.nytimes.com/2012/03/11/business/airlines-studying-the-science-of-better-in-flight-meals.html

9. Ryanair Annual Report (2016) [accessed 27 June 2017] Ryanair Investor Relations [Online]https://investor.ryanair.com/results/

10. Vaswani, K (2017) [accessed 27 June 2017] Samsung forecast beats estimates despite scandals and fires, BBC News, 07/04

[Online] http://www.bbc.co.uk/news/business-39523869

11. White, K (2013) [accessed 27 June 2017] Lack of solvency created bank's problems, FT Adviser, 15/05 [Online]https://www.ftadviser.com/2013/05/15/regulation/regulators/lack-of-solvency-reated-bank-s-problems-MHAKj6GyzpR48ThLDMytXI/article.html

第 4 章
财务分析 II

学习目标

本章的目的是进一步理解财务分析和解释的技巧。第 3 章主要集中于年度报告中财务报表的解释。本章将概述公司财务传播的其他主要形式，并介绍一些基本理论。

学习成果

在学习本章之后，读者将：
- 能够理解财务信息是通过不同的手段和不同的形式展现的。
- 意识到公司传播可能事实准确，但会以发出信息信号的方式被呈现、书写或分发。

学习重点

- 不同形式的公司传播。
- 公司传播正常使用、误用和滥用的观点和示例。

管理问题

第 3 章假设对财务信息的分析和解释是管理者及其指定决策的关键技能。我们在第 3 章基础上继续向前，现在离开财务报表，看看年度报告的其他部分以及其他形式的公司传播。

引　言

股权投资者（即股东）在未经事先同意的情况下不得进入公司的工作场所，更不用说查看公司的账簿和记录了。相反，投资者和所有利益相关者一样，依靠公司给他们提供信息。财务报表（更广泛地说是年度报告）在上一章已讨论过，是财务信息传播的一种手段。然而，这并不是企业披露财务信息的唯一方式。相反，公司有许多方式与利益相关者沟通，因为它试图将复杂的管理决策转化为有用的决策信息，供不同层次的外部受众使用。

在年度报告中，有几个部分披露了可能对你的财务分析十分重要的信息。你也可以考虑回顾以下内容，以便进行财务分析工作：

- 来自高层管理人员在职位、业绩和战略方面的反映；
- 经营和财务审查／管理评论／管理讨论和分析(标题随管辖权而变化)；
- 董事长薪酬报告；
- 企业社会责任报告；
- 公司治理程序、实践和政策；
- 公司董事长的背景资料。

此外，年度报告甚至不是公司编制财务报表的唯一所在。大公司还要有中期报告（季度或半年）。公司还定期公布收益表，显示当前的业绩和状况；虽然这些报表呈现的是调整后的数字，但它们是由《国际财务报告准则》的财务报表格式所规定的。无论何时发生重大交易或事件，例如出售新股、拟议的合并或收购，财务报表会连同一组预测的财务数字一起发布。只从财务报表的角度来看财务信息是过于狭隘的。

20世纪80年代和90年代的几项研究表明，年度报告是财务报表使用者最重要的信息或第二重要的信息来源。亚伯拉罕、马斯顿和达比（2012）最近的一项研究调查了被认为对风险分析最有用的信息来源，见表4-1。

表 4-1　对风险分析最有用的信息来源（亚伯拉罕等，2012）

信息来源	平均值（5）	标准差
管理会议	4.5	0.7
官方宣告	4.2	0.9
交易报表	4.1	0.8
龙头企业	4.0	0.5
年度报告和报表	3.9	1.0
工业专家	3.8	1.0
分析师	3.6	1.1
中期报表和季度报告	3.6	1.0
中期报告和报表	3.4	1.0
市场信息	3.2	1.0
报纸	3	0.9
金融信息渠道	2.8	0.9
互联网公告	2.3	1.1

虽然讨论这些形式的交流都是有用的，但因为时间和教学大纲的限制，我们建议选择那些我们认为最有趣和最发人深省的方式来讨论。我们选择如下：

- 企业社会责任报告；
- 收益公告、电话会议和投资者报告；
- 媒体关系：新闻稿和报纸报道；
- 社交媒体和互联网公告。

信息驱动

近年来，公司传播的形式和手段不仅有了大幅度发展，而且投资者和其他利益相关者对信息的需求也出现了巨量增长。这种不断增加的供给和需求似乎造就了一个不能满足的野兽。有人说，每天每个人要接触到大约 13000 个独立公司的信息。情况不正常时，消息和反馈就会以几何级数增长。

新时代对传播领域进一步的影响是媒体采取了一种更加骇人听闻的方式。一方面是由材料的可获得性驱动，另一方面是由竞争加剧给新闻媒体带来的经济压力驱动，也由一年 365 天、一周 7 天、一天 24 小时不间断的新闻需求所驱动。

如果我们把危机事件视为非同寻常的事件，就已经表明，大众传媒的传播方式、形式和策略根本不同于一般新闻媒体所采用的方式。通常，这些将带来对事件更大规模、更大胆、更即时、更生动的描绘，尤其是出现危机或灾难的时候。反过来，（认为应该）负责的组织对危机会相应地显示出克制。危机会引起利益相关者的情绪，因此他们会产生归因效应，会肯定或否定责任人。

危机研究指出，诚实、开放和坦诚是最重要的，而糟糕、不恰当或不完整的企业传播则会导致负面的影响，会毁灭正确的认知和价值。换句话说，我们知道，企业可以故意扭曲发出的信息，以利于管理消费者的印象（有时甚至令人毛骨悚然）。然而，这种操纵传播的技巧需要仔细考虑，以免声誉受到损害，资本被侵蚀。

利益相关者的管理

公司传播的主要目的是管理与利益相关者的关系，这些关系是建立、发展和培养商誉所必需的。必须承认，许多企业已经退出新古典经济学的组织理论，接受了社会经济理论。"会计"一词其词根的本意是"责任"。实际上，从语言学角度来说，这两个词并不共有一个词根，但它们却有相同的意义。虽然我们承认大多数公司的目标是股东财富的最大化，但我们相信企业也必须对这个集团之外的利益相关者负责。

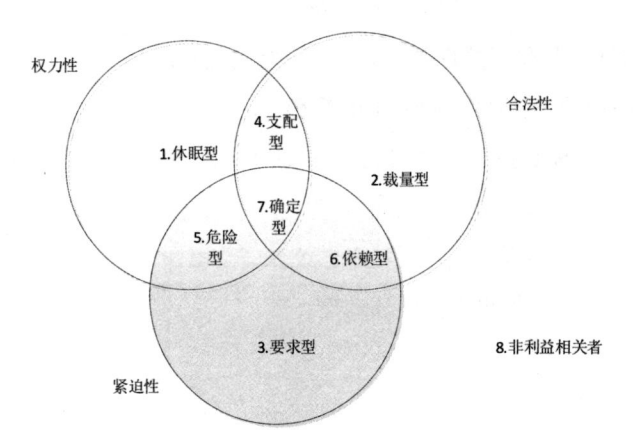

图 4-1 利益相关者显著性理论：3 个核心属性

（来源：米切尔等，1997，第 874 页）

早些时候，我们已经确定，财务信息的使用者是多种多样的。他们的利益是不同的，目标是不同的，要求企业披露的信息可能也不相同。然而，他们对于组织的存续是重要的，因为他们的接受度支撑了企业的商誉。与此相关的是，除了现有和潜在的投资者，组织有必要向其他利益相关群体开放信息，因为这发展了有助于保护社会福利的制衡机制。虽然不可能将"做好事"与回报直接联系起来，但结合策划、活动和宣传可以促进隐形的回报，如在员工、客户和供应商心中建立企业的信誉。

然而，公司和管理团队意识到，利益相关者有不同的需求和相对显著性。对于价值驱动者，公司有必要与这些人进行充分和透明的沟通，以保护商誉。而对有些人，公司仅仅需要通知到即可。还要注意，利益相关者的显著性是不断变化的，并且根据需要他们可以在不同类型之间进行转换。因此，利益相关者理论使我们能够更好地理解利益相关群体的需求，同时也给我们指明了哪一个群体是需要优先考虑的。虽然早期理论根据利益形式（即经济或道德）细分利益相关者，并建立了更详细的利益相关者显著性模型，根据利益相关者的3个属性对其进行分类。然而，乍一看，这可能与你没有直接关系，但你得注意的是，它不可避免地指导着公司传播策略，因此也会影响你对待所呈现信息的方式。

米切尔、阿格尔和伍德（1997）提出显著性3个基本属性：
● 权力性（对组织索取的能力）；
● 合法性（对组织提出需求的合法性）；
● 紧迫性（利益相关者要求立即采取行动的程度）。

利益相关者的权力性、合法性和紧迫性的相对水平决定了其显著性水平。它也决定了与目标利益相关者沟通的深度和广度。图4-1中显示了利益相关者的7个类型（第8个是非利益相关者）。这些分类将在表4-2中进行进一步分析。注意，这一理论在最近几年已经被广泛地探讨和研究，因此，第4个属性始终作为相关属性出现，即邻近性。

表 4-2　利益相关者分类

潜在利益相关者拥有（3种）属性中的一种。由于管理人员所能得到的时间和资源有限，他们认为只有其中一种属性的利益相关者可能不会产生太大影响。他们（潜在利益相关者）的存在可能不会被关注。注意，这种关系是双向的，这些利益相关者不太可能关注企业。		
分类	属性	描述
1. 休眠型	权力性	拥有将意志强加于公司的影响力，但没有合法关系或紧迫要求，所以他们的权力一般不会使用。
2. 裁量型	合法性	具有合法性属性，但没有影响公司的权力，也没有紧迫要求。
3. 要求型	紧迫性	这类人总希望要求立即得到关注，但是你在他们身上花太多精力却无法获得太多进展。经理们认为他们是在耳边嗡嗡叫的苍蝇——讨厌、麻烦但不危险。
预期的利益相关者拥有两个属性。当管理者认识到利益相关者拥有权力性、合法性和紧迫性三种属性时，利益相关者的显著性就是适度的。		
4. 支配型	权力性和合法性	在利益相关者有权力，要求又正当时，他们对公司的影响是确定的。由于拥有合法权力，他们在企业中形成了"主导联盟"（1963），管理者觉察到这类利益相关者将对管理产生影响。
5. 危险型	权力性和紧迫性	利益相关者的要求缺乏合法性，但对企业有权力同时要求企业即刻关注时，这个利益相关者就会变成强制者，甚至可能出现暴力行为，就使得利益相关者对公司来说是"危险"的。"强制"通常被认为是一种伴随着不合法状态的描述。
6. 依赖型	合法性和紧迫性	从属利益相关者缺乏权力，但有紧急的合法主张；他们依靠其他人（其他利益相关者或公司管理者）的力量来实现其意愿。由于这种关系中的权力不是相互的，它的行使要么是通过其他利益相关者的倡导或监护，要么是通过内部管理价值观的指导。
明确的利益相关者具有全部3个属性。利益相关者的显著性将很高，所有3个利益相关者属性都能被管理者感知到。		
7. 确定型	合法性和紧迫性	根据定义，已经展现出权力性和合法性的利益相关者将成为公司主导联盟的一员。这样的利益相关者的要求是紧急的，管理者有明确和直接的义务去关注并且优先考虑利益相关者的要求。

鉴于此，国际会计准则理事会得出结论，认为年度报告的主要用户群体是当前和潜在的投资者，就不会令人惊讶了。其他用户通常没有权力要求管理层采取行动响应他们的需要，例如取消董事会成员或停止某些项目。与早期利益相关者理论一致，主要群体的利益是经济性的，这被认为是最重要的，因此与他们之间的对话几乎是持续不断的。然而，大多数（如果不是全部）大型企业都认识到商誉的重要性，因此，也会制订计划与二级用户沟通，处理他们的（主要）道德关切。

> **问题讨论**
>
> 为什么国际会计准则理事会认为当前和潜在的投资者是主要的用户群体？你能用利益相关者显著性理论解释吗？

企业社会责任报告

企业社会责任报告是近年来发展迅速的领域。它曾经被视为银行和大型机构走廊上的笑话，现在则成了人们在道德、社会和环境领域的目标、成就和抱负的最先进代表。组织对行为负责的需求是消费者驱动的，毕竟，我们都希望生活在一个更美好的世界。例如，不妨看看超市货架上的"公平交易"商品的数量，或者现在手中的道德银行的替代品。

显著性并不高的利益相关者要求公司回答道德性质相关问题。他们的回答已经变得很透彻了。反过来，最近有报道称，（显著性高的）确定型利益相关者对这些公开披露信息的观点发生了转变，认为它们有经济价值和社会价值。

过去10年中，在专业管理下专注于社会责任的基金投资大幅增长。这意味着投资者有意购买符合社会责任目标的公司的股票。对非财务企业社会责任信息的需求也相应增加，这些信息无法通过传统的财务报表分析途径获得。

企业社会责任报告强调的重点问题有：
- 社区事务；
- 健康与安全；
- 多样化和人力资源问题；
- 环境方案。

第4章 财务分析 II

　　大型组织通常会发布企业社会责任报告和传统的年度报告。因此，尽管这些披露在很大程度上是非强制和自愿的，但这已经成为他们年终报告的一部分，从而模糊了自愿和强制性之间的界限。披露企业社会责任信息的另一条主要途径是通过企业网站和（或）通过大众传媒的新闻稿。

　　企业社会责任报告研究表明，公司的政策、实践和策略的披露旨在实现以下4个目标之一，有时它们相互关联：
- 声誉风险管理；
- 合法性；
- 形象恢复；
- 形象管理。

　　然而，我们不想让你产生这样的印象，即企业社会责任报告是被蓄意操纵和扭曲的。事实上，希望和乐观是有真正基础的，因为研究人员经常强调良好的实践。这是在这一领域工作的大多数人的目标：鼓励改进信息及其交流；促进更全面和更透明的披露，提出建议帮助弥合利益相关者与管理层之间的信息不对称。我们只是敦促读者注意，所有公司传播的设计都是为了让股东价值最大化和增强商誉。因此，我们认为，利益相关者应该警惕信息管理的迹象，但要赞扬这一领域在相对短的时间里取得的进展。

收益公告、电话会议和投资者报告

　　年度报告最近被视为一个确认（或监管）文件，主要是因为大公司有定期（通常是季度）业绩／收益公告，有时被称为新闻稿。这些公告提供审议期间概述（经过调整）的《国际财务报告准则》数据，还包括对该时段重要活动的总结，外加对企业状况和业绩的分析。这些公告内容繁杂，但通常会概述公司战略及其可能对未来业绩产生的影响。

　　大量调查工作研究了信息发布中促销语言的使用及其对投资者社区的影响。调查结果喜忧参半，它显示出，篇幅长的报告似乎往往能消除意外收益的负面影响（可能是因为它们缩小了信息不对称的差距）。研究表明公告使用的语调会影响投资者的反应；内容定义可以影响投资者的认知。附录3包含了两个收益公告文件的例子，方便感兴趣时浏览。

然而企业社会责任信息主要针对次要利益相关者,该信息的目的是为主要利益相关者的特定受众,也就是米切尔等人（1997）所定义的确定型利益相关者。收益公告和会议电话或投资者陈述都是可以公开访问的（通过公司网站和互联网直播），但受邀者名单有限。传播针对的是卖方分析师,以便他们为销售团队和客户提供最新资讯。

这些事件偶尔与年度报告的发布一致。然而,通常情况下,年度报告是在收益公布的几天或几周之后公布。鉴于我们所处的市场对信息解读是瞬息万变的,这种时间差意味着,在许多情况下,年度报告甚至在发送到打印机之前就已经过时了。

有些人认为,电话会议/投资者报告没有提供比收益公告更多的增量信息。然而,分析师的时间是一项关键的限制资源,因此,另一些人认为,他们出席这些活动,一般情况下是有价值的。所有人都认为改进及时性是传播活动的真正益处所在。有一种观点认为,公司强制限制利益相关者参与创造了一个双层体系。这甚至发生在确定型利益相关者中间,因为并不是所有的分析师和投资者都被邀请参加。我们相信弗兰克尔、约翰逊和斯金纳（1999）所做的开创性研究结论,他们称:"我们发现,电话会议向市场参与者提供的信息超过了相应的新闻稿（收益公告）提供的信息,这一点通过回报差异和交易量增加可以得到证明。"虽然我们认为其中一些价值是社会性和政治性的,并不是简单的经济性,但我们强烈建议你在进行财务分析时考虑这些事件。

问题讨论

你是否听过电话会议或观看过投资者报告？如果有,相对于经理的口音、肢体语言等因素,你认为哪些因素影响信息接收？如果你从来没有看过（听过）投资者报告（电话会议），为什么今天不看一个呢？

媒体关系：新闻稿与报纸报道

向大众传媒传播,以及通过大众传媒传播,已经成为各组织和投资者关系角色的核心。有证据表明,企业的业绩改善与在媒体上的良好表现是相关的。

然而，要想取得成功，公司需要把信息传达出去，并按照自己的意愿进行解释。报纸和新闻机构对宣传是至关重要的。它们对于维护和加强商誉和向可能很难接触（或影响）的利益相关者传递信息也十分重要。因此，大众传媒本质上是一个渠道。

如上所述，公众被公司日常的口号和信息所轰炸。然而，值得记住的是，新闻记者也会被新闻稿和事件所轰炸。消息是如何被挑选出来放到新闻媒体上，而其他消息又是如何被过滤掉的呢？这里有一些技巧和策略可以运用，但往往多数情况下只是时尚、流行、非凡的事件或纯属运气。

在大多数主流报纸中，商业新闻仅限于一页，被埋藏在出版物中间。近几年，对这一信息的需求激增，版面也相应增加。新闻用来解释事件对企业声誉的影响已成一种范式。公司重新认识到媒体对财务信息的解释带来的影响会远远超出他们的确定型利益相关者。一些财务信息甚至可以激发潜在和预期利益相关者付诸行动。例如，参考星巴克、亚马逊和谷歌的税务报告（摘录4.1）。

摘录4.1 媒体关系

谷歌、亚马逊、星巴克："税收羞辱"的兴起

作者：凡妮莎·巴福德 格里·霍尔特

《BBC新闻杂志》，2012年12月4日

（网址：http://www.bbc.co.uk/news/magazine-20560359）

星巴克、谷歌和亚马逊等全球性公司因为在英国避税而受到抨击。让公司出名和蒙羞的事好像越来越多，但是会有什么影响呢？

企业长期以来都有复杂的税收结构，但最近的一系列报道突显出，许多避税公司似乎并未发挥自己的作用。例如，星巴克去年在英国的销售额为4亿英镑，但没有缴纳企业所得税。它把一些资金转给了荷兰的姊妹公司，支付特许权使用费，并设立采购中心从瑞士买咖啡豆，并支付从其他业务部门借来的高利息欠款。亚马逊在英国的销售额为33.5亿英镑，仅上报了180万英镑的"税收支出"，而谷歌的英国子公司在2011年仅支付了600万英镑税费，但在英国的营业额为3.95亿英镑。

这些公司所做的一切都是合法的，这是避税而不是逃税。但公众舆论的风向正在明显转变。即使在10年前，有关一家公司将企业所得税降

至最低的消息更可能出现在商业版面内,而不是在头版。什么发生了改变?让公司"羞辱"是正当和有效的吗?

最近几年这种势头一直在增长。

2009年9月,《观察家报》(The Observer)发表了头版新闻:"首相宣称:避税将剥夺我们的公共服务。"该报道称,政府正计划将其认定为"道德问题","决心结束避税和逃税"。

2010年10月《每日邮报》(Daily Mail)报道了沃达丰事件:"沃达丰为抗议60亿英镑的税收关闭了牛津街店。"

税收丑闻的另一个影响是,有些人开始抵制品牌,比如45岁的曼彻斯特自营商人迈克·巴克赫斯特。他说:"我已经卸载了谷歌浏览器,在我所有的家用电脑上更改了搜索引擎。如果我想要一杯咖啡,我现在会去科斯塔,尽管星巴克离我越来越近。我在网上买了很多东西,但我并没有使用亚马逊。我厌倦了'改变法律'的评论,我可以用脚投票。我对这个项目非常感兴趣,是因为在我人生的某个阶段,我是最高税率的纳税人,而且我全额缴纳了税款。"

BBC网站偶尔会开放一些故事评论,然后这些评论又被其他用户"评论"。在网络社区中,关于开放的新闻类型和相关者存在一些争论。然而,它们为利益相关者提供了直接的参考价值。我们从这些"被点名和羞辱"公司提供的产品中发现了一些个人选择退出的案例。对感兴趣的观察者来说,最有趣的事情之一是两个最受好评的评论(见摘录4.2)。这些人把注意力转移到另一家公司,这家公司——苹果也被指控参与了这种形式的税收管理。他们的评论表明媒体对这个组织有偏见。

摘录4.2　关于《谷歌、亚马逊、星巴克:"税收羞辱"的兴起》两个最受欢迎的评论

我很好奇,为什么每一篇文章都提到这三家公司。为什么这些公司2%的税率比苹果的还要高?!

Muesli3

2012年12月4日 12:43

我完全同意这里关于苹果的其他评论。这些人是如何做到只支付2%

的税费就能逍遥法外，同时还能躲避媒体监督，我实在想不通。

BBC放下你的iPhone，做好你的工作。

production_malfunction
2012年12月4日 13:07

人们发现，公司参与了新闻内容的总体设计。公司撰写新闻稿的目的是希望记者们能接受它们。记者依赖公司撰写的新闻稿，因为它们不可能同时出现在所有地方。这有时会在毫不相干各方之间形成一种奇特的对话，有时甚至是动机相左的对话，并向外反映出来。通常，最初的新闻稿只是简单的转述和传播。考虑到这一点，你会经常发现，公司提供给记者的新闻稿是用第三人称编写的，以便记者更易采用。

新闻稿往往以发布好消息为主，也就是创造价值的新闻，例如推出新产品，进行成功的投标。尽管记者们被告知要避开积极的语言转向关注事实，但通过新闻稿进行的公司传播在语气上继续保持固有的积极态度。因此，在相关新闻发布中受到这一立场影响的情况是很常见的。有些人认为他们的做法倾向于宣传。有趣的是，人们发现，当传播涉及经济或金融问题时，语气就变得生硬起来。然而，有趣的是，几乎所有关于公司传播的研究都发现与归因理论相关的强烈信号。换句话说，公司倾向于将成功归因于"我"或"我们"，而将失败归因于外在因素。

在幕后，公司通常会与新闻媒体进行正式和非正式沟通。他们不只是发布新闻稿。他们还通过新闻发布会及与公司人员会面/采访进行面对面的情况介绍。此外，公司还积极监测其传播策略的有效性。

总之，媒体是一种完全可以接受的证实财务分析和三角测量结果的方式。报纸需要出售复本，因此你应该期待某种程度的轰动效应，也应该采用一种健康的怀疑态度。然而，媒体的作用也只能到此为止了。如果媒体的信息不准确并导致严重的价值破坏，它们很可能要承担责任。通常，报纸提供的信息会来自一个声誉良好的源头（通常是公司本身），这些信息会拓展你的分析范围，在有效地反驳其他观点的同时，也会对某些观点提供支持。

社交媒体和互联网公告

迄今为止，人们对社交媒体和互联网公告将如何影响公司传播和财务信息的传递／解读还知之甚少。与此同时，我们只能对已经发生的事情发表评论。世界上大多数知名公司都有社交媒体账户，比如脸书、Youtube、微博和推特。它们的受众是不同的，这不仅体现在人口方面，而且在信息需求方面也是如此。有各种各样的其他基于互联网的手段，允许公司以更容易理解的方式向利益相关者传递信息，如博客、公告板等。

我们看到了新媒体技术带来的三大变化（肯定还有更多）：信息的即时性、信息的可获得性以及用户对内容的评论。这样做的好处在于公司可以第一时间确定事件的框架并设定新闻议程。然而，这种即时性意味着，不恰当的引导、缺乏深思熟虑的公告或对事件的不准确回应，都可能产生严重影响。

随着技术和参与者行为的发展，我们有可能确认新媒体是时尚还是潮流，并将继续存在下去。与此同时，一个规范作者和受众的伦理框架必然会出现。这对于传播方式的长期可持续性是至关重要的。与此同时，数字领域是一座潜在的金矿，蕴藏着大量尚未开发的信息。这些以前难以获取的证据将作为信息来支持你的财务分析。同样，请注意，这也可能是一个公司管理故事的沼泽地，你最好不要理会。

> **问题讨论**
>
> 你使用推特、脸书和（或）其他形式的社交媒体吗？你会追踪某某公司吗？为什么你认为公司要在社交媒体上露面？

小 结

总之，信息资源从来没有像现在这样容易更新和获取。尽管在那些确定型利益相关者（当前和潜在的投资者）和其他人之间的沟通水平上仍然存在差距，但差距正在缩小，他们获得额外信息的丰富性和价值正在逐渐减少和被侵蚀。

在根据企业年度报告和财务报表进行财务分析之后，毫无疑问，你会遇到更多你无法回答的问题。转向这些额外的资源——收益报表、投资者报告、电话会议、企业社会责任报告、报纸、公司网站、社交媒体——将为你提供几乎用之不竭的二手数据集，这些数据集可以用来支持（或反驳）你最初的观察。

问 题

1. 讨论术语"利益相关者的显著性"是什么意思，以及为什么将这个理论纳入企业的传播策略可能是重要的。

2. 在会计准则制定过程中，哪些人可以被归类到以下利益相关者类型中，并解释为什么你认为是这样的：

（1）休眠型利益相关者；

（2）要求型利益相关者；

（3）确定型利益相关者。

3. 你能解释为什么分析师会认为管理层会议比年度报告更重要吗？

4. 你能解释为什么分析师会认为电话会议／投资者报告比年度报告更重要吗？

5. 你能解释为什么年度报告仍然是一份有用的文件吗？

6. 描述一次你受企业宣传（如社交媒体更新）而购买产品或参与活动的情况，并解释是什么情况、如何发生的，以及你认为发生这种情况的原因。

参考文献

1. Abraham, S, Marston, C and Darby, P (2012) Risk Reporting: Clarity, relevance and location, Institute of Chartered Accountants of Scotland, Research Report, ISBN 978-1-904574-87-3

2. Cyert, R M and March, J G (1963) *A Behavioral Theory of the Firm*, Prentice-Hall, Englewood Cliffs, NJ

3. Frankel, R, Johnson, M and Skinner, D J (1999) An empirical examination of conference calls as a voluntary disclosure medium, *Journal of Accounting Research*, 37 (1), pp 133–50

4. Mitchell, R K, Agle, B R and Wood, D J (1997) Toward a theory of stakeholder identification and salience: defining the principle of who and what really counts, *Academy of Management Review, 22* (4), pp 853–86

补充阅读

1. Barker, R G (1998) The market for information – evidence from finance directors, analysts and fund managers, *Accounting and Business Research, 29*(1), pp 3–20

2. Barker, R, Hendry, J, Roberts, J, *et al* (2012) Can company-fund manager meetings convey informational benefits？ Exploring the rationalisation of equity investment decision making by UK fund managers, *Accounting, Organizations and Society, 37* (4), pp 207–22

3. Brown, S, Hillegeist, S A and Lo, K (2004) Conference calls and information asymmetry, *Journal of Accounting and Economics, 37* (3), pp 343–66

4. Cornelissen, J (2011) *Corporate Communication: A guide to theory and practice*, 3rd edn, Sage, London

5. Frankel, R, Johnson, M and Skinner, D J (1999) An empirical examination of conference calls as a voluntary disclosure medium, *Journal of Accounting Research, 37* (1), pp 133–50

6. Mayew, W and Venkatachalam, M (2012) The power of voice: managerial affective states and future firm performance, *Journal of Finance*, 67 (1), pp 1–44

7. Mayew, W J, Sharp, N Y and Venkatachalam, M (2013) Using earnings conference calls to identify analysts with superior private information, *Review of Accounting Studies, 18*, pp 386–413

第5章

经营计划

学习目标

本章的目的是让学生理解如何在经营计划过程中使用预算,以及可能采取的不同预算方法。

学习成果

在学习本章之后,读者将:
- 了解预算在经营计划过程中的作用。
- 区分和评估不同的预算方法。

学习重点

- 经营计划和预算在这一过程中的作用。
- 预算的功能和使用。
- 不同方法的预算制定过程。
- 实际预算设置。
- 弹性预算。
- 零基预算。
- 作业基础预算。

管理问题

管理者应该知道预算是如何对整个经营计划过程起作用的,并且熟悉不同预算方法的适用范围。

引　言

在这一章中，我们将研究预算如何融入组织的决策制定、计划和控制的总体框架。我们还将研究一些预算方法，探索不同的方法如何更适用不同类型的组织。

预算是什么？预算可以被定义为组织以定量计算表示的计划。它通常是详细的，并制订未来一段时间的计划收入和费用。虽然预算主要被认为与货币因素相关，但业务预算也可以列出非货币因素，如库存水平和人员配置要求。

通常情况下，预算会被分成几个层次，这样就有一个组织的总预算，然后是不同部门、职能或业务领域的预算，这些预算都会汇总到总预算中。

预算期间将取决于组织的需要，大多数组织会准备为期12个月对应会计年度的详细预算。他们还可以准备更长时间的预算，比如5年或10年。同样，许多组织将其年度预算分解为较短的周期，如季度或月度。在某些情况下，如果证明这是一种有用的管理工具，可以使用每周甚至每天的预算。

为什么要做预算

预算是管理过程的重要组成部分。它是组织制定目标、计划行动、分配资源、控制和测量绩效和奖励员工的方式，预算在所有活动中起着核心作用。因此，我们需要理解和认识到，在未来12个月中，它远不止是一套收入和费用的数字。

然而，尽管预算被广泛使用，但它远远不是完美的管理工具。的确，在一些圈子里，关于预算是多么有益一直存在争议。一些评论家认为，在当今不确定和复杂的市场情况下，有意义的预算是不可能的。在本章结尾，我们将探讨反对预算编制的论点和提出的一些替代方案。

> **问题讨论**
>
> 预算信息是用来做什么的？

预算的功能：经营计划与控制

我们要将预算当成帮助管理者实现组织目标的工具。首先，它是组织内计划和控制功能的重要元素。图 5-1 说明预算如何适应计划和控制过程。

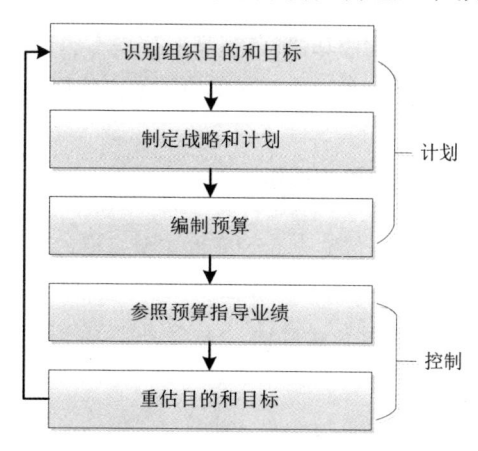

```
识别组织目的和目标
      ↓
   制定战略和计划        ┐
      ↓                  ├ 计划
    编制预算             ┘
      ↓
  参照预算指导业绩        ┐
      ↓                  ├ 控制
   重估目的和目标         ┘
```

图 5-1　计划和控制过程

预算的主要优点是它迫使组织明确地制定长期目标和短期目标，并计划实现这些目标。在没有预算情况下，管理者只会专注于当天的业务运作。预算有助于确定所需的资源，以及何时需要这些资源，以便在合适的时间落实到位。

预算过程，如果实施得好，可以整合组织的许多领域，协调活动，沟通策略，激励员工，实现问责制和提高透明度。

预算是协调组织不同部门之间行动的重要机制。组织内的每个业务或部门，通过预算工作，为实现组织总体目标确保大家目标一致。

预算是组织内部沟通的重要组成部分。当预算被编制出来，在整个组织中传达时，这就提供了"自上而下"的沟通，向不同部门的员工发送明确的信息，并告知他们下一阶段的期望值。反过来，在对预算监督并根据预算评估绩效时，也会进行"自下而上"的沟通，因为这种监督会向高级管理层反馈重要信息，以说明实际活动与最初的业务计划之间的关系。

预算可以是重要的激励工具，特别是当绩效奖金等激励是来自与预算相比的业绩时。预算作为激励工具的有效性取决于员工认同和理解预算的程度。如果他们积极参与预算的准备，这种可能性更大。本章后面将更详细地探讨这些行为问题。

预算还促使管理者在追求目标和取得成果方面更好地承担责任。管理者将负责实现预算目标并报告其结果。

预算的沟通还提高了组织内资源分配的透明度。

虽然预算主要是对未来的前瞻性规划，管理人员也可以使用它们来评估过去的表现。在下一章中，我们将更详细地了解评估过程。

> **摘录 5.1　实践中预算的应用**
>
> 对 2010 年美国和加拿大 558 家大中型企业的调查发现，79% 的企业使用预算控制目标（利比、林赛，2010）。1987 年一项类似调查发现，83% 的公司使用了预算控制目标。

预算编制过程

大多数组织内的预算编制过程遵循某些明确的步骤。根据精确的预算方法，组织之间可能存在一些差异，但图 5-2 列出了大多数组织的典型预算过程。

大型组织会设立预算委员会，负责编制预算。预算委员会通常是由各级组织的管理者组成，以期实现良好的合作与协调。预算委员会将在预算编制过程中监督下列步骤：

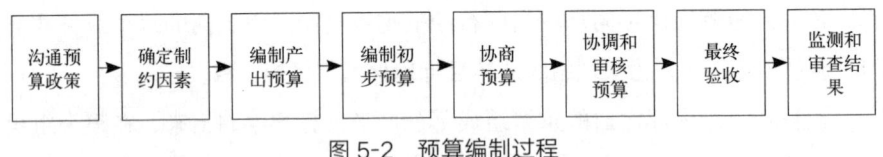

沟通预算政策 → 确定制约因素 → 编制产出预算 → 编制初步预算 → 协商预算 → 协调和审核预算 → 最终验收 → 监测和审查结果

图 5-2　预算编制过程

1. 沟通预算政策。预算编制的第一步是把预算政策传达给所有参与预算制定的成员。这是为了确保每个人都充分理解该政策，并努力确保对预算贡献与该政策相一致。例如，预算政策可能是在未来 12 个月增加 5% 的销售额，同时增加 2% 的利润率。这项政策将构成预算各个组成部分的基础，并影响预算制定过程。

2. 确定制约因素。在为不同地区预算确定数字的工作开始之前，组织必须先考虑哪些因素会限制预算期间的业绩。总会有一些制约因素，例如，可能是工厂生产能力，在某些工作领域熟练劳动力的数量，可用原材料的数量，或市场规模和容量。如果这些制约因素未确认和未被考虑进去，将会存在巨大风险，导致预算根本无法达成。

摘录 5.2　制约因素

由于绩效限制，预算可以有多种形式。2017 年，日本遭遇 34 年来最严重的马铃薯歉收。因此，日本薯片生产商卡乐比面临产能水平和原料成本升高的限制。

3．编制产出预算。对于大多数组织来说，启动预算的逻辑起点是产出水平。因为它通常决定了整个组织所需资源的输出。可以根据销售或提供的服务水平来确定输出。对于生产多种产品或服务的组织，需要将预算分解为更详细的内容，以确定每个输出元素的相对一致性。一些组织，如公共部门，可能有固定水平的资源，根据可用的资金约束产出。然而，即使在这样的情况下，从期望的输出水平开始也是很好的做法。即使有固定的资源，也可以通过以不同方式分配资源来实现不同层次的服务水平或销售组合。

4．编制初步预算。一旦确定了产出水平，就可以确定其他活动领域的初始预算。这些预算将包括生产、采购、人员配备、广告和支持服务。谁负责哪个初步预算在不同的组织中会有所不同，这取决于组织的预算理念。在下面的章节中我们将讨论实际预算设置的不同方法。

5．协商预算。这不是一个包含在所有组织预算过程中的步骤。然而，当组织的结构赋予部门管理人员高度自主权时，这是一个必要的步骤，特别是当部门经理掌握着他们在监测阶段的预算，而这些预算包括其他部门提供的服务费用时。应该让持有预算的经理有机会与服务提供者商讨服务水平和费用。这一步骤被省略，预算负责人可能会因预算而失去工作积极性。

6．协调和审核预算。如果单个预算是由预算管理人员编制的，特别是如果已有第 5 步所述的谈判过程，那么协调和审查单个预算是必要的，以确保它们相互配合。将预算委派给个别管理者的问题是，个人利益可能会干扰单个预算，从而导致与总体预算不协调。至关重要的是，单个预算之间也存在目标一致性，也就是说，它们都要适合于预算第一步中预算政策所述的组织总体目标。预算委员会的一个职责是监督和调解任何谈判过程，并在最终验收之前协调和审查总预算。

7. 最终验收。一旦预算的编制、谈判和协调完成，就需要最终接受整个预算。在这个阶段，预算可以敲定并准备实施。

8. 监测和审查结果。预算过程的最后阶段是在预算实施后进行的。在实施过程中，应定期按预算衡量实际绩效。任何与预算不同的重大差异都应记录和调查，因为它们代表经营计划偏离。如有必要，应采取管理措施进行纠正，使其与预算一致，或修改预算，以反映预算过程中没有预料却在预算产生后可能发生的变化。不同的组织在处理预算偏差方面有不同方法，这些将在下一章绩效管理中详细探讨。

> 问题讨论

谁应该参与预算制定过程？谈判阶段为什么如此重要？

实际预算编制

到目前为止，在本章中，我们考虑了编制预算的优点，并研究了整个预算制定过程。在这一节中，我们将更详细地探讨预算方面的实际情况。

预算水平

大型组织会有几个层次的预算，它们将全部进入总预算，如图5-3所示。

总预算将来自组织不同业务单元的所有预算整合起来。它由经营预算和财务预算组成。

经营预算由构成业务运作细节的预算组成，包括销售预算、生产预算、直接人工、采购和间接预算。这些预算被纳入预算收益表。

财务预算包括现金预算、资本预算和预算资产负债表。

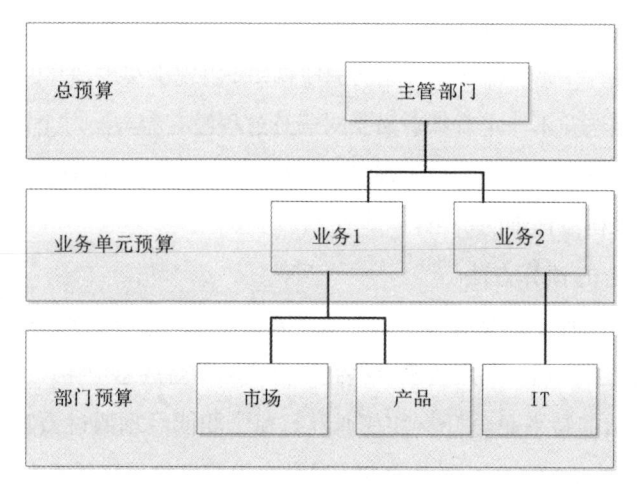

图 5-3 预算层级

预算编制的不同方法

预算有时被错误地视为纯粹的会计职能。虽然会计人员通常参与预算制定过程的协调，并参与预算监控报告的编制，但预算制定过程应涉及组织内各级员工。如果一线经理和高级管理人员参与制定预算，这将确保在整个组织中更大程度地让最终预算有效实施。它还将使组织利用本地化和专业知识，确保更准确的预算。

预算决策的顺序是很重要的，因为这会对预算产生有重大影响。预算制定过程可分为两种主要方法：自上而下的方法或自下而上的方法。

自上而下的预算编制方法

自上而下的方法，顾名思义，是指高级管理层产生一个总预算，然后在整个组织中分解活动目标和费用限额。一旦建立了预算的总体框架，就各个部门或活动的分配而言，预算的细节可以进行讨论和协商。在这种方法下，预算谈判成了如何最好地分配个人活动，以便更好地实现组织目标的唯一方法。

自上而下的预算方法的主要优点是高级管理人员能够根据他们对组织未来的战略眼光来制定预算。这提高了政策的优先次序和协调性。高级管理层可以设定需要的目标，这将加强组织内的财政纪律。那些使用自上而下的预算方法的组织将预算过程作为高级管理层传递组织战略愿景及其实施方式的工具。

自上而下的方法的缺点是它会导致员工的低承诺。如果低层管理者没有参与预算的设计，他们就不太可能拥护预算，并表现出实现预算的决心。然而，自上而下的做法并不一定意味着员工对预算过程没有参与。对个别项目和活动的资源分配可以留待讨论，而管理者仍然可以在其总体预算分配中获得实质性的自由裁量来协商详细的费用。

自下而上的预算方法

当采用自下而上的预算方法时，预算提案在组织每个业务或部门中产生，然后向上提交。最后，高层管理者编制、协调和整合成总预算。

这种方法的特点是总开支往往通过与每个职能经理商讨预算细节的过程来确定。正因为如此，自下而上的方法通常在无约束的预算环境中运用得最好。这种环境使个别管理者可以自由地提出费用建议，从产生收入的角度看，这种方式是合理的。该方法不适用于具有固定费用限额的组织。尽管在无约束的预算环境下使用，但这会涉及更多的谈判和协调。

自下而上的方法背后的基本原理是部门经理和员工更多地参与。如果员工参与制定预算，他们就更有可能致力于实现预算目标。

这种方法还使高级管理人员能够利用部门知识，使技术专家型部门经理"更接地气"。这就避免因为他们没有详细了解每个职能实现目标所涉及的活动和成本，而导致高层管理者设置不切实际的预算情况。

尽管有上面提到的那些优点，自下而上的方法确实还有许多挑战：

● 可能是一个十分耗时和昂贵的过程，涉及整个组织更多的员工。

● 更难确保组织目标的一致性。个别一线管理者很可能根据本部门而非整个组织的需要和意愿提出预算建议。

● 这使得高级管理层更难保持严格的财政控制。各个部门经理的预算提案必然会导致费用的增加。

摘录5.3 Circle公司将自下而上的管理引入英国国家医疗服务体系(HNS)

当Circle公司成为英国第一家控股全方位服务医院的私人公司时，它引入了新的管理理念，摒弃了英国国家医疗服务体系中传统的自上而下的管理方式。Circle首席执行官是来自银行业的阿里·帕沙，他相信激励员工做得更好和更有效率在于授权，权力会使他们能够做到这一点。

员工持有 49.9% 的股权，并根据员工业绩授予股票。员工分为 50—100 个临床团队，每一个团队都由医生、护士和管理者组成。每个团队都要为自己的预算、财务业绩以及病人的康复负责。为了监督业绩，团队会定期会面，如果管理层相信团队能改善医院的运作，团队就有权力做不同的事情。模型背后的思想是，如果员工既有经济利益又有行动能力，则比那些脱离日常活动的管理者更善于识别改进和提升效率。

还有一个风险就是，那些被允许设定自己预算的部门经理可能会为自己部门设定不太苛刻的目标，或者会为自己创造"轻松"的目标，以避免达不到目标时被批评。在个别部门，部门经理几乎没有动机去确认和提出可以用来增加盈利或资助储备的新举措。在自下而上的预算体系中，预算谈判过程可以成为维护现有资金水平并试图获得额外资源的运动。

自下而上的方法的另一个特征是它本质上是增量的，这使得部门间的重大再分配或预算的大规模重组不太可能出现。

增量预算

增量预算指的是根据通货膨胀、工资增加或活动水平的变化等已知变化对前一年的数据进行调整。这种预算方法的主要优点是预算制定者有明确的起点，即基于以前的实际业绩。增量预算的缺点是预算中的任何低效或浪费都可能年复一年地出现。

关于增量预算有很多负面报道，尤其是那些提倡替代方法的人。这些批评大多来自执行不力，而非增量预算本身，我们不应该草率地否认这种方法的诸多好处。问题在于许多组织在实践中只是采取了到一年的预算，并简单增加了一个百分比，以防通货膨胀，这种做法是无可非议的。当然，如果做得好，增量预算仍然是非常好的方法。如果一家企业的经营方式没有大的变化，把前一年的数据作为本年的起点是非常有意义的。然而，这些数字必须仔细审查，以确保进行任何有必要的调整，以消除未使用的预算和（或）效率低下的部分，并反映未来一年的已知变化。

自上而下和自下而上的方法互斥吗

在实践中，所有的预算准备过程都有自上而下和自下而上的过程。尽管这两种方法之间存在明显的概念差异，但所有良好的预算设置都将涉及这两种方法。

自上而下的预算不应被视为限制部门经理自由裁量权的工具。它也不排除预算谈判过程中在相互竞争的方案和活动之间做出选择。但有些自上而下的预算设置是必要的，它可以通过聚焦组织层面的目标为预算确定明确的优先级。与此同时，如果不为这些预算目标的实现提供一些保证的话，就无法自上而下贯彻详细的职能预算。

因此，自上而下和自下而上两种方法并不是绝对的，而是在制定预算的过程中对平衡的重视程度不同。挑战在于找到适当的平衡点，以实现预算制定过程中的所有目标。

> **问题讨论**
>
> 考虑到自上而下和自下而上的预算方法都有优点和缺点，你认为这两种方法可以如何结合，利用它们的相对优势并克服弱点？

编制预算的基本步骤

在前一节中，我们解释了总预算是由经营预算和财务预算组成的，每个预算又由几个职能模块组成，还可能存在跨组织数个业务单元所做的职能预算。这意味着有许多个人预算要协调。为了促进这种协调，总预算的编制要有合理的顺序。对于商业组织来说，第一步是预测销售和编制销售预算。其他的业务预算将在此之后进行。图5-4说明了一个典型的预算编制顺序。

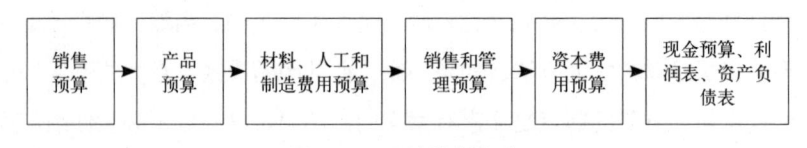

销售预算 → 产品预算 → 材料、人工和制造费用预算 → 销售和管理预算 → 资本费用预算 → 现金预算、利润表、资产负债表

图 5-4 预算编制顺序

下面的示例说明了图5-4中所列的预算编制步骤。这个案例很简单，因为它的目的在于清楚地说明预算编制的主要步骤，而不是每个阶段可能涉及的具体实际问题。

示例 5.1 编制预算

拉德公司生产了一种型号的汽车散热器，它仅卖给一个客户，这个客户是一家重要的汽车制造商。散热器被应用在几种不同型号的车辆中。

编制下一财年的预算资料如下：

1. 预计本年度散热器销售量为 1.8 万个，预期单价是 20 美元 / 个，所有销售都是赊销的。

2. 每个散热器的制造需要 8 米管材和 0.7 平方米金属板。在下一年度，管材预计每米售价 0.5 美元，金属板预计每平方米售价 1.5 美元。

3. 每个辐射器的制造需要 3 个阶段，所有这些阶段都由自动化机器完成：

	时间（小时）	每小时成本（美元）
切割	0.1	12.00
形成	0.13	20.00
焊接	0.15	15.00

4. 生产过程有以下间接成本：

	美元
生产人员工资	240000
其他工厂运营成本	320000

5. 客户要求散热器的供应时间非常短，订单水平会在短时间内波动。因此，拉德公司保持成品库存。年初时，预计将有 8000 单位库存。然而，为了确保对需求波动的更大缓冲，生产总监希望年底前将成品散热器库存增加到 12000 单位。

6. 预计今年年初的原材料库存如下：

管材	100000 米
金属板	10000 平方米

生产总监计划在一年内将这些库存水平提高 5%。

7. 预计管理和销售费用将达到 500000 美元。

8. 预计今年年初的资产负债表如下：

	美元	美元
股本资本		800000
留存利润		720270
固定资产：成本	1400000	
减：累计折旧	460000	940000
应收账款		433700
应付账款		69230
银行存款		62000

9. 客户要求更大的信贷期限，经过谈判，这一数字将在未来一年增加，预计年末交易应收账款占全年销售总额的 20%。

10. 预计应付账款将占全年采购总额的 8%。

11. 全年计划资本费用为 80000 美元。

12. 非流动资产按直线法以成本的 15% 折旧。

使用这些信息，按照图 5-4 所示步骤，我们将说明如何整合预算。

销售预算

第一步是编制销售预算。这将详细说明销售的实际数量及其财务价值。在这个例子中，这是一个相对简单的任务，因为这些数字可直接算出：

$$180000 \times 20 = 3600000（美元）$$

在实际计算中，我们会使用各种手段来确立销售的实际收入。这些数字可能是基于市场调查，可能是基于已知的合同，或者也可能是增加有野心的销售目标数量。各种统计和数学技术可用来预测销售。

设置销售价格本身是一个复杂的话题，第 8 章对定价进行了详细的分析研究。

产品预算

生产水平由销售水平决定。生产必须在符合销售要求和预计的库存水平基础上进行预算。这可以推导出如下内容：

第 5 章 经营计划

	单元
销售	180000
减：期初库存	8000
	172000
加：预计期末库存	12000
生产需求	184000

材料直接使用预算

材料使用将由上述生产水平决定。从例子中，我们知道需要生产的产品数量和每单位需要多少材料的信息。因此，材料使用的预算将如下：

管材	8×184000=1472000（米）
金属板	0.7×184000=128800（平方米）

材料直接采购预算

材料采购必须足以满足生产需求和预计的库存水平。在这个例子中只有两个直接需要购买的材料（管材和金属板）。一旦购买数量确定，这些成本可以用来建立采购预算：

	管材（米）	金属板（平方米）
制造费用	1472000	128800
减：期初库存	100000	10000
	1372000	118800
加：预计期末库存（期初+5%）	105000	10500
采购数量	1477000	129300
单位成本（美元）	0.50	1.50
采购成本（美元）	738500	193950

机器使用预算

机器使用预算将详细说明每台机器所需的运行小时数以及该操作的总成本。在这个例子（表 5-1）我们可以假设在产能之内生产，但在实践中，有必要确保足够的机器时间可用于满足预算的生产水平。

时间（小时）	每小时成本（美元）	总成本（美元）
切割	0.1×184000=18400	12.00	220800
形成	0.13×184000=23920	20.00	478400
焊接	0.15×184000=27600	15.00	414000
			1113200

资本费用预算

资本费用必须进行预算，以满足组织的短期和长期资本需求。本书第9章详细论述了资本费用决策。在这个例子中，提供的数字是：

    资本计划费用   80000美元

编制财务预算的工作

在我们完成现金预算、利润表和资产负债表之前，我们需要计算期末库存和原材料库存的价值以及期末交易应收账款和交易应付账款的余额。从中我们可以得出货物的销售成本。我们还需要计算当年的折旧费。

第1步：原材料库存清点

从生产信息中可以计算出库存的价值：原材料的期末库存：

管材   105000米×0.50美元/米 = 52500（美元）

金属板 10500平方米×1.50美元/平方米 = 15750（美元）

                 68250（美元）

第2步：清点成品的期末库存

为了计算期末库存的价值，我们需要首先计算单位直接成本：

成品单价：	美元	美元
直接材料：		
管材（8×0.5美元）	4	
金属板（0.7×1.5美元）	1.05	5.05
加工：		
切割（0.10×12.00）	1.20	
形成（0.13×20.00）	2.6	
焊接（0.15×15.00）	2.25	6.05
每单位直接成本总额		11.10
单位库存		×12000
期末库存价值		133200美元

第5章 经营计划

第3步：销售成本

	美元
期初库存	88800
生产成本（184000×11.1美元）	2042400
	2131200
减：期末库存	133200
销售成本	1998000

第4步：折旧

折旧费按15%计算，如下：

成本：1400000美元（期初余额）＋80000美元（费用）＝1480000美元

一年的折旧费：1480000×15%＝222000美元

累计折旧：460000美元（期初余额）＋222000＝682000美元

第5步：结算应收账款

预计本年度销货应收账款将占总销售额的20%：

3600000美元×20%＝720000美元

第6步：期末交易应付账款

预计全年的交易应付账款将占全年总采购量的8%。

直接材料采购预算的交易费用＝738500美元＋193950美元＝932450美元×8%＝74596美元

现金预算

现金预算规定了整个预算期间预期的现金收支和对现金余额的影响。这是一个概略的现金预算，大多数组织将准备更详细的现金流量和现金需求的预测。第7章更详细地介绍了这一现金流计划。

收入	美元
应收账款	3313700
（433700+3600000−720000）	
（期初余额＋销售－期末余额）	
费用	
应付账款	927084
（69230+932450−74596）	
（期初余额＋销售－期末余额）	
机器成本（出自机器使用预算）	1113200

（续表）

产品维修费用	560000
管理和销售费用	500000
资本成本	80000
	3180284
净应收账款（应收账款－应付账款）	133416
加：期初现金余额	62000
期末现金余额预算	195416

利润预算表

销售	美元
减：销售成本（见第3步）	3600000
毛利	1998000
产品维修费用	1602000
折旧（见第4步）	560000
产品利润	222000
管理和销售成本	820000
预算净利润	500000
	320000

余额预算表	美元	美元
固定资产成本（第4步）		1480000
减：累计折旧（第4步）		682000
		798000
流动资产		
原材料（第1步）	68250	
结算库存（第2步）	133200	
应收账款（第5步）	720000	
银行现金（来自现金预算）	195416	1116866
流动债务		
应付账款（第6步）		74596
总净资产		1840270
资金来自：		
普通股本资金		800000
留存收益（720270+320000）		1040270
		1840270

不同类型组织的预算编制

前一节概述了基本预算设置过程。这是一个与大多数类型的组织相关的通用过程。然而，不同类型的组织之间会有显著差异。下面列出了一些需考虑的特殊事项。

生产企业

在示例 5.1 中列出的预算虽然简单，但对于生产企业来说却是典型的。许多生产企业使用标准成本体系来建立生产预算。标准成本是企业根据先前的生产单位成品的材料使用经验、时间与最新材料成本、直接人工和制造费用成本估算的。第 6 章更详细地探讨了标准成本法。

服务企业

提供服务的组织有许多特点，使得预算制定过程不同于生产企业。基于服务的企业销售的不是有形产品，而是专业知识和他们的时间及技能。服务提供商通常比制造商具有更高的固定成本比例。这些固定成本的很大一部分是员工成本，因为服务是由人提供的，而不是制造厂房。此外，服务不能以实物库存方式存储。这意味着，如果错过了一项服务的销售，这个机会将永远消失。因此，服务企业往往把预算设置过程围绕员工成本，并确保员工的高利用率。

公共部门和非营利组织

公共部门组织包括地方政府及公共服务部门，如健康服务、警察、消防和军队。其他非营利组织还包括慈善机构。

非营利组织预算的目标是最大限度地从提供的资源中受益。预算拨款应反映当前的组织重点，而费用应在可持续的水平。

表 5-1 列出了私营部门和公共部门预算的比较。

表 5-1　私营部门和公共部门预算比较

私营部门	公共部门
市场驱动	资源有限（资金来源于税收）
资源受市场需求的影响	政府通过拨款控制资源
依赖外部销售活动	活动由政策决定
需要灵活性	固定的预算
以利润为导向	以服务为导向
目标是单一或有限	目标多样（并且经常相互冲突）
产出可识别和测量	产出是主观和定性的

非营利组织有时会按照不同的顺序进行预算，首先准备费用预算。但是，费用金额应来自计划的活动水平，这些活动是"产出"，就像商业组织的销售一样。

销售企业

如果组织是购买者，它购买的产品要么批发要么零售，不承担直接生产。在这种情况下，将没有生产预算。同时，这样的组织将有商品采购预算。

预算编制的局限性和问题

在本章开头，我们提到一些评论家对于把预算作为管理工具持批评态度。在最后一节中，我们将讨论预算技术存在的局限性和问题，并回顾近年来出现的替代方案，来结束对经营计划的探讨。

摘录 5.4　预算带来的挫折

在 2000 年进行的一项调查询问了财务主管们对他们目前组织预算的经验，调查显示，84% 的参与者对他们组织的预算过程感到沮丧（Comshare 公司，2000）。

对现行预算实践的不满，导致实践朝两个方向发展：一些实践者正在寻求改进预算过程并使其更切合实际，而另一些人则主张应该完全放弃预算。

组织应该做预算吗

预算被实践者和学者都批评为过时的东西，它已不适合因商业环境快速变化的后工业时代所带来的不确定性。预算被认为浪费了太多的管理时间，而所带来的好处并不值得付出如此代价。预算因其固定的性质而抑制了公司及时适应变化的能力。预算与战略脱节，从而与企业面临的竞争需求脱节，而使用预算作为绩效衡量标准，导致不可靠的绩效评估，最终导致员工的不良行为。超越预算圆桌会议（BBRT）是一个国际组织网络，致力于寻找可以取代预算的经营计划和控制工具，帮助组织更适应变化。BBRT 网站包含了 10 条关于预算的具体批评。

摘录 5.5 超越预算圆桌会议

超出预算圆桌会议（www.bbrt.org）提出了 10 条明确的预算批评：

1. 预算阻止了快速反应；
2. 预算过于细致和昂贵；
3. 预算在几个月内就过时了；
4. 预算与竞争环境脱节；
5. 预算脱离战略；
6. 预算扼杀主动性和创新性；
7. 预算保护非增值成本；
8. 预算加强了指挥和控制；
9. 预算削减了人员；
10. 预算鼓励不道德行为，增加声誉风险。

我们将在下文更详细地研究其中的一些批评和其他问题。然而，应该理解的是超越预算圆桌会议的批评针对的不是企业计划本身，而是传统预算方法背后的管理模式。它称之为"指挥与控制"管理模式，它是一种涉及高级主管从公司中心指挥和控制组织的管理模式。预算被认为是这种管理模式的弊端，它限制和约束了需要更灵活和能够快速响应商业环境的组织。

我们想更详细地研究预算的三个具体问题，包括预算的成本、预算的消极行为以及在动荡的商业环境中的预算问题。

1. 成本

预算需要大量的时间和精力，会利用和消耗宝贵的资源。与企业内部其他费用一样，收益应该超过成本。如果组织觉得它没有从预算中获得价值，那么它需要看看如何增加预算编制的价值，或者如何降低预算成本。

预算的价值可以通过更有效地使用它们控制运营成本和确保组织达成目标来实现。良好的预算对控制现金流尤其有效，可以减少银行借款的需求。

有几种方法可以降低预算成本。一种方法是使用滚动预算（详情见下文）。另一种方法是通过有效地使用电算化，既可以提高预算编制的效率和速度，也可以通过合并诸如敏感性分析和情景构建等战略工具来增加预算的有效性。

传统预算的捍卫者指出，虽然预算可能是耗时和昂贵的，但它并不像批评者提出的一些替代方案那样耗费资源。

2. 预算的行为问题

预算在本质上是一种人类活动，因此它受人类在任何领域中所有行为问题的影响。预算的行为问题是一个巨大的话题，尚不能在这样的教科书中全面地涵盖。然而，本节的目的是提出一些关于预算中人的维度的关键问题和争论，它们会限制预算的准确性和有效性。

第一个问题通常被称为有限理性。这可以解释为，在做预算时我们看向的是未来，不可能知道会发生什么。因此，预算的准确性将受限于我们预测未来的能力。预算往往建立在未来和过去相似的假设之上，这往往使问题更加复杂。第二个相关问题是预算经常涉及处理大量的数据，即使使用电脑来整合和处理这些数据，在解释和分析这些数据时也会有人为因素。通常，可用的数据数量太多，以至于人们不知道哪部分数据可以有效地用来做决策。

预算的另一个人类问题是，人们往往坚持可信的策略，尤其是如果使用增量预算方法。因此，预算的有效性会因用户无法打破惯性行为模式而受限制。与此问题相关的是一个类似问题，有时被称为满意行为。这是指管理者会选择可行的解决方案来解决问题，而不是最优的解决方案。通常情况下，我们如果正在寻求一个问题的解决方案，一旦找到可行的解决方案，就会开始实施该方案。也就是说，如果找到了可行的解决方案，还继续寻求替代方案是违背人本性的。

编制预算通常涉及处理相互冲突的目标。预算谈判过程可以看作高级管理人员和部门经理之间的博弈。部门经理如果有了设定自己预算的自由，就可以遵循个人目标，哪怕个人目标与组织整体目标有冲突。特别是，部门经理会夸大他们对资源的需求，并设定自己的目标。同时，意识到这些倾向的高级管理人员将尝试将资源分配限制为维持预期活动所必需的水平。研究表明，当管理者能够提出自己的开支计划时，资源需求就会被高估30%。

一旦预算分配完成，又会存在另一个涉及管理行为的博弈问题。曲棍球效应指的是预算持有者会在预算期结束时确保花光所有预算资金，不管这种费用是否必要。这通常是因为担心未来未充分使用的预算会被削减，经理们试图在失去预算之前"使用"预算。他们可能会在一年内抑制开支，然后在预算期结束前突然增加费用，以使费用达到预算上限。这种行为体现在消费模式中，如果用图表表示，就像一根曲棍球棒，因此得名。

3. 多变的商业环境下的预算编制

预算的反对者认为预算是有用的工具，在稳定的商业环境中，可以合理地预测未来的事件。然而，现代后工业化的商业环境已被证明是不稳定的，其特征是不断变化、创新和技术发展。这意味着，预算是经常过时的，甚至在实施之前是无关紧要的。

预算捍卫者指出，即使在动荡的商业环境中，仍然需要预测和规划。可以认为，随着业务波动的增加，现金流的规划变得更重要。超越预算圆桌会议及其支持者所提倡的超越预算方法仍然包括现金流量预测和滚动成本预测。许多学者和管理顾问因此认为，需要的不是超越预算，而是改进预算。

摘录5.6 挪威国家石油公司的超越预算

挪威国家石油公司已经从公司管理和报告流程中取消了传统的预算编制。该公司管理层认为，预算阻碍了他们在全球动荡、充满活力和苛刻的商业环境中发展成为全球石油勘探公司的目标。传统预算的问题在于，他们试图用一组数字来实现太多的事情。传统预算是用来控制成本、分配资源和设定目标的。为了达成这三个目标，传统预算已成为员工制定游戏和暗箱操作的牺牲品：管理者为了获得奖金，会设定宽松的目标，在预算范围内支出的要求扼杀了能够应对商业环境的创新和变革。

挪威国家石油公司不再使用石油勘探预算。相反，在新的"雄心行动"

制度下，企业的目标是获得最佳的成本水平，以使价值最大化。好的和坏的成本之间有区别，好的成本产生的收益大于投入。新方法旨在给管理者更多的自由和责任。仍有计划、预测和监控，业务使用关键绩效指标（KPI）进行评估。然而，绩效制度试图将管理思维从固定形式转变成里程碑模式，并激发对业务绩效的整体理解。

改进经营计划和预算

并不是所有批评者都认为应该放弃预算这一流程。近年来，学术界和实务界都对提高预算以使其对当前商业环境更有用有着浓厚的兴趣，已经确定的是，改进预算的关键在于更好的交流和协作。特别是，预算谈判不是为预算分配辩解的过程，而是共享和探索未来经营环境的过程。

虽然有一种倡导"脱离预算"的主张，但当前预算的主流思想关注的是改进预算流程。这包括更好地整合战略规划和预算，更好地用业务知识辅助预算过程，更具包容性，追求团队合作，减少官僚作风。这些措施将降低预算成本，提高预算有效性。

三个广泛使用的预算编制办法是滚动预算、零基预算和作业预算。因此，我们将更详细地研究这些方法。

滚动预算

滚动预算有时也被称为连续预算，这种方法是指始终保持 12 个月的预算，而不是为固定的 12 个月设定预算。组织将在每个月底增加一个月的预算，以便始终保有 12 个月的预算。这种方法的优点是，管理者的注意力将持续关注未来 12 个月将发生的事情，而不是固定周期预算的剩余月份。这个过程还包括修改已经设定的 11 个月的预算。

滚动预算对于活动水平不确定、需要通过调整能力和业务水平来应对的组织非常有用。例如，建筑承包商可以使用滚动预算，以确保在繁忙期间劳动力和设备到位，同时在没有工作时，它们又不会闲置。这种方法通过更频繁的修正和更新拥有更大的灵活性和更严格的控制。然而，因为组织要持续有效地编制预算，该过程也是耗费资源和消耗时间的。它还需要更灵活的管理方法，因为管理者可能发现自己在不断地改变预算。如果没有实施和管理好，这种做法可能导致混乱和挫折。

零基预算

零基预算指的是在不考虑过去发生的情况下建立预算。零基预算背后的想法是避免增量预算的缺陷。这包括继续存在的低效率和无法重新评估事情是如何完成的。零基预算方法重新开始每一个预算，而不是基于历史时期的历史数据。管理者必须为所需的资源提供理由，除非他们能证明所需预算分配是合理的，否则他们的预算将是零。这种方法的优点是，每一个活动都受到质疑，必须根据所涉及的成本和获得的收益进行论证。因此，资源根据结果和需求来分配，浪费的预算"松弛"得以消除。该方法还鼓励管理者质疑资源分配的方式并寻找替代方案。

许多组织，特别是卫生部门，已经从使用零基预算中获得了实质性好处。它可以促使组织从根本上改变其成本结构，从制造费用和间接成本中削减大量费用，同时提高效率和竞争力。它鼓励管理者对确认未来市场条件下在竞争优势方面需要什么样的活动和资源进行前瞻性思考。因为这是从头开始进行的，而不是一种针对可削减成本领域的增量手段，管理者必须证明要保留什么而不是要移除什么。这可以在成本和业绩上产生本质改变。

因此，零基预算特别适用于最近经历过重大结构变化的组织，例如收购或兼并，这类组织可能会遗留不必要的管理费用。此外，竞争环境的变化可能对成本产生越来越大的压力，这样组织需要重新审视其交付新产品或服务的方式。

零基预算既复杂又耗时。这也会增加成本，因此必须在成本和收益方面获得回报。该过程还可能在组织内部产生冲突，因为管理者被迫每年争夺预算分配。零基预算也因着眼于短期利益而损害长期战略发展受到批评。

虽然零基预算原则上是好主意，但许多组织发现，在实践中，它最好与增量预算相结合。定期编制零基预算是有用的，但年复一年这样做几乎没有什么好处，尤其是组织运作方式没有大变化的话。因此，一些组织仅在几年一次或在组织内发生重大变化时使用零基预算。在前一个零基预算与后一个零基预算之间，它们会恢复到增量预算。

零基预算方法在20世纪70年代非常流行，最初是由达拉斯的得州仪器公司开发（皮尔，1973）。很大程度上由于上面提到的实际问题，许多公司以某种形式实现了该方法，但发现该方法对它们不起作用。近年来，它已经不太受欢迎了。然而，它仍然在公共部门的许多领域中使用。

> **摘录 5.7　英博集团的零基预算**
>
> 　　总部位于比利时的啤酒公司英博集团成功将零基预算作为一种收购后削减不必要成本的工具，使其成为世界上最大的啤酒生产商。英博集团管理团队因在新收购中无情削减成本确保它们创造价值而闻名。他们通过将零基预算实践扩展到新收购的子公司来实现这一目标，要求企业每年都要为每一笔费用进行说明。

作业基础预算

改进预算编制过程的一种方法是作业基础预算，这种方法在过去10年中越来越流行。

作业基础预算最全面的模式是由国际先进管理协会（CAM-I）开发的，并在2004年出版了一本名为《闭环》（*The Closed Loop*）的书。这个模型如图5-5所示。

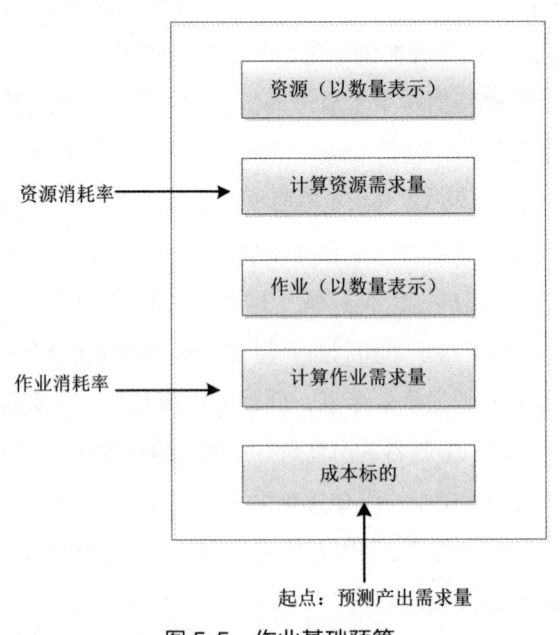

图 5-5　作业基础预算

作业基础预算专注于组织的作业，而不是它的部门或产品。该方法基于成本由作业驱动的概念。它关注的是作业如何在组织内增加价值，以及如何用作业成本来表示预算。这与传统的预算编制方法相反，传统方法集中注意资源的投入，并根据职能领域确定资源的投入。

作业基础预算的优势在于，以传统预算方法所没有的方式，清楚地突出组织内部的作业成本。然后，这些作业可以与本组织的任务和战略目标联系起来。

作业基础预算发展了零基预算的许多理念，并且可以与作业成本法相结合，成为一种更通用的以作业为基础的管理方法。

这种方法受到许多公共部门的欢迎，如执法和卫生保健部门，因为它能够确定它们提供的个别服务的费用。

小　结

本章探讨了预算如何成为管理过程的重要组成部分。我们已经看到如何通过使用预算将企业战略部署到业务活动和部门，已经研究了预算编制的不同方法，并研究了编制预算的详细步骤。我们还在更广泛的管理背景下考察了预算，并了解了一些对预算实践的批评，以及预算的最新发展。这为下一章做了铺垫，第6章将探讨预算设定后如何被整合到组织绩效管理中。

问　题

1. 组织可以从正式预算过程中得到什么好处？
2. 总体预算的要素是什么？
3. 解释增量预算和零基预算的区别。
4. "自下而上"的预算方法有哪些优点和缺点？
5. 服务提供商编制预算的理念与制造企业有何不同？
6. 讨论使用预算作为激励手段和作为控制手段之间的潜在冲突。
7. 识别和评论预算控制制度可能遇到的三个行为问题。

答案见 www.koganpage.com/accountingfm2

习 题

习题 5.1 选择合适的预算编制方法

你已经被选到医院预算委员会,并负责审查医院预算编制的方法。医院的收入水平相对稳定,来自政府拨款。与此同时,它的固定成本占比很高,这些固定成本大部分由薪水和工资成本构成。这家医院从事多种服务。

思考: 确定和讨论在为医院选择合适的预算编制方法时应该考虑的因素。

习题 5.2 英格拉姆公司是一家小型工程公司。公司没有计算机化会计或预算系统,而是由总会计师与高级管理团队一起手工编制年度预算。执行主任对每年编制预算的时间和费用表示高度重视,并询问是否可以采取某一捷径。

思考: 给总经理写一份备忘录,内容如下:
(1) 说明预算规划和控制系统的目标;
(2) 识别和解释编制预算所涉及的各个阶段;
(3) 确定为英格拉姆公司改进预算制定程序的方法。

习题 5.3 可汗公司是一家出版公司。预算委员会计划召开会议,讨论明年预算制定过程的计划。一个议程是确定明年预算编制所需的资料来源。

思考: 为预算委员会写一份简报,列出应用于编制明年预算的主要信息来源。

习题 5.4 金公司是一家建筑服务公司,使用自上而下的预算编制方法。该预算由首席执行官迈克尔·金编写,最后完成后再分发给部门经理执行。迈克尔·金认为预算是提高公司业绩的重要手段,因此他制定了严苛的销售目标。员工根据他们在预算中的表现获得绩效工资。

思考: 讨论迈克尔·金的预算风格对金公司的员工和企业绩效可能产生的影响。

参考文献

1. Comshare, Inc (2000) Comshare Survey of Top Financial Executives: Planning and budgeting today [Online] www.comshare.com

2. Libby, T and Lindsay, R M (2010) Beyond budgeting or budgeting reconsidered？ A survey of North-American budgeting practice, *Management Accounting Research, 21* (1),pp 56 – 75

3. Pyhrr, P (1973) *Zero-base Budgeting: A practical management tool for evaluating expenses*, John Wiley & Sons, Inc, New York

补充阅读

1. Hansen, S C (2004) *The Closed Loop: Implementing activity-based planning and budgeting*, Bookman, Indianapolis, IN

2. Hansen, S C, Otley, D T and Van der Stede, W A (2003) Practice developments in budgeting:an overview and research perspective, *Journal of Management Accounting Research, 15*,pp 95–116

第 6 章
预算与绩效管理

学习目标

理解预算、标准分析和差异分析在绩效评估中的作用。

学习成果

在阅读本章后,读者可以:
- 分析差异报告并评估其影响,进行管理干预。
- 识别预算管理的行为。
- 推荐策略来预防或纠正预算管理的不良行为和利用其良好行为。
- 评估绩效管理的其他观点。

学习重点

- 标准成本分析和差异分析。
- 与利润挂钩的绩效测量。
- 非营利组织的绩效评估。
- 绩效管理的行为方面:博弈、成就动机、创造性会计。
- 绩效管理的其他观点:作业成本核算(ABC)、平衡记分卡(BSC)、准时生产(JIT)和全面质量管理(TQM)。

管理问题

管理者最关心的不是计算和编写绩效管理数据,而是解释和分析这些数据。

引　言

在这一章中，我们将以第 5 章的知识为基础，探讨如何将实际绩效反馈与预算进行比较，以便做出适当的管理决策，并采取行动。

从最广泛的意义上说，绩效管理是为了确保组织目标得到持续高效的贯彻。它是一项多学科活动，包括人力资源管理、财务管理、运营管理、市场营销、系统管理、管理会计以及战略规划和分析。因此，对绩效管理的分析有许多视角。

为了更好地理解本章如何适用于广泛的绩效管理活动，将绩效管理细分为战略和经营两大领域是有必要的，实际上这两大领域经常重叠。

战略绩效管理关注的是执行组织的战略，并在必要时质疑战略的有效性，以此作为实现组织目标的手段。

经营绩效管理关注经营管理，以确保它们与公司战略保持一致。因此，可将企业绩效管理系统理解为一组衡量指标，用于量化和测量组织的活动，以便就管理者的行为向他们提供反馈。

本章的重点是绩效管理后一个，尽管我们会讨论一些更广泛的战略问题。我们将研究目标设定和绩效管理的管理信息来源，以及可以使用的财务和非财务方面的不同绩效指标。我们还将探讨绩效管理在私营企业、非营利性和公共部门的实际问题。

为绩效管理计算成本是一项复杂的计算工作。这些信息通常由会计师编制，并以绩效管理报告的形式提交给经理。因此，本章侧重于绩效数据的解释和分析，而不是它们的编制。

测量组织绩效的尝试只有参考的是某种可以用来判断效率和效力的基准时才有意义。因此，我们必须选择正确的参考框架。在过去几十年里，学术思想和商业实践的发展主要集中在建立适当的绩效测量参考框架。在本章中，我们将讨论最近发展势态背后的一些论点，并考虑多方面的绩效测量，包括内部和外部绩效测量，以及财务和非财务绩效测量方法。

无论采用何种绩效管理方法，都有一些重要的原则必须始终遵循。这关系到如何在组织内部划分管理预算的责任，以及每个经理如何对他们的绩效负责。

责任中心

绩效管理的首要原则是明确职责划分。在大型组织中，预算管理的职责被划分为不同区域，并委派给部门经理。不同预算亚组通常被称为责任中心。责任中心是由负责其活动和结果的经理领导的组织单位（科室、部门、分公司或片区）。主要有4种责任中心：成本中心、收入中心、利润中心和投资中心。

成本中心

在成本中心，经理只负责管理成本。预算被分配给那些发生费用而非收入的成本中心业务领域。例如，鞋厂生产经理只负责管理生产成本，而不管鞋子所获得的任何销售收入。

收入中心

在收入中心，经理对收入水平负责。例如，拥有20家书店的连锁图书零售商会有一个经理负责每家书店产生的销售收入。经理也可能对一些销售费用负有责任，但这种责任是有限的，因为经营商店的主要费用，如物业费和工资费用由中心办公室管理。

利润中心

在利润中心，经理负责成本和收入，因此也负责利润。利润中心经理通常比成本中心和收入中心经理有更多自主权。如果成本的增加会带来更高的利润，增加成本就是合理的。

投资中心

在投资中心，经理不仅要对成本和收入负责，还要管理收入所需的投资水平。因此，绩效不仅要衡量盈利能力，还要衡量资产周转率或已动用资本回报率。本章后面将更详细地审查投资中心的绩效测量。

可控性原则

绩效管理的第二个一般原则是可控性。经理应该对他或她所控制的事情负责。如果要让部门经理负责预算领域,并根据预算对执行情况负责,就必须将委派的预算分为两部分:可控和不可控的。可控因素是指受管理者控制和产生影响的因素,不可控因素则是不受管理者控制的因素。这种程度的区分并不总是容易的,它将取决于组织的结构和体系。

例如,如果价格上涨是由外部市场力量造成的,生产经理通常会认为材料价格是不可控的。另一方面,如果管理者能够控制材料采购的时间和来源,则材料价格将被认为是可控的。材料成本可能超过预算,因为经理没有及时购买足够的材料,并且必须在短时间内从其他供应商那里以更高的成本采购额外的材料。

> **问题讨论**
>
> 如果不遵循责任和可控性原则,对组织来说,潜在的负面影响是什么?

与利润有关的绩效测量

在本节中,我们将讨论如何测量和评估成本中心、收入中心、利润中心和投资中心的财务业绩。示例 6.1 为制造业提供了一个简单的月预算。我们将研究如何将实际绩效与预算对比呈现,检验管理者使用的一些技术,以便更好地理解为何实际绩效与预算是不同的。

示例 6.1　伍德伯恩公司绩效与预算

伍德伯恩公司生产和销售燃木炉,它只有一个产品。11 月预算估计会销售 200 个炉灶,当月利润为 9000 美元。预算内容如表 6-1 所示。

表 6-1　伍德伯恩公司生产销售预算

		美元
销售收入	180 美元 / 个 ×200 个	36000
直接材料	10 美元 / 平方米 ×3.5 平方米 ×200 个	7000
直接人工	12 美元 / 小时 ×1.25 小时 / 炉子 ×200 个	3000
年变动制造费用	8 美元 / 小时 ×1.25 小时炉子 / ×200 个	2000
固定制造费用	180000 美元 / 年 ÷12 个月	15000
总费用		27000
营业利润	销售收入 − 总费用	9000

　　11 月底，伍德伯恩公司的会计准备了示例 6.2 所列的报告。这份报告显示了与原始预算相比的实际结果。最初的预算是销售 200 个，而实际销售量是 230 个。

示例 6.2　伍德伯恩公司的固定预算差异报告

表 6-2　伍德伯恩公司固定预算差异

	实际结果	差异		原始预算
	美元	美元		美元
销售收入	40250	4250	F	36000
直接材料	8349	1349	A	7000
直接人工	3105	105	A	3000
年变动制造费用	2760	760	A	2000
固定制造费用	16000	1000	A	15000
总费用	30214	3214	A	27000
营业利润	10036	1036	F	9000

　　在报告中预算数字和实际数字之间的偏差称为差异。如果实际结果优于预算，则差异报告为"有利"（F），如销售收入超过预算 4250 美元的情况正是如此。当实际结果比预算差时，差异报告为"不利"（A），如直接材料费用超过预算 1349 美元的情况就是不利的。

　　报告显示了与原始预算相比的实际结果。因此，实际利润与预算不同不需要吃惊，反而需要关注的是实际销售为 230 个，而预算却是 200 个。即使组织与最初计划的活动水平有很大差异，但预算却不改变，这被称为固定预算。

将实际结果与原来的固定预算进行比较的问题是提供的信息有限。如果管理人员能够发现问题并决定采取适当的行动，那么他们必须理解为什么实际成本与预算不同。

在示例 6.2 中，实际销售超出预算 30 个（或 15%）。因此，预期费用也将超过预算是合理的，从差异报告中我们可以看出这是事实。但是，我们不能确定的是，这些费用相对于实际销售量是否合理。为了获得这种程度的细节，我们需要能够使用"弹性"预算以反映实际的活动水平。

弹性预算是考虑到实际活动水平与原来预算活动水平之间的差异而调节的预算。对于大多数组织来说，这种方法比固定预算有更多优势。准确地对实际活动水平进行估计是困难的，而弹性预算是允许改进和调整原始预算的。它还可以帮助揭示原始预算中存在的问题，并为管理层提供纠正这些问题的机会。

如果由于外部因素，实际活动水平与原来的预算明显不同，弹性预算就特别重要。对不再相关的预算进行监视就可能产生无意义的预算执行报告。所以，将工资成本、材料成本和实际销售水平（而不是原始和不再相关的销售水平）与预期相比要有用得多。

为了调节预算，需要明确原始（固定）的预算数字应被调节到实际销售水平的多少。示例 6.3 显示了在预算失效之后的预算差异报告。在本例中，原始（固定）的预算本应在会计初期已估算好。另一方面，经过调节的预算直到会计期末之后才产生，因为只有那时才知道实际的活动水平。

示例 6.3　伍德伯恩公司弹性预算差异报告

表 6-3 伍德伯恩公司弹性预算差异

	实际结果	弹性预算差异		弹性预算	固定预算差异		原始预算
	美元	美元		美元	美元		美元
销售收入	40250	1150	A	41400	5400	F	36000
直接材料	8349	299	A	8050	1050	A	7000
直接人工	3105	−345	F	3450	450	A	3000

(续表)

	实际结果	弹性预算差异		弹性预算	固定预算差异		原始预算
年变动制造费用	2760	460	A	2300	300	A	2000
固定制造费用	16000	1000	A	15000	0	A	15000
总费用	30214	1414	A	28800	1800	A	27000
营业利润	10036	2564	A	12600	3600	F	9000

使用弹性预算可以将总差异分为两种：

固定预算差异是原始固定预算与弹性预算的差值。它是反映由于活动水平的变化而导致的预期成本变化。

弹性预算差异是指实际结果与弹性预算之间的差异。这显示了实际成本和实际活动水平的预期成本之间的差异。

通过计算示例6.3中显示的差异，管理人员可以更详细地分析按特定活动期间的实际利润和预算利润之间的差异。当总差异分为固定预算差异和弹性预算差异时，通常弹性预算差异是经理评估组织绩效时最有用的数据。这个差异显示的是实际成本与实际水平活动的应有成本间的差异。

然而，即使总差异分解为固定预算差异和弹性预算差异，可供管理人员使用的信息仍然是有限的。如果组织采用标准成本法，差异分析的有效性将大大提高。这使得对差异的分析更加详细。

摘录6.1 英国特许管理会计师协会的绩效报告指南

英国特许管理会计师协会制定了以下内容的绩效报告指南。理想的月度报告包括提交委员会的内容应在10页至20页之间，并载有下列内容：

● 列出KPI执行清单和识别所有的关键问题。

● 行动计划必须明确纠正措施，以及在最好或者最坏情况下的应急措施。

● 损益表显示期间和累计状况，突出与预算的差异，以及主要差异。趋势分析用图表显示。

● 在计算实际绩效和行动计划基础上重新计划产量。

● 现金流概况，总结至年底的实际和预计收入、支付和定期结余。

● 资本计划，主要显示工程进展的百分比分析、目前和预计的开支、竣工成本和时间表。

● 资产负债表显示成表格形式，体现营运资金状况和业绩指标，如债务人和债权人的天数。

资料来源：CIMA（2003）

标准成本

标准成本是生产一单位的产品成本，或在某些情况下生产过程的计划成本。这一标准通常是基于对所涉及的时间和材料的合理预期，考虑到闲置时间和材料浪费，这是企业经营的正常部分。

预算和标准成本并不是一回事，没有标准成本也可以进行预算。然而，这两项活动之间存在相互关系，即预算可以看作由标准成本乘以预期的活动水平构成的。例如，如果生产一单位产品的标准劳动成本是6美元，而预计生产5000单位，生产劳动力预算就是30000（5000×6）美元。因此，标准成本是预算制定中一个有用的工具。如果企业希望对实际预算的执行情况进行详细的分析，就有必要为预算提供标准成本信息。

在实践中，有许多不同的方法来设置标准，不同的组织使用不同类型的标准。标准通常分为基本、理想或可实现的：

● 基本标准代表一个恒定标准，不会随着时间而改变。

这类标准没有广泛使用。它存在于一些具有长生命周期和生产过程的制造业中，这些产品在多年的生产过程中保持不变。

通过长期保持相同的标准，公司能够评估长达几年的绩效效率。

这类标准不适用于那些过程和实践正在改变或价格波动的企业，因为它不会对实际的绩效做出有意义的衡量。此外，对企业来说按照客户的规格生产非标准化产品或服务是不切实际的。

● 理想标准代表的是在完美条件下以最大效率生产单位产品，不产生任何浪费的成本。

使用理想标准的理由是尽可能地确定最高的目标并为此而努力，而不是满足于低于最佳绩效的标准。

在实践中，理想标准将永远无法实现，因此实际业绩将永远低于标准。

这可能会降低员工的积极性，如果奖金完全与理想标准的绩效评估挂钩，这将是一个不合适的标准。

● 目前可实现的标准考虑了正常水平的浪费和时间损失，代表的是处在正常但有效率的活动水平下的成本。

这样的标准代表一个可实现的目标，因此更适合于绩效测量。

"可实现"的概念不是固定的，因此可实现的标准可以设置在相对容易或困难的级别上，以实现绩效管理目的。

在实践中，这些标准的要求必须足够高，才能为员工提供足够的激励，使其超越目前的效率水平，但又不能要求太高，以至于被认为是一种消极抑制因素。

无论采用哪一种方法来制定标准，重要的是使用的标准是准确的。因此，制定标准的方法极其重要，并且在不同类型的组织中会有所不同。一些企业使用所谓的工程方法，由工业工程师和运营经理定义过程、条款、材料的实际使用和成本核算。如果需要理想标准或高要求的可实现标准，则可使用这种方法。它还可用于公司过去没有实际绩效数据的新产品或新流程开发。第二种方法是分析实际的历史成本，消除不必要的低效，并以此为基础制定标准。在竞争激烈的行业中经营的企业往往会试图将自己的成本与竞争对手的成本进行比较。他们会获取有关竞争对手实际业绩的信息，并制定相应的标准，或以低于这些标准的价格出售产品。许多组织还可能对上述两种方法组合使用。

(问题讨论)

安装家庭供暖锅炉的供暖工程师如何制定安装的标准成本？

摘录 6.2　三星的基准和绩效

总部位于韩国的跨国企业集团三星通过一个基准和改进过程，达到了目前全球领先的地位。1987 年，李健熙接替父亲担任三星集团董事长，着手将三星从韩国竞争者转变成全球领导者。李健熙坚称，集团的子公司应该对标他们所在领域的全球领导者去衡量自己的业绩，而不是以其他韩国公司为基准。不符合全球表现的业务部门（如糖和纸张加工）被剥离，虽然它们是盈利的，但是它们没有能力在全球市场取得领导地位。投资集中在少数被认为有能力进行全球竞争的企业。李健熙还通过取消交叉业务补贴和低于市场的转让价格，成功提高了企业的自主性，从而使企业得以在全球市场上更有效地竞争。

标准成本和差异分析

标准的使用可以使差异分析比我们在示例 6.3 中看到的更详细，如图 6-1 所示。尤其是，标准的使用可以将弹性预算差异分析成两个关键因素：产量差异和分派率差异。

产量差异通过显示实际使用和标准使用之间的差异来测量资源使用的效率。这可以指销售量（销售量变化）、材料使用（材料使用变化）或直接人工完成过程所花费的时间（劳动效率变化）。这个量差乘以标准成本来显示对利润的影响。

分派率差异（也可以称为价格差异或成本差异）测量某物（如材料或劳动力）的实际价格与预期（标准）价格之间的差异。这个价格差异乘以实际数量来显示对利润的总影响。在某些情况下，可以通过计算混合和产量差异，将这个比率差异分解成更详细的数据。

差异分析

当使用标准成本法进行差异分析时，通常会以经营报表或调节预算报告形式进行编写，并没有标准格式。不同的组织使用不同风格的报告，并给它们取不同的名字。

示例 6.4 是基于示例 6.1 中给出的信息编制的，给出了伍德伯恩公司的预算调节报告。本报告将当期的实际利润与原来的预算利润进行了协调，并分析了图 6-1 中所示的差异。

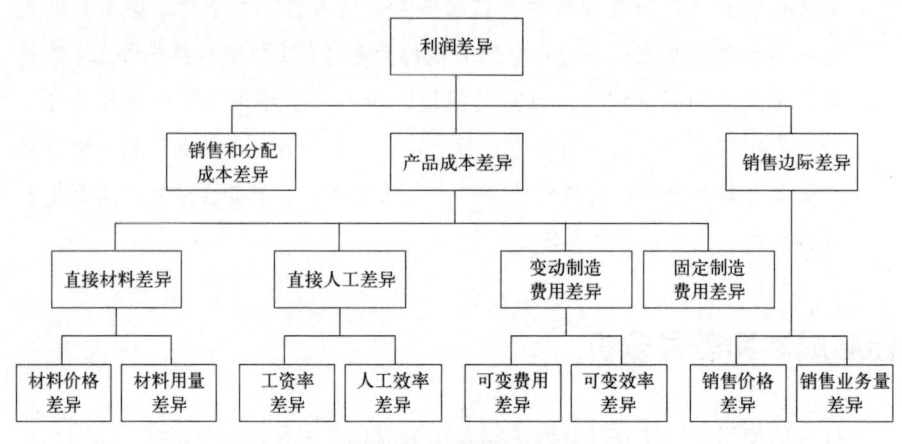

图 6-1 利润差异分析

示例 6.4 伍德伯恩公司的预算调节

表 6-4 伍德伯恩公司预算调节报告

预算净利润					9000
销售差异					
销售边际价格	−1150	A			
边际销售数量	3600	F	2450	F	
直接成本差异					
材料价格	−759	A			
材料耗用	460	F	−299	A	
劳动速率	1035	F			
劳动效率	−690	A	345	F	
生产制造差异					
固定制造费用	−1000	A			
变动制造费用	0				
可变制造效率	−460	A	−1460	A	10036
实际利润					10036

示例 6.4 中的调节报告提供了原始预算利润 9000 美元和实际利润 10036 美元之间的协调。下面的分析将更详细地检查预算调节中列出的差异。

销售差异

销售差异不是用销售价格来表示，而是用销售毛利来表示，也叫销售利润率。原因是经理们主要关心的是销售变化对盈利能力的影响。总销售差异分为两部分：价格差异和数量差异。

从销售利润率价格差异中，经理可以从预算价格看到相应利润变化的影响。在伍德伯恩的示例中，销售利润率价格差异是不利的（1150 美元，A），这意味着实际销售价格低于预算销售价格。这是一个简单的例子，我们可以计算的实际销售价格是：40250 美元（实际销售收入）÷230 个（实际销量）=175 美元。预算的销售价格是 180 美元，所以销售部门给每个炉子打了 5 美元折扣。这次降价使公司损失了 1150 美元的利润。

然而，这并不是故事的全部。如果看一下销售利润率的差异，我们就会发现价格的下降带来了销售额的增长，而有利的差异是 3600 美元。将总销售差异分解为价格和数量差异的重要性在于，它使经理能够评估降价是否对公司有利。在本案例中，我们可以看到它是有利的。销售价格的下降对利润产生了不利影响，使利润减少了 1150 美元，但由此增加的销量使利润增加了 3600 美元。因此，最终结果是使该月的利润增加 2450 美元。

材料差异

材料的总差异被分解为价格差异和使用差异。价格差异衡量的是材料成本与预算；使用差异衡量的是与实际生产水平相比所使用的材料数量。

在伍德伯恩的示例中，材料价格差异是不利的（1150 美元，A），这意味着材料成本高于预期，但材料使用差异是有利的（460 美元，F），这意味着使用的材料比生产预期的数量要少。在实践中，这两个差异往往是相互关联的，其中一个产生的原因可能是另一个的结果。例如，可能材料价格差异是不利的，因为购买质量更好的材料导致成本更高。反过来，质量的增加可能会减少浪费，从而带来有利的使用差异。如果这是伍德伯恩公司的一种策略，管理层可以通过观察总的材料差异来评估其总体的成功程度。本案例中的数据是（299 美元，A），是不利的。这意味着购买更贵的材料和更少的材料使用对业务没有好处，因为最终减少了 299 美元的利润。当然，这是一种过于简单化的做法，这也可能是由于其他原因，如劳动效率低下、生产错误或要求产品报废的错误，材料使用可能会出现差异。管理者总是需要仔细研究差异，以理解它们为什么会发生。

如果在制造过程中使用了多种材料，并且有可能改变组合，例如用一种材料代替另一种材料，那么就可以进一步分析材料的使用差异，从而使其组合并产生差异。材料组合差异衡量变化材料组合对财务的影响。如果使用了更贵的材料而不是更便宜的材料，或者两者之间的组合发生了变化，那么材料的整体成本将会更高。材料数量差异衡量的是将投入转化为产出的效率。一定数量的材料输入应产生一定数量的输出。如果材料的组合发生变化，产出的数量可能会受到不利的影响，这将显示出不利的材料生产差异，即使组合的变化显示了有利的差异。

人工差异

总人工差异分为分派率差异和效率差异。分派率差异提供了有关劳动小时成本（即劳动报酬的费率）的信息；效率差异则评估了与建造炉子所需的标准时间相比，劳动效率的高低。在这种情况下，劳动分派率差异是有利的（1035美元，F），劳动效率预算是不利的（690美元，A）。这可能表明雇用的工人工资较低，经验也可能较少，而且由于缺乏经验，他们的效率也较低。总体劳动力差异为345美元，这表明劳动力战略的变化在财务上对企业有利。

在评估人工差异时应该考虑的一个现象是学习曲线。如果员工参与一项新任务，当他们学会如何更有效地完成任务时，他们会变得更有效率。学习曲线也随着产量的增加而变化。随着生产的增加，员工通常会变得更有效率，这样单位成本就会降低。然而，这种效率的提高速度会下降，并将在某一时刻达到顶峰。

另外两个重要因素是闲置时间和损耗。闲置时间与劳动效率差异有关，损耗通常与材料使用差异有关，但也可能与劳动差异有关，因为经验较少的员工更容易增加材料的损耗。闲置时间和损耗的级别可以分为"正常"和"异常"，绩效管理系统能够区分这两者是很重要的。

正常的闲置时间或浪费由生产过程的操作方式导致，因此应该将其纳入效率措施中。例如，在重新校准或重新改装机器时，员工可能是闲置的。这并不意味着管理者不需要努力减少"正常"的闲置时间或浪费，管理者应该改进或重新设计系统和流程，而不是员工绩效管理。另一方面，不能将异常闲置时间或浪费视为正常生产过程的一部分，而应作为员工绩效管理的问题进行调查。

问题讨论

一家工程公司刚刚安装了一种新的高精度高速激光切割机，这对材料和人工差异有什么影响？

固定制造费用差异

从定义上讲，固定制造费用不会随着活动水平的变化而变化。因此，固定制造费用的差异将完全是由于费用水平的变化，而这种变化不应该仅仅因为产量的变化而发生。在伍德伯恩的示例中，有一个不利的固定制造费用差异为1000 美元。这应该进行调查，因为固定制造费用没有理由仅仅因为销售额增加而增加。

变动制造费用差异

变动制造费用根据工时分配是正常的。因此，直接人工效率的差异也将影响变动制造费用。因此，总差异被分解为效率差异和制造差异。在本例中可以看出，460 美元（A）的变动制造费用差异完全是源自已经查明的不利劳动效率而非实际制造费用的变化。

这种分析说明，单凭差异本身并不能为管理者提供答案，而是引导管理者提出正确的问题。差异分析可以被看作异常管理的例子。也就是说，通过关注差异，管理层的注意力被导向那些没有按照计划执行的业务领域，许多人认为这是一种有效的管理方法。

摘录 6.3　实践中的标准成本计算

2010 年，国际会计师事务所毕马威联合英国特许管理会计师协会针对标准成本核算开展了一项全球调查。他们在报告中指出，标准成本法得到了广泛的应用，但许多大型制造组织所使用的标准成本法信息存在严重缺陷。比如，一些企业正在使用过时的标准，这些标准在他们的绩效管理中包含了无法控制的成本。

研究发现，最好的公司使用不止一种标准来支持不同的决策领域。有效的绩效管理侧重于差异分析和在可控绩效领域中采取补救措施。此外，为了应对经济波动，这些企业经常更新其标准，使其与绩效管理保持相关性和有用性。

投资中心的绩效管理

投资中心的经理不仅要负责该中心的成本、收入和利润，还要负责为赚取这些利润而进行的投资。因此，投资中心需要绩效测量来处理投资效率问题，也就是说，它们要兼顾收入和资产。在本节中，我们将介绍最常用的投资中心的绩效指标。

练习：现在做习题6.1。

投资回报率（ROI）

投资回报率是已动用资本回报率的同义词，是评价投资中心财务绩效最常用的绩效指标。投资回报率是指营业利润占用总资产的比率，通常用下列公式表示：

$$投资回报率 = \frac{营业利润}{总资产} \times 100\%$$

投资回报率的流行和广泛使用源自这样一个事实：由于它是一个百分比，因此可以方便地比较不同业务、不同业务部门和相同业务部门之间的绩效。

专家观点 6.1　投资回报率

投资回报率还会以会计收益率（ARR）形式被用来评估潜在投资，这部分内容将在第9章中详细讨论。不同之处在于，在投资评估中，该方法适用于对未来收益的估计，和适用于历史收益（即已经获得的收益）的绩效管理评估不一样。

在投资中心有时使用第二个相关的方法是资本周转率。这种方法测量销售收入与资产的关系，并显示投资中心如何有效利用其资产来产生销售。

$$资本周转率 = \frac{销售收入}{总资产} \times 100\%$$

这一方法可能更适用于对成本几乎没有控制，而对收入负主要责任的部门。

剩余收益（RI）和经济增加值（EVA）

剩余收益是测量投资中心资产收益的另一种方法。投资回报率以百分比衡量绩效，而剩余收益则以绝对值衡量绩效。剩余收益的计算公式如下：

剩余收益 = 税后利润 -（资本成本 × 投资资产）

从营业利润中扣除的资本成本是公司加权平均资本成本（WACC）乘以投资于该部门的总资产。它表示为该部门筹措资金的费用，是该部门可接受的最低收入水平。因此，剩余收益是衡量该部门赚取超过公司投资者要求的最低限度盈余或剩余。

20世纪90年代初，斯特恩斯特尔公司顾问们对剩余收益进行了一些改进，并将新措施称为经济增加值。过去20年里，这一衡量标准得到了广泛采用。研究表明，目前多达25%的企业使用这一指标来评估部门绩效。

经济增加值 = 税后调节的利润 -（资本成本 × 调节的平均投资资本）

对于经济增加值来说，利润和投资资本都进行了调节，使其更接近于等值现金数字。这是为了消除由于为财务会计目的必须报告收入和资本而造成的扭曲。

示例6.5 投资中心业绩

下面的数据是与投资中心业绩相关的信息：

	美元
部门总资产	500000
部门销售收入	770000
税后利润	65000
调节后的税后利润	70000
调节后的资本总额	560000
资本成本	12%

利用这些数据，我们可以计算投资中心的业绩：

投资回报率 = $\frac{营业利润}{总资产} \times 100\% = \frac{65000 美元}{500000 美元} \times 100\% = 13\%$

资本周转率 = $\frac{销售收入}{总资产} \times 100\% = \frac{770000 美元}{500000 美元} \times 100\% = 154\%$

剩余收益 = 营业利润 − 资本成本 = 65000 美元 −（500000 美元 × 12%）= 5000 美元

经济增加值 = 税后调节的利润 −（资本成本 × 调节的平均投资资本）= 70000 美元 −（560000 美元 × 12%）= 2800 美元

哪一个是更好的测量工具：投资回报率，还是经济增加值

由于投资回报率和经济增加值代表了两种不同的部门绩效测量标准，因此自然而然地产生了哪个更好的问题。在实践中，这两种方法各有利弊：

● 投资回报率的优势在于，它能够简单地进行不同企业之间的比较区分，特别是如果企业大小不同时。此外，管理者通常更愿意处理百分比。

● 投资回报率的缺点是它会鼓励不符合企业整体利益的部门行为。例如，一个部门目前的投资回报率为20%，那么它将不愿意投资只有15%回报率的新项目，因为新项目将降低该部门的平均投资回报率。但如果公司的整体投资回报率为12%，这个回报率为15%的新项目就是不错的投资，因为它将提高公司的投资回报率。使用投资回报率进行测量，可能会让部门的利益与企业的整体利益发生冲突。

经济增加值因为不关注百分比而克服了这个问题，但缺点是它是一个绝对度量，因此在与其他不同规模的部门或企业进行比较时不那么有用。经济增加值的主要优点是，由于它对所使用的资本收取费用，这就提高了管理者的意识，即资本是有成本的，资产负债表需要像利润表一样仔细管理。经济增加值可以让管理者两者之间评估适当的平衡点。

非财务绩效指标

财务测量和差异分析作为一种管理控制和绩效测量系统，其有效性受到一些评论人士的质疑。一种批评是，目前采用的财务办法偏向于在相对稳定的商业环境中运营的制造型企业，而对现代服务型企业的经营质量关注不足。它们关注的还是短时段，这意味着管理决策将针对短期的财务收益，这可能会损害可持续性发展。另一种批评是，现代商业环境变化迅速，阻碍了有效的标准制定和差异分析。一些评论人士甚至声称标准成本现在已经过时了。另一些人则建议，可以对其进行更新，纳入定性考虑，使其更适合现代企业。

在1987年出版的一本有影响力的著作《相关性的遗失》(Relevance Lost)中，作者托马斯·约翰逊和罗伯特·卡普兰概述了短期财务方法的局限性，并主张采用更多的非财务方法。约翰逊和卡普兰声称，在一个以快速变化、创新和缩短产品生命周期为特征的现代商业环境中，短期财务方法变得不那么重要了。他们建议采用一系列非财务业绩指标，不仅包括业务，还包括市场营销、研究和开发。

约翰逊和卡普兰鼓励使用能够更好预测组织长期目标而非短期财务业绩的绩效指标。例如，这些指标应该包括有效产品设计的方法、灵活的生产能力、质量、交货时间和客户反馈。这些批评产生的结果是产生了所谓的平衡计分卡。

平衡计分卡

平衡计分卡在20世纪90年代初作为一种绩效管理工具被开发出来，它解决了对传统以财务为中心的绩效测量方法的批评。平衡计分卡最著名的支持者是卡普兰和诺顿，他们在1992年在《哈佛商业评论》(Harvard Business Review)上发表了一篇文章，然后在1996年出版了著作《平衡计分卡》(The Balanced Scorecard)。从那时起，它就成为最广泛采用的绩效管理框架。

平衡计分卡的原则是，它提出了一套混合的财务和非财务绩效指标，这些指标源自企业战略，并侧重于执行该战略所需的主要活动。卡普兰和诺顿提出了分析绩效的4个"层面"，其中包含3个非财务层面和1个财务层面（图6-2）。公司应该选择少量的绩效指标（通常是5个或6个）来反映这些方面的绩效，并将目标附加到表示预期绩效水平的每个指标上。

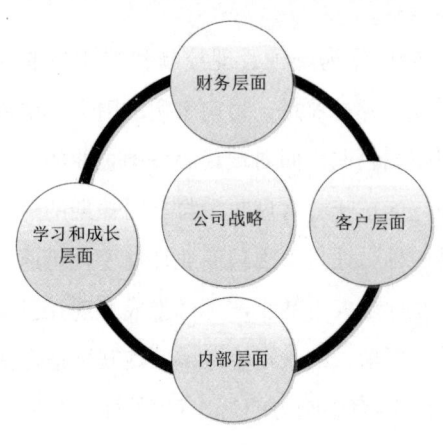

图 6-2　平衡计分卡

财务层面

财务层面从股东角度来考虑组织绩效。最主要的问题是组织如何为所有者创造价值。卡普兰和诺顿提出了推动商业战略的三个核心领域：收入（增长和组合）、降低成本和资产利用率。

客户层面

这个层面是从客户角度来考虑组织绩效。组织应该了解客户概况和竞争的细分市场。

内部层面

这个层面关注的是组织内部工作，以及为了满足客户而必须做好的工作。它涉及识别关键的业务流程。卡普兰和诺顿指出了附加值的三个关键领域：创新过程、运营过程和售后过程。

学习和成长层面

这个层面关注组织内部的持续改进和创新。它需要认识到市场、产品和过程正在不断变化，为了继续满足客户并获得良好的财务回报，组织必须不断学习和发展。这一层面的重点是继续投资于基础设施、系统、组织程序和人员，以便提供执行和改进其他三个层面的能力。

使用平衡计分卡

上述 4 个层面是卡普兰和诺顿最初提出的观点。在实践中，每个组织都应该选择自己认为最适合自身企业使命和战略目标的观点。然后，企业应该根据这些观点选择绩效测量的方法并设置目标。摘录 6.4 显示了一家电力供应公司的平衡计分卡主要内容。

摘录 6.4　电力供应公司的平衡计分卡

目标	绩效测量指标	指标数
财务层面		
最大收益	已动用资本回报率	15%
盈利增长	收益成长	12%
杠杆水平	资产使用率	90%
管理运营成本	每个客户运营成本	125 美元
客户层面		
工业领先客户忠诚	客户满意率	90%
内部层面		
业务成长	来自折扣产品和服务的收入百分比	10%
持续公众服务	客户满意度（5 分制）	4.5
优质客户服务	承诺实现率	97%
优势核心业务	资产获得百分率	90%
学习和成长层面		
市场驱动能力	战略覆盖率	85%
员工满意度	员工满意度（5 分制）	4.5
世界级领导力	领导力效率（5 分制）	4.5

平衡计分卡的发展

平衡计分卡自 20 世纪 90 年代初诞生以来，已经招致了不少批评。一种早期的批评是，卡普兰和诺顿开发的模型主要关注美国中小企业的需求，因此对其他类型的组织不太适用。这导致了许多不同类型的模型（具有不同的角度或不同的观点）出现，旨在让平衡计分卡适合更广泛的组织。更进一步的批评是对股东的关注损害了其他利益相关者的利益。当前的商业战略思考强调了全面利益相关者管理的重要性。也很少有实证证据支持这一说法，即使用平衡计分卡能产生更好的财务业绩。尽管如此，平衡计分卡及其各种衍生产品仍然非常流行，并被商业企业、非营利组织、学校、大学、政府机构和军队广泛应用。

卡普兰和诺顿在最初引入平衡计分卡后继续发展他们的想法。他们在2008年出版的著作《平衡计分卡的战略实践》（*The Execution Premium*）一书中将平衡计分卡纳入了更广泛的战略执行流程，这是一个用于实施和监控战略更宽泛的整体系统。

练习：现在做习题6.3。

非营利组织的绩效测量

非营利组织是不为所有者赚取利润的组织。相反，通过分配、赚取或捐赠获得的收入会被用于实现组织的目标。非营利组织通常指慈善机构和公共服务机构，如教育、卫生、警察、消防和社会福利等组织。非营利组织也可以包括博物馆、宗教组织、体育组织和政治组织。非营利身份是一种法律地位，这种地位在不同国家会有所不同。

非营利组织在评价其绩效时面临独特的挑战，因为在许多情况下非营利组织与商业组织使用的绩效指标是不相关的。例如，上面示例6.4中的差异分析关注的是实际业绩对预算盈利能力的影响。由于产生利润不是非营利组织的目标，因此这种衡量绩效的方法是不合适的。因此，非营利组织面临的挑战是找到更适合其组织使命和目标的替代绩效指标。

非营利组织不仅不同于商业组织，没有统一的盈利动机（表6-5），还是一个异质的类别，有各种各样的目标，导致各种各样的活动。这些活动和目标通常被视为无形的，难以量化。这增加了寻找恰当绩效指标的挑战。

然而，绩效管理的通用框架还是有一些共同之处的。在大多数情况下，非营利组织的活动可分为三个关键领域：筹资、管理和方案执行。因此，适当的绩效管理需要包括这些领域的绩效测量。

表6-5 非营利组织有别于商业企业的特征

管理层不负有对其股东提供财务回报的主要责任。
创造利润不是组织的目标。
非营利组织通常免费提供服务或商品。
收入来自个体或组织，不同于从事组织工作获益的员工。
那些向非营利组织提供资源的机构通常不指望获得与私营部门投资者相同的财务回报。

大多数非营利组织共同采用的一个业绩衡量标准是用于管理和筹资的资源比例，而不是用于执行方案活动的资源比例。用于管理和筹资的资源比例越小，就越被视为积极的绩效指标，这一指标经常被税务和监管机构用于评估非营利组织的绩效。

虽然把全部资源用于方案活动的比例很重要，但这本身并不是一个好的绩效测量标准。好的业绩不仅仅是花钱。非营利组织有可能将其全部资源的很大一部分用于方案活动，但它在实现其目标方面是无效的。因此，非营利组织的绩效测量必须关注输出和结果以及输入。因此，有必要澄清输入、输出和结果三个重要概念：

输入可以定义为用于执行本组织任务以及执行项目和方案的所有资源，包括财政资源（收入、分配或捐赠），以及工作人员和志愿者时间。

输出是非营利组织提供的服务水平。输出通常以非财务方式衡量，并取决于组织的目标。例如，抗疟疾慈善机构可能会报告发放的蚊帐数量；医院心脏外科可能会报告手术台数；大学可以衡量参加研讨会或培训班的人数；人道主义慈善机构可能会报告在灾难发生后为多少人提供了避难所、食物和水。

结果是所提供的服务（输出）对组织既定使命的影响。结果衡量应该集中在输出达到组织目标的程度，这些方法试图衡量组织的有效性。例如，反疟疾慈善机构可以报告其工作地区疟疾病例的数量；学院可能会报告有多少学生进入了新的工作岗位。

在非营利组织中有许多方法可以实现绩效评估，但所有这些方法都基于三个重要的因素，通常被称为"3E"：经济（economy）、效果（effectiveness）和效率（efficiency）。这个框架为非营利组织包括输入、输出和结果在内的绩效测量提供了焦点：

经济关心的是在给定的资源输入水平内实现目标。大多数非营利组织的工作资源有限，因此必须能够在有限的预算下有效地实现其目标。例如，一家拥有固定资金水平的医院必须能够在其固定预算范围内运作，不论效率还是效果，都不能超支。

效果关注的是结果的实现，关注的是组织的目标。例如，戒毒所可能有减少依赖非法药物人数的任务。这家诊所可能会以低成本治疗大量病人，因此被认为是有效率的。然而，如果这些患者高比例复发，诊所可能被认为在实现其目标方面效果较低。

效率是输入和输出之间的关系。效率测量是指用于实现产出的资源数量。例如，两家养老院可能都为相同数量的居民提供类似的护理服务，如果其中一家以比另一家低得多的成本提供护理，就可以认为它是更有效率的。

非营利组织的效率可以在活动的三个关键领域中衡量：筹资、管理和方案执行。可能存在关于效率的外部基准，或者组织可以根据过去的数据跟踪其业绩效率。例如，医院心脏外科可以计算每台手术的成本。然后，可以将这些数据与其他医院类似数据进行比较，或者进行多年的跟踪，以测量该部门的效率。

公共部门目标：物有所值

在许多公共部门组织中，3E原则是在"物有所值"一词下实施的。物有所值可以定义为最佳使用资源以实现预期结果。当组织在这三种因素之间有一个最佳的权衡，即相对较低的成本（经济）、高生产率（效率）和成功的结果（效果），它就被认为是实现了物有所值。

非营利组织绩效测量案例

摘录 6.5 展示了肯尼亚红十字会开发的平衡计分卡。该组织的使命是"通过我们的网络和社区，以充满活力和怜悯的方式，阻止和减轻人类的痛苦，拯救最脆弱的生命"。该协会的战略目标是"成为肯尼亚最有效、最值得信赖、最能坚持自我的人道主义组织"。

从该组织的使命宣言和战略目标中，我们可以分离出以下 4 个方面：受益人／利益相关者、财务管理、业务过程和组织能力。每个方面都被赋予少量的目标，并以此作为绩效测量和目标的依据。

摘录 6.5 非营利组织的平衡计分卡

目标	绩效测量指标	指标数
受益人（利益相关者）		
改善民生	达到最低生活标准的家庭	50%
	在目标社区中减少救助	20%
	在紧急情况下挽救生命	100%
加大国家政策投入	法律框架下支持的活动	100%
	适当的国家政策促进	75%
	与国家政策一致的项目	100%
加强社区所有权	项目完成后继续运营的平均年限	10 年
	社区对项目预算的贡献	20%
	由社区和合作伙伴复制的项目	TBD
增加服务渠道	标准距离内的服务	95%
	受益人达成	TBD
	利益相关者可获得的信息	75%
财务关系		
优化资源利用	核心成本占总成本的百分比	30%
	每个受益人的成本	TBD
业务过程		
提高服务水平	增加整合项目	10%
	项目成功	95%
	符合项目标准	100%

(续表)

加强合作关系	积极合作	95%
	正式合作	95%
	合伙人信心评分	80%
加强灾害风险管理（DRM）流程	事件及时得到响应	100%
	符合DRM流程标准	100%
	民众协助	20%
组织能力		
加强分支机构和基础设施建设	支线会议的最小标准	100%
	活动参与度	60%
	地方收入支持	TBD
内部化经济引擎	核心成本由自有资金支付	50%
	资金缺口	100%
	灾害资金增长	20%
改善人力资源匹配	工作满意度指标	95%
	员工保留	TBD
	合适技能和素质	TBD
	项目花费时间百分比	80%
改善健康和安全	安全标记指标	TBD
	减少员工事故	0
	安全合规评分	100%
完善知识管理	基于事实决策	100%
	课程记录和传播	95%
	员工信息意识	TBD

绩效管理行为方面：游戏和创意会计

绩效测量对其运行的环境有影响，并将影响被测绩效者的行为。决定测量什么、如何测量以及设定什么目标都会影响员工的行为。有时候，这会产生意想不到的负面影响。

越来越重视绩效考核的重要原因是绩效考核给员工带来的压力。研究表明，对绩效评估系统不断增长的需求会增加员工的紧张、沮丧、怨恨、怀疑、恐惧和不信任。这反过来又降低了员工的工作满意度，增加了缺勤率，带来长期绩效的降低。

其他研究也发现了员工对绩效测量的反应。一个结果就是"被测量的事情就会完成"。如果员工知道业绩正在被测量，他们将不可避免地专注于实现那些他们知道将被评估的目标，这可能会损害其他方面的业绩。另一个问题是，多种多样的绩效测量方法可能会导致绩效目标之间的对立和冲突。这可能导致绩效指标是混淆和不被信任的，并可能被证明是消极的。

制定绩效测量标准的另一个风险行为是管理者将采取行动，通过"创造性核算"来提高自己的测量分数，而不是提高潜在绩效。许多这种做法的例子可以在很多行业中发现。例如，对等候名单长度进行评估的医院重新定义并延迟了病人进入等候名单的时间点。修复和维护部门对修复请求的响应速度进行评估，类似地重新定义并延迟请求被正式识别的时间点，因此当"时钟开始计时"，在许多情况下，这些更改实际上是对等待时间定义的操纵，这意味着在绩效上没有实际的改进。

另一个问题可能出现在标杆对比中，这是一个旨在评估和提高绩效的过程。有时经理们会用标杆来保护而不是改善糟糕的业绩。经理将着重解释为什么他们的部门或组织在标杆对比中业绩不佳，并列举了使他们的情况与正在评估的情况不同的因素。在这种情况下，标杆对比会导致绩效没有增长或没有改进。

练习：现在做习题6.4。

外部对绩效的影响

所有的组织，无论是营利组织还是非营利组织，都面临着越来越多的外部审查和满足外部利益相关者期望的压力。目前有关外部财务报告的学术工作主要涉及形象管理和企业社会责任措施。因此，绩效管理越来越多地被用来评估组织行为对组织之外的利益相关者的影响。

这些发展反映在了平衡计分卡和其他类似绩效管理模式的广泛使用中，这些模式包括测量组织在顾客满意度、员工满意度以及当地社区满意度等方面的表现。这反过来又塑造了绩效管理系统的发展路径及其所使用的绩效测量类型。目前，各类技术被广泛用于协助管理部门识别和评估那些可能影响组织绩效的外部因素，因此需要在绩效管理中加以考虑。这些技术工具包括 PEST 分析（图 6-3）和波特的五力模型。

政治因素	经济因素
• 政府类型及稳定性 • 税收政策 • 政治环境变化 • 管制和放松管制的趋势 • 腐败程度	• 企业生命周期情况 • 全球化影响 • 劳动力成本 • 经济环境可能的变化
社会因素	技术因素
• 人口增长率 • 人口的健康、教育和社会流动 • 生活方式选择和对社会文化改变的态度	• 研究和发展活动 • 工程技术影响 • 技术转化的影响

图 6-3　PEST 分析：将管理者注意力集中于可能影响组织绩效外部因素
（政治、经济、社会和技术）的框架

根据外部因素来解释企业绩效的需求也越来越强烈，特别是可能影响企业绩效的社会伦理问题。绩效测量现在正转向诸如碳排放、资源的可持续利用、材料来源的伦理性、员工福利、污染和循环利用等因素。

现代商业体系中的绩效管理

管理会计的最新发展，如目标成本法、生命周期成本法、准时生产、吞吐量核算法和全面质量管理，已经改变了许多机构内部绩效测量方法的性质和使用。这就提出了一个问题，即传统的绩效测量的会计技术，如标准成本法，是否仍然在现代商业体统中占有一席之地。

上面提到的技术的共同特点是将组织更全面地看作系统或流程，而不是单个活动的集合。因此，管理的注意力是为了提高整体表现，而不是孤立地优化个别领域的业绩。这可能导致对绩效的一些结论与那些关注传统方法的人的直觉相反。

例如，吞吐量核算与提高总生产过程的总体效率有关。有一个关键点是识别和消除生产系统的瓶颈。采用吞吐量核算原则的企业经常发现，通过允许系统的某些领域增加闲置时间，并大幅缩减生产批次的规模，可以提高总体绩效。在传统的差异分析中，闲置时间被认为是一种应该被根除的罪恶。同样，很难理解如何通过缩减生产批次规模来提高整体财务绩效，因为这意味着更少的订单、更多的设置（从而增加闲置时间）和更多的交付。这些因素都会导致更高的成本。然而，由于吞吐量核算从整体的角度来看，这样的变化可以显著降低库存水平，从而减少企业在库存中所占用的资金，同时降低受损、丢失和过时库存的成本。同时，小批量生产可以带来更灵活的生产方式，这意味着更紧密、更快地满足客户需求。这可以让企业拥有重要的竞争优势。由于这些变化，销售量和产量可以显著增加。这可以创造规模经济，从而降低运营成本，以抵消较小批量生产带来的成本上升。

因此，这些新的会计技术和新的制造方法给控制和测量绩效带来了新的挑战。这使得人们对绩效测量关注的重点发生了改变，既包含财务方面，又包含非财务方面，例如准时交货、减少库存、与供应商合作、降低工艺成本、改进质量、减少周期时间和产品复杂性。

此外，这些新技术带来了持续创新、变革和发展的目标。例如，准时生产方法包括持续的改进和对不断变化的承诺。绩效测量体系的要求是鼓励员工专注于高绩效运作的关键要素，并在价值链上提供有效的关联。持续改进和创新也是全面质量管理的重要方面，这种方法需要绩效测量体系，将标杆与行业竞争对手结合起来，并集成质量和战略信息。在这种背景下，传统的管理会计绩效测量就成了一种障碍。关注点已从记录和报告成本和成本与预算的差异转移到理解和控制成本产生的原因。因此，组织需要有机和灵活的绩效管理体系。

然而，这些新发展并不完全否定标准和标准成本法的用处。在许多组织中，它们被集成到这些新技术中。例如，目标成本法强调持续改进，需要审查过去使用的资源，以确定未来在哪里可以使用更少的资源。这其中还可以包括审查旧的标准和为改进制定新的标准。

摘录6.6 丰田的绩效管理

日本制造业巨头丰田将"准时生产"理念作为其绩效管理和生产控制系统的一部分，称之为丰田生产系统(TPS)。丰田公司的理念就是"只生产需要的东西，在需要的时候，按需要的数量"。这种方法意味着绩效管理的重点在于零部件在生产中的流转以及产品在生产过程中的流转。在生产过程中，零部件应该在需要的时候、需要的地方以及即时可用。丰田的绩效管理集中在测量和微调工作周期、工作流、产品最佳移动，从而减少时间、材料、资金的浪费。

小结

我们从这一章开始，描述了绩效管理是一种多学科活动，它超越了几乎所有领域的机构管理。我们已经介绍了绩效管理的一些基本原则，并详细介绍了传统技术。我们还研究了绩效管理的最新发展，以及工具和方法如何响应现代管理实践的变化。本章特别强调绩效管理如何从纯粹的财务测量转变到更广泛的层面，包括绩效的非财务方面以及对外部利益相关者的考虑。

练习：现在做习题 6.2。

问 题

1．下放预算管理责任的 4 种主要方式是什么？
2．使用弹性预算的优点和缺点是什么？
3．对于使用预算目标作为员工激励和奖励计划一部分的制造业，哪种标准成本制度最合适？
4．比较投资回报率和经济增加值作为部门绩效测量方法的相对优势。
5．卡普兰和诺顿最初推荐的平衡计分卡的 4 个层面是什么？
6．解释货币价值的概念如何能用来测量公共部门组织的绩效。
7．解释绩效测量可能产生怎样意想不到的行为后果。

习 题

答案见 www.koganpage.com/accountingfm2

习题 6.1　评估成本差异

沃肯公司生产木质地板。该公司购买木材，将其切割成标准长度的木板，再打磨和抛光后卖给建筑商。表6-6是上一个会计期编制的生产部门差异分析。

表6-6 沃肯公司生产部门成本差异

	美元
材料价格差异	20000(F)
材料使用差异	25000(A)
劳动速率差异	14000(A)
劳动效率差异	18000(F)
可变制造费用差异	13000(A)
可变制造效率差异	8000(F)
固定制造费用差异	10000(F)

(F=有利差异；A=不利差异)

针对差异分析，生产经理做了以下评论：

1. 我们的员工士气低落，员工流失率很高，所以在此期间我提高了工资。我相信提高员工的士气给公司带来了积极的利益。

2. 我找到了替代的原材料供应商，经过谈判获得了不错的价格，我相信这个价格为公司节省了一大笔钱。

3. 我们有一台很大的抛光机，我觉得它没有得到充分使用，因此浪费了太多钱。我把这台机器卖掉了，只在我们需要的时候才去租一台抛光机。

要求：根据差异分析和生产经理提供的意见，对生产部门的绩效进行评价。

习题 6.2 全面质量管理

科特公司生产男装。公司多年来一直采用传统的标准成本法和差异分析方法进行绩效考核。营销总监最近参加了关于质量改进的培训课程，建议公司转向着眼于绩效管理的全面质量管理。他的建议将在董事会下次会议上审议。

要求：写一份简短的报告，考虑科特公司如果决定从标准成本法转向着眼于绩效管理的全面质量管理，将面临的一些实际问题。

习题 6.3 非财务业绩指标

杰克设计公司是一家小公司，专门为化妆品行业的产品包装和市场营销提供咨询。该公司最近任命了新财务总监凯蒂·威廉斯。在与首席执行官杰克·麦克劳德的第一次会面中,凯蒂表达了对当前绩效管理体系关注点有限的担忧。凯蒂解释说,虽然当前的体系提供了企业财务业绩的详细信息,但是将非财务业绩指标,尤其是那些能够更好地显示企业未来业绩的指标包括进来也很重要。她建议应向董事会报告以下业绩测量指标:

- 客户的数量;
- 每个客户的平均费用;
- 平均作业完成时间;
- 员工流动率;
- 员工工作满意度;
- 客户的满意度水平;
- 来自新客户的收入占总收入的百分比。

杰克·麦克劳德对凯蒂的建议表示怀疑。他担心,这些额外的绩效指标只会给会计部门带来更多的工作,可能会分散人们对更重要任务的注意力,比如确保订单及时发出,客户按时付款等。

提问: 解释为什么在绩效管理体系中囊括凯蒂建议的非财务信息能更好地预示企业未来取得成功的潜力。

习题6.4 消极的行为后果

4U工具公司是一家全国连锁工具租赁商店。工具采购和店员采用集中管理的方式,因此每个门店都被视为收入中心,由店长负责销售工作,获得收入,但没有成本。如果门店超出全年销售收入目标,门店经理可获得相当于其工资10%的奖金。

要求: 分析店长如何能够操控结果以获得更多的奖金。

参考文献

1. Johnson, H T and Kaplan, R S (1987) *Relevance Lost: The rise and fall of management accounting*, Harvard Business School Press, Boston, MA

2. Kaplan, R S and Norton, D P (1992) The balanced scorecard – measures that drive performance, *Harvard Business Review, 70*(1), pp 71–79

3. Kaplan, R S and Norton, D P (1996) *The Balanced Scorecard: Translating strategy into action*, Harvard Business School Press, Boston, MA

4. Kaplan, R S and Norton, D P (2008) *The Execution Premium: Linking strategy to operations for competitive advantage*, Harvard Business School Press, Boston, MA

补充材料

1. Starovic, D (2003) *Performance Reporting to Boards: A guide to good practice*, CIMA, London

第 7 章
现金与营运资金管理

学习目标

理解现金管理对企业的重要性,以及营运资金管理策略对现金流和流动性的影响。

学习成果

在学习本章后,读者将能够:
- 讨论现金管理对企业的重要性。
- 解释现金预算并识别潜在的问题。
- 制定改善现金流和流动性的策略。

学习重点

- 现金流转周期。
- 现金预算提供的信息及其重要性。
- 现金流量预测的格式和框架。
- 评估影响现金需求的不同决策(资产购买融资、客户信贷条款)。
- 改善现金流量的策略。

管理问题

管理者需要具备评估管理决策及战略对现金需求影响的能力。他们还需要能够分析现金预算,并使用它们做出恰当的管理决策。

引　言

计划和管理现金流是商业成功的核心。我们听到太多格言警句强调这一点的重要性，"现金为王"和"现金是企业的生命线"是两个常见的口头禅。为什么会这样呢？很简单，没有现金，企业就无法生存。如果一家企业还有现金，它就算不盈利也可能运作几年。一旦现金用完，企业很快就会倒闭，这是20世纪90年代许多所谓的"网络公司"的命运。

> **摘录 7.1　现金流与小企业倒闭**
>
> 世界领先的信用评级机构邓白氏集团报告称，90%的小企业倒闭都是现金流不足造成的。

企业为什么需要现金

企业需要现金有很多理由：购买库存，支付工资、租金、公用事业账单等。一家企业也需要现金来购买机器、设备、车辆和房屋等资产，另外，还需要现金支付投资者股息，支付贷款利息并缴纳税款。除此之外，在任何时候，企业都可能将现金占用在库存和应收账款等流动资产中。这些是经营业务中正常的一部分，但被资产占用的现金越多，企业对现金的需求就越大。例如，如果一家企业为其客户提供信贷，这将延迟企业从销售中获得现金的时间，并反过来增加业务所需的现金量，因为它仍然需要支付工资和其他账单。类似的情况，如果一家企业增加了库存水平，也将增加其现金需求。

什么是现金流

现金流是指现金通过应收、应付业务的方式进出，也指被占用在各种资产中的现金如何在企业内流通，如应收账款金额。现金流如图 7-1 所示。被占用在资产中的现金流速度和现金的数量将决定企业的现金需求。企业内部的现金流通常分为三个不同的方面：

营运现金流：日常运营中现金的流入和流出，如销售收入和工资报酬、库存购买、公用事业账单及租金。

投资现金流：与非流动资产买卖有关的现金流入和流出。

筹资现金流：从新的筹资而来的现金流入，如新的股本或贷款；现金流出，如偿还资金、支付利息和股息。

现金流的这三个方面都包含在图 7-1 中。

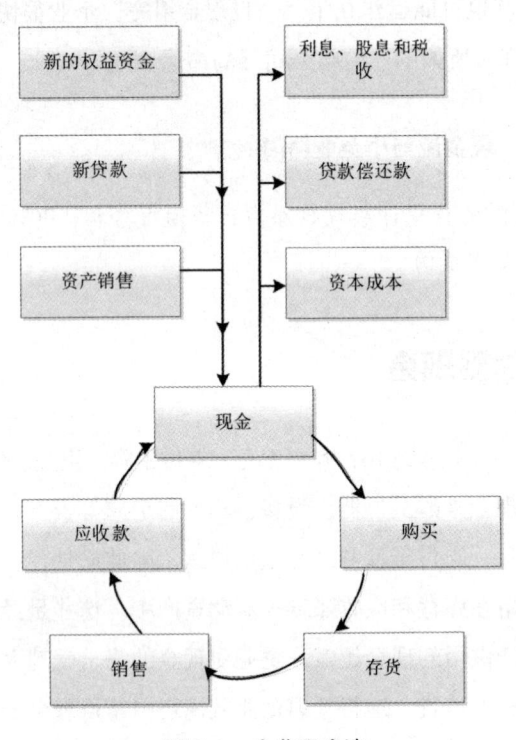

图 7-1 企业现金流

现金周转期是指如图 7-1 底部所示的现金流量循环。在企业正常经营过程中，现金被营运资金所束缚，即现金被用来支付购买费用，并被占用在库存中。库存必须销售，同时销售转变成现金必须从客户那里收回销售收入。现金周转期衡量的是一家企业将买卖转换为现金的天数，这是一项重要指标，因为它可以为企业所需的现金提供决策基础。现金周转越快，占用的营运资金就越少，因此企业所需的现金就越少。图 7-2 显示了一家企业典型的现金周转期。

图 7-2　现金周转期

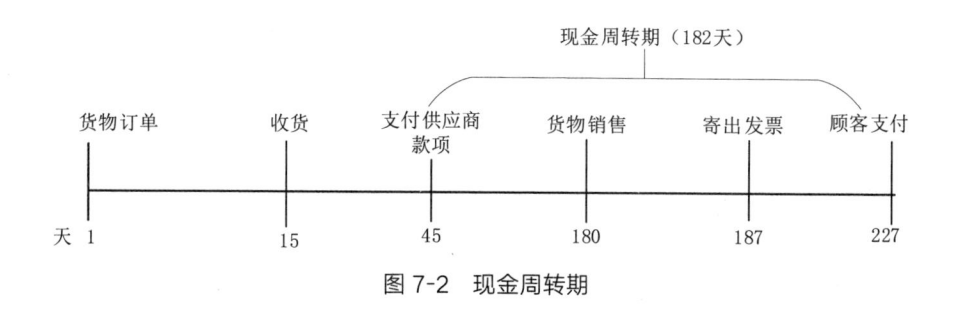

图 7-2 显示了在企业内通常发生的事情,从订购货物到最终收回顾客支付的货款。货物在第 1 天订购,但直到第 15 天才收到。在订购货物(第 1 天)和接收货物(第 15 天)之间的时间被称为订货提前期。如果企业赊账购买货物,在收到货物和支付货款之间会有另一个时间差。在图 7-2 中有一个 30 天(45 天减去 15 天)的支付时间滞后,这是作为供应商的典型信用期。此时,时钟开始在现金周转期上滴答作响。

这家公司已经支付了货款,这些货物在销售和顾客支付之前不会兑换成现金。因此,现金周转期是作为供应商支付货款与接收顾客付款之间的时间间隔。在图 7-2 中企业在第 45 天付货款,顾客在第 227 天付款。因此,现金周转期是 182 天(227 天减去 45 天)。

企业需要多少现金

企业选择持有的现金数量将永远是成本和收益之间的权衡。无论是持有过多的现金还是持有过少的现金都会给企业带来成本。一方面,持有现金是有成本的,所以企业持有的现金越多,成本就越大。这通常被衡量为机会成本,也就是说,可以通过将现金投资于其他资产而获得的回报。另一方面,如果现金不够的话,筹集现金也有成本。因此,一家企业如果持有的现金太少,也会产生成本,这个成本要么是将资产转换成现金(或出售它们)的成本,要么是安排贷款的成本。

现金如果不是存在高利息的投资账户里,那就代表着股东的资本,没有用来为投资者赚取回报。因此企业会面临减少企业持有现金数额的压力。现金余额越低,企业运营的资本量就越低,减少现金将提高已动用资本回报率,如示例 7.1 所示。

示例 7.1　现金余额和已动用资本回报率

昆特公司的息税前利润是 28 万美元。这家公司总资本为 185 万美元。因此，当前已动用资本回报率是：

$$已动用资本回报率 = \frac{280000}{1850000} \times 100\% = 15.14\%$$

在 185 万美元资本中，现金余额为 30 万美元。财务总监决定公司不需要持有这些现金，因此用它来偿还贷款。

此举将使企业资本减少到 155 万美元。这反过来又增加了已动用资本回报率：

$$已动用资本回报率 = \frac{280000}{1550000} \times 100\% = 18.06\%$$

因此，公司可以通过简单地减少现金余额来提高其财务业绩（如已动用资本回报率所示）而不需改变利润水平。

虽然示例 7.1 表明，持有太多现金会对企业财务业绩产生负面影响，但企业如果没有持有足够的现金，则可能会遇到交易问题（如过度交易，见专家观点 7.1），也将对盈利能力和股东回报产生负面影响。这意味着，一家企业要不断寻求持有足够的现金来满足它的需求，但不超过必要限度。现金管理是一个经常在太多和不够之间的平衡行为。

摘录 7.2　微软的现金积压

美国软件巨头微软每年产生超过 200 亿美元的超额现金，因此坐拥大量现金。你可能会认为这是一个令人羡慕的状态，但事实上，这是公司的一大难题。未被利用的资产实质上正在降低已动用资本回报率。微软如何处理这个问题？巨额现金余额需要大量投资来利用它们，而最昂贵的投资通常是收购——收购其他公司。这就是为什么我们看到微软进行了一系列高成本收购，如 Hotmail、Skype、Firefly、CompareNet、Yammer 等，名单很长。自 1987 年以来，微软已经完成了 150 多项企业并购项目。他们需要这样才能用完所有的现金。

专家观点 7.1 现金流量与过度交易

过度交易是许多企业面临的问题。当企业试图快速增长，并且没有足够的资金来支付伴随销售增长而增加的成本时，就会出现这种情况。订单增长似乎是好消息，但企业也产生了更多的现金需求。销售水平的提高还需要相应增加营运资金，即更多的存货和更多的资金被占用在交易应收账款中。额外的订单也意味着员工加班和需要购买更多的设备。因此，一家企业需要谨慎地管理其成长，以确保其能够得到资金支持。

单个企业所需要持有的现金量取决于经营的性质和管理者的态度。财务理论将现金持有的原因分成了 4 种动机：

- 交易动机；
- 预防动机；
- 投机动机；
- 补偿余额动机。

交易动机

任何企业都需要持有一定数量的现金来支付日常费用。对于大多数企业来说，从销售中收取的现金和需要为工资、采购、公用事业费用及设备支出的现金之间会有差距。这个差距越大，企业需要持有的现金就越多。这笔现金可直接由企业（在收银处和安全保险箱）持有或在无息银行账户中持有。一些企业将现金余额存入银行账户中赚取利息。因为这样的账户可以方便地支取现金，但利率通常都很低，而其他地方也许会有更好的回报。

预防动机

大多数企业都希望持有一定的现金储备，以备不时之需。这些不时之需包括不可预见和意外的费用，可能被称为"财务松弛"。一家企业的现金余额没有一定的留存，短期内如果出现意外的需求，它就必须迅速筹集资金，这会非常昂贵。研究表明，尽管持有预防性现金余额具有成本，但这低于在紧急情况下不得不短时间筹集现金的成本。

摘录 7.3　持有现金与预防措施的兴起

你可能会认为，近年来信息和金融体系的改进使企业能够减少现金持有量。事实上，现实正好相反。美国工业企业的平均现金资产比率自 1980 年以来已翻了一番以上。研究表明这一趋势与行业风险相关，即企业持有更多现金来保护自己免受现金流更多风险的影响，这就是预防性动机。新制造技术降低了存货和应收账款，减少了其他资产的现金，从而放大了这种情况。

投机动机

企业也会持有现金以便能够利用新投资、利率变化和汇率的有利波动等意外机会。企业如果没有现成的资金，可能会错过好的投资。如果利率低，企业的典型做法是保持较高的现金投机余额；如果利率高，企业将把这些余额交给高收益投资。

摘录 7.4　阿联酋航空公司的投机收益

在适当的时间有足够的现金，企业就能够从意外的机会中受益。如果竞争对手没有采取类似手段来获取机会，那么收益往往更大。在冰岛银行危机的时候，阿联酋航空公司直接抢购了冰岛银行倒闭的存款。阿联酋航空购买了新空中客车 A380，而其他航空公司由于 2001 年 9 月 11 日的工业衰退而资金不足。这使得阿联酋航空公司具有竞争优势，因为 A380 具有比竞争对手飞机有更大空间、乘客容量和燃料经济性的优势。

补偿余额动机

大多数与商业银行保持往来账户的企业都需要在账户中保持最低余额。这种最低余额，称为补偿余额，是对银行提供的服务进行补偿，实质上为银行提供了免费的企业资金使用权。如果企业不维持一定余额，通常银行会征收更高的费用。

现金持有量模型的建立方法

许多模型已经被开发出来帮助管理者确定合适的现金持有量。在本章中，我们将看到两个最流行和最广泛使用的模型，即鲍莫尔－托宾模型和米勒－奥尔模型。每一个模型都采用了一种完全不同的方式来确定企业应该持有的现金量。

鲍莫尔－托宾模型

鲍莫尔－托宾模型是一种基于交易的模型，假设企业对现金的需求随着时间的推移是一致的，并且可以被确凿地预测。当一家企业利用其可用现金时，需要通过出售来将投资转化为现金。这将带来交易成本，因此企业有动机最小化这种销售的次数。然而，如果每一次都会有大量现金被转换，那么就可能因持有现金没有投资失去收益，带来高额机会成本。该模型试图通过确定每次需要用现金时应该从投资中转换的现金量来确定最佳现金持有量。

因此，鲍莫尔－托宾模型试图通过对持有过多现金的机会成本和持有太少现金所涉及的交易成本之间的权衡进行量化来确定最佳的现金持有量的。这种折中可以用图示来解释分析，如图7-3所示。

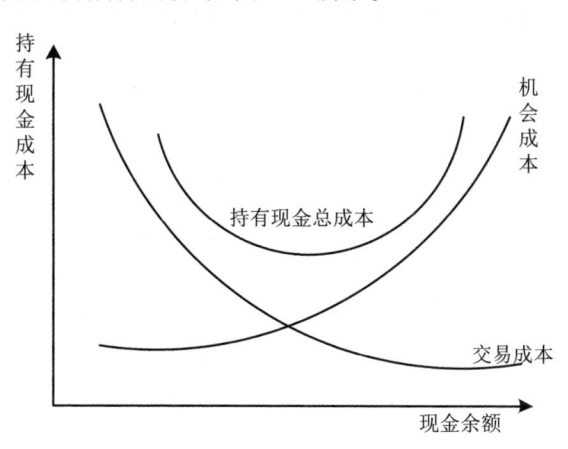

图7-3 持有现金成本

机会成本是指将资金作为现金而不是将其置于投资中所放弃的利益。这些成本随着现金持有量的增大而上升。交易成本是指短期内必须通过出售资产或贷款来筹集现金的成本。现金持有量的规模越小，这些交易成本就越高。如果经常进行小额现金转换，平均现金持有量将很低，机会成本最小化，但交易成本高，因为交易频率高（图7-4）。

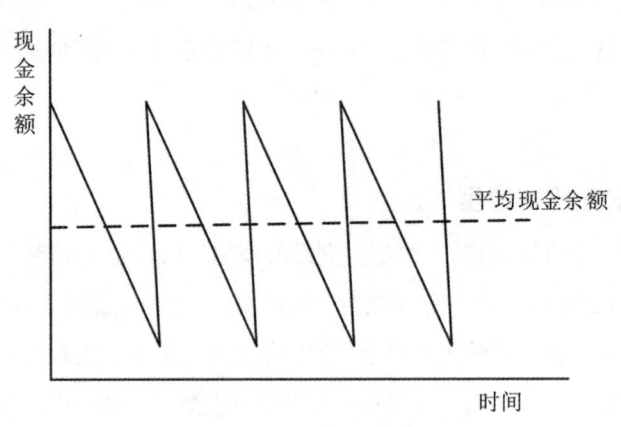

图7-4 现金转化频率

另一方面，如果大量的投资转化为现金，交易成本将被最小化，但平均现金持有量和机会成本将很高（图7-5）。使用鲍莫尔－托宾模型，企业试图最小化持有现金的总成本，它由交易成本和机会成本构成。因此，最佳的现金持有量（即企业具有最低的总成本）就是机会成本与交易成本相交的点，即此时机会成本等于交易成本（图7-3）。

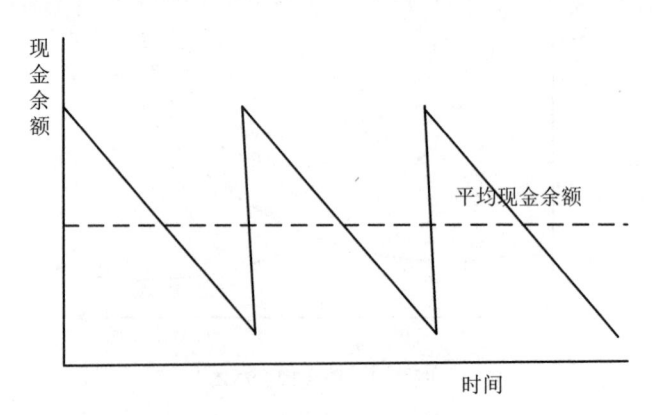

图7-5 现金转化频率

鲍莫尔－托宾模型确定每次需要的现金时现金的最优转换量。这个量在数学上用公式表示为：

第7章 现金与营运资金管理

$$C=\sqrt{\frac{2TF}{K}}$$

C= 最佳现金持有量
T= 一段时期所需的现金总额
F= 出售资产筹集现金的成本
K= 持有现金（利率）的机会成本

示例 7.2 鲍莫尔－托宾模型

以下信息与埃尔金公司有关：出售资产以筹集现金的固定成本为 500 美元；现金流出超过现金流入为每周 9000 美元；有价证券赚取的利息是 5%，埃尔金公司的最佳现金持有量是多少？

解答

使用鲍莫尔－托宾模型：

$$C=\sqrt{\frac{2TF}{K}}=\sqrt{\frac{2\times 9000\times 500}{5\%}}=13416（美元）$$

因此，当埃尔金公司需要现金时，它应该转换 13416 美元。这意味着业务的平均现金持有量约为 6708 美元（13416 美元除以 2）。

鲍莫尔-托宾模型表明，利率高时，现金持有量应该保持在最低水平。然而，该模型是基于一些假设，因此降低了该公式在复杂的现实世界中的有用性，该模型的假设包括如下：

- 现金流出是可以预测的，甚至是随着时间推移。
- 现金流入是可预测和有规律的。
- 每日现金需求由银行往来账户提供。
- 短期投资的"缓冲器"，可在需要时进行出售以提供现金。

实际上，这些假设并不适用于大多数企业。特别是现金流入和流出是不均匀的，而且很难预测。因此，现金管理的更有用模型是允许现金流量的不规则性和波动性。米勒－奥尔模型就是这样的模型。

米勒－奥尔模型

米勒－奥尔模型为那些没有统一现金流也难以预测现金流入和流出水平

和时机的企业提供了现金管理方法。该模型允许现金持有量每日在规定的控制区间（称为上限和下限）内变化。

该模型的应用首先要确定最小可接受的现金持有量（即下限）。这是由管理层设定的，用于为紧急情况建立现金缓冲。下限取决于管理层愿意接受多大的现金短缺风险。而这又取决于经历现金短缺的后果（和成本）以及企业获得额外资金的速度和难易程度。

确定了最小现金持有量，米勒－奥尔模型可以用来确定最大的现金持有量（上限）和一个现金返回点。现金返回点代表最佳现金持有量。现金管理如下：

如果现金水平达到上限，一定数量的现金转成投资，以使现金持有量回落到现金返回点。

如果现金水平降到最低水平，一定数量的现金从投资变成现金，使现金持有量回升到现金返回点。

这个原理如图 7-6 所示。上限和下限之间的差额称为控制范围。这个计算公式用图 7-7 表示出来。

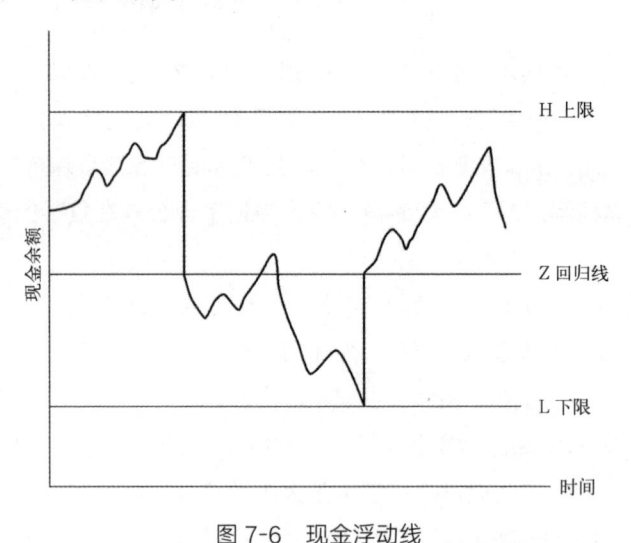

图 7-6　现金浮动线

$$扩展方式 = 3 \times \left[\frac{\frac{3}{4} \times 转换成本 \times 现金流量方差}{利息率} \right]^{1/3}$$

图 7-7　扩展公式

第7章 现金与营运资金管理

在扩展公式里：

● 交易成本是在短期将投资转化为现金的成本，或反之亦然。

● 现金流量方差是测量现金流量和现金持有量波动的。米勒－奥尔模型的假设虽然现金持有量是随机波动的，但这些波动是正态分布的。因此，可以计算平均余额和基于过去数据的现金持有量标准方差（方差＝标准差平方）。

● 利率代表通过将现金转换成有价证券或其他类似投资而获得的回报。

方差和利率均应以日计算。

一旦计算扩展，回归点可以使用以下公式：

$$回归点 = 最低点 + (1/3 \times 扩展点)$$

现在我们将使用示例 7.3 简单说明如何应用该模型。

示例 7.3 米勒－奥尔模型

泽托克公司将其最低现金持有量设定为 5000 美元，并估计如下：

● 交易费用＝每次出售或购买短期投资 500 美元。

● 现金流量的标准差＝1200 美元/天（因此，方差＝144 万美元/天）。

● 年利率＝每年 7.3%（每天 0.02%）。

考虑到 5000 美元的下限，泽托克公司的现金管理上限和回报点应该设为多少？

解答

使用上述公式：

扩展点 ＝ 3[（3/4×500 美元 ×1440000 美元）0.02%]$^{1/3}$ ＝ 41774 美元

上限 ＝ 5000 美元 + 41774 美元 ＝ 46774 美元。

回归点 ＝ 5000 美元 +（1/3×41774 美元）＝ 18925 美元。

这意味着泽托克公司应该将其现金持有量维持在 18925 美元左右（在实践中，为了方便起见，这可能会被舍入 19000 美元甚至 20000 美元）。

问题讨论

创建一个你知道的企业名单，并决定哪种现金管理模式将是最合适的（即，企业的现金流是可预测还是不可预测的）。

如果现金持有量高达 46774 美元，公司应将 27849 美元（46774 美元减去 18925 美元）从银行账户投到短期投资中，以使余额回落至 18925 美元。另一方面，如果现金持有量下降到 5000 美元，公司应该将 13925 美元（18925 美元减去 5000 美元）的短期投资转换为现金，使余额达到 18925 美元。

练习：现在做习题 7.1。

现金预测：现金预算

企业需要在预算利润表和资产负债表之外编制现金预算，确保企业拥有足够的现金，以实现企业预算中规定的目标。现金预算（有时称为现金流量预测）显示现金收入和现金支付的数额和时间。在这样做的同时，它还预测了企业需要的现金数量。

现金预算可以按日、周或月编制，取决于企业现金流的波动性和对细节的需求。在本节中，我们将向你展示现金预算如何成为规划企业未来现金需求的有用工具，以及如何将其用于为管理策略提供信息。

现金预算的格式和结构

现金流量规划是良好现金管理的核心。因此，重要的是管理者能够编制和理解现金预算。下面的示例演示如何为企业生成简单的现金预算。

示例 7.4　简单的现金预算

帕斯卡开了一家家具制造公司。前 6 个月的销售和采购预算如下：

	1月	2月	3月	4月	5月	6月
销售（美元）	5000	6000	6500	7000	6000	7000
采购（美元）	4000	6000	4000	4000	3500	4000

1. 帕斯卡预计，他 50% 的现金将来自销售额，50% 来自一个月的信用赊销。

2．库存将保持在很低的水平，并在销售月份购买。库存采购时是用现金支付的。

3．工作间的租金为每月 1200 元，于每月 1 日支付。

4．帕斯卡有一辆面包车，成本是每月 400 美元，帕斯卡支付所有的货车费用。

5．帕斯卡以 5000 美元的银行存款余额开始做生意。

提问

给帕斯卡的公司编制前 6 个月的现金预算。

解答

在编制现金预算时，有一些合乎逻辑的步骤：

- 预测销售。
- 预计从销售中得到的现金收入。
- 预测现金支付。
- 估计期末现金持有量。

在这个简单的示例中，我们将向你展示如何执行每个步骤，并将信息编制到现金预算表中。

预测销售

在编制现金预算时，有必要分两步确定现金收入。首先，必须制定销售预算。第二步是将销售转换为现金收入的预测。分为两个步骤的原因是现金预算与现金收入的时间有关，销售不一定直接转化为现金，尤其是赊销。

示例 7.4 相对简单，我们得到的是预期销售额。实际上，这些都必须建立在市场研究、已知的合同或过去的趋势基础上。各种统计和数学技术可以用于预测销售。

	1月	2月	3月	4月	5月	6月
销售（美元）	5000	6000	6500	7000	6000	7000

对许多企业来说，销售甚至不是全年都有的，而恰恰相反是季节性的。例如，40% 的玩具销售发生在圣诞节前 6 周。准确地建立这种模式对现金流量规划极为重要。

> **问题讨论**
>
> 列出6种你认为会有季节性波动的企业类型,解释销售为什么会波动?

预测销售的现金收入

一旦制定了销售预测,就有必要确定何时将销售现金收取回来。如果是赊销的,就会在销售点和现金收讫点之间有一段延时。

在示例7.4中,帕斯卡预测销售额将有50%会收到现金,还有50%会是一个月的信贷赊销。基于这个预测,我们可以知道收到来自销售的现金是什么时候。为了本练习的目的,我们假设现金销售的现金会立即到账,而信用销售的现金会下个月到账。在现实中,可能不会所有的客户都按时付款,付款时间甚至可能会更晚。但是,对于这个示例,我们将保持简单性。

在下表中,每个月预测销售额被分成该月会收到货款的50%(现金销售),在该月销售下个月收货款的50%(赊销)。例如,1月份预计销售额为5000美元。1月份收到的现金为2500美元,2月份为2500美元。

	1月 美元	2月 美元	3月 美元	4月 美元	5月 美元	6月 美元
销售	5000	6000	6500	7000	6000	7000
现金销售	2500	3000	3250	3500	3000	3500
赊销	0	2500	3000	3250	3500	3000
总收款	2500	5500	6250	6750	6500	6500

当然,6月份销售额的50%将在7月份收到,但在我们6个月的预算期之外,这样我们可以忽略这一点。

预测现金支付

现金支付应在预期的时候记录下来。你应该从那些在已知到期的固定金额的支付开始偿还,如贷款、利息、租金或其他固定付款。支付给债权人的现金应该根据预测的购买模式和已知的信用期来安排。

在示例7.4中,我们得到一个采购计划,并被告知这些是现金采购。我们还得知关于车间租金和货车的运行成本。此信息可用于生成现金支付的时间表,制定如下:

	1月 美元	2月 美元	3月 美元	4月 美元	5月 美元	6月 美元
库存	4000	6000	4000	4000	3500	4000
租金	1200	1200	1200	1200	1200	1200
货物	400	400	400	400	400	400
总计	5600	7600	5600	5600	5100	5600

估计期末现金持有量

最后，我们可以结合现金收入和现金支付预测来建立每月现金持有量的净增加或减少，这使我们能够估计期末现金持有量。在工作示例7.4中，我们被告知期初现金持有量将达到5000美元。使用这些信息，现在可以创建一个完整的现金预算，见表7-1。

表7-1 帕斯卡公司的现金预算

	1月 美元	2月 美元	3月 美元	4月 美元	5月 美元	6月 美元
现金收入						
现金销售	2500	3000	3250	3500	3000	3500
赊销	0	2500	3000	3250	3500	3000
总收入	2500	5500	6250	6750	6500	6500
现金费用						
库存	4000	6000	4000	4000	3500	4000
租金	1200	1200	1200	1200	1200	1200
货物	400	400	400	400	400	400
总支出	5600	7600	5600	5600	5100	5600
增加或减少	−3100	−2100	650	1150	1400	900
期初现金	5000	1900	−200	450	1600	3000
期末现金	1900	−200	450	1600	3000	3900

表7-1显示了每个月的预期现金收入和现金支付总额和现金持有量的增加或减少。例如，在1月份总现金收入为2500美元，支付总额为5600美元。这导致现金持有量减少3100美元。期初现金持有量是5000美元，这意味着期末现金持有量仅为1900美元。1月份期末现金持有量1900美元也就是2月份的期初余额。

从这个现金预算可以看出，如果现金收入和支付的预期模式发生，帕斯卡公司将会在2月底用完所有现金，预计期末现金持有量为−200美元。这意味着要么他将不得不安排在 2 月份借钱，要么他将不得不以某种方式改变他的计划，以避免这种负现金状况。不过，我们可以从预测看出，这种情况只是暂时的。在 3 月底之前现金持有量应该再次为正，直到 6 个月的预测结束。

事实上，现金预算使我们能够发现诸如此类的潜在问题，这很有用处。在下一节中，我们将详细介绍如何通过集中精力在导致问题的关键领域来改善企业现金管理引起的问题。

练习：现在做习题 7.2。

现金管理：提高现金流的策略

任何组织在某些关键领域都有可能存在现金问题。良好的现金管理需要关注以下 4 个关键领域：

- 管理应收账款。
- 管理应付账款。
- 库存管理。
- 资产的战略融资。

这张清单的前三个领域涉及的大量资金数额都被占用在营运资本上。因此，管理这三个领域被称为营运资本管理。营运资本管理良好的企业可以大大降低企业所需的现金数量。

第四个领域资产融资同样重要。研究表明，对企业来说，最大的增长障碍之一是新资产融资的增长乏力。因此，我们将研究不同的融资方式以及这些融资方式对现金流的影响。

管理应收账款

摘要 7.5　提供信贷的现实

在工业企业或批发企业中，大约 90% 的企业会提供信贷给客户。此外，约 40% 的零售是赊销的。对多数企业来说，这意味着应收账款是巨大的现金管理问题。

良好的应收账款管理可以大大减少企业的现金需求。另一方面，应收账款管理不善往往是现金流动来源的问题，尤其是小企业。有效的应收账款管理包括4个关键步骤：

- 制定适当的信贷政策；
- 设置信用水平；
- 信用控制；
- 收回债务；
- 信贷政策。

通过向客户提供更短的信贷周期，可以改善现金流，从而减少应收账款中被占用的现金数额。从现金流角度来看，最好的信贷政策是不提供信贷和只有现金销售。这意味着，一旦销售完成，就会收到现金。然而，在许多行业，向客户和企业提供信贷是惯例，企业如果不能提供类似竞争对手的信贷条款，将可能无法生存。

许多商家在票据上提供现金折扣以鼓励客户支付。虽然这种技术可以成功，但对企业并不是有利的。所提供的折扣必须针对未偿债务的成本加以权衡，如示例7.5所示。

示例7.5 信贷政策和现金折扣

马哈茂德公司所在行业的惯例是提供30天信贷期。对马哈茂德公司销售总账分析显示，平均而言，客户的实际支付期限是38天。

销售总监建议公司延长其信用期为60天，他说，这将使马哈茂德公司对客户更具吸引力，同时销售额将提高5%。但财务总监建议，如果信贷期限延长，公司还应提供在14天内付款客户2%的提前结算折扣。他相信，25%的客户会利用现金折扣，这将抵消其他客户的信贷延期。

该公司每年的销售收入为500万美元，盈利为销售额的40%。应收账款的资金来自透支，年利率为6%。

公司是否应该按照销售总监和财务总监的建议改变其信用政策？

解答

应收账款的当前收款期限为38天。这意味着应收账款平均余额约为520548美元（5000000美元×38/365）。如果实施新的信贷政策，平均收回期限将会增加（25%×14天）+（75%×60天）=49天。销售额也将增长5%，达到525万美元。应收账款的水平会因此增加：5250000美元×49/365=704795美元。

随着应收账款余额的增加，融资成本也会增加（704795美元－520548美元）×6%=11055美元/年。给予早期结清者的折扣将花费5250000美元×25%×2%=26250美元。然而，从5%的销售额增长中公司将获得的额外收益是250000美元×40%=100000美元。

因此，通过改变信贷政策和提供现金折扣，公司将获得62695美元（100000美元－26250美元－11055美元）的财务净收益。所以，马哈茂德公司应实施政策改革。

信贷分析

良好信贷管理的第二步是设定适当的客户信用等级，包括评估客户的信誉和决定你打算给他们多少贷款。

企业应该利用信用参考和其他信息来源。他们应该分析潜在新客户的账户，寻找流动性的迹象和潜在的破产问题。

对新客户来说，评估信用不仅仅是一次性任务。信贷水平应该经常被审查并在客户中验证。在获取客户信息时，销售人员非常有用，比如谣言以及行业内的声誉。他们也经常与客户保持联系。因此，我们能够通过与客户打交道和参观他们的房产等反馈出客户的印象。

通常的做法是不向新客户提供信贷或提供很少的信贷。当客户通过及时付款证明了信誉时，可以逐渐放宽其信用额度。

信贷控制

一旦设定了信用限额，就需要不断监督和控制它们。这项任务有两个内容。首先，公司必须确保没有客户超过其信用额度。在接受任何新订单之前，公司应该检查客户当前的未付余额，以确保新订单不会让该客户超过信用额度。例如，如果客户有信用记录限额15000美元，目前有未付票据12000美元，一笔价值4000美元的订单将不予处理，要在客户至少付清1000美元后才能接订单。

良好的信贷控制的第二个方面是确保客户按时付款。这一任务最常用的工具之一是长期债务人报告。这是从销售分类账中产生的报告，显示每个因长期债务而破产的客户未付余额。来自长期债务人的摘录，见表7-2。

表 7-2　长期债务人报告

客户	总计 美元	<30 天 美元	30-60 天 美元	60-90 天 美元	>90 天 美元
安达姆公司	15981.81	15981.81	——	——	——
本森公司	27613.59	——	——	18279.03	9334.56
康托公司	18516.37	17935.70	——	580.67	——

表 7-2 显示了向客户提供 30 天贷款的长期债务报告的摘录。该报告使管理人员能够意识到有大量客户都存在问题，应立即采取行动追回未偿债务。从报告中可以看出，第一个账户安达姆公司未付的金额均在 30 天的信用期之内。然而，本森公司和康托公司都有在信用期外未付款的票据。

本森公司的未偿还余额为 27613.59 美元，超过了 60 天，这说明该客户存在问题，不再向该客户进行赊销，并采取行动追回未完成的欠款。

康托公司基本上在信用期内支付了欠款，但有一张 580.67 美元的小票据例外。这可能表明双方存在争议票据，这需要调查和解决。

收回债务

即使有良好的信用政策和频繁的客户信用检查，还是有必要确保债务及时收回。债务过期时间越长，客户永远不会付钱的可能性越大，企业也会出现坏账。

为确保及时付款，票据应及时发出。理想情况下，货物一发运，票据就应发出。如果一个账户过期了，就应立即采取行动。如未按时付款，有一系列不断升级的后续行动可采取：

- 发送客户声明，强调逾期余额和逾期罚金。
- 打电话给客户要求其付款。
- 向客户发送正式通知，提醒他们逾期付款将被罚款。
- 亲自拜访客户（这通常是通过销售人员）讨论未付的余额和确保付款。
- 如果不支付余额，发送律师函威胁对方，表示会采取法律措施。
- 债务移交给一家讨债公司，让其代表公司执行追款。

如果客户一直没有按时支付票据，企业应该在所有未付票据付清之前这样做：限制对该客户的信贷。

票据折现和债权折现

即使一家企业为了良好的信用管理遵循了上述所有步骤，它还是可能发现遵循这些步骤后自己仍然有大量资金被占用在应收账款中。例如，如果企业在一个必须提供信贷给客户的行业中运作，它可能无法避免大量的应收账款问题。如果是这样的话，企业有一些方法可以释放这些现金。

一种方法就是票据折现。这包括使用应收账款作为从金融企业借款的抵押品。通常，金融企业的贷款金额最高可达未偿还销售票据金额的80%。随着票据的付款和新票据的出现，可用的借贷金额将进行调整，以保持这一固定百分比。金融企业将收取借款金额的利息，通常也会每月收取服务费。

要使票据折现发挥作用，公司必须有信心确保客户的信誉。可获得的借款很少超过未付票据总额的80%，因为这为融资公司提供了坏账的保证金。另外，如果金融企业认为票据是高风险的，他们可能会拒绝贷款。作为安全考虑，提供贷款的金融企业将对应收账款的业务收取浮动费用。

> **专家观点7.2　固定费用和浮动费用**
>
> 任何借钱给公司的人都希望得到一定担保。因此，贷款人通常会对公司的一项资产提出抵押。例如，贷款人可以对该企业的某一栋建筑物提出抵押。如果还贷失败，贷款人有合法权利收取、出售并扣押一定欠款。如果这项抵押针对的是一个明确的资产，将收取固定费用。但是，对于某些资产，比如应收账款，由于单个票据会不断地被提出并支付，难以固定其费用。在这种情况下，贷款方一般会对这类资产收取浮动费用。

对于没有其他选择的企业来说，票据折现可以说是一种非常有效和灵活的筹资方式。公司只对它所借的金额支付利息，不一定是可用的全部金额。该系统的工作原理与透支很相似，但通常成本较高而不同于银行贷款或透支，因此只有银行贷款或透支这类工具都没有的情况下才会使用。

另一种从销售分类账中获取现金的方法是债务折现。不像票据折现是借记应收账款的价值，债务折现实际上是向第三方出售销售票据。有些银行或者专业理财公司提供折现服务。如果票据被卖给代理商，现金预付款（通常是票据价值80%左右）是立即付款。但是，企业客户还是需要依照票据的账面金额全额付款。这个代理商可能会承担坏账风险，也可能不承担。通常这是可选的，当然会收取额外的费用。

债务折现公司也可以承担销售分类账、追踪和收回未付的销售票据的管理责任。虽然这种服务很明显有额外增加的成本，但可作为外包的一种形式；由于代理商在这一业务领域内具有专业知识，它可以减少坏账，加速债务回收，可以让企业有更多自由的管理时间专注核心业务。

一种与应收账款相关联但不太常见的筹集现金的方法叫未偿债务买卖。出口企业有时会使用这种方法，包括做出口销售的个人也会使用类似债务折现方式出售销售票据。

练习：现在做习题 7.3。

应付账款管理

正如企业需要尽快收回应收账款一样，企业还可能通过延迟偿还债务来改善现金流。企业的最终现金流状况是赊购并通过销售获得现金，在付款给供应商之前必须从客户处收到现金。在这种方式中，企业用销售的收入偿付赊购欠款。不幸的是，对于大多数企业来说，情况并非如此，企业仍然需额外的现金来"缓冲"应收账款转换为现金并支付给债权人两者之间的时间差。

现金周转期（收回应收账款和支付债权人债务的时间间隔）越长，企业需要的现金越多。因此，良好的应付账款管理不断寻求延长信用期的可能性。在第一个例子中，企业应该寻求从其供应商处获得优惠的信贷条件。然后，它应该仔细管理费用，在实际可行的情况下扩大这些费用的信用条款。然而，企业应该始终保持谨慎，不要过分延期，它可能导致供应商暂停信用账户。这可能会扰乱交易，并导致不良的信用评级，最终使企业与新供应商建立信用账户变得困难。

如果供应商提供现金折扣，企业需要权衡降低采购成本与享受折扣两者之间谁更有优势。

良好的应付账款管理还包括确保开出的票据能够回款成功。因此，重要的是企业要有良好的内部控制系统，检查库存收据和票据，并注意任何遗漏或损坏。

示例 7.6　你要现金折扣吗？

瑞德公司采购用品，费用是 5000 美元。供应商的信用条款标准是 30 天，如果票据在 10 天内付款，供应商提供 2% 折扣。瑞德公司有透支，每天收取 0.05% 的利息。瑞德公司需要用现金折扣吗？

解答

如果瑞德公司用现金折扣，它将节省 100 美元购买费用。而透支还将产生更高的利息费用，计算如下：

$$4900\ \text{美元} \times 20\ \text{天} \times 0.05\% = 49\ \text{美元}$$

由于提前还款的折扣超过了额外透支的利息，瑞德公司应该提前付款。这样做会有额外 51 美元（100 美元 − 49 美元）的收益。

库存管理

持有库存可能非常昂贵，尤其是在持有的货物价格很高或数量很大的情况下。这意味着大量的现金占用在库存上。那么，为什么企业要有库存呢？在实践中，这有一堆理由可以解释：

● 库存商品可作为缓冲以应对需求的波动和不确定性。如果很难预测需求模式，高水平的库存是必要的，以确保在需求很高时库存不会耗尽。一些有季节性销售的公司（如烟花制造商）将保持高水平的库存，因为他们将全年生产，销售时间却很短，大部分时间是库存。

● 库存耗尽可能增加企业的成本。如果没有库存，顾客将从竞争对手那里购买。这可能意味着不仅是损失销售，而且可能失去顾客。

● 有些企业批量生产，这样他们就会生产一大批某一品种，然后更换机械设备生产另一批库存商品。这种操作方法可能需要通过大规模生产来实现规模经济，或者这可能是制造过程的要求。无论哪种情况，都将导致企业持有库存，以确保所有的品种即使在生产的时候也都有货。

● 为了利用较高的折扣，企业可以一次购买大量的原材料，这将导致企业持有库存。

● 大多数零售企业需要保持足够的库存摆满商店吸引顾客。

持有库存的数量需要恰到好处：不要太多，也不要太少，因为无论哪种情况都会给企业带来成本。

库存过多所带来的成本包括：
- 库存占用资金的机会成本；
- 更高的存储成本；
- 处理和保险费用增加；
- 因老化、过时和盗窃所带来的库存成本增加。

另一方面，库存太少带来的成本包括：
- 未完成订单的成本；
- 失去客户的成本；
- 如果原材料库存耗尽，闲置的机器和员工的成本。

良好的库存管理是将持有库存的相关成本最小化，不管是持有过多的成本，还是持有太少的成本。有许多库存控制模型告诉企业需要订购多少库存以及何时订购，使其成本最小化。

在本章中，我们将讨论库存管理的 4 种方法：
- 库存周转率；
- 库存周转水平；
- 作业成本核算库存管理；
- 经济订货批量模型；
- 准时生产库存管理。

库存周转率

分析和评估库存水平最常用的方法是使用库存周转率。这个比率显示了企业全年平均保持不变的库存有多少天。它的表达方式如下：

$$库存持有天数 = \frac{平均库存}{销售成本} \times 365$$

库存可以用销售周转率来衡量，但是最好使用销售成本。因为库存是按成本来记录的，所以你需用相似数据计算。此外，可以使用年终库存余额，但如果库存水平有季节性波动，则使用平均余额会更准确。

库存周转率可以用两种比较方式来衡量该公司的库存水平：

首先，可以对库存持有量进行长期分析，以确定库存水平随着销售水平（反映在销售成本上）的变化。如果库存天数在增加，这可能意味着不必要的储备，也可能揭示了该公司持有过时且无法销售的库存。如果库存水平随时间下降，这可能反映了更有效的库存管理，也可能是由低效管理导致的缺货和销售下降带来的。

其次，这个比率可以与行业竞争对手进行比较。如果企业发现它持有库存的时间比竞争对手要长，应该引起关注，它没有尽可能有效地管理库存，这意味着大量的现金被积压在库存中，给企业带来了成本。

示例 7.7　比较库存周转率

下面的数据是从安特公司最近的财务报表中摘取出来的。它有两个主要的竞争对手本恩公司和克拉布公司。

	安特公司 百万英镑	本恩公司 百万英镑	克拉布公司 百万英镑
销售成本	140.0	50.2	300.8
期初库存	17.5	4.2	21.8
期末库存	19.1	4.6	23.2

使用这些数据，可计算得到库存周转率为：

安特公司：

平均库存 =（17.5+ 19.1）/2= 18.3

库存周转 =（18.3÷140.0）×365= 48 天

本恩公司：

平均库存 =（4.2+ 4.6）/2= 4.4

库存周转 =（4.4÷50.2）×365= 32 天

布拉克公司：

平均库存 =（21.8+ 23.2）/2= 22.5

库存周转 =（22.5÷300.8）×365= 27 天

这一分析表明，安特公司持有库存的时间要比其竞争对手持有库存的时间长得多。这表明该公司库存过多，需要调整库存管理政策。

投产准备期和缓冲库存

如果一家企业以相当规律和一致方式使用库存，它的库存水平将看起来如图7-8所示：

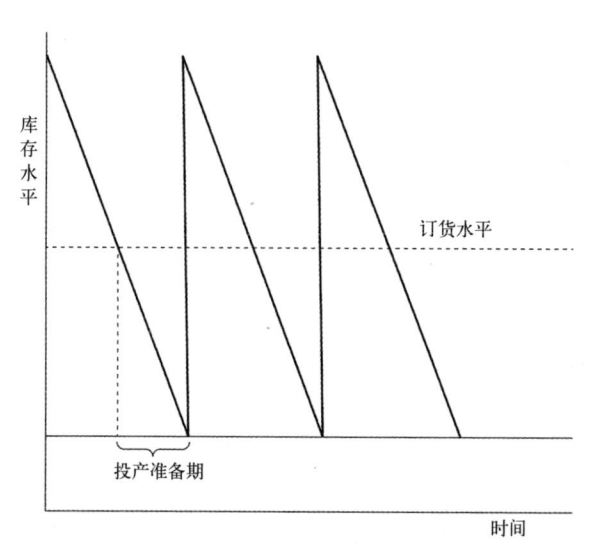

图 7-8　库存订货水平

这家企业将以以下方式管理库存水平：

● 首先，它将建立一个缓冲库存代表希望持有的最低库存。这是一种保险，以防止库存为零时所导致的破坏。

● 其次，该企业收到新的库存前需要计算交货期。这是下单和实际收到交货之间的时间延迟。

● 利用这些信息可知，该企业可以根据缓冲库存倒推，使用投产准备期，确定新订单下达时的库存水平，即重新订货点。当库存下降到这一订货点时，库存管理系统应该生成一个订单发给供应商。

许多企业使用计算机化库存控制系统，它是与采购系统相关联的，在某些情况下，也与供应商的销售和库存调度系统相连，使整个过程自动化。这种自动化实质上能有效减少库存交付的提前时间，由此产生的结果是减少了企业需要持有的库存数量。将这种做法推到极致，就是准时生产库存管理。

经济订货批量模型

经济订货批量模型是一种试图最小化持有库存成本的库存管理方法。这个模型认为有两种相反的成本需要平衡,并试图通过计算每次应采购的库存数量最优值来实现这种平衡:

● 一次采购大量库存,会导致企业更高的储存和处理成本;还会存在更高的报废、损坏或丢失成本;现金占用在库存上,机会成本会更高。

● 每次采购少量库存,需要更频繁地采购,对库存水平进行更密切的监视,订货成本会增加。

图 7-9 说明这些对立的成本如何得出持有库存总成本,持有库存总成本有个最优值(即最小成本),即当库存成本 = 订货成本时。

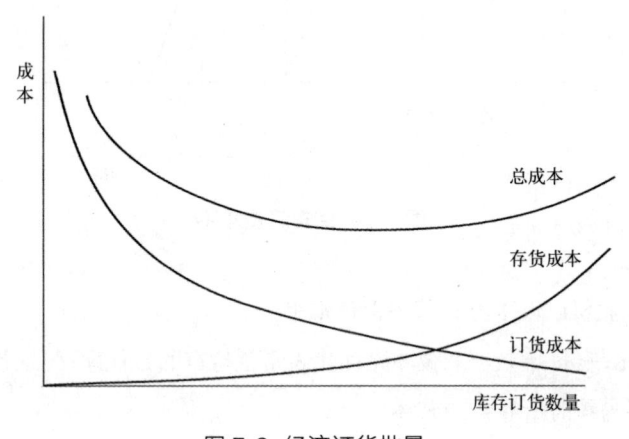

图 7-9 经济订货批量

这种关系可以用以下公式表示:

$$EOQ = \sqrt{\frac{2C_0 D}{C_H}}$$

其中:

C_H 是持有一单位库存的年成本

C_0 是采购一批货的成本

D 是年需求量

因此,当使用 EOQ 模型时,企业持有的库存量将由最经济的订货批量所决定。这个量将使库存的总成本降至最低,方法见示例 7.8。

示例 7.8　优化库存订货水平

潘塔尔公司管理层希望将公司的库存成本降至最低。公司会计已查明下列有关 P31 库存的成本和数额：

- P31 的年需求量 80000 单位。
- P31 的单位成本 3.00 美元。
- P31 的库存管理成本是：

采购成本：每次 15 美元。

持有成本：每年 2 美元。

提问

如果潘塔尔公司应用经济订货批量模型，请计算 P31 库存的总成本是多少？

解答：

P31 的经济订货批量 = $\sqrt{(2 \times 15 \times 80000/0.5)/2}$ = 1095（单位）

因此，每年的订货次数 =80000/1095=73（次/年）

每年的订货成本 =73×15=1095（美元）

潘塔尔公司持有 P31 的平均库存 =1095/2=547.5（单位）

年持有成本 =547.5×2=1095（美元/年）

（注意：年度订货成本 = 最佳水平下的年度持有成本，如图 7-9 所示）

库存采购成本 =80000×3=240000（美元）

经济批量模型下的库存总成本 =240000+ 1095+ 1095

= 242190（美元/年）

作业成本核算库存管理

作业成本核算库存管理是按不同等级排列库存的方法，将管理层的注意力集中在库存的关键领域。它采用了帕累托原则，即总营收的 80% 仅基于 20% 的库存。这意味着并不是所有的库存都是同等重要的。有效的管理意味着专注于最重要的库存而减少其他方面的库存。由于这个原因，这种技术有时也被称为选择性库存控制。

应用作业成本核算库存管理方法，对所有的库存进行评估，并将其划分为 3 个类别 A、B 或 C，如表 7-3 所示。

表 7-3 作业成本核算库存分类

分类	库存数量（%）	库存价值（%）
A	12	72
B	28	18
C	60	10
总量	100	100

● A 类库存包含对企业最重要的库存，这类库存通常数量相对较少但单个库存价值高。这个清单需要高度关注。企业有很多钱占用在这类库存里，但这类库存数量少且容易耗尽。对这类库存的使用需要仔细预测，并且库存水平应该被严格监控。

● B 类库存和 A 类相比所需要的管理没有那么复杂。它是在 A 和 C 之间的中间类别。

● C 类库存包含的库存量大但价值低。这类库存所需要的管理更少，只需要最简单的控制。

专家观点 7.3 企业资源计划（ERP）和作业成本核算分析

许多企业运行企业资源计划系统，这些系统集成了支持企业不同过程领域的计算机软件模块。企业资源计划系统可以包括财务会计、管理会计、客户关系管理、项目管理、供应链管理、制造过程和人力资源管理。作业成本核算库存分析通常内嵌在这些系统中。

准时生产库存管理

准时生产是库存管理的一种方法，最近作为更广泛的精益制造方式的一部分流行起来。它通常被集成到物料需求计划系统（MRP）中。

和我们已经讨论过的其他库存管理技术一样，准时生产的目的是最小化库存成本。然而，准时生产方法主要关注的是通过有效库存监控来最小化库存持有成本，并只在需要时进行订货，从而改善已动用资本回报率。

准时生产系统的成功运行需要良好的生产预测、短期并且可以预测的交货期、与供应商良好的协调。在从上至下的整个供应链中，良好的沟通是至关重要的。实现准时生产管理的关键通常是需要与供应商集成信息系统以及良好的沟通。尽管许多企业已经成功实施了准时生产，提高了效率进而减少了成本，但重要的是要意识到该系统也有缺陷。若供应链出现中断，取消缓冲库存会使企业出现没有紧急备用物资的情况。

专家意见 7.4　精益制造

精益制造是日本丰田汽车公司发展起来的管理理念。精益制造的重点是确保任何费用都能为最终客户创造价值。任何不增加价值的活动或费用都被视为浪费。因此，精益制造的目标是消除浪费。这种方法包括去除不必要的过程和材料移动，运用流水线系统去除空闲时间或不必要的延迟，减少存货水平。

准时生产的优点：
- 即时系统地消除了持有库存的成本。
- 避免库存报废。
- 释放现金投资其他活动。
- 仓库空间可以用来做其他增值活动。
- 生产可以更加灵活和快速地响应客户的需求。

准时生产的缺点：
- 没有缓冲库存出现交货拖后将导致生产中断。
- 企业很容易受到供应链中断的影响，如罢工、交通问题或信息系统问题等。
- 更难应对意想不到的需求波动。

摘录 7.6　戴尔公司的准时生产

戴尔是个人电脑的主要供应商之一，它利用准时生产系统革新了整个行业。戴尔直接从客户那里接受订单，生产客户的电脑订单，这种生产方法被称为拉式系统。相比之下，该公司手头只有 5 天存货，而竞争对手有多达 90 天存货。

这种方法使戴尔比竞争对手更具竞争优势，使它成为个人电脑市场的领导者。减少面向市场的时间让戴尔可以跟上技术进步的步伐，因此客户总能得到最新规格的计算机。戴尔取得这个成绩，靠的是对整个价值链从设计、销售、生产到交付进行整合。

练习：现在做习题7.4。

资产购买融资

企业最大的现金需求之一是购买新资产如机器、设备或车辆。研究表明，购买新资产的融资乏力是企业增长的最大障碍之一。

企业如果没有现金购买新资产，就需要通过发行新股或接受新贷款来筹集更多现金。然而，如果企业不能通过这些手段筹集现金，还有其他方法为购买新资产提供资金，减少对现金流的需求。

融资资产的一种方法是使用分期付款购买。这是通过合同购买并随着时间推移分期支付的法律合同。实际上，购买者是在租用资产并分期支付租金（通常是按月支付的）。一旦这些租金等于现金购买价格加上约定的利息费用时，资产所有权转给买方。如果买方拖欠租金，卖主可以收回资产。分期付款购买的主要优点是它打破了这种需要提前用现金支付购买资产的方式，购买者可以随着时间推移支付而分摊资产费用。

另一种购买新资产融资的方法是用租赁代替购买。企业一般会采用两种类型的租赁业务：融资租赁和经营租赁。

租赁是一种契约合同，它是第一方（出租人）将其拥有的资产租给第二方（承租人）使用以换取分期支付租金。资产所有权仍归出租人所有。

融资租赁通常是指所有权的风险和回报转移给承租人而不是实际拥有所有权出租人的租赁资产。租赁期限是资产的全部或大部分生命。总租金是资产的现金价格加上金融费用。资产的维修和维护责任本应由出租人承担，但这往往成为承租人的责任。在多数情况下，资产所有权在租赁期限结束时转移给承租人。

经营租赁是指租赁期限较短的资产。经营租赁通常用于购买短期使用的设备或车辆。例如，如果你去度假，租了一辆汽车，那就是经营租赁。在经营租赁合同中出租人负责资产的维护和维修，这对承租人是有利的。当然，这将反映在租赁成本中。如果在短期内不经常需要这一资产，使用经营租赁可能是一种缓解现金流量紧张的聪明方式，因为它消除了在不经常使用资产中绑定有价值现金的需要。另一方面，如果过于频繁地租赁资产，可能是一个昂贵的选择。

是否进行融资租赁或经营租赁显然取决于资产需要的时间长短和资产使

用频率。融资租赁实质上是另一种收购资产的融资方式。另一方面，经营租赁是一种在不需要占用现金购买资产情况下获得资产短期使用权的手段。

此外，税务和会计信息披露对企业选择租用、融资租赁还是经营租赁也有影响。这些方式可能对财务方法的选择产生影响。

解释和分析现金流预测

既然你已经学会了如何做简单的现金流预测，我们将在更复杂的例子中学习如何分析和解释它。在较大的组织中，通常情况下，现金流预测是由会计部门负责。作为一名管理者，你将利用这个预测来做运营和战略方面的决策。

专家观点 7.5　现金流预测

大型组织通常在会计部门有专门科室负责现金计划和现金流预测，这个部门通常被称为财务部。

示例7.9是一家新企业启动现金流预测的案例。我们将仔细研究这一预测，并找出任何潜在对这家企业来说可能是迫在眉睫的问题。我们还将确定哪些针对企业计划的改进可以改善企业的现金流和现金状况。

示例 7.9　现金流分析

设计师吉尔最近被辞退了。她决定使用遣散费去实现自己的创业梦想：销售高质量温室。为了开始做生意，吉尔从银行申请了一笔创业贷款。银行需要一个商业计划，包括现金流预测。吉尔已经为企业准备了6个月的现金预算（表7-4）。

关于现金预算，吉尔提供了以下信息：

1．生意将于6月1日开始，银行存款为5.5万美元，其中3万美元来自吉尔的遣散费，剩下的2.5万美元来自企业启动贷款。

2．吉尔将在工业区租一个车间，每月花费900美元，每月月初付款。

3．在6月份将以1.2万美元的价格购买一辆面包车。

4．一般车间成本(光、热、电等)及货车运行成本预计每月为400美元。

表 7-4 吉尔的温室销售生意现金预算（单位：美元）

	6月	7月	8月	9月	10月	11月
应收账款						
销售	0	0	40000	60000	60000	80000
应付账款						
材料	0	30000	20000	20000	35000	50000
工资	3500	3500	3500	4200	4200	4200
策划	1750	1750	1750	1750	1750	1750
车间	900	900	900	900	900	900
广告	8000	1000	1000			
一般	400	400	400	400	400	400
货车	12000					
路虎	450	450	450	450	450	450
设备	12000		25000			
借款		1200	1200	1200	1200	1200
	39000	39200	54200	28900	43900	58900
增加／减少	−39000	−39200	−14200	31100	16100	21100
期初余额	55000	16000	−23200	−37400	−6300	9800
期末余额	16000	−23200	−37400	−6300	9800	30900

5．吉尔还将从 6 月开始租用一辆路虎汽车，每月的租赁费用是 450 美元，每月 10 日支付。

6．温室将出售给当地的花园中心。预计销售情况如下：

    6月 7月 8月 9月 10月 11月

温室数量 10个 15个 15个 20个 25个 30个

每个温室的售价为 4000 美元。为了激发人们的兴趣，吉尔给顾客提供了两个月的信贷。

7．采购材料，有一个月的信用支付时间，预期是如下：

 6月 7月 8月 9月 10月 11月

 30000 美元 20000 美元 20000 美元 35000 美元 50000 美元 60000 美元

8．吉尔开始会雇用一名车间经理，每月工资为 1500 美元。此外还有可能再招两名员工。其中一名员工每月 1000 美元薪资，每月最后一天支付。当销售达到每月 20 个温室时，她将再雇一个人，成本为每月 700 美元。吉尔每个月将从公司里提取 1750 美元现金。

第 7 章 现金与营运资金管理

9．吉尔希望开展一场大规模的广告宣传活动来推动企业发展。这将在第一个月花费 8000 美元，在接下来的两个月里每月花费 1000 美元，在发生的月份支付。

10．所需的机器和设备将于 6 月初立即购买。大多数都可以用 1.2 万美元现金买到二手货。其他机械设备，将耗资 25000 美元，将以两个月的免息贷款购买新的。

11．商业贷款（包括利息）的偿还额为每月 1200 美元。这些款项将于每月 15 日支付，7 月开始。

思考

分析吉尔的现金预算，并提出任何你认为可以改善她的现金管理的建议。

解答

现金预算显示，尽管刚开始创业时投资 5.5 万美元，吉尔将很快耗尽现金。在前两个月的交易现金将减少近 4 万美元。这意味着到交易的第二个月末吉尔还需要 23200 美元现金。到第三个月底，这个数目将增加到 37400 美元。这些预测数字表明，除非吉尔获得大量额外资金（近 4 万美元），否则她的生意将在两个月内失败。

另外，吉尔可以对她的商业计划进行修改，以减少企业的现金需求。这样就不需要额外的 4 万美元，而吉尔就可以成功地开始做生意了。

我们建议吉尔对她的商业计划做以下改变：

库存管理

据预测，在第一个月吉尔打算购买大量的原材料库存。这意味着，现金将几个月被冻结在可能无法变现的库存中。我们建议吉尔购买所需的材料，而不是维持大量库存。她应该寻找供货迅速的供应商，这样她就可以在相对低的库存水平下成功地管理企业。

应收账款管理

吉尔打算给新客户提供非常慷慨的信用期。其影响是前两个月企业将没有现金收入。企业负担不起如此慷慨的信贷政策。因此吉尔得获取不需要如此长信用期的客户订单。如果她能在头几个月获得足够多的只提供一个月信贷期的客户，这将使企业的现金流增加 4 万美元，大大缓解现金流问题。

吉尔还要考虑使用票据折现或债务折现来释放一些将被占用在债务人身上的现金。

费用计划

过度的费用会消耗企业的现金流。因此，吉尔在她的商业计划中，需要考虑哪些方面可以削减开支以保留企业的现金。

第一个潜在的节约领域是吉尔在商业图纸上的自我规划。吉尔打算从创业之初开始每月给自己发 1750 美元。吉尔应该看看自己的个人消费，把这一数字减到最低，使她在生意的头几个月里维持生活就可以。然后，一旦生意做得很好，现金流变得容易时，她能够在未来提取更多现金。

另一个可能节省的领域是广告计划。吉尔计划开展大量的广告活动来启动企业。此举将在第一个月花费 8000 美元，在接下来的两个月每月 1000 美元。吉尔打算与当地的园艺中心打交道，她或许可以通过个人接触和谈判来确保足够的销量。这将减少或完全消除对广告活动的需求。或者，吉尔仍然可以用更便宜的方法做广告。

资产的购买和融资

吉尔计划购买车辆（货车和路虎汽车）和新设备，需要大量现金支出。吉尔既需要考虑她的需求，也要考虑计划中的为购买进行融资的方法。

吉尔计划在开业的第一个月以 12000 美元价格买一辆货车。如果吉尔以融资或租赁的方式购买货车，成本可以分摊，这将大大缓解企业最初几个月的现金流。

吉尔还应该考虑陆虎汽车是否有必要，如果是，是否需要在公司成立后尽快买下它。吉尔可能渴望开陆虎，但更便宜的汽车可能足以满足她的需求。她可以等到企业已建立并且有更多现金可用时再买。

吉尔计划在企业创立的头几个月购买大量设备（37000 美元）。如果能用融资方式购买这些设备，成本将被分摊；如果不能通过金融交易购买二手设备，成本会更高，但吉尔需要平衡金融交易的现金流好处和二手设备成本降低之间的关系。

商业贷款的偿还额是每月 1200 美元。吉尔可以尝试通过谈判争取更长的贷款期限，这样偿还的款项可以分摊到更多的月份，从而在关键的头几个月减少还款额度。或者，她也可以要求延期偿还，这样她就不需要在头两个月或三个月偿还贷款。

应付账款管理

供应商会提供一个月的信用期。吉尔应该与供应商协商延长信用期或寻找其他愿意提供更长信用期的供应商。此外，她还可以与供应商争取现金折扣。

小结

在这一章中，我们讨论了现金管理的重要性，探讨了持有现金的原因和决定企业持有现金水平的不同动机。我们验证了旨在帮助管理人员优化企业内现金水平的各种模型。我们也探究了如果妥善管理企业内部的不同资产，如库存、应收账款、应付账款和非流动资产，以便能够大大改善企业的现金需求。最后，我们探讨了现金流规划的重要性以及管理者如何利用现金流预算为规划决策提供信息。

问 题

1. 解释企业持有现金余额不足可能带来的问题。企业持有过多现金又会带来哪些问题？
2. 区分持有现金的交易动机和投机动机。这两个动机对持有多少现金的影响有何不同？
3. 解释一家企业如何从现金预测中获益，即使它已经有收支预测和资产负债预测表。
4. 讨论鲍莫尔－托宾现金管理模型背后的假设，解释这些假设会对一些企业应用该模型产生哪些限制。
5. 解释融资租赁与经营租赁作为资产购买融资的手段区别。
6. 讨论代理折现和票据折现如何辅助应收账款的管理。
7. 用"缓冲存货"和"订货提前期"等术语解释你所理解的内容，简单地考虑任何可以最小化或消除此类成本的存货政策。

答案见 www.koganpage.com/accountingfm2

习 题

答案见 www.koganpage.com/accountingfm2

习题 7.1 管理现金账户

达鲁姆公司的管理层设定了最低现金余额 7500 美元。公司每次存款或出售投资的平均成本为 24 美元。对过去 12 个月现金流的分析表明：每天的标准偏差为 2000 美元。投资的平均利率为 4.6%。

达鲁姆使用米勒－奥尔模型计算现金账户的范围、上限和回报点。针对公司现金管理解释这些值的相关性。

习题 7.2 现金流预测

杰德开了一家三明治店。她在柜台上卖三明治，这是直接的现金交易，但她也为当地企业提供自助午餐。这些客户都被给予了 1 个月的信用期。企业头 6 个月的预算销售如下：

	1月 美元	2月 美元	3月 美元	4月 美元	5月 美元	6月 美元
柜台销售	4000	3500	3500	4000	4000	5000
赊销	4000	5000	3000	4000	3500	4000

面包采购与包装都是在当地用现金交易的，如下所示：

	1月 美元	2月 美元	3月 美元	4月 美元	5月 美元	6月 美元
采购	3000	3000	3000	4000	3500	4000

1. 杰德在店里雇了两名店员。每个人的月薪是 1000 美元。在每月 25 日支付。
2. 商店租金每月 700 美元，在每月的第一天支付。
3. 三明治店供热和照明等费用为每季度 300 美元。
4. 到 1 月 1 日的银行存款余额是 1000 美元。

思考：

1. 为杰德头 6 个月的业务准备一份现金流预测。
2. 讨论杰德为改善其现金流可以做哪些改变。

习题 7.3　管理应收账款

安德罗公司的所有销售都是赊账的，客户可以在 30 天内付款。然而，对财务报表的分析表明，上一财务年度的应收账款期平均为 70 天。这比前一个财务年度的 50 天又增加了。此外，坏账占销售额的百分比已从 3% 升至 6%。首席执行官对这些数字表示了极大的担忧，要求你协助改善应收账款的管理。

思考

给安德罗公司的首席执行官写一份报告，详细说明公司可以用哪些方法改善其应收账款管理。

习题 7.4　库存管理

瑞奥公司目前采用的库存管理策略是，库存水平下降到 3500 单位时，就需重新订货。这个重新采购水平线提供了两周的交货时间并保持一定的缓冲库存。

公司一次订购了 10000 单位。预测明年的生产需求是 70000 单位。下订单和处理订单的成本是 300 美元，而在仓库中存放 1 单位的年成本是 1.5 美元。这些费用预计明年将保持不变。

思考：

1. 计算目前的订货成本。
2. 确定是否可以通过使用经济订货批量模型来节省成本。

补充阅读

1. Baumol, W J (1952) The transactions demand for cash: an inventory theoretic approach, *Quarterly Journal of Economics, 66*, pp 545–56
2. Miller, M H and Orr, D (1966) A model of the demand for money by firms, *Quarterly Journal of Economics, 80*(3), pp 413–35
3. Tobin, J (1956) The interest elasticity of the transactions demand for cash, *Review of Economics and Statistics, 38* (3), pp 241–47

第 8 章
定价策略

学习目标

理解内部因素和外部因素,给企业的定价策略提供指导。

学习成果

在学习本章后,读者可以:
- 为定价提供适当的成本计算方法。
- 评估不同的竞争环境对定价的潜在影响。
- 确定适当的定价策略,以适应不同的市场和产品/服务。

学习重点

- 成本核算和定价——不同的成本核算方法。
- 消费者行为和定价。
- 竞争对手的行为和定价。
- 新产品或服务的定价。
- 产品生命周期和定价。
- 特殊的定价策略。

管理问题

定价不是一门精确的科学,经济学中很多详细的数学计算定价是不可能在实践中应用的。管理者需要理解在定价决策中应遵循一些基本原则。

引 言

在本章中,我们将研究企业在为其产品或服务确定最合适的价格时需要考虑的因素。在实践中,定价策略可以是短期的,也可以是长期的,企业将采用定价策略组合来实现他们的企业目标。例如,一家企业可能将成为高质量供应商作为长期目标,并在长期战略中通过设定高价格来反映这个目标。然而,企业可能会在短期内降低价格,以改善现金流、增加市场份额或威慑竞争对手。

定价中涉及的一些因素可能是显而易见的。例如,重要的是要考虑到交付产品或服务的成本,以确保利润得到实现或至少覆盖成本。然而,如何确定成本并不总是显而易见或简单的。此外,在制定定价策略时,企业需要考虑客户和竞争对手。客户和竞争对手对你的定价会如何反应?在某些情况下,这可能是一个极其重要的问题,因为如果你做错了,你就会把所有的客户都送到你的竞争对手那里。因此,定价决策可以由 3 个 C 组成:成本(costs)、客户(customers)和竞争者(competitors),如图 8-1 所示。

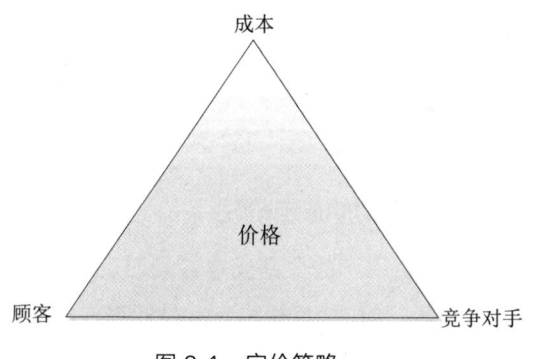

图 8-1 定价策略

另一种看待这个问题的方式是,在做定价决策时需要考虑三个不同的视角:

会计师视角:这个视角关注的是收入和成本之间的关系。销售价格必须设定在能够确保收入超过成本的水平,以产生利润。

经济学家视角:这一视角关注的是企业经营的竞争环境。不同的市场类型会影响企业控制自己定价的能力。

营销者视角:这一视角关注的是消费者对价格的反应方式以及如何将价

格整合到整体营销组合中。

会计师观点可以说是内向型的，它关注的是企业内部运作以及这些内部运作是如何产生成本的。经济学家观点和营销者观点都是外向型的，因为他们关注的是企业外部环境及其对价格的影响。

在这一章中，我们将依次研究这些视角，以建立对相关因素的良好理解，然后我们再来看看怎么将这三个视角组合成一致的定价策略。

会计师视角：成本和定价

了解交付产品或服务的成本对所有组织来说都很重要。营利组织至少要做到收支平衡，而非营利组织需要支付他们的费用。

企业确定其货物或服务交付成本的方式取决于企业的运作方式和可用信息。在这一节中，我们将讨论几种成熟的成本计算方法以及它们最适用的场景：

- 吸收成本法和全成本加成定价法。
- 边际成本定价法。
- 作业成本定价法。
- 生命周期成本定价法。

吸收成本法和全成本加成定价法

吸收成本法旨在确定生产的全部成本，最初产生于经营环境相对稳定的制造业。在采用吸收成本法时，销售价格是通过计算产品或服务的全部成本（包括相关的间接成本）来确定的，然后增加一定百分比的加价以达到预期的利润水平。

示例 8.1　用吸收成本法定价

格罗百货公司生产不锈钢啤酒桶。生产厂有两个生产部门：切割和焊接。生产单个桶的直接成本如下：

材料：2 平方米不锈钢 @ 每平方米 3 美元

切割：每个桶 15 分钟 @ 每小时 14 美元

焊接：每个桶 20 分钟 @ 每小时 18 美元

第 8 章　定价策略

下一年的制造费用预算是：

	美元
资产成本	92000
管理者薪水	
切割部门	25000
焊接部门	28000
一般管理成本	143000
机械能源	28000

以下资料涉及各生产部门：

	切割	焊接	总计
部门空间大小（平方米）	35	25	60
员工数量	6	10	16
人工小时数	9000	17000	26000

如果格罗百货希望在总成本为 30% 的情况下赚取利润，那么它应该如何对这些桶定价？

解决方案

确定全成本价格的第一步是确定生产一个桶的所有直接成本。这些成本包括与啤酒桶制造直接相关的材料和劳动力成本：

		美元
材料	（2 平方米 @3 美元 / 平方米）	6.00
人工—切割	（15 分钟 @14 美元 / 小时）	3.50
人工—焊接	（20 分钟 @18 美元 / 小时）	6.00

一旦确定了直接成本总额，相关制造费用就会被纳入产品成本。这是通过一种被称为"3A"的吸收成本法来完成的：分派（allocate）、分摊（apportion）和吸收（absorb）。

该方法首先将制造费用归入相关的生产成本中心，然后将成本中心归入单个产品。

专家观点 8.1　成本中心

成本中心是分派或分摊成本的业务部门或科室。

以格罗百货公司为例，我们可以确定两个生产成本中心：切割部门和焊接部门。当然，这是一个非常简单的例子，实际上大多数组织都有许多成本中心。

所有可以直接归属于某个成本中心的制造费用都应分配给它。例如，由于每个部门都有一个经理负责管理，他或她的工资可以分派给这个部门。

	切割	焊接
分派的成本：	美元	美元
经理的工资	25000	28000

制造费用不是直接与一个成本中心相关联，而是作为企业整体运行的一部分，在大多数情况下，它被公平恰当地分摊给每个成本中心。例如，可以根据每个成本中心占用的空间来分摊房产成本：

切割部门分摊的房产成本：35/60 平方米 × 92000 美元 = 53667（美元）
焊接部门分摊的房产成本：25/60 平方米 × 92000 美元 = 38333（美元）

同样，管理成本可以根据每个部门的员工数量在两个生产成本中心之间进行分摊，并且电机成本可以根据工作小时数来分摊到各个部门（劳动小时）。这就可以得出两个生产成本中心之间的总费用分派和分摊，如表 8-1 所示。

表 8-1　两个生产成本中心总费用分配和分摊

	切割 美元	焊接 美元	总计 美元
成本分派			
管理者薪水	25000	28000	53000
成本分摊			
资产成本（土地、房屋）	53667	38333	92000
管理员成本（非员工）	53625	89375	143000
电机成本（小时工作成本）	9692	18308	28000
总费用	141984	174016	316000

分摊费用没有固定的标准。所使用的方法取决于企业认为最合适的是什么和可获得什么信息。最重要的因素是公平性，即费用的分配和分摊必须公平反映成本中心对产生这些费用的贡献程度。

第8章 定价策略

一旦所有制造费用都分摊给生产部门,并计算每个部门的总成本,这些成本就会通过计算制造费用分配率(OAR)被"吸收"进单个产品。制造费用分配率通常是基于每个部门在生产单个产品时所提供的活动水平(或时间量)。

因此,对于格罗百货公司切割部门的制造费用分配率,可以根据劳动时间计算如下:

$$制造费用分配率 = \frac{总制造费用}{劳动小时数} = \frac{141984\ 美元}{9000\ 小时} = 15.78\ (美元/小时)$$

这意味着在切割部门每完成 1 小时工作,将向该产品收取 15.78 美元。切割部门每个桶都需要 15 分钟的时间,于是 3.95 美元(15.78 美元 × 15/60 分钟)就是切割部门的成本。

焊接部门的制造费用分配率是:

$$制造费用分配率 = \frac{总制造费用}{劳动小时数} = \frac{174016\ 美元}{17000\ 小时} = 10.24\ (美元/小时)$$

焊接部门的每个桶都需要 20 分钟的时间,于是 3.41 美元(10.24 美元 × 20/60 分钟)就是焊接部门的单位成本。

我们现在可以确定生产每个桶的总成本,包括相关的制造费用(表 8-2)。

表 8-2 桶的制造成本

直接成本		美元
材料	(2 平方米 @3 美元/平方米)	6.00
人工—切割	(15 分钟 @14 美元/小时)	3.50
人工—焊接	(20 分钟 @18 美元/小时)	6.00
制造费用		
切割部门	(15 分钟 @15.78 美元/小时)	3.95
焊接部门	(20 分钟 @10.24 美元/小时)	3.41
总成本		22.86

现在可以按要求加上 30% 的利润加成来计算每个桶的恰当销售价格:

每桶销售价格 = 22.86 美元 × 130% = 29.72 美元

专家观点 8.2　加价和利润率

一旦确定了产品的全部成本，价格通过给全部成本加价计算得出。这个加价通常是一个标准百分比，由管理层制定。例如，一家公司可能会决定在所有产品上加价 25%。如果产品 A 有完整的生产成本 80 英镑，销售价格计算为：

产品销售价格 =80 英镑 ×1.25=100 英镑

在这一点上，有必要讨论加价和利润率的区别，因为这两个术语经常被混淆：加价表示的是成本的百分比，而利润则是以销售价格的百分比来表示的。

一个简单的示例可以显示出理解这种差异的重要性。想象一个产品成本为 60 英镑，而销售价格为 80 英镑。这意味着利润将是 20 英镑。

加价 = 利润／成本 =20 英镑／60 英镑 =33%

利润率 = 利润／价格 =20 英镑／80 英镑 =25%

全成本加成定价存在的问题

虽然从理论上讲，全成本加成定价是一种总是确保覆盖所有成本并获得已知利润率的方法，但在实践中实现这种方法存在许多问题。

首先，该技术需要估计一些重要的数字，如年度管理费用和产出数量。这些数字要到会计期末才能确定，但如果要确定价格，则在会计期初需要这些数字。虽然理论上这一技术可以确定产品的总成本，但实际上这只是一种估算，而不是实际成本。因此，总有一种风险，即估计不一定是准确的，而且这种方法没有为定价确定准确的成本。

另一个问题是，分配和分摊制造费用的基础很可能是任意的，并可能导致分摊的制造费用在不同产品和服务之间不公平或不恰当。这可能导致某些产品或服务价格过高，从而使它们失去竞争力。例如，本书其中一位作者曾在一家企业的部门工作，在其他部门迁入新办公地后，该部门仍然在企业旧办公地工作。这座楼太大了，远远超过这个部门的需求，而且有一半是空的。尽管如此，该部门仍然要承担该办公地的全部运营成本。

还有一个缺点是，简单地计算当前的全部成本，并在此基础上增加百分比，系统内部就没有动机降低成本。当我们在本章后面讨论竞争环境中的定价时，我们将看到这可能是一个重要的问题。

边际成本加成定价法

克服全成本定价问题的一个办法是避免估计和分摊制造费用的过程。此外，对于一些企业来说，基本的生产变动成本很容易识别，但管理费用很难分配和分摊。在这种情况下，销售价格是通过给边际（可变）成本加利润加成来决定的。这种成本法在零售和专业服务中得到了广泛的应用。

零售商可以很容易地识别出在销售中采购产品的成本，并且可以通过对这个成本加价来确定持续的毛利率。不同的零售企业有不同的加价水平。在服装零售行业，通常是在采购成本上加价400%—500%。然而，在食品零售业，销量较高，利润率低得多，直接成本加价可能低至25%。

边际成本加成定价方法也经常被律师和会计师等行业的专业服务公司采用。这类企业提供服务的直接成本就是为客户工作的律师或会计师的工资。向客户收取的价格以员工工资的倍数为基础。示例8.2对此进行了说明。

> **示例8.2　边际成本加成定价**
>
> 律师每小时薪水30英镑。对于一个指定客户，她为客户工作1小时，客户要支付30英镑×300%=90英镑。此价格将用于支付律师薪水和办公室管理费用等直接费用，并将为公司带来利润。

练习：现在做习题8.1。

作业成本定价

作业成本定价是一种为解决上文讨论的吸收成本法（即全成本定价法）的一些批评而开发出来的。为了更准确地识别和分摊成本，这种方法将成本分摊给不同的组织活动，而不是部门。因此，该方法使用成本池的概念——收集指定活动的相关成本。

在吸收成本法下，不同的间接费用被分配给可能进行一系列活动的部门。例如，生产部门可能会积累订购、接收和保持库存、加工、装配、包装和调度的成本。在作业成本定价下，这些活动会被确定为独立的活动，具有独立的成本池。图 8.2 说明了这两种成本核算方法之间的差异。

一旦将成本分摊到活动中，就确定了每个活动的成本动因。成本动因是一种标准，它可以很好地解释为什么资源被一个特定的活动所消耗，以及为什么这个活动会带来成本。成本动因解释了成本池的大小。将作业成本定价与传统的吸收成本法进行比较，可以很好说明该定价法。

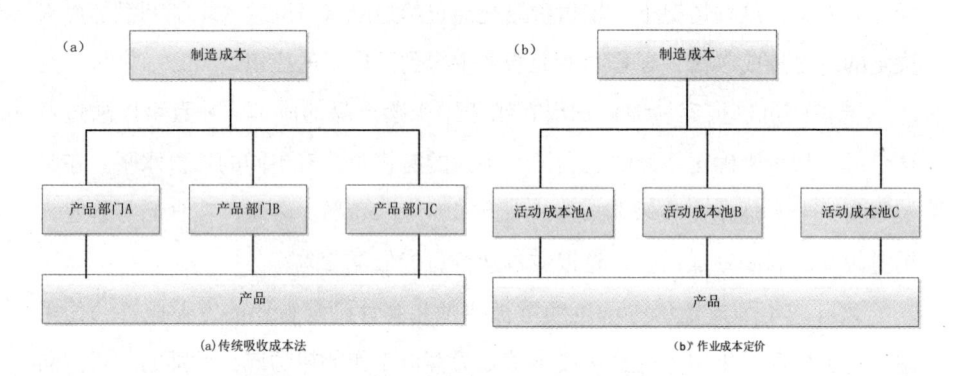

图 8-2　传统吸收成本法和作业成本定价

示例 8.3　作业成本和定价

派德公司生产各类自行车，包括 A 系列和 B 系列。A 系列是一款针对专业运动爱好者的自行车。该公司每年生产和销售 200 辆产品。B 系列是一款休闲自行车。这家公司每年生产和销售 5000 辆产品。

自行车车架是在公司的工厂生产的，但是所有其他部件，包括轮子，是从其他供应商那里购买的。工厂的正常生产能力为每年 1 万小时。

产品制造费用，包括原材料和组件的采购每年 24 万美元。这些费用已确定与下列活动有关：

收到 225 批框架油管	90000 美元
收到 250 批组件	150000 美元

A 系列需要 60 批框架油管和 50 批组件的分配额。B 系列需要 50 批框架油管和 75 批组件的分配额。

生产各种型号自行车的直接成本如下：

	A 系列	B 系列
直接材料：	450	90

第 8 章 定价策略

直接人工：（2.5 小时 @ 每小时 16 美元）40　490 美元
　　　　　（1.5 小时 @ 每小时 16 美元）24　114 美元

该公司对其产品的标准加价为 40%。

思考

用传统的吸收成本法和作业成本法比较两种型号自行车的总成本和价格。

解答

传统的吸收成本法计算：

如果派德公司使用传统的吸收成本法，24 万美元的制造费用将根据基于生产时间的制造费用分配率被分到每种型号的自行车上：

$$制造费用分配率 = \frac{总制造费用}{人工成本} = \frac{240000\ 美元}{10000\ 小时} = 24\ (美元/小时)$$

因此，每种型号的总成本和价格为：

	A 系列	B 系列
直接成本	490 美元	114 美元
制造费用	（2.5 小时 @ 每小时 24 美元）60 美元	（1.5 小时 @ 每小时 24 美元）36 美元
总成本	550 美元	150 美元
定价（加价 40%）	825 美元	210 美元

解答：作业成本法计算

如果使用作业成本法计算，那么制造费用将根据成本动因进行分摊。在本案例中，成本动因是接收油管和组件。基于这些成本动因的分摊就是：

接收框架油管 = 90000 美元 ÷ 225 = 400 美元/批

接收组件 150000 美元 ÷ 250 = 600 美元/批

这些费用将根据两个型号的自行车各自产生的活动水平进行分配：

	A 系列（美元）	B 系列（美元）
直接成本	490 美元	114 美元
接收框架油管	（400 美元 ×60/200）120	（400 美元 ×50/5000）4
接收组件	（600 美元 ×50/200）150	（600 美元 ×75/5000）9
总成本	760	127
标记价格（40%）	1064	178

这里的作业成本分析表明，应该将更多的制造费用分摊给 A 系列。这反过来又会对每一款自行车的价格产生连锁反应。

作业成本法的支持者认为，这种计算方法提供了更准确的方法来分析生产每一种自行车的真正成本，因为这种方法对活动如何增加制造费用更加精确、更加敏感。

生命周期成本和定价

随着许多现代高科技产品的出现，在研究、开发和设计等前期生产阶段，生命周期变得越来越短，成本也越来越高。这意味着直接生产成本在产品总成本中所占的比例相对较小。在这种情况下，更有用的方法是确定产品整个生命周期的成本，并将这些成本作为确定合适价格的基础。

几乎所有产品都具有一个从开发到退出市场的生命周期。如图 8-3 所示，这个生命周期有不同阶段，不同阶段有不同成本和收入模式。开发阶段会产生成本，但尚未产生任何收入。在介绍阶段，销售可能会缓慢上升，这意味着最初的销售收入将会很低。与此同时，成本可能相对较高，因为销售数量不足，无法产生规模经济。在成长阶段，销售量开始迅速上升，产品变得更加有利可图。在成熟期，销售将稳定在最高水平。这通常是产品最赚钱的时期。随着产品进入衰退的最后阶段，销售和盈利能力将会下降，直到管理层被迫将产品撤出市场。

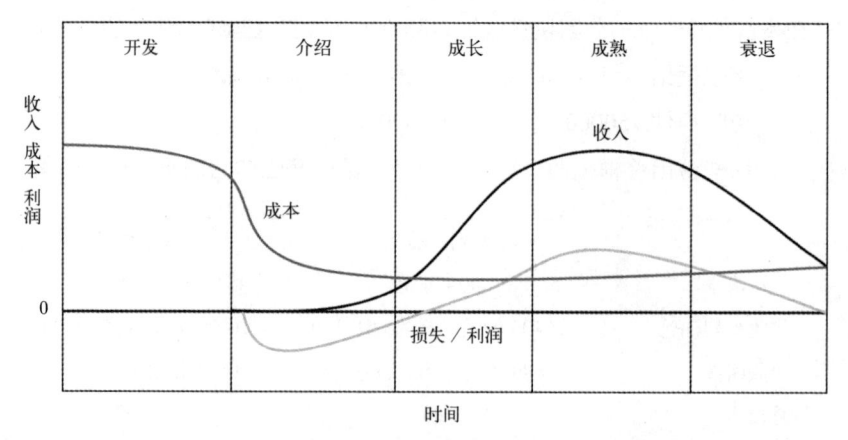

图 8-3 生命周期定价

第 8 章　定价策略　　　　　　　　　　　　　　　　　　　　　　　　259

　　生命周期成本法使管理者认识到为了盈利收入必须涵盖所有成本，无论是在生产前、生产中还是生产后。这种对整个生命周期成本的关注有很多优点。首先，关注所有成本将有助于管理层看到降低成本的机会。其次，许多成本将在整个生命周期中相互关联，因此可以在较早阶段确定降低成本的机会。例如，更好的设计可能会降低生产成本，而制造过程的改变可能会降低报废成本。

　　生命周期定价的另一个维度是认识到在产品生命周期的不同阶段可以采用不同的定价策略。在任何特定阶段，定价策略的最佳选择将取决于客户的感知、竞争以及所售产品的性质。所有这些因素，连同适当的战略，将在本章的进展中讨论。

摘录 8.1　索尼 PS3 生命周期成本计算

　　索尼 PS3 发布时，每台定价为 499 美元，但每台的制造成本达到 806 美元。这说明每台机器亏损 307 美元。索尼以这个价格推出 PS3，它预计在 5—10 年的产品生命周期中减少亏损，因为规模经济降低了零部件成本。事实上，索尼在 PS3 的整个生命周期中有望获得小额利润。此外，索尼大部分收入来自销售或授权软件在 PS3 上运行。与微软的 Xbox 360 和任天堂的 Wii 相比，PS3 这款游戏平台的定价需要更具竞争力。索尼的定价决定是在考虑了游戏机和软件的整个生命周期之后做出的。

总结：成本定价

　　以上所有成本计算方法的主要缺点是它们完全是内向的。也就是说，他们忽略了价格对需求的影响。通过简单计算生产成本和增加利润，假设客户愿意支付通过这些计算得出的价格。实际上，客户并不关心生产产品的成本。相反，他们感兴趣的是产品提供给他们的价值，他们不愿意支付一个没有价值的价格。此外，内部焦点忽略了竞争对手的活动。如果竞争对手以较低成本生产类似的产品，他们将能够降低企业的价格。因此，有必要考虑这些外部因素，这些因素是以下各节的主题。

经济学家角度

从经济学家角度来看,我们着眼于企业的竞争环境及其如何影响定价策略。经济理论有两个方面,我们想从定价角度来考虑。首先是需求价格弹性的概念。第二个概念是市场类型或市场环境:企业运作的竞争条件。

需求的价格弹性

一般来说,当产品或服务的价格上涨时,需求就会减少。然而,需求减少的数量会因不同的产品或服务而不同,原因有很多(这将在后面的章节中讨论)。这种需求变化与价格变化的关系称为需求的价格弹性。经济学家用以下公式来衡量:

$$需求的价格弹性 = \frac{需求变化百分比}{价格变化百分比}$$

需求相对于给定价格变化的百分比变化越大,需求就越具有"弹性"。如果价格上涨10%导致需求下降30%,那么需求相对具有弹性。另一方面,如果价格上涨10%只会导致需求下降5%,那么需求就会相对缺乏弹性。

对于企业来说,了解需求对其产品或服务的弹性是很重要的,因为这种需求的价格弹性将会影响不同价格策略的成功。例如,如果企业知道对其产品的需求是相对缺乏弹性的,它就不会为了刺激需求而采取降价策略。下面一节将解释这种关系的重要性。

1. 需求的价格弹性和总收入

为了理解需求的价格弹性对定价策略的重要性,有必要了解需求、价格和总收入之间的关系。在图8-4中,总收入由 P_1、A、D_1 限定的面积表示。这个区域是一个图形表示的价格 × 需求 = 收入。

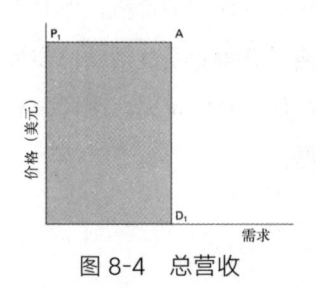

图 8-4 总营收

现在看看图 8-5，其中价格从 P_1 降低到 P_2。价格下跌会刺激需求从 D_1 上升至 D_2。在这个例子中，需求相对于价格而言是相对缺乏弹性的，因此，价格的下降相对来说只引起小的需求增加。现在看看总收入的相对变化，如阴影框所示。可以看出，降价带来的收入减少（方块 P_1-P_2-A）远远大于需求增加带来的收入增加（方块 D_1-D_2-B）。因此，尽管需求增加了，但由于价格下降，整体收入下降。

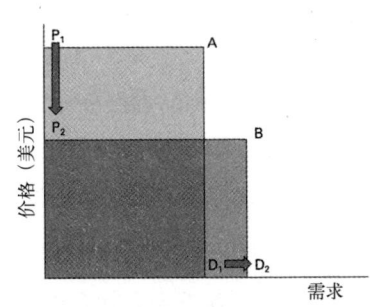

图 8-5 价格缺乏弹性的表现

另一方面，在图 8-6 中，价格相对较小的下跌会导致需求的大幅增长。在这种情况下，由于价格下跌而造成的收入损失（方块 P_1-P_2-A）被来自更大需求的收入增长所抵消（方块 D_1-D_2-B）。因此，由于降价，整体收入将会增加。

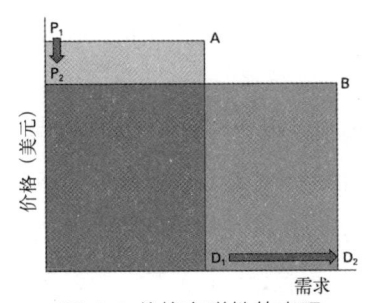

图 8-6 价格有弹性的表现

2. 弹性是由什么决定的

上面的图表说明了需求的价格弹性在定价时是非常重要的因素。因此，对于企业来说，了解是什么决定了其产品或服务需求的价格弹性是很重要的。

管理者还需要了解如何采取措施改变需求的价格弹性。一般而言，对企业来说，需求的价格弹性较低是更有利的。这意味着管理者会寻找减少弹性的方法。在这一节中，我们将讨论决定需求的价格弹性因素，并探讨如何影响这些因素。

商品的相对价格。相对来说，商品的相对价格越贵，需求就越有弹性。例如，如果一条巧克力价格为 0.5 美元，价格上涨 20% 至 0.6 美元，这种上涨不太可能对需求产生重大影响。另一方面，如果一辆车价格为 25000 美元，其上涨 20% 至 3 万美元，这一涨幅将降低需求，因为它将使这款车超出一些现有客户能够承受的价格范围。

其他商品价格。经济学家把相关商品或服务分为两类，这两类商品或服务的价格会对其他商品或服务的价格产生影响。

第一类是互补品。这些产品是相互配合的，比如视频游戏和游戏控制台。互补品的价格上涨，可能会对你的产品需求产生负面影响。例如，如果游戏机的价格上涨，买得起的人更少，购买游戏的人就会更少（参见摘录 8.1）。

第二类是替代品。顾客可以购买这些商品代替我们想要定价的商品。一个例子是不同厂家生产的两部规格相似的手机。如果竞争对手的手机价格低于同类型号手机的价格，客户会购买竞争对手的手机，因为它代表了更好的价值。

消费者收入。产品或服务可以根据需求的价格弹性随消费者收入水平的变化进行分类。一些日常商品，无论消费者收入如何，都会有相对稳定的需求水平。一个简单的例子可能是基本食品，如土豆或大米。一般来说，不管收入水平如何，土豆或大米的食用量不会发生变化。收入的增加不会增加对这类商品的需求。

随着消费者收入的增加，被称为奢侈品的第二类商品将受到需求增长的影响。这类商品包括昂贵的假日、豪华汽车和珠宝等。

第三类商品被称为劣质商品，随着消费者收入的增加，需求将会下降。这些商品在质量上可能并不逊色，但在消费者的观念上却是如此。因此，举例来说，低收入的消费者可能会买一条廉价的无品牌牛仔裤。如果消费者的收入增加了，他或她可能会停止购买廉价牛仔裤，转而购买更昂贵的名牌服装。

品位和时尚。品位和时尚会对产品和服务需求的可塑性产生重大影响。最新的"必须有"儿童玩具，通常与最近发行的电影有关，售价很高，但家长们争先恐后地购买，这并不罕见。另一方面，过季的衣服会堆在销售垃圾箱中，即使价格只有原价的一小部分,也没人想买它们。

预期。顾客如果预期产品的价格在不久的将来上涨,会在短期内增加需求。这方面的例子每年都出现在英国财政大臣的预算公布之前。通常的预期是财政大臣将增加对汽车燃料的征税。这导致在预算公布的前一天晚上,加油站前排起长队,因为司机们都急着给自己的车加满油,以应对燃油价格的上涨。

过时。除了品位和时尚的变化,商品也可能过时。高科技产品尤其如此,一旦发布了更高规格的新版本,对旧版本的需求通常会迅速下降,客户不愿意以更低的价格购买该产品。另一个与过时有关的问题是产品能使用多久。如果产品的使用寿命相对较短,那么长时间内,消费者将会购买更多这种产品。然而,这必须始终与客户的价值期望保持平衡。如果产品的使用寿命比客户认为的短,客户可能会在未来抵制该产品。

（问题讨论）

想一想你最近几个月买的东西。哪些东西对你来说最重要？为什么？（你能把你的决定和上面讨论的因素联系到一起吗？）

市场环境下的定价

对定价很重要的经济理论的第二个方面是市场类型或市场环境。它指的是企业经营的竞争条件,涉及竞争对手的数量和类型,以及企业与竞争对手区分开来的能力。

经济学家认为有4种类型的市场：
- 完全竞争。
- 垄断。
- 垄断竞争。
- 寡头垄断。

每种类型的市场都暗示着企业决定自己定价策略的能力,以及它是定价者还是价格接受者。所以,对于企业来说,了解自身所处的市场类型以及这将如何对自身产生影响非常重要。

1. 完全竞争

完全竞争指的是市场中有许多买家和卖家,但没有一个人的规模或实力足以影响市场。新卖家随时都可以自由进入市场，市场内的所有公司都在销售难以区分的产品或服务，因此它们本质上是相同的。这意味着客户可能会纯粹基于价格在不同企业的产品或服务之间进行选择。其结果是，单个企业很难设定一个与市场上其他所有卖家不同的价格。这种情况在示例8.4中得到了说明。

示例8.4 完全竞争和定价

想象一下，在一个巨大的水果和蔬菜市场里，有30个摊位都在卖橙子，这些橙子都是从同一个批发商那里买来的，因此很难区分质量。如果29个摊位以每个0.5美元价格出售橙子，一个摊位试图以每个0.6美元的价格出售橙子，结果会怎样？可能的结果是，价格更贵的摊位将无法出售任何橙子，作为顾客，只要能够自由地看到价格和所有其他摊位的橙子的质量，都将在别处购买。另一方面，如果一个摊位把价格降到每个橙子0.4美元，又会发生什么？再一次，因为顾客可以自由地比较价格和质量，他们都会冲到这个摊位去买更便宜的橙子。这将迫使所有其他摊贩将价格降至0.4美元。最终的结果是原来的降价摊位将没有价格优势，所有的摊贩都将失去利润，以更低的价格出售橙子。

由此可见，市场条件越接近完全竞争，个体企业就越难自己定价。在该市场内销售的每一家公司都将被迫与现行市场价格一致。

有趣的是，互联网，尤其是价格比较网站，使消费者可以更自由地获取信息，并为许多零售商创造了一种非常接近完全竞争的局面。

2. 垄断

垄断指的是市场由一个主要卖家主导的情况。在这种情况下，客户将几乎没有从替代供应商购买的选择。这使得垄断企业对定价拥有更大的控制权。企业可以通过专利或版权或有限的资源获得垄断。市场的任何方面给其他公司带来进入壁垒，都可能导致垄断。

只要需求的价格弹性不是很高，垄断企业就可以收取更高的价格，而客户也会继续购买，因为他们别无选择。由于这造成了供应商可能侵害客户权益的情况，许多司法管辖区制定了竞争法，以防止或限制垄断。在英国，许多行业已被拆分，以消除垄断，试图在供应商之间创造更多的价格竞争。例如电力和煤气供应、电信和铁路运输。

3. 垄断竞争

垄断竞争指的是市场上有多个买家和卖家，但卖家能够将自己的产品或服务与竞争对手的产品或服务区别开来。这意味着，如果你能够说服客户相信你的产品在某种程度上比竞争对手更好，例如更好的性能或更好的质量，你将能够收取更高的价格。

许多普通产品和服务的市场可以被视为这一类。在这样的市场中经营的企业往往会在营销上花很多钱，以建立品牌忠诚度，并让客户相信他们的产品优于竞争对手的产品。

4. 寡头垄断

寡头垄断描述了市场由一小部分供应类似产品或服务的供应商主导的情况。寡头垄断的市场数量惊人：汽车制造、电脑制造、汽油和石油供应、天然气和电力供应以及移动电话供应等行业都是寡头垄断。当出现寡头垄断时，即使有多个供应商竞争，由于供应商数量不足，它们也可以进行合作，共同控制价格。这方面的例子是石油输出国组织（OPEC），该组织由一批石油生产国组成，共同控制油价。

问题讨论

列出尽可能多的寡头垄断行业，分别分析卖家合作的程度。

摘录 8.2　寡头垄断交易的风险

英国的超级市场行业是众所周知的寡头垄断行业，处于主导地位主要有4家：乐购、森宝利、艾思达和莫里森。这意味着主要的食品生产商必须与超级市场进行交易，结果就是控制他们的订单，挤压他们的利润空间。然而，规模较小的食品生产商往往无法与大型超市打交道，因此只能将产品卖给独立的零售商。由于这是更加开放的市场，使他们能够收取更合理的价格，赚取更高的利润。

营销人员角度

营销者的价格看法只关注价格对消费者认知和购买行为的影响。因此，价格(price)是营销组合的4P之一，其他的是产品(product)、推广(promotion)和渠道（place）。

专家观点 8.3　营销组合

营销组合是一组对产品或服务销售至关重要的因素。自20世纪60年代以来，4P通常指的是价格、产品、推广和渠道（麦卡锡，1960）。然而，随着时间的推移，这个模型得到了改进和发展，现在有了7P营销组合模型，包括价格、产品、促销、渠道、人员（people）、流程（process）和实物证据（physical evidence），这个模型被认为更适合营销服务而不是产品。此外，最近还有人提出了4C模型，认为它是一种更注重消费者的营销组合。它有两个可选版本，第一个是消费者(consumer)、成本(cost)、沟通（communication）、便利（convenience）（舒尔茨等，1993），第二个是商品（commodity）、成本、沟通、渠道（清水，1973）。不论细节和重点有何变化，在所有营销组合模型中，对消费者来说，价格或成本都是关键因素。

专家观点 8.4　产品定位

在竞争激烈的市场中，让产品或服务脱颖而出是很重要的，这种活动被称为产品定位。关于产品定位有几种学术模型，它们着眼于对客户来说重要的不同方面，但定价被广泛认为是其中的关键。一般来说，企业希望收取他们可以制定的最高价格，但他们说服客户支付更高价格的能力取决于客户对其质量的看法。图 8–7 中的模型说明了产品定位中价格与质量的关系。

产品定位价格/质量模型展示了在4个象限中的4种策略，只有C和B提供了明智的策略。策略A是对高质量产品收取较低价格。这种策略肯定会吸引顾客，但不会使公司的利润最大化。策略B是对高质量产品收取高价。这是许多销售奢侈品企业遵循的策略。顾客愿意支付更高价格，因为他们相信他们得到的是更好的产品。策略C是销售低质量低价格的产品。这是另一个常见的策略，该业务将收取较低价格，从而获得大量销售，因此即使每个项目的利润较低，整体盈利能力也会很高。策略 D 是以高价销售低质量产品。这种策略不太可能长期成功，客户一旦意识到他们可以在其他地方以同样的价格得到更好的产品，就会转移阵地。

许多企业通过提供一系列不同质量和不同价格的产品，将策略 B 和策略 C 结合起来。例如，大多数大型超市都有廉价、普通和昂贵几个档次的食品。

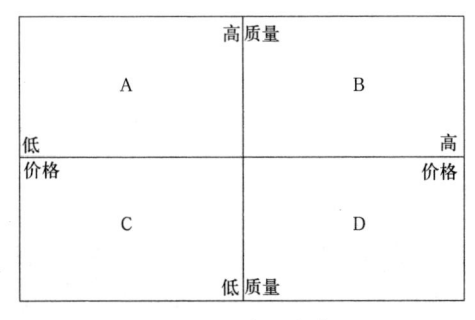

	高质量	
A		B
低价格		高价格
C		D
	低质量	

图 8-7　产品定位

价格对消费者行为的影响

从市场营销角度来看，价格很重要，因为它会影响客户对产品的认知价值。因此，重要的不是价格本身，而是顾客对价格的看法。如果顾客相信价格越高，产品或服务就越有价值，他们就会愿意付出更高的价格。

在经济学家视角这一节中，我们研究了一些影响需求的价格弹性因素。市场营销人员同样关注这些因素，因为好的营销可能会降低需求的价格弹性。这将使企业能够收取更高的价格，或者以现有的价格获得更多客户。

价格认知

顾客会从他们购买的任意产品或服务中寻找好的价值，因此不愿付出他们认为没有价值的价格。对价格的敏感度通常会随所收取的绝对价格而变化。也就是说，大多数顾客会毫不犹豫地购买相对便宜的东西，比如 0.5 美元，但在购买更贵的东西之前会停下来想一想，比如 1000 美元。（正如上文经济学家所解释的那样，这也会依据消费者可支配收入水平而有所不同。）

如果客户正在从产品中寻找价值，让客户相信产品比实际更便宜是很有用的。因此，价格在 9.99 美元而不是 10 美元、79.99 美元而不是 80 美元的产品并不罕见。这种定价（有时被称为心理定价）的目的是克服客户可能存在的任何价格障碍。顾客可能会认为 10 美元太贵了，所以把产品定在 9.99 美元的价格会产生重要的心理差异。

质量认知

如果顾客认为一个产品或服务质量更高，他们就愿意付出更高的价格。重要的是顾客对质量的看法，而不是实际的质量本身。这就是为什么许多企业投资于强调产品质量的大量广告。

区别于其他产品的认知

将产品和竞争对手的区分开来是另一种说服客户支付更高价格的方式。这包括说服顾客根据市场营销组合的其他元素购买，例如商品的特殊或独特的性能、特殊的促销活动、品牌忠诚和渠道（可以获得商品或服务的地方）。

消费者伦理

满足顾客道德要求的商品或服务可以获得更高的价格。例如，客户愿意为以自由放养方式生产的鸡蛋、公平贸易产品、碳中和产品、可持续产品或有机食品支付更高的价格，以减少对环境的破坏。

客户细分

市场营销的另一个重要方面是认识到，并非所有客户都会以同样方式行事。对于给定市场的某一产品，一些客户的需求价格弹性相对较高，而其他客户的需求价格弹性相对较低。市场营销的一项重要技能是根据客户的支付意愿来识别和定位不同的客户群体。以超市为例，它有一个面向节俭顾客的"实惠"系列产品，一个面向大多数顾客正常范围的产品和一个面向富裕人群的溢价或豪华系列产品。

第8章 定价策略

> **问题讨论**
>
> 列出尽可能多的服装零售商，然后将每个零售商放置在图8-7的"产品定位"网格中。

结合三种视角：制定合适的定价策略

既然我们已经研究了定价决策中涉及的不同问题以及影响价格的因素，接下来可以看看组织在制定定价策略时应该如何考虑这些问题。图8-8给出了不同的定价策略范围。在详细讨论这些问题之前，我们需要考虑一些基本原则。首先，组织的长期定价策略应该符合组织的使命和更广泛的战略目标。第二，采用的任何定价策略都应该始终遵循3C定价原则：成本（costs）、竞争对手（competitors）和客户（customers）。

从广义上讲，有三个因素可以帮助企业制定合适的定价策略。相关问题如下：

1. 我们的定价是针对新产品，还是现有的产品或服务？
2. 我们是要去一个新的还是现有的市场？
3. 我们是销量驱动还是价格驱动？

新产品还是现有产品

如果企业正在推出一种新产品或具有大量新功能的产品（即目前没有任何竞争对手的产品），该产品就不会有竞争。这可能意味着产品需求的价格弹性相对较低，兴趣水平相对较高。另一方面，如果企业推出的产品与竞争对手已经推出的产品类似，则需要将新产品与现有产品进行比较。功能是类似的吗？是否有新的或独特的功能？这些因素将影响企业对更高价格的索取。例如，当苹果推出iPad时，市场上没有类似产品。市场的相对价格没有弹性，苹果公司能够对新产品收取高价。然而，当其他制造商推出类似产品时，他们必须认识到有好几种替代产品可供选择，因此，定价要更有竞争力。

新市场还是现有市场

如果企业正在进入已有市场，而其他类似的产品已经在销售，他们就需要分析竞争对手的收费标准，并相应地设定价格。另一方面，如果企业进入的是一个没有竞争的新市场，定价将基于顾客的支付意愿。

销量驱动还是价格驱动

在定价策略中，有较大固定制造费用的企业往往是销量驱动的。例如，一家航空公司运营航班将有很大的固定成本。因此，它将操纵其价格，以填补飞机上的所有席位，同时支付这些固定成本。同样，超市的固定成本也很高。他们以低价出售大量产品。另一方面，受价格驱动的企业往往有较低的固定制造费用，这类企业不需要高销量。

定价策略

考虑到这些压倒一切的问题，让我们看看可用的定价策略范围。这些可以被看作与竞争对手价格相关的一系列定策略，如图8-8所示。

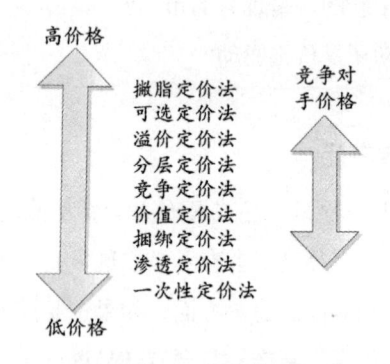

图8-8　定价策略

1. 撇脂定价法

撇脂定价策略包括以很高的价格推出新产品，然后逐渐降低价格。这种策略经常被用于推出一种几乎没有竞争对手的新技术产品。它利用了这样一个事实，即对新产品的需求对一些客户来说是相对缺乏价格弹性的。这种策略实际上是一种价格歧视，根据顾客在获得新产品之前愿意等待多久来细分市场。

例如，如果一款新智能手机发布，一些被称为"早期使用者"的客户会立即购买这款新手机，而不会考虑成本。因此，卖方可以在发售时收取很高的价格。另一方面，一些消费者只会在价格大幅下降后才购买新手机，而且他们愿意在推出几个月后再购买。

价格撇脂是一种只适用于新产品上市阶段的短期策略，因为它依赖新产品的独特性和新颖性。随着竞争对手推出竞争性产品，这将给它们带来压力降低价格。企业在降价的时机上必须谨慎。如果价格长期保持在高位，销售量就会相对较少，而且竞争对手有可能开发出另一种产品，从而获得更高的市场份额。

2. 可选定价法

可选定价是为了利润最大化而对市场进行细分的另一种方法。这一策略被许多汽车制造商使用。制造商除了提供特定车型，还会提供基本车型，并提供一系列增强型选择，以增加额外成本。这些选择将包括更大、更强的发动机，合金车轮、皮革内饰、更多的电器和电子设备等。通过以不同的价格提供不同版本的汽车，汽车公司能够吸引更广泛的客户，并从那些愿意为更高规格买单的客户那里赚取更多利润。

3. 溢价定价法

溢价定价法是一种将价格设定在竞争对手定价区间的高端策略。使用这种策略的企业并不是要在价格上竞争。相反，它将专注于竞争市场营销组合的其他要素，如产品质量或功能、易于获得产品或服务（即可用性）、产品的推广方式。

建立一个强大的品牌，以降低价格弹性，使企业可以收取溢价。强大的品牌也减少了替代品影响。可口可乐是一个强有力的产品品牌。

合乎道德的产品也往往是高价的，因为它们满足的是非价格敏感的消费者需求。

摘录 8.3　奥古斯塔溢价定价

经典的意大利摩托车品牌奥古斯塔是建立在赛车传统、时尚的意大利设计和高性能基础之上的。该公司选择了一种有利可图的营销策略，强调这种声誉，并通过名人来提高这种声誉，例如影星布拉德·皮特、汤姆·克鲁斯、安吉利娜·朱莉以及前一级方程式赛车世界冠军迈克尔·舒马赫等都是他们的客户。

公司战略是保持这个品牌的精髓，专注于高质量产品的开发。这种战略的一部分是对其产品收取高价。

4. 分层定价法：价格歧视和市场细分

价格歧视是指为同一产品或服务向不同客户收取不同价格。这种做法在许多行业都很常见。要想成功，重要的是产品和服务的市场可以被成功地细分，这样客户就不能在不同价格区间移动。市场细分的例子是高峰和非高峰旅行。根据客户使用该服务的时间不同，同一服务的收费也不同。使用这种策略的企业利用的是这样一个事实：那些需要在上下班高峰期出行的客户，在出行时几乎没有灵活性。因此需求的价格弹性相对较小，价格可以上涨。另一方面，以休闲为目的的顾客在旅行时通常有更多的灵活性。他们可以被吸引在非高峰时段使用公共汽车或火车，使其更便宜。

分层定价的第二种形式是生产一系列类似产品，但又有不同功能来满足不同客户的需求。一个例子就是空中旅行的分类。三个乘客可以同时乘坐同一架飞机从巴黎飞往纽约。然而，每个人都将通过乘坐经济舱、商务舱或头等舱来支付不同的价格（并获得不同的服务水平）。航空公司将航空旅行市场分为三个不同的细分市场。

摘录 8.4　分层定价为苹果赢得美国市场

在手机世界中，两大巨头占据着主导地位：苹果和三星。苹果以其溢价定价策略而闻名，或许正因如此三星在全球智能手机销量上取得了更高的业绩。然而，在 2012 年年底，苹果终结了三星在美国手机市场的 4 年领先地位。随着 iPhone 5 的发布，苹果就以更低的价格卖出旧款 iPhone，在 2012 年最后 3 个月里估计运送了 1770 万部手机到美国市场。这个分层定价策略提供了一系列手机，以满足更多精打细算的消费者的需求。苹果的市场份额在一年内从 25% 增长到了 34%。

5. 竞争定价法

在接近完全竞争的市场中经营的企业将采用竞争定价策略。这些市场条件使公司收取明显高于或低于竞争对手的价格都不好过。因此，企业将产品的

6. 价值定价法

价值定价是指以较低的价格销售与竞争对手质量相似的产品。这种策略的目的是通过提供比竞争对手更好的价值来吸引客户。尽管这一策略可能意味着企业无法从每笔销售中获得最大的利润，但其目标是增加销售额，从而提高整体盈利能力。这一策略使用了在本章前面讨论过的产品定位模型中的消费者心理。

> **摘录8.5 亚马逊的价值定价——市场垄断策略**
>
> 在线零售商亚马逊建立了一种商业模式，使其能够以极低的利润率（通常为2%或更低）运营，同时提供比竞争对手更高质量的服务和更廉价的产品。据估计亚马逊现在占据了美国整个电子商务市场的三分之一。这种强势地位使亚马逊削弱了新的市场进入者，增强了其在电子商务领域的主导地位。此外，这家在线零售商还在稳步挤压商业街的书店和DVD零售商。

7. 捆绑定价法

捆绑定价经常被零售商用来吸引顾客花更多的钱。典型的捆绑定价策略包括"买一送一"或"买三赠二"。这样的策略降低了每一种产品的利润率，但是增加了销售量，这样零售商就可以获得更高的利润。通常这是一个短期的定价策略。

零售商，尤其是超市，通常采用的另一种策略是亏损领导者。亏损领导者是一种以低于成本的价格吸引顾客进入商店的产品。亏损领导者背后的基本原理是，吸引顾客，他们会在店里购买其他产品。这可能是任何一种产品的短期定价策略。

在某些情况下，价格可能被市场上占主导地位的企业故意定得很低，甚至免费赠送产品，以排挤竞争对手。这被称为掠夺性定价，这种行为在大多数立法中都是非法的。

8. 渗透定价法

市场渗透定价是一种以极低的价格引入新产品，吸引消费者购买新产品的策略。在某些情况下，这可能涉及以低于生产成本的价格销售。（如上所述，这被称为亏损领导者定价法。）产品一旦投放市场，价格就会按照竞争对手的价格回升。因此，这是一种通过销量增加市场份额的策略，只有在价格弹性相对较高的情况下才会成功。

当用渗透定价推出新产品，进入已经包含几个类似产品的现有市场时，这是很好的策略。企业推出新产品的目的是为了鼓励顾客，因为其价格较低而转向他们的产品。举个例子，一种新型洗衣粉将上市，但市场上已经有好几个不同品牌的洗衣粉了，企业将以低价推出新的洗衣粉。企业希望实现两个重要目标：首先，他们将使自己的产品比竞争对手更具吸引力。其次，通过迅速获得较高的销售水平，他们将能够建立规模经济，从而降低单位成本。一旦建立了消费者购买新产品的习惯，企业就可以提高价格，使其与竞争对手的价格保持一致。

9．一次性定价法

一次性定价作为单独的类别被保留是因为它涉及某些不寻常的定价情况。它位于图8-8中定价范围的底部，因为该策略通常涉及以非常低的价格出售。这种定价策略会被拥有积压库存的企业使用，否则这些库存将无法出售。与其设定一个价格来慢慢收回产品的全部成本，公司认识到，以任何覆盖销售成本的价格出售都将使公司处于更好的财务状况，而不是保留无法使用的库存。对这个原则的说明见示例8.5。

示例 8.5　一次性定价

格莱兹公司生产窗体。一名客户向该公司订购了50个窗户，但该客户后来破产，而且既未付钱也未收货。这些窗户的制造费用为2万美元。另一个客户订购了相似的窗户。格莱兹公司可能会改变现有的50个窗户的规格，以满足新客户的需求，需再增加5000美元成本。这些窗户没有其他用途，否则将被废弃。格莱兹公司通常会将窗户的售价提高30%。

对于50个窗户，格莱兹公司应该接受新客户的最低价格是多少？

解答

在这种情况下，格莱兹公司应该忽略已经花在制造窗户上的2万美元。如果只需花费5000美元就能使窗户适应新客户的需求，只要价格超

第8章 定价策略

过 5000 美元，格莱兹公司的财务状况就会比不卖窗户、不得不报废要好。因此，该公司应该乐于协商超过 5000 美元的价格。

练习：现在做习题 8.2

目标定价和目标成本

目标定价是将本章讨论的三个要素（成本、竞争对手和客户）结合起来的定价方法。这种方式认识到成本对盈利能力的重要性，同时确保对消费者和竞争对手的竞争焦点优先于对成本的考量而不是受成本制约。这项技术起源于 20 世纪 60 年代的日本，但到了 20 世纪 80 年代，它被世界各地的企业广泛采用。

目标定价包括检查市场和客户偏好，以预先确定最优价格是多少。然后，企业会设定生产目标产品或收取服务费用，使其能够以目标价格获利。这个过程通常包括以下 5 个步骤：

1．在分析客户需求基础上开发新产品。
2．根据客户对产品的认知价值设定目标价格。
3．设定目标利润率。这要基于所需的投资回报（有关投资回报的详情，请参阅第 6 章）。
4．从目标价格中减去目标利润，得到目标生产成本。
5．在许多情况下，每一单位的实际成本与每一单位的目标成本之间存在成本差异。然后可以使用诸如价值工程和改善等技术，让实际成本尽可能接近目标成本。

这个过程如图 8-9 所示：

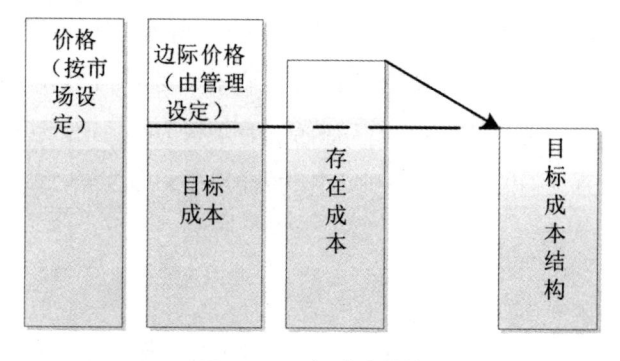

图 8-9 目标成本价格

价值工程

价值工程是一种以客户为中心的产品设计方法。它包括识别产品或服务中增加价值的部分，同样重要的是消除那些不增加价值的部分。价值工程的目标是使消费者的价值最大化，同时使成本最小化。

价值工程关注的是产品生命周期的规划和设计阶段，力求确保产品的设计能够达到目标成本。有些功能虽然令人满意，但生产起来可能太贵了。有时候，设计阶段的微小变化可以在生产开始时带来巨大的效率节约。如果在规划阶段没有处理这些问题，无论生产过程多么有效，都可能无法满足目标成本。

在实践中，作业成本法是产品设计阶段的重要工具，它有助于确定产品功能如何转化为生产成本。通过了解成本动因，企业将能够更好地控制成本。

改善（kaizen）

Kaizen 是日语术语，指的是持续改进的运营理念。在实践中，它意味着不断检查组织的制造过程和业务系统，以便识别和实现将降低成本的效率更改。kaizen 的重点通常是对生产过程进行小的改进，而不是大而剧烈的变革。kaizen 改进的例子可以简单到将零件车的位置移动 1 米，以提高操作的效率和速度。

练习：现在做习题 8.3。

小 结

本章分析了影响定价决策的因素，并阐述了不同行业的定价策略。在实践中，定价决策是非常困难的，可能无法获得本章所列的评估所需的一些资料。此外，许多市场不稳定，支撑定价的因素也在不断变化。许多产品和服务的技术变革和新发明使得产品的生命周期和竞争环境极为不确定。这意味着管理者必须不断地审查他们的定价策略和成本、竞争对手和顾客等因素。

问 题

1. 区分 3 个主要的定价视角，并确定每个视角的主要关注点。

第 8 章　定价策略

2．3C 定价是什么，每一个 C 对价格有什么影响？

3．区分全成本和边际成本定价。

4．解释生命周期成本的概念，以及它与定价的关系。

5．如果已知某一产品的需求价格弹性较低，而某公司为了刺激需求而降价，你认为这会导致整体销售收入增加或减少吗？

6．出版商既卖纸质书也卖电子书。如果公司降低了电子书价格，那么纸质书的需求会增加还是减少呢？

7．解释客户期望如何影响他们愿意支付的产品价格。

8．什么是价格撇脂？在什么情况下这是一个合适的定价策略？

习　题

答案见 www.koganpage.com/accountingfm2。

习题 8.1　边际成本加成定价法

普林提特公司向公众及小型企业提供快速印刷及设计服务。该公司拥有 12 名员工，在一家包括众多办公室的繁华大街的商店内办公。该公司每月承担 400—500 个订单。它目前使用全成本加成的定价系统，因此每个订单必须单独定价。那个做兼职的会计努力承担着每个订单的定价任务。她曾建议公司应该转向边际成本加成定价体系，按照这样的做法定价要容易得多。

思考： 讨论印刷公司从现有的全成本加成定价体系转向边际成本加成定价体系的利弊。

习题 8.2　定价策略

XTA 公司即将推出一款名为"天眼"的新型个人电脑，使用者可以像戴眼镜一样戴上它，与计算机交互是通过眼睛运动和人的声音进行的。没有竞争对手提供如此先进的产品，但是有两家竞争对手预计将在未来 6 个月内推出类似设备。市场调查显示，有大量的顾客对新电脑非常感兴趣，在主要的计算机杂志上已有好几篇文章受到好评。

思考： 为新产品制定一个价格策略，解释为什么你认为它是最合适的。

习题 8.3　运动目标定价

大型汽车制造商 ACT 正寻求推出一款新的家庭轿车。这类汽车的市场已经建立得很好，而且竞争非常激烈。

思考： 分析汽车公司在制定新家庭轿车的目标价格时应该采取的主要步骤是什么？

参考文献

1. McCarthy, J E (1960) *Basic Marketing: A managerial approach*, Richard D Irwin, Homewood, IL

2. Schulz, D E, Tannenbaum, S I and Lauterborn, R F (1993) *Integrated Marketing Communications*, NTC Publishing Group, Lincolnwood, IL

3. Shimizu, K (1973) *Advertising Theory and Strategies*, Souseisha Book Company, Japan

第 9 章
投资决策

学习目标

所有组织在购置、更换、升级经营场所、设备和车辆，雇用新员工，投资培训，改变系统和程序等过程中都不得不做投资决策。这些决策应该对组织具有战略意义，同时也能获得良好的财务状况。正是因为这个原因，各级管理者才发现，不管是在准备方案还是在评估方案时，他们都要参与投资的财务评估。因此，本章的目的是为管理者提供参与针对投资选择的财务评估时必需的知识。

学习成果

在阅读本章后，读者可以：
- 使用传统技术评估投资的财务影响。
- 评估上述技术的优点和缺点。
- 有意识地验证替代方法。
- 解释财务评估在更广泛的投资决策战略评估中的作用。

学习重点

- 传统的投资评估技术。
- 个人鉴定技术的优点和缺点。
- 投资评估技术的使用和滥用。
- 在整个投资计划中的财务分析。
- 投资评估中的非财务因素。
- 投资评估的备选战略方法。

> **管理问题**
>
> ● 管理者需要解释和分析财务投资评估计算的结果，而不是简单计算。因此，本章重点关注这些技能。
> ● 财务投资评估技术显而易见的复杂性和精确性可以掩盖他们在应用上的缺点和行为。因此，本章包括对在更广泛的行为背景下经常使用的技术评价。

引 言

投资评估是决定投资哪些项目或资产的过程。在本章中，我们将从财务角度来研究如何评估投资，以及如何将这种财务分析纳入整个投资决策过程。投资评估应始终在战略制定和实施的更广泛背景下进行。虽然这些问题超出了本书范围，但本章将探讨非财务因素、风险水平和更广泛的战略如何影响只关注经济回报的传统投资。

投资评估，有时也被称为资本投资评估，是指对组织的设备、机器、建筑或其他长期资产的投资决策。这包括一系列决策类型，如更换现有资产，投资新的IT或设备以降低运营成本，通过购买新建筑或设备进行扩张，改进交付服务或员工培训。然而，无论是企业还是个人，这些原则同样适用于对股票的投资。因此，本章所研究的技术对于参与投资的企业和个人都是同等重要的。

投资评估的重要性在于投资决策对战略和财务的重大影响，投资将决定本组织的未来。投资往往涉及大量资源，错误的决策可能代价高昂，难以逆转，并将直接影响到组织实现其战略目标的能力。

从财务角度来看，投资涉及资本和费用，目的是获得未来现金流的回报。在基本层面上，评估投资的财务可行性只需要比较成本和收益，并确保收益大于成本。然而，在实践中，这被证明是不易实现的，因为识别和衡量投资的成本和收益是一项复杂的任务。本章将讨论投资成本效益分析的一些问题，并探讨解决这些问题的技术发展。

为了做好投资决策，需要一种通用的评估方法，一种可以平等地应用于所有投资情况的方法，它将使决策者能够评估单个投资并比较其他投资机会。

投资评估：基础

在本节中，我们将讨论在评估投资时应该问的重要问题。假设你得到了一个投资机会，如下所示："现在和我一起投资 1000 美元，我保证我会让你富有。"在你交出钱之前，你需要什么信息来有效评估这个投资机会？

第一，你要了解清楚投资会让你变得有多富有。换句话说，你想要一些关于投资回报的信息。

第二，你也想知道你什么时候会变得富有。因此，你需要关于更多投资回报的时间信息。立即获得回报与 10 年后获得同样回报之间存在显著差异，这被称为"货币的时间价值"。这一原则使你认识到越早得到回报，回报对你就越有价值。

第三，你还需要更多关于投资所涉及的风险信息。如果你打算投资 1000 美元，那么承诺回报从未实现（或者你失去了 1000 美元）的风险是什么？

因此，我们可以说，在评估一个潜在投资时，我们需要关于三个关键问题的信息：风险、回报和时机。

在确立了这些基本原则之后，我们现在可以研究企业在进行投资评估时最常用的技术，并研究这些技术如何解决上述问题。

传统的评估技术

在评估资本投资决策时，有三种常用的技术：
- 回收期。
- 会计收益率。
- 折现现金流。

最后一种技术，折现现金流，可以分为两种不同的应用方法：净现值和内涵报酬率。

为了研究这些技术，我们将研究它们如何应用于简单的投资，如示例 9.1 所示：

示例 9.1

桑迪古德公司是高保真音响设备制造商。该公司目前正在考虑推出一款名为"窗口响尾蛇"的新型放大器。研究表明，公司可以预期其新放大器的销售情况，如表 9-1 所示。

表 9-1　新放大器销售预计

年	1	2	3	4	5	6
收入（美元）	600000	800000	800000	700000	500000	400000

制造"窗口响尾蛇"所需的机器将花费 120 万美元。然而，在 6 年后，这台机器仍可用于其他产品的生产，预计价值为 15 万美元。一旦获得董事会批准的生产决定，公司就会购买机器。

公司会计已经预测了"窗口响尾蛇"的生产成本（表 9-2）。

表 9-2　"窗口响尾蛇"生产成本预计

年	1	2	3	4	5	6
生产成本（美元）	320000	410000	410000	350000	250000	200000

生产成本不包括折旧，该公司的折旧通常用直线法。该公司用 15% 折现率来评估新产品的投资。

专家观点 9.1　常见的标记惯例

由于时间的重要性，任何与投资有关的现金流或利润都必须分配在特定的会计期间。使用电子表格，对时间的精确分析可以进行到最近的一个月，甚至是一周或一天。然而，由于在投资评估中使用的所有现金流都是根据它们的特性预测的，通常不可能以如此高的精确度确定它们何时会发生。因此，最常见的标记惯例将持续数年按年确定现金流，并假设它们在年底发生。显然，这可能不是现金流的实际模式。

利润和现金流之间的重要区别是利润是用责权发生制记录的。也就是说，销售和购买是在交易发生时而不是在实际支付时进行记录的。这意味着，在实践中，利润可能被分配到与潜在现金流不同的时期。然而，为了简单起见，在本例中，假定现金流发生在会计成本或收入产生的同一时期。

利润和现金流之间的另一个显著差异是折旧。这是一种会计调整，而不是现金流出。

记录现金流或利润时间的常见约定是使用术语t0表示立即发生的项目，t1表示一年发生的项目，t2表示两年发生的项目，以此类推。因此，"窗口响尾蛇"的现金流量预测可以如表9-3所示。

表9-3 "窗口响尾蛇"现金流量预测

时间	现金流	万美元
（开始）t0	机械成本	−120
（1年）t1	净现金流（60−32）	28
（2年）t2	净现金流（80−41）	39
（3年）t3	净现金流（80−41）	39
（4年）t4	净现金流（70−35）	35
（5年）t5	净现金流（50−25）	25
（6年）t6	净现金流（40−20）	20
（6年）t6	机器残值	15

我们现在可以继续研究每一种投资评估技术是如何处理这些信息的。

回收期

回收期是指从项目偿还初始投资到获得净现金流所需的时间。最简单的计算方法是在每年投资结束时建立累计净现金流量状况表。应用于"窗口响尾蛇"的回收期，如表9-4所示。

表9-4 "窗口响尾蛇"累计净现金流量表

时间	现金流	万美元	累计（万美元）
t0（开始）	投资成本	−120	−120
t1（1年）	净现金流	28	−92
t2（2年）	净现金流	39	−53
t3（3年）	净现金流	39	−14
t4（4年）	净现金流	35	21

从表9-4可以看到投资初始成本在3年到4年之间某个时候被偿还，因

此我们没有必要把这个计算延长到4年。3年后还有14万美元未偿还,但4年后,最初的成本已经偿还,还加上额外的21万美元。如果假设所有现金流在年底出现,我们会说这一投资的回收期为4年。但是,如果假设现金流入全年平均,我们可以将回收期计算为一年的一小部分,如下:

$$3 年后初始成本仍未偿还 =14 万美元$$
$$第 4 年净现金流入 =35 万美元$$

因此,14万美元的剩余余额将以14万美元/35万美元形式偿还0.4年。所以,投资回报期为3.4年。

仅仅知道这笔投资需要3.4年才能偿还,本身并不能告诉我们这是否是一笔好投资。必须对这是否是一个可接受的回收期进行评估。然而,如果对两个或两个以上备选投资进行比较,就可以根据回报期对它们进行排序,回报期最短的投资最有吸引力。

摘录 9.1 标准人寿和 Next 的回收期

在实践中,使用这种技术的企业有预先确定的回收期。根据投资类型不同,它们往往会有所不同。例如,对IT设备的投资可能需要在两年内偿还。另一方面,新建筑物的投资可能需要在20年内偿还:

● 英国标准人寿保险公司自己设定的任何新产品投资回收期是5年。

● Next是英国零售商,它开设一家新服装店的投资回收期是18个月。然而,当2011年该公司开设第一家家庭和花园商店时,它设定了25个月的回收期。

回收期评估

在研究了回收期作为一种投资技术如何操作之后,我们可以评估它如何很好地解决我们在本章开头设置的三个问题。回收期,就其本质而言,直接告诉了我们投资时机的问题。但同时,它也间接地告诉了我们另一个重要方面——风险,即较短的回报期可以等同于较低的风险水平。然而,除了最初的费用被收回,这项技术几乎没有告诉我们什么是回报。因此,回收期更像一种风险评估工具,而不是回报的测量标准。

事实上，在处理回报时，该技术有一些主要缺点。首先，它忽略了回收期以外的现金流，并且在这样做的时候忽略了总回报。示例 9.2 比较了两个潜在的投资。

示例 9.2

表 9-5　两个潜在的投资比较（单位：万美元）

时间	现金流	A 项目	B 项目
（开始）t_0	投资成本	−60	−60
（1 年）t_1	净现金流	20	20
（2 年）t_2	净现金流	20	20
（3 年）t_3	净现金流	20	20
（4 年）t_4	净现金流	1	40
（5 年）t_5	净现金流	0.5	6
（6 年）t_6	净现金流	0.5	80

投资 A 和投资 B 的回收期相同，为 3 年，因此根据回收期技术，这两个投机具有同样的吸引力。然而，在 4—6 年，投资的现金回报率大幅下降。相比之下，投资 B 的现金回报率继续上升。看整张表，可知投资 B 显然是更好的选择，因为相同的初始投资 B 提供的总回报更多。但这一事实并没有通过回收期分析方法得到揭示。要进一步考虑这个例子，可以考虑项目 A 在第一年投资获得 40 万美元回报的含义。若将回报期设为两年，这时使用回收期评估方法进行投资是更可取的，即使投资 B 提供了更高的总回报。因此，在使用这种技术时需要注意的问题是，它倾向于短期回报，而不是总体回报最高。

第二个缺点是，这种技术忽略了回收期内现金流的时间。示例 9.3 比较了具有相同回收期的两个投资。

示例 9.3

表 9-6　具有相同回收期的两个投资比较（单位：万美元）

时间	现金流	A 项目	B 项目
t_0（开始）	投资成本	−60	−60
t_1（1 年）	净现金流	50	5
t_2（2 年）	净现金流	5	5
t_3（3 年）	净现金流	5	50

这两个投资都需要整整三年才能收回最初的成本。然而，投资 A 在第一年结束时已经偿还了大部分初始成本。这是两个投资之间的显著差异。我们可以说投资 A 风险更低。如果投资在第二年年末由于某种原因突然停止，投资 A 的企业已经收回了很大一部分最初的投资成本，而投资 B 会损失大部分资金。

虽然存在不足，但回收期是一种非常流行的投资评估方法。过去 40 年对企业进行的几项调查都显示，尽管更复杂的技术越来越受欢迎，但回收期仍然是最广泛使用的投资评估手段，大约 80% 的企业都在使用。它的魅力在于它的简单——容易计算和理解。最重要的是，它符合人类基本的心理水平。任何做过大量投资的人都知道，在最初的一段时间里，人们会对投资的风险感到焦虑。投资收回初始费用的时间点是一个重要的心理里程碑，因为它意味着初始资本投资没有损失。正因为如此，当一家公司的流动性受限或融资能力受到严重制约时，回收期就成为一种极其重要的技术。这项技术对于那些已知的生命周期短、需要迅速偿还投资的项目也最有用。

摘录 9.2　迪士尼购买《星球大战》

2012 年，迪士尼用 40 亿美元收购了《星球大战》背后的卢卡斯电影有限公司。从投资回报来看，这次收购的价值累计起来会怎样？主要价值来自电影可能的未来收益。迪士尼宣布计划发行三部新的《星球大战》电影，每三年发行一部，从 2015 年开始。之前的三部《星球大战》电影票房收入每部都在 15 亿美元左右。这类电影的制作和营销成本通常在 5 亿美元左右，能为迪士尼带来 30 亿美元的净现金流。此外，卢卡斯电影有限公司每年从现有的电影、视频游戏和相关消费产品中获得的收入约为 9 亿美元。未来电影的成功与否是一个明显的风险，但之前的三部《星球大战》电影票房都很成功，尽管没有得到很多粉丝的好评。这些预测的现金流表明，投资回收期最短也要 5 年。这对于一个在过去 35 年里在财务上取得成功并有望在未来很长一段时间里保持成功的品牌来说，已经很不错了。

会计收益率

会计收益率中的"会计"一词是指，该技术的计算基础是会计利润。与本章讨论的其他所有使用现金流的技术不同，会计收益率是按权责发生制（即用利润）计算的。

会计收益率有时也被称为其他名称。比如，在美国，它更常用的称呼是投资回报率。它还有其他名称，包括平均收益率、账面收益率或未调整收益率。它有时也被称为已动用资本回报率。但是，如下所示，这个名称更适合用于部门或公司整体绩效，而不是用作投资评估的工具。这些名称既反映了该方法的广泛使用，也反映了对于其计算有各种定义的事实。

虽然有不同的计算会计收益率的方法，这些方法将在下文中讨论，我们将集中讨论最常用的计算方法。会计收益率将投资的"回报"作为扣除折旧后的平均会计利润，表达形式是项目整个生命周期中平均投资的百分比：

$$会计收益率 = \frac{平均年利润}{平均投资额} \times 100\%$$

将这个公式应用到示例 9.1 的投资场景中，平均年利润可以通过将投资总利润除以获得该利润的年数来计算。

减去折旧之前的总利润是 1860000 美元（280000 美元 + 390000 美元 + 390000 美元 + 350000 美元 + 250000 美元 + 200000 美元）。

总折旧 = 初始成本 − 投资留存价值 = 1200000 美元 − 150000 美元 = 1050000 美元

$$平均年利润 = \frac{1860000 \text{ 美元} - 1050000 \text{ 美元}}{6 \text{ 年}} = 135000 \text{ 美元}$$

由于公司以直线折旧法计算，平均投资为初始成本与残值之间的中间值：

$$平均投资 = \frac{原始成本 + 留存价值}{2}$$

$$平均投资 = \frac{1200000 \text{ 美元} + 150000 \text{ 美元}}{2} = 675000 \text{ 美元}$$

因此：

$$会计收益率 = \frac{135000 \text{ 美元}}{675000 \text{ 美元}} \times 100\% = 20\%$$

一旦计算出来，20% 的会计收益率可以与公司预先确定的最低可接受回报率进行比较。例如，如果桑迪古德公司有一个预先确定的要求，即投资回报率为 15%，上述 20% 的回报率就是可以接受的。

会计收益率的评估

不同于回收期（以及将在本章后面看到的折现法），会计收益率基于利润来评估投资，而其他技术用的则是现金流。利用利润既有好处也有坏处。

会计收益率的主要优点是，它根据利润回报来计算投资的绩效，这与最常汇报的公司整体业绩数据一致。会计收益率提供了一种直接与已动用资本回报率相比较的技术，而已动用资本回报率是衡量整个企业的财务绩效的最常用指标。

已动用资本回报率计算方法为：

$$已动用资本回报率 = \frac{利润}{已动用资本}$$

由此可见，会计收益率的公式与已动用资本回报率的公式有直接的可比性。他们都在衡量同一件事——为了获得利润而投资的资本利润水平：会计收益率从个人投资层面上衡量这一点，而已动用资本回报率从部门或公司层面上进行测量。

在评估新投资时，采用一种能够反映企业整体绩效评估方式的方法是有意义的。通过将新投资的会计收益率与整个企业现有已动用资本回报率进行比较，管理者能够评估新投资对整个企业财务绩效的潜在影响。如果一项新投资的会计收益率低于现有已动用资本回报率，那么该投资将减少该企业未来已动用资本回报率。另一方面，新投资的会计收益率大于现有已动用资本回报率，这将增加未来已动用资本回报率。

尽管上面列出了一些优点，但是会计收益率仍然存在一些重大缺陷，这使得该技术受到许多学术评论人士的批评。然而，它在实践中仍被广泛使用，因此你需要关注这些缺陷以及其影响：

- 会计收益率采用权责发生制，也就是说，它是计算利润，而不是现金流。与现金流计算比较，利润更容易判断，因此更容易操作。例如，投资利润会随着股票估值和折旧计算方法的不同而变化。这意味着要获得一种客观的绩效测量标准更加困难。如果会计收益率被用在不同组织之间进行比较，在比较这些数据时就会出现问题。

- 会计收益率是一个相对指标，是利润与投资额之比。这让我们可以比较不同规模的投资盈利能力，但这意味着如果会计收益率被用于两个或多个项目之间进行选择的标准，一个小项目可能比一个更大的项目拥有更高的会计收益率，却获得了较少的绝对利润。

- 无论是投资获得的利润，还是为获得利润而投资，对这些数据的计算并没有普遍接受的基础。这意味着，在实践中，投资之间可能会进行错误的比较，因为个体有可能不是同类比较的。主要的问题是，人们对于会计收益率计算应该使用平均投资（如上面的例子所示）还是初始投资存在分歧。使用初始投资的理由是，这是投资的成本，因此反映了收回成本所需的回报。更广泛接受的是平均资本投资方法。大部分人认为会计收益率计算应该考虑到初始成本在投资生命周期内被冲销的事实，因此平均回报需要反映资本投资的平均价值。无论方法错误与否，它们只是反映了不同的原则。

- 该技术忽略了利润的时机，在计算会计收益率时使用平均值移除所有收支信息。思考示例 9.4，其中有 3 个不同的投资项目，每个项目的持续时间为 4 年：

示例 9.4

表 9-7　三个投资项目利润对比（单位：万美元）

年份	投资 A	投资 B	投资 C
1 年	85	5	25
2 年	5	5	25
3 年	5	5	25
4 年	5	85	25

这三项投资的平均年利润均为 25 万美元。然而，在均匀性和利润回报的时间上有显著差异。这一信息在投资决策中可能很重要，但在会计收益率取平均值的计算过程中丢失。因此，会计收益率对金钱的时间价值视而不见。

● 使用平均值计算还会产生另一个问题。它不适合比较不同时间长短的投资。如果一项投资的利润是长期但递减的，那么随着每年利润的减少，平均利润将被拉低。思考示例 9.5，其中两项投资的初始成本均为 100 万美元，没有残值。然而，投资 A 的寿命只有 3 年，而投资 B 的寿命为 6 年：

示例 9.5

表 9-8　两项投资的利润比较（单位：万美元）

	投资 A	投资 B
1 年	30	30
2 年	30	30
3 年	30	30
4 年	–	20
5 年	–	15
6 年	–	10

在头 3 年，这两项投资的利润水平相同。然而，投资 B 在未来 3 年仍将继续盈利，尽管利润水平较低。投资 B 的初始投资为 100 万美元，总利润为 135 万美元，而 A 的初始投资一样，获得的总回报却仅为 90 万美元。

然而，当计算每项投资的会计收益率时，投资 A 似乎更有吸引力，因为平均年利润更高：

会计收益率（投资 A）= 300 美元 / 500 美元 × 100% = 60%

会计收益率（投资 B）= 225 美元 / 500 美元 × 100% = 45%

折现现金流和货币的时间价值

最后两种投资评估技术将在本节中讨论，它们都涉及对折现现金流的使用。折现现金流包括对货币的时间价值进行调整，也就是说，反映的事实是当你收到钱时，它的价值对你产生的影响。

第9章 投资决策

这里有一个简单的例子说明这一原则：你愿意现在得到100美元还是两年后得到100美元？我猜你会回答说，你宁愿现在就得到这100美元，原因有很多：

● 风险总是存在，两年后，不一定能收到100美元。

● 通货膨胀意味着用现在的100美元比两年后的100美元可以购买更多的东西。因此，它现在对你更有价值。

● 你可以现在就拿到100美元，然后再投资两年，两年后你获得回报将超过100美元。

我们将在本章后面讨论风险和通货膨胀，在这一点上，我们可以更详细地讨论赚取利息的问题。在上面的示例中，在现在收回100美元还是两年后收回100美元之间做决定相对容易。但是，如果我给你的选择是现在收回100美元还是两年后收回108美元之间呢？你可能就需要一些比较这两者的方法来决定哪一个更有吸引力。你可以这样问："如果我投资两年，现在收到的100美元值多少钱？"

复利和打折

假设你现在可以以5%的利率投资你现在获得的100美元。一年后你会有105美元（100美元×1.05）。在此时，复利原则开始适用，在第二年你不仅可以获得最初100美元的利息，还可以获得第一年获得的5美元利息的利息。因此，两年后你会有110.25美元[（100美元×1.05）×1.05]。

因为计算利息的公式是100美元×1.05×1.05=100美元×1.05^2，我们可以概括为：

$$A = P \times (1+r)^n$$

A= 未来收到的金额

P= 原始投资金额

r= 利率

n= 投资运行年限

该技术可以让你比较现在的100美元和两年后的108美元。你可以计算出，如果你现在把这100美元以5%的利率投资两年，你将得到110.25美元。因此，你最好现在就拿走100美元，而不是两年后拿走108美元。

该技术适用于如上面所示的简单投资场景。然而，如果投资稍微复杂一点，就没有那么好用了。

如果给你的选择是现在就得到100美元或第一年和第二年各55美元，你该怎么选？在这种情况下，你不能使用上面所示的复利计算方法了，因为没有任何时间可以对当前收到的100美元进行复利计算。因此，我们需要修正这项技术。

我们可以一直使用的时间点是当下。所以，我们与其问"现在的100美元在未来的某个时间值多少钱"，不如问"未来收到的钱在现在值多少"，通过这种方式提问，可以比较未来不同时间收到的钱。

让我们回到现在收到100美元和两年后收到108美元之间的选择。我们不计算100美元的复利，而是通过问这样一个问题，将108美元折回到今天的日期："我现在需要收到多少钱才能相当于两年后拥有108美元的价值？"另一种看待这个问题的方式是："如果我能以每年5%的利率赚到钱，我现在需要投资多少，才能在两年之后得到108美元？"我们可以用上面建立的公式来计算：

$$A=P\times(1+r)^n$$

我们之前用这个公式计算A的值（未来收到的金额），当有了P的值（现在的投资金额），我们只需要重新安排公式，已知A，计算未来应收金额（108美元）的现值：

$$P=A/(1+r)^n$$

另一种表述这个公式的方法是：

$$P=A\times 1/(1+r)^n$$

把这个公式应用到例子中：

$$P=108\text{美元}\times 1/1.05^2\approx 97.96\text{美元}$$

这意味着，如果我们想在两年内获得108美元，我们现在就必须投资97.96美元。就货币的时间价值而言，两年获得108美元相当于现在得到97.96美元。我们可以比较这两种选择：现在收到100美元或者两年后收到一笔相当于现在收到97.96美元的金额。我们最终的决定和以前一样，最好现在就拿100美元。

在第二种情况下，你是选择现在就拿100美元还是第一年和第二年各拿55美元？计算有点复杂，但是我们可以用新的折现方法来评估这些替代方案。

我们的做法是将未来的每一笔金额折现到现值，然后将它们相加如下：

一年内收到 55 美元的现值 = 55 美元 × 1/1.05 ≈ 52.38 美元

两年内收到 55 美元的现值 = 55 美元 × 1/1.052 ≈ 49.89 美元

因此，第一年收到 55 美元，第二年收到 55 美元，相当于现在收到 52.38 美元 +49.89 美元 =102.27 美元。我们现在可以评估这个选择了。在这种情况下，我们把未来的两笔金额减去也是没问题的，因为它们的现值大于现在提供的 100 美元。事实上，我们可以精确地衡量，如果以今天的价格计算，未来收益将会是 2.27 美元（102.27 美元—100 美元 =2.27 美元）。

折现系数表

我们为了计算现值 P 给未来现金流 A 乘以的分数称为折现系数。如上文所示，用下列公式计算：

$$1/(1+r)^n$$

其中，r= 折现率；n= 年数。

因为每次都使用相同公式来计算折现系数，所以可以在一个表中列出一组标准值，这个表提供了常用折现率和时间段的折现系数。折现系数表可在附录 4 中找到。

净现值（NPV）

净现值法使用了上述折现现金流的原理。投资的净现值是由该投资产生的所有现金流现值之和。

给定的利率 r（折现率），在 n 年内收到的现金总额 A 的现值（P）为：

$$P = A \times 1/(1+r)^n$$

现在，让我们看看如何将该技术运用到示例 9.1 桑迪古德公司的投资上。项目现金流的折现率为 15%，相关折现系数参考附录 4，净现值计算如表 9-9 所示。

表 9-9 桑迪古德公司投资项目在不同年份的净现值表

时间	现金流（美元）	折现系数（15%）	现值（美元）
（开始）t0	-1200000	1.000	-1200000
（1 年）t1	280000	0.870	243600
（2 年）t2	390000	0.756	294840
（3 年）t3	390000	0.658	256620

(续表)

时间	现金流（美元）	折现系数（15%）	现值（美元）
（4年）t4	350000	0.572	200200
（5年）t5	250000	0.497	124250
（6年）t6	200000	0.432	86400
（6年）t6	150000	0.432	64800
净现金值			70710

从这个计算可以看出，这项投资的净现值为70710美元。这可以理解为，按照今天的计算，进行这项投资，该公司将获得70710美元收益。

因此，有一个简单的规则解释净现值计算：如果净现值是正值，公司将通过该投资增加财富，这在经济上是可行的；如果净现值为负值，公司会因该投资减少财富，因此应该拒绝投资。

净现值技术可以说是比回报期和会计收益率更复杂的投资评估手段。与回收期不同的是，净现值考虑了项目的整个现金流；与会计收益率不同的是，净现值考虑了投资收益的时间。现金流产生的时间越长，折现就越多。这反映了时间越长，现金流的风险和不确定性越大。

净现值技术不仅在考虑投资时机、风险和回报方式上更精细，还能结合更复杂和微妙的投资分析。我们将在本章后更复杂的投资场景中看到这一点。

内涵报酬率（IRR）

内涵报酬率是第二种折现现金流技术，它与净现值遵循同样的数学原理，但是以稍微不同的形式使用折现给出答案。

在上面的净现值计算中，我们将桑迪古德公司投资的现金流折现为15%，从而得到70710美元的正净现值。这种正净现值的含义是投资的实际回报率大于15%。我们在计算净现值时所采用的折现率表示的是最低可接受的报酬率。正净现值意味着已经超过最小回报，这就是净现值为正的投资应该接受的原因。

使用折现现金流技术的另一种方法是计算实际折现现金流的投资回报率，然后将它和最低可接受回报率15%进行对比。这就是所谓的内涵报酬率，因为它是"内部"的回报率，即在该项目内。

实际上内涵报酬率是净现值为0时的折现率。用电子表格来计算折现率相对简单。但是，如果没有计算机，内涵报酬率可以按如下所示进行估计。

回到示例9.1中桑迪古德公司的投资，15%的净现值为70710美元。这意味着投资的内涵报酬率必须大于15%。因此，我们可以选择高于15%的折现率，并重新计算净现值，以确定我们是否更接近内涵报酬率。（记住，准确的内涵报酬率给出的净现值是0）让我们再用20%的折现率来折现这个项目（表9-10）。

表9-10 桑迪古德公司各年份折现率与现值

时间	现金流（美元）	折现率（20%）	现值（美元）
（开始）t0	−1200000	1.000	−1200000
（1年）t1	280000	0.833	233240
（2年）t2	390000	0.694	270660
（3年）t3	390000	0.579	225810
（4年）t4	350000	0.482	168700
（5年）t5	250000	0.402	100500
（6年）t6	200000	0.335	67000
（6年）t6	150000	0.335	50250
净现值			−83840

这一次我们得到净现值是−83840美元。这意味着内涵报酬率必须位于15%到20%之间。我们可以使用一种名为线性插值的数学方法来更精确地确定内涵报酬率。公式如下：

内涵报酬率=A%＋A%时的净现值／（A%时的净现值+B%时的净现值）×（B%−A%）

其中，

A%= 较低折现率

B%= 更高折现率

应用于桑迪古德投资项目的计算中可得：

内涵报酬率=15%+70710美元／（70710美元+83840美元）×（20%−15%）≈ 17.3%

因此，在这种情况下，我们可以说，投资提供了17.3%的内涵回报率。然后，我们可以将其与可接受的最低回报率水平进行比较，就像在运用会计收益率技术时一样。

摘录 9.3　法国电力公司——能源业的内涵报酬率

英国的能源基础设施投资在政府和私营部门之间存在微妙的合作关系。充足的回报是吸引合适的私人投资至关重要的因素。政府正在寻求增加对低碳能源基础设施的投资，但对那些需要高回报的投资者来说，这可能是高风险投资。燃气发电厂的投资者通常预期会有10%左右的内涵报酬率，而风力发电的投资者则预期内涵报酬率为10%—13%。

政府可以通过降低风险来降低回报。2013年，英国政府与法国电力公司达成协议，将资助萨默塞特郡欣克利角新建一座核电站。核电站建造成本估计为160亿英镑，价格过高代表不可投资。因此，法国政府给出各种激励政策，包括保证法国电力公司的收入，以使该电厂的内涵报酬率达到10%。行业专家估计这将是每年每个家庭给予7英镑补贴。这笔交易的复杂性凸显了内涵报酬率对投资者的重要性。如果没有足够的投资回报，就不会有投资者修建新的发电厂，英国将面临电力短缺的风险。

内涵报酬率的评估：内涵报酬率的使用方法与会计收益率相同，即通过与预先确定的可接受值进行比较。然而，内涵报酬率使用折现现金流而不是平均利润，因此具有我们在研究净现值技术时发现的所有优势：它考虑了风险、时间和回报。

然而，内涵报酬率技术的主要缺点是，不适用于有所谓"非传统"现金流的投资。传统现金流投资包括最初的现金流出，然后是一系列现金流入。通过一些投资，净现金流可以在项目的整个生命周期内同时向内和向外流动。例如，对核电站的投资可能包括最初的现金流出，然后是多年的现金流入，然后在核电站退役后会有大量的现金流出。内涵报酬率技术不能处理这样的现金流，因为从数学上讲它将产生多个价值。可以修改内涵报酬率技术来解决这个问题，但是这样的计算超出了本章的介绍范围。

尽管折现现金流技术在集成风险、时间和回报等因素方面更精细，但它们确实存在一些缺陷，因而招致了批评。折现现金流的过程不可避免地导致有利于短期回报的投资。有人认为，这导致了短期主义，不愿进行具有战略效益的投资，而这种投资可能更长期，也更难量化。此外，这些方法被批评为在评估新技术投资方面不够，因为它们无法评估不可量化的内容。我们将在本章后

第9章 投资决策

面讨论解决这些问题的方法。

练习：现在做习题 9.1。

将现实世界的复杂性纳入投资评估

到目前为止，我们已经通过相对简单的例子检验了主要的投资评估方法。然而，在现实世界中，投资评估决策更加复杂，需要考虑通货膨胀和税收影响等问题。在本节中，我们将研究其中一些现实世界的复杂性，并研究如何将它们纳入我们的计算。

建立适当的折现率

净现值计算中使用的折现率表示投资者可接受的最低回报率。在实践中，可以使用多种方法来确定适当的折现率。大多数组织根据加权平均资本成本或资本资产定价模型（CAPM）确定折现率。对加权平均资本成本的计算将在第10章进行更详细的讨论。然而，无论在实践中使用什么方法，它都要基于某些原则。投资的回报率应足以支付该投资的融资成本，并应纳入对风险的评估。简单地说，一项投资风险越大，它的折现率就越高。因此，将风险评估纳入投资评估的重要方式是调整净现值计算中使用的折现率。

决定考虑什么：相关的现金流

在实际投资评估中最常见的错误之一就是使用错误的数字。这可能意味着包含不应该计算的成本，或者省略了应包含的成本或收入。这些错误可能导致不恰当的投资决策，对未来的业务运营造成灾难性后果。

因此，决策中的重要原则是，只有那些受到决策影响的成本或收入才应该考虑。一个常见的错误是将那些即使没有投资也会产生的成本包含进去。例如，这类成本可能包括在项目中工作的员工成本，但是无论项目是否进行，这些员工都会得到报酬。同样地，不因项目而改变的工厂成本、行政和总部管理成本也不应被包含进去。

同样，即使已经发生的成本与投资有关，例如市场研究或已经完成的产品开发，也不应列入投资评估计算，因为这些成本已经发生了，不会因为投资而改变。

作为简单的经验法则，你应该在投资评估计算中只包含由于进行投资而发生变化的成本或收入（参见下文示例9.6）。

机会成本

机会成本是一种仅用于决策的成本。在评估投资的真实财务影响时，它们是极其重要的。机会成本可以定义为为了追求某种行为而必须放弃另一种选择的成本。机会成本产生于这样一种认识，即将资源提供给一个项目意味着它们不能用于其他项目。这可能意味着，在其他地方使用这些资源的"机会"丧失，企业可能会付出代价。例如，使用生产设备生产一种产品意味着该设备不能用于生产另一种产品，即使另一种选择可能非常有利可图。这个例子可能很明显，但一些机会成本却不那么明显。例如，开一家新店可能会把生意从同一地区的现有商店中抽走，从而降低它们的利润。

通过将机会成本纳入投资评估计算，企业能够量化其他潜在盈利机会的损失，从而确保采取最有利可图的行动。为了确保最优结果，机会成本总是以使用特定资源所损失的贡献来衡量的。

专家观点 9.2　贡献

贡献 = 收入 − 可变（直接）成本。

示例 9.6　相关成本和机会成本

斑马公司是一家油漆制造商，正计划推出一系列新的快干油漆。斑马公司董事会请你帮助评估新油漆系列的财务可行性。你会在净现值计算中纳入下面哪些计算项目？

1. 总部管理费用的分摊按每年 18000 美元计算。
2. 为项目购买新油漆制造厂的折旧。
3. 雇用 10 名新员工来运营新工厂。
4. 用于购买上述（2）项新工厂贷款的融资成本为每年 25000 美元。
5. 管理新工厂的经理年薪为 35000 美元。经理原来是管理另一家制

第9章 投资决策

造厂的，因为工作经验被调到这个岗位。由于他的调离，另一家工厂由一位新经理负责运营，作为他受聘于该项目期间的接替者。新经理的年薪是28000美元。

解答

1. 无论是否推出新的油漆系列，总部管理费用都将产生。因此，这些费用不应包含在净现值计算中。它们是不相关的。

2. 折旧不是现金流。因此，这项费用不应包含在内。

3. 新工人的工资是相关成本，因此应该包含在净现值计算中。

4. 融资成本不应计入现金流折现中。投资的融资成本会被纳入用于评估投资的折现率。

5. 这是机会成本的例子。在这个项目上使用这位经验丰富的经理所增加的成本是28000美元，用来取代他原来的工作。因此，应列入净现值计算的数额为每年28000美元，而不是35000美元。

税收

纳税可以对投资现金流产生重大影响，因此应予以考虑。与投资评估相关的税收有4个方面：

1．一项投资的利润所得税代表的是企业的现金流出，因此需要纳入净现值计算。由于时间的重要性，纳税时间也会对净现值计算产生影响。

2．任何债务融资的利息都是所得税允许扣除的费用。因此，投资的融资方式将影响税收现金流。

3．任何税收损失都可能导致其他利润的税收减免，从而减少应纳税额。

4．资本免税额是等同于折旧的所得税。它们对资产投资提供税收减免，以减少所得税的现金流出。对于涉及在建筑物、厂房或设备上进行大量投资的项目，资本免税额可能是重要的，并且对投资的现金流产生重大影响。

由于税收的这些方面可以对投资的现金流产生重大影响，因此确保税收始终被考虑并被纳入投资评估计算中是很重要的。

通货膨胀

通货膨胀降低了未来现金流入的购买力，使其贬值。因此，在试图评估货币的时间价值和计算投资回报时，通货膨胀会造成结果的扭曲。例如，将通货膨胀因素考虑在内后，12%的实际回报率可以降至8%。因此，重要的是将通货膨胀的影响纳入投资回报，并确定回报率是否包括或不包括通货膨胀。

为了避免这种混淆，上述两种投资回报率使用了不同术语。如果利率包括通货膨胀的影响，它就被称为"货币利率"。为了避免混淆，有时也被称为"名义"或"市场"利率。另一方面，"实际"利率是指剔除通货膨胀因素后的利率。调整方式如下：

$$(1+实际利率) \times (1+通货膨胀率) = (1+名义利率)$$

注意，实际利率是乘以通货膨胀，而不是二者相加，得出名义利率。

示例 9.7　通货膨胀调整

（1）企业需要从投资中获得的实际回报率是12%，通货膨胀率目前为4%，该企业进行投资评估所需的资金回报率是多少？

解答：资金回报率 =16.5%（1.12 × 1.04=1.165）。

（2）一家企业的投资回报率为18%。同期通货膨胀率为5%，投资的实际回报率是多少？

解答：实际回报率 =12.4%（1.18 ÷ 1.05=1.124）。

处理投资评估计算中的通货膨胀

有两种方法可以将通货膨胀的影响纳入投资评估计算：

名义利率法：第一种方法是使用"货币"现金流（即包括通货膨胀在内的现金流），并用"名义"折现率（即包含通货膨胀影响的折现率）对其进行折现。

实际利率法：第二种方法是利用剔除通货膨胀影响的现金流并使用"实际"折现率。

在实践中使用哪一种技术取决于如何编制投资的现金流预测表。如果现金流的预测是"按当天计算"，而不考虑通货膨胀影响，那么更容易使用实际利率法。另一方面，如果是对未来应付或应收的实际数额（因此加上通货膨胀）编制现金流的预测表，则应采用名义利率法。

示例 9.8 处理通货膨胀

公司正在考虑投资一个 10 万美元的项目，按当前价格计算，该项目将在 3 年内获得 5 万美元的回报率。该公司要求的资金回报率是 14%，目前的通货膨胀率为 4.6%。净现值是多少？

市场利率法

表 9-11 按名义利率法计算的净现值

年份	实际现金（美元）	名义现金流（通货膨胀率 4.6%）	名义复利现值系数 @14%	现值（美元）
0	−100000	−100000	1.000	−100000
1	5000	52300	0.887	45867
2	5000	54706	0.769	42069
3	5000	57.222	0.675	38625
净现值				26561*

实际利率法

表 9-12 按实际利率法计算的净现值

年份	实际现金（美元）	实际复利现值系数 @9%	现值（美元）
0	−100000	1.000	−100000
1	5000	0.917	4585
2	5000	0.842	4210
3	5000	0.772	3860
净现值			26550*

实际折现率 =9%（1.14÷1.046=1.09）

*这两个计算结果之间有 11 美元的微小差异（表 9-11 和表 9-12）仅仅是因为四舍五入的取整。

练习：现在做习题 9.2。

年金

如果一项投资的现金流年复一年都是相同的，它被称为年金。如果是这样，有一种更简单的计算净现值方法就是通过使用年金表。年金表可显示现值1美元从现在开始计算持续到 n 年，每年可收到的收益。一套年金现值系数可见附录 5。

示例 9.9 年金

公司正在考虑投资一个项目，项目将花费 1 万美元，可能产生的现金流是持续 5 年每年 3000 美元，预期在该项目结束时没有残余价值。该公司设定 12% 的折现率来评估投资，该投资项目是否可接受？

解答

表 9-13 该投资项目净现值表

年份	现金（美元）	折现系数	现值（美元）
t0	−10000	1.000	−10000
t1−t5	3000	3.605	10815
净现值			815

由于该投资的净现值为 815 美元，因此该项目可以接受。

资本限额：盈利能力指数

资本限额是指为投资项目融资的资金供给是有限的。在这种情况下，如果实施的成本超过资金的供给，公司还是不能接受所有净现值为正的项目。因此，该公司需要在其他投资中做出选择。

实际上，资本限额制度的产生有两个原因：

硬约束：资本市场总是提供有限的资本。因此，公司可能无法筹集足够的资金提供给所有可用的项目。

软约束：该公司可能有足够的资金，但出于战略原因，它有选择地限制资本投资。

当公司面临资本限额的情况时，应分配可用资本，以使投资的资本收益最大化。因此，对于个别投资建议，应考虑其回报率（即净现值除以所需资本）。这个比率有时被称为盈利能力指数：

盈利能力指数 = 净现值／初始资本成本

示例 9.10　资本限额

公司目前有 1000 万美元可用来给今年的新项目注资。它确定了 5 个潜在投资项目，并计算了每项投资的净现值，如表 9-14 所示。

表 9-14　5 项投资净现值和资金需求量

投资	净现值（百万美元）	资金需求量（百万美元）
A	2	4
B	1	3
C	0.4	0.5
D	0.5	0.75
E	1.6	4
总计		12.25

该公司无法同时投资所有 5 个项目，因为这将需要 1225 万美元资金额。为了选择 1000 万美元投资项目，该公司将根据其回报率，即净现值除以所获资金的比值，对这些项目进行排名（表 9-15）。

表 9-15　五项投资回报率排名

投资项目	净现值与所需资金比值	排名
A	200 万美元 /400 万美元 =50%	3
B	100 万美元 /300 万美元 =33%	5
C	40 万美元 /50 万美元 =80%	1
D	50 万美元 /75 万美元 =67%	2
E	160 万美元 /400 万美元 =40%	4

基于这个排名，公司将按照优先顺序投资项目 C、D、A 和 E。这些项目总资本额为 925 万美元。尽管公司还有 75 万美元的资本剩余，但 B 项目无法分解成 0.75/3.0，也不可能仅投资该项目的 25%。

替换资产的决策

到目前为止，我们研究的所有投资场景都涉及投资新资产。然而，在现实中，许多投资决策都涉及替换现有的资产。对公司来说，一个重要的决定是，机器或公司车辆等资产要保留多久才替换。可以使用净现值计算来确定替换资产的最佳时间。

当使用净现值进行替换决策时，我们对该技术稍微进行了修正。首先对净现值进行常规计算；其次对其进行调整，确定"年净现值"；最后，公司应该在年净现值最大化的时候替换资产。

示例 9.11 替换决策

公司花了 15000 美元购买一台机器。这台机器可以使用 3 年时间，然后在相同的生产过程中被一个同质机器取代。下表是预估数字（表 9-16）。

表 9-16 机器在不同使用年份净收入与残值

年	1	2	3
净收入（美元）	9000	7500	4500
残值（美元）	6000	4500	1500

该公司对项目评估采用 10% 的折现率。机器应该在 1 年、2 年还是 3 年后更换？

解答

如果在第 1 年年底更换机器，净现值将如表 9-17 所示。

表 9-17 机器在第 1 年净现值

年份	t_0	t_1	净现值
机器成本	−15000		
净收入		9000	
残值		6000	
总计	−15000	15000	
年金现值系数	1	0.909	
现值	−15000	13635	−1365

如果机器在第 2 年年底更换，净现值将如表 9-18 所示。

表 9-18 机器在第 2 年净现值

年份	t_0	t_1	t_2	净现值
机器成本	−15000			
净收入		9000	7500	
残值			4500	
总计	−15000	9000	12000	
年金现值系数	1	0.909	0.826	
现值	−15000	8181	9912	3093

如果机器在第 3 年末更换，净现值如表 9-19 所示。

表 9-19 机器在第 3 年净现值

年份	t_0	t_1	t_2	t_3	净现值
机器成本	−15000				
净收入		9000	7500	4500	
残值				1500	
总计	−15000	9000	7500	6000	
年金现值系数	1	0.909	0.826	0.751	
现值	−15000	8181	6195	4506	3882

接下来，将每个净现值都除以投资运行年限的年金现值系数"年度化"：

1 年后更换：（-1365 美元）÷0.909= -15029 美元

2 年后更换：3093 美元 ÷1.735= 1783 美元

3 年后更换：3882 美元 ÷2.486= 1562 美元

2 年后更换的年净现值是最高的。因此，公司应该遵循的替换策略是第 2 年年底更换掉机器。

投资评估的背景

到目前为止，这一章已经讨论了投资评估的主要技术，以及它们如何应用于不同的投资决策。我们现在将讨论投资评估的一些实际问题，以及在实践中应用这些技术可能涉及的问题。

这些投资评估技术在实际应用中存在许多问题，我们将其归纳为三个主要方面。

首先，我们所研究的技术非常狭隘地只关注可以量化的有形因子。在实践中，许多投资决策可能涉及难以量化或无形的因子，例如投资新计算机系统以改善客户服务或投资新产品功能的研发。

其次，这些技术（尤其是净现值）是高度计算性的，也就是说，在实践中，管理者可能会迷失在计算的细枝末节中，而忽略了一个事实，那就是他们所依靠的预测可能是不准确的，而且十有八九是行不通的。

最后，传统投资评估技术（以相关现金流的概念为代表）狭隘的关注点，意味着它们可能无法在更广泛的组织战略背景下进行多样化投资决策。在现实中，管理者不仅会投资即时的财务回报，还会考虑更广泛的战略原因，比如增加运营灵活性、获得竞争优势或在未来提供更多的战略选择。此外，在当今的商业环境中，管理者必须考虑的不仅仅是企业所有者的即时财务回报，还有员工、客户、供应商及更广泛的社会和环境等其他利益相关者的权益和要求。这些在投资决策中同样重要。

整合定性因子

传统投资评估的一个问题是，它往往导致对有形财务问题的分析，与投资决策的其他重要因子相分离。如果将定性因子纳入评估，即便所有被纳入考量的因子仍然是有形的，评估也会变得更加复杂。

让我们以一家公司为例，该公司正在投资一种新的计算机化客户管理系统（CMS）。新的客户管理系统将集成到现有的基于IT的财务系统中，并将通过新的计算机网络在所有办公室中使用。在进行财务投资评估时，有许多问题可能很难回答：

● 有形成本应该包括什么？新网络和其他计算机硬件的有形成本很容易确定。然而，很难确定的是这些成本的多大比例应该分摊到对客户管理系统的投资上。网络将对所有部门和所有系统都有好处，任何新计算机或工作站都将用于许多其他功能。

● 无形成本应如何衡量？实施新的客户管理系统的一些成本是无形的，很难衡量。例如，花在开发和审查新系统上的管理时间会分散对其他活动的注意力；新系统实施后，现有工作可能会中断；员工学习使用新系统的速度会变慢，效率也会降低。在这种情况下，可以记录和测量在项目上花费的时间，但是记录和测量这个时间对其他活动和生产力水平的影响并不容易。

● 收益递减。如果应用新客户管理系统的基本逻辑是改善客户服务，那么应该做到什么程度呢？越来越多的功能添加到客户管理系统中可能导致成本越来越高。这些功能中有多少应该被调整？同理，增加处理能力将更快地提供信息。也许可以确定在两小时内而不是两天内获取信息会有明显的优势，但是，在两分钟，甚至两秒钟内获得这些信息会更好吗？

● 无形的利益应该如何测量？进行任何旨在提高信息可用性或服务质量的新投资（特别是IT投资）的问题是，成本通常是有形、容易识别的，而收益却是无形的。传统的净现值计算无法获得这些无形收益，这意味着任何投资评估都必然导致负的净现值。在许多情况下，成本的确定要比收益的确定容易得多，尤其是在从投资中寻求的收益是无形的情况下。因此，在这种情况下有三种方法可选择：

1. 忽略收益：传统的方法是忽略无形的东西，只关注那些可以用金钱衡量的东西。不幸的是，这可能导致负的净现值和投资被拒绝，仅仅是因为收益无法立即在财务上量化。

2. 量化收益：第二种常见的方法是尝试量化收益，这样它们就可以被纳入传统的投资评估计算中。虽然这在某些情况下可能有效，但可能很难量化某些收益，或者可能导致丢失有关投资收益的丰富信息。

3. 改变方法：平衡计分卡。第三种选择是从纯粹的财务分析转向包含非财务利益的分析。这种方法试图在一个项目中集成定性和定量的评价维度，可称之为平衡计分卡方法。在投资评估中使用这种平衡计分卡方法需要决策者衡量投资的各种定量和定性维度，并给每个维度打分，这样每项投资都能得到一个总分，就可以比较不同的选择方案了。

示例 9.12　平衡计分卡

新客户管理系统的投资评估：

财务收益：

● 净现值 × 美元

非财务收益：

● 百分之 × 的用户满意质量
● 百分之 × 的用户满意范围
● 每月节省 × 小时

练习：现在做习题 9.3。

应对风险：结果的可变性

在投资评估中，风险与结果的可变性有关。当讨论投资风险时，我们的意思是实际结果可能不像预期的那样。到目前为止，在我们看过的所有例子中，计算都是基于一组"最佳猜测"的结果。不幸的是，在现实中，"最佳猜测"几乎永远不会是真正的结果。因此，进一步将风险评估纳入投资评估中的方法是分析出可能的结果范围。分析可能的结果范围有三种主要方法：灵敏度分析、情景分析和概率分析。

灵敏度分析

灵敏度分析是一种简单而强大的技术，在实践中得到了广泛的应用。它考察了单个变量(如投资成本、现金流水平和投资寿命)改变对项目回报的影响。该方法通过调整净现值计算中的每个主要变量，直到净现值等于0（即当投资在财务上不再可行时）。这种方法可以让决策者了解每个变量可以容忍多少变化。如果净现值为0，而它相对应的变量变化较小，那么说明投资对该变量非常灵敏。灵敏度分析更容易识别预测中的弱点。这是一种非常好的方法，可以确定项目开始后需要仔细监测的关键因素。它也可以用来评估是否应该采取进一步的行动来最小化风险，例如利率对冲或使用货币衍生品来管理汇率风险。

情景分析

虽然灵敏度分析在区分和识别个体变量的变化上是有用的，但它的假设是不现实的。实际上，更有可能的情况是，根据不同的环境，多个变量或所有变量同时发生变化。情景分析通过预测在不同条件下，例如在经济条件好转或经济条件变差的情况下，多个变量将如何变化来解决这一问题。正常情况下，我们会使用计算机电子表格进行这种类型的财务建模。

概率和预期值

敏感度分析和情景分析用一系列不同预测代替单一计算。但它们会让决策变得更加困难，因为它们没有告诉我们各种不同结果出现的可能性。第二个问题是，不同的情景产生不同的净现值，其中一些可能是负值。这是否意味着不应该进行投资？正的净现值意味着一项财务上可行的投资这一简单规则可能不再适用。

示例 9.13 概率分析

一些投资分析师使用了一种方法来克服这些问题,这其中包括确定一系列不同的结果,并为每个结果附加一个概率。

这些概率可以用来计算每个不同情景的净现值加权平均值,如表9-20所示。

表9-20 不同情景下净现值及其加权平均值

情景	净现值(美元)	概率	净现值 × 概率
A	-100000	0.2	-20000
B	200000	0.3	60000
C	300000	0.4	120000
D	500000	0.1	50000
预期净现值 =(净现值 × 概率)=			210000

21万美元的加权平均数称为预期净现值(ENPV)。它的优点是提供了一个可以用于评估投资的单个数字。如果预期净现值为正,则投资在财务上是可行的。

但是,在使用此方法时应该小心,因为预期净现值没有反映实际发生的结果。例如,在示例9.13中,决策者应该始终记住,投资的净现值仍有20%的可能为-10万美元。

评估风险的其他方法

复杂电子表格的出现和处理能力的增强使得更复杂的数学技术成为可能,围绕投资现金流的不确定性建模的其他方法正变得越来越流行。

蒙特卡罗模拟方法使用概率分布和随机数来估计净现金流量。如果重复多次,就会由此得到可能的净现值分布,从而可以确定项目的不确定性。类似的不确定性建模方法包括马尔可夫链理论和模糊理论。这些方法允许由一系列不精确("模糊")的数字来表示未知的现金流,以便为净现值结果建模。

采取更广泛的战略视角

到目前为止,我们将投资评估视为一种孤立的财务行为。我们所研究的方法虽然被广泛使用，但由于没有考虑到更广泛的战略视角而受到批评。因此，在最后一节中，我们将讨论投资评估的最新发展，这些发展旨在将更广泛的战略视角纳入对个别投资决策的财务评价。

实物期权

我们在本章中讨论的传统投资评估技术非常狭窄地集中在财务分析上。这一点以有关现金流概念为例，这类概念将任何与投资无关的费用或收入排除在计算之外。然而，如果从更广泛的战略视角来看待投资，企业可能希望建立更多灵活性，这将为未来提供更多选项。例如，公司考虑建造一座新工厂，这座工厂的规模是目前生产能力所需的两倍。公司会在预期未来增长的情况下建造新工厂。在这种情况下，应用传统的投资评估方法的问题是，建造大型工厂的额外成本与基于当前产能的收入联系，可能会导致负净现值。

实物期权借用了金融期权的概念，即将股票等金融资产转换为现金的期权。实物期权是把实物资产换成其他资产的期权。例如，购买一块优质土地可以给食品零售商真正的扩张选择，通过支付在这块土地上建造新商店的成本，从新的销售渠道获得收入。如果新商店的利润低于预期，那么未来的选择可能是放弃经营并出售土地。

价值链分析

评估项目战略问题和现金流的另一种方法是进行价值链分析。这包括识别具有战略意义的价值创造活动。"价值链"是指从基本原材料到最终产品的一系列活动。关注这些活动包括寻找机会提高客户价值或降低生产成本。人们在实践中发现，价值链分析可以产生与传统技术下投资决策完全不同的决策，因为价值链中不同活动之间的联系成为决策过程的重要方面。

成本动因分析

成本动因分析借鉴了第 8 章中探讨过的作业成本法概念。它包括识别那些来自组织投资决策的成本驱动因素。通过具体化这些联系，组织能够确定投资对未来现金流的影响，从而决定进行哪些项目投资。

竞争优势分析

竞争优势分析包括评估投资的收益是否与组织的竞争定位策略相一致，例如成本最小化或差异化。项目可以根据它们对组织所选择的战略做出贡献的能力进行排名。

> **摘录 9.4　思科：整合更广泛的战略蓝图**
>
> 思科是一家设计、制造和销售网络设备的美国跨国公司，其总部在美国加利福尼亚州圣何塞。在 20 世纪 90 年代末和 21 世纪初的经济繁荣时期，中层管理人员获得了极大的自由，可以为技术和创意收购初创企业。然而，在随后的经济衰退期间，思科收紧了投资，成立了投资审查委员会，每月开会审查可能的收购计划。提出收购建议的管理人员不仅需要展示可能的财务效益，还需要制订详细的整合计划。

小　结

本章考察了大量投资评估技术，介绍了用于投资评估的传统技术以及最近的创新。特别的是，我们已经分析了每一种技术，并指出它们的优缺点。读者会注意到本章所介绍的所有技术都会有优缺点。因此，可以得出这样的结论：仅仅依靠一种方法可能会导致次优决策甚至是失败。因此，在实际层面上，混合使用不同技术消除或最小化每种技术的缺陷是有意义的。

学完本章之后，我们希望读者能更好地理解如何应用不同的投资评估技术，更有效地使用这些技术来评估投资，识别并避免常见的错误应用。

问　题

1. 为什么良好的投资评估对组织很重要？
2. 评估一项潜在投资时应考虑的 3 个主要因素是什么？
3. 投资回收期法的主要缺点是什么？
4. 解释货币的时间价值概念。
5. 净现值计算中使用的"折现率"是什么？它是如何得到的？
6. 什么是机会成本？为什么要把它囊括进投资评估计算？

7. 税收如何影响投资的现金流？

8. 解释将风险评估纳入投资评估的两种方式。

答案见 www.koganpage.com/accountingfm2。

习 题

习题 9.1　基本计算

一家公司正在考虑投资 1.2 亿美元建立一座新厂房。新厂房预计每年可节省的成本如表 9-21 所示。该厂房使用寿命预计为 8 年，之后将过时并需要更换。公司的政策是采用直线法折旧所有资产。

表 9-21　新厂房不同年份节省的成本

年份	年节省成本（百万美元）
1	30
2	35
3	40
4	45
5	30
6	26
7	15
8	15

思考：

使用下面的技术评估投资：

1. 回收期，若公司认为在 4 年内收回资本投资是可以接受的，请评估公司是否应该进行投资。

2. 会计收益率，使用平均资本的会计收益率是多少？

3. 净现值，如果资本投资的要求是回报率为 12%，其净现值是多少？公司应该进行投资吗？

习题 9.2　理解原则

新食客公司是一家经营食品零售的商店，在美国南部有 25 家门店，并在那里开展业务。董事会目前正考虑在北部的主要城市开设大型新店，将业务扩展到北部地区。对新店的投资估计为 4000 万美元。新银行贷款将提供主要的一笔资金为 3500 万美元，每年的成本为 8%。预计该投资将在 3 年内收回，内涵报酬率为 22%。你被要求在董事会下次会议上就

拟议中的投资做报告。董事们对投资评估中的计算提出了一些疑问,希望你在报告中提到以下几点:

1. 新店的可行性研究已经完成,费用为 28000 美元。这笔费用没有列入投资评估计算。

2. 银行贷款 350 万美元的利息将按季度支付。这些付款没有包括在投资评估计算中。

3. 总会计师建议收取中心办公室 5% 的费用作为新店的管理费用。这笔费用也没有列入投资评估计算。

4. 公司的政策是在 4 年时间里,对所有新投资进行直线法折旧。投资评估计算中未包括折旧费用。

5. 新店开张后,将由公司最有经验的门店经理管理。这个经理年薪 4 万美元,这笔费用已经包含在投资评估计算中。经理搬到新店后,她的助理经理将被提升接替她之前的工作。助理经理目前年薪为 2.5 万美元,但晋升后年薪将增至 3 万美元。

思考

你需要向董事会陈述并做笔记,对以上 5 个问题的处理逐一给出解释。你应该说明是否同意每种情况下的会计处理。如果你不同意,应该解释原因并提出一个替代方案。

习题 9.3　财务评估的环境

ANG 公司是一家为智能手机和其他移动设备生产高性能处理器芯片的公司。公司总部位于欧洲,在过去 5 年里发展迅速。通过培养高技术和忠诚的员工队伍,它能够与全球竞争对手竞争。该公司预测现有市场将继续增长,并打算进军中国和东南亚新市场。有鉴于此,董事们一直在考虑在未来 18 个月内开设新工厂的方案。

董事们为工厂确定了 3 个可能的新地点。你已被任命为企业顾问,以帮助企业选择合适的地址。

每个地点的工厂财务信息列于表 9-22。

表 9-22　3 个地点工厂的财务信息

	工厂 A	工厂 B	工厂 C
初始成本(百万美元)	150	150	140
预期生产寿命(年)	5	5	4

公司会计核算的信息如表 9-23 所示。

表 9-23　3 个地点工厂的回收期、会计收益率和净现值比较

	工厂 A	工厂 B	工厂 C
回收期（年）	3	2	2
会计收益率	29%	29%	32%
净现值（百万美元）	25.6	39.4	28.7

净现值的计算使用的是该公司标准折现率 13%。更多详情提供如下：

工厂 A：这家工厂将在现有工厂旁边开张。这将为该地区的人提供更多的工作机会，并为现有员工提供可能的晋升机会。

工厂 B：它将建在新企业开发区，距现有工厂约 150 千米。通过在这里开设工厂，该公司可以利用政府提供的税收减免和其他激励措施。开办这家工厂将涉及把一些现有的生产转移到新工厂。这意味着现有劳动力的 20% 将被裁减（裁员成本包含在上述数字中）。

工厂 C：这家工厂将在中国开业。该公司将受益于更低的劳动力成本（包含在上述数字中）。该公司在中国和东南亚新开放市场的销售增长也将处于有利的地理位置。

思考

向 ANG 公司的董事们写一份报告，用上面提供的财务和非财务信息对这 3 种潜在投资进行评估。说明董事会在做出最后决策前可能需要考虑的进一步信息。

补充阅读

1. Ogier, T, Rugman, J and Spicer, L (2004) *Real Cost of Capital: A business field guide to better financial decisions*, Financial Times/Prentice Hall, Harlow

2. Smit, H T J and Trigeorgis, L (2004) *Strategic Investment: Real options and games*, Princeton University Press, Princeton, NJ

第10章

融资决策

学习目标

了解企业的不同融资来源,以及支撑融资决策的理论和实践因素。

学习成果

在学习本章后,读者将能够:
- 区分和评估企业的不同融资来源。
- 了解风险与报酬的关系,以及提供一系列风险等级的金融产品需求信息。
- 确认和评估合适的融资决策。

学习重点

- 股权融资的类型。
- 债务融资的类型。
- 计算资本成本。
- 资本结构决策。
- 筹集资金的现实思考。

管理问题

管理者需要了解可供企业选择的全部融资资源,评估哪些资源是现实情况下最合适的。他们需要了解融资对企业盈利能力的影响。

引　言

本章涉及企业的资本结构决策，它要解决财务管理的一个基本问题，那就是：企业应该如何融资？在本章中，我们首先通过确定不同的融资渠道来解决这个问题，然后再研究最优融资组合的决定因素。

融资的基本动态：风险与回报

投资者（融资提供者）和寻求融资的人都在寻找他们能获得的最佳交易。这种交易将根据所涉及的风险和回报来衡量。所谓风险，指的是不能收到预期回报的风险。对于投资者来说，最大的风险是不仅没有从投资中获得财务回报，投资金额也可能损失。回报通常是以初始投资的百分比来衡量的。例如，如果你在一年内投资100美元并获得120美元，你将获得20%的报酬（20美元/100美元）。

投资者始终希望融资的风险和回报水平一致。也就是说，投资风险越高，投资者要求的回报就越高。例如，与借钱给财务记录良好并从流行和有市场的产品中获得稳定利润的公司相比，投资者借钱给开发创新产品的初创公司，需要更高的回报率。

此外，不同的投资者有不同的风险偏好。一些投资者愿意为高回报的承诺承担高风险。如果其他投资者的风险水平较低，他们可能会对较低回报率的投资感兴趣。正因为如此，我们发现各种各样的融资产品可以满足不同投资者的风险偏好和融资企业的具体融资需求。

商业融资的类型和来源

企业可获得的不同资金来源通常按类型和期限（持续时间）进行分类。两种主要的融资类型是股权融资和债务融资（图10-1）。这两种类型的融资均有各种各样的资金来源，我们接下来进行探讨。

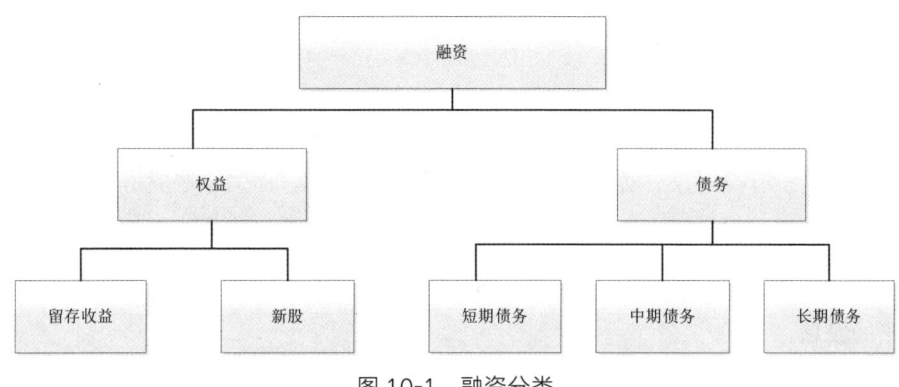

```
                    融资
                     |
         ┌───────────┴───────────┐
        权益                    债务
         |                       |
     ┌───┴───┐          ┌────────┼────────┐
   留存收益  新股      短期债务  中期债务  长期债务
```

图 10-1　融资分类

股权融资通常是开放式的，因此是长期的，也就是说，没有到期日，同时，股票只在企业存续期间存在。而债务融资通常有固定的期限，有一个或几个预定的偿还日期。因此，债务融资通常分为短期、中期和长期三大类。

短期 = 不超过 1 年

中期 = 1—5 年

长期 = 5 年以上

股权融资

股权融资通常被称为风险资本。因为它通常为投资者带来最高的风险，同时保证了最高的回报。股票（股息）的回报是在所有其他债务人都得到偿付之后，并且只有在有足够资金的情况下才支付。在资不抵债情况下，股票持有者的权益保障将排在其他债权人之后。

股权融资有许多不同类型，以满足不同的投资者对不同风险水平的需求，以及满足不同情况的企业对不同融资类型进行选择的需要。虽然许多公司只有一种股票（普通股），但即使是小型私营公司也有可能而且越来越普遍地拥有不同类别的股票，赋予其各自不同的级别权利和回报。

普通股

普通股是默认的股份类别，授予所有权。也就是说，普通股的持有者被视为企业的所有者。普通股拥有表决权（每股一票），并有权在公司有财力支付股息时平等参与分红。如果公司清算，普通股股东将在所有负债付清后分享公司资产。

一些公司，尤其是家族企业，可能拥有不同级别的投票权。例如，一些股份可能没有投票权（对于家庭成员或非家庭雇员），而另一些股份可能有额外的投票权（有时称为管理股份）。另一个越来越受小型和家族企业欢迎的是 α 股份，这些类别被称为"A 股""B 股"等，每个类别可能被授予不同水平的股息。

优先股

优先股被归类为股权，但它们是专门为降低投资者风险水平而设计的，其功能更像是债务。优先股股东将获得每年分享固定股息的优先权利，用百分比回报表示（例如，8% 优先股）。优先股通常是累积的。也就是说，如果某一年的利润不足以支付股息，股东的股息就会累积。虽然相对不常见，一些优先股也可能参与分红，这意味着如果公司有一个非常盈利的年度，他们将获得额外的股息，超过固定收益。优先股通常是无投票权的。一些优先股是可兑换的，这意味着他们可以在未来的某个时候转换为普通股。它们有时也可以被公司赎回（见下文）。优先股的这些变体代表的是它们让股票对潜在投资者而言更具吸引力。虽然优先股曾经是相对普通的，但近年来却变得不那么受欢迎，因为对公司来说它不像债务那样有税收优势。因此，它们在很大程度上已被能向投资者提供类似好处的债务工具所取代。

摘录 10.1 沃尔沃发行优先股

瑞典汽车制造商沃尔沃寻求将来在中国上市。为准备可能的上市，该公司将向瑞典以外的投资者发行 5 亿美元的优先股。如果公司在股票市场上首次公开募股，这些优先股可以转换为普通股。沃尔沃的这一举措使它们能够吸引风险偏好较低的投资者，同时降低了在首次公开募股中所有股票可能不被认购的风险。

递延股

顾名思义，当涉及对公司资产的索赔时，这类股票排在最后（例如，在破产情况下）。在所有其他类别股票都收到股息之前，递延股可能还会在股息收取上受到限制，但在利润允许情况下，递延股股息水平可能要比其他股票高得多。

可赎回股份

这些股票的发行条件是，公司将在未来某个时候回购这些股票。这可能是固定的日期，或者一段时间。这些股票可以发行给外部投资者，为该投资者提供清晰的退出路径。他们有时也会发给员工，因为他们知道如果员工离开公司，他们会得到补偿。赎回时的价格可以是发行价格、预先约定的价格，也可以是赎回时的市场价格。

认股权证

认股权证（或权证）严格来说不是一种股票，但由于它们的操作方式，值得讨论。公司向潜在投资者发出的认股权证更像是股票期权。权证持有人将有权选择（但非义务）在未来某一时刻以优惠价格购买公司股份。权证经常与债务融资结合使用作为使投资更具吸引力的手段，特别适合被视为高风险的新公司。投资者最初可以向公司贷款并获得认股权证作为回报。如果该公司成功了，投资者可以从中获益，并通过行权成为股东。

留存收益

留存收益被归类为股权融资，因为它们是属于股东的利润，但没有作为股息返还给股东。在公司内部留存的任何收益都是普通股东的财产，实际上代表着他们对公司的进一步投资。由于留存收益已经存在于企业内部，因此它似乎是一种成本低廉的融资来源。然而，这是一种误解，因为这些资金属于股东，他们希望自己在该公司投资的任何资金中获得回报，包括本可以用来作为股息偿还的资金。

股权筹资

股权筹资的主要来源有三种：

留存收益

如果公司产生了足够的利润，它可以将这些利润作为内部资金来源保留在公司内部，而不是作为股息发放出去。由于该公司已经持有资金，因此融资不会产生成本，就像发行新资本一样。因此，这是一个有吸引力的选择，尤其是当所需资金数额相对较少的时候。

配　股

公司发行配股，就是要求现有股东对公司进一步投资。公司在向公众发布新股票之前，必须先发行配股，这是一项要求。这是为了保护现有股东，因为如果向新股东发行股票，他们对公司的所有权将被稀释。

"权利"一词是指股东拥有购买新股的权利而非义务。在配股中，每位股东将按现有持股比例获得额外股份。例如，在1∶3配股中，股东每持有3股股票就会获得1股新股。通常情况下，价格会低于当前市场价格，以鼓励股东参与配股。股东可以行使他们的权利购买新股。然而，如果他们不希望自己购买股票，他们也可以将自己的权利卖给其他股东。

发行新股

如果公司无法从留存收益或配股中筹集所需资金，它将向公众发行新股。通常由担保人管理这个过程，而担保人一般是投资银行或证券公司。担保人通过招股说明书向公众或养老基金和保险公司等机构发售股票。这可能是一个代价高昂的过程，因此，只有在发生重大股份问题时，发行新股才可以作为筹集资金的手段。

（问题讨论）

为什么一定要在向公众发行新股之前发行配股？

债务融资

对投资者来说,债务融资通常比股票风险更低,因此回报也更低。债权通常没有控制权,除非公司在贷款协议上违约。

对公司来说,债务利息是一项要用税前利润支付的业务费用。因此,债务相对于股权具有税收优势,在优化融资策略时,这一点会非常重要。我们将在后面的章节中对此进行探讨。

债务融资的应付利息可以是固定或浮动的(可变的),后者可以有特殊的安排,例如限制可变利率范围的上限或下限。债务通常有固定的具体还款日期。可以出售某些形式的结构性债务(见下文),以便原始债务所有者能够在赎回日之前变现其资产。

> **专家观点 10.1　测量杠杆率**
>
> 杠杆率(有时称为资产负债率或财务杠杆率)是指债务与股权融资的比率。测量杠杆率的常用方法有两种:一种是使用资产负债表,另一种是使用利润表:
>
> 从资产负债表来看:杠杆率 = 负债 /(负债 + 权益)
>
> 从利润表中看:利息保障倍数 = 息税前利润 / 应付利息

债务担保

在资不抵债情况下,债权人级别高于股东,而那些持有债券或抵押品的债权人高于其他债权人。债务人的两种主要担保类型:固定费用和浮动费用。固定费用是一种针对企业特定资产(例如建筑物)的担保。浮动费用是针对流动资产类别如应收账款或库存的担保。如果公司拖欠贷款,债权人可以没收资产以收回债务。因此,收费是降低投资者风险的一种手段。

债务融资结构

> **专家观点 10.2　债务资产期限匹配**
>
> 对于一家公司来说,重要的是要使其债务与其用于融资的资产或投

资相匹配。如果在投资和基础债务之间存在时间上的不匹配，可能会给企业带来问题。例如，如果短期债务被用于长期资产融资，公司可能需要在投资结束前寻求进一步融资。如果替代资金筹集不到的话，项目可能就面临风险。另一方面，如果长期债务被用来为短期资产提供资金，当不再需要这样的债务时，公司仍将支付利息。

银行借款

银行可能向企业提供贷款，或向企业提供透支。透支是一种短期贷款，通常在需要时可以快速获得。然而，在实践中，一些公司将透支作为长期融资来源，如果银行要求还款，这可能是一种风险。另一方面，透支是有用的，因为它是一种灵活的贷款。公司在任何规定时间内只会提取当时所需资金，因此将只需要支付该金额的利息。大多数公司都会与银行安排透支额度，这是他们可以利用的预先确定的透支金额。

债务市场

公司可以发行正式的结构性债务，如债券，并在股票市场上出售。此类债务通常以预先确定的单位出现，例如 100 美元，其优势是可以像股票一样在股市上轻松交易。这使得债券对投资者更具吸引力，这反过来又使其为公司筹集资金更便宜、更容易。

保付代理

保付代理或托收保付是通过应收账款改善现金流的手段。公司可以出售其债务给通常会预付公司 80% 金额的保付代理。当债务被收回后，减去代理费用的余额就会被支付。这是小公司的常见做法，因为它们没有足够的现金储备为它们有时需要提供的慷慨信贷条款准备资金。

可转换债券

可转换债券是使债务对投资者更具吸引力的一种方式。这类债券的所有者将有权在未来某个时候将其投资转换为普通股。这意味着投资者最初承担的债务风险较低，但有机会通过转换期权参与公司未来的成长。这种债券的应付利息通常较低，因为转换选项，导致公司成本较低。

摘录 10.2　大波特兰地产公司发行可转换债券

大波特兰地产公司是伦敦西区专门从事开发和租赁房地产的公司。2013年，该公司发行了价值1.5亿英镑5年期无担保可转换债券，利率为1%。相比之下，同年其他房地产公司发行的债券平均利率为5%。债券发行说明了可转换债券如何为公司提供以更低成本筹集资金的机会，对投资者来说转换债券具有潜在的未来收益。

租赁

有时公司可以用租赁为资产融资。租赁有两种主要类型：经营租赁和融资租赁。经营租赁实际上是一种有效的短期使用资产的租赁；融资租赁实际上是通过贷款融资的购买。（有关融资租赁更详细的讨论，请参阅第7章。）

优化融资的基本原则

资本成本

用于企业融资的资金将付出代价：股东期望获得股息，债权人希望得到利息。因此，财务管理的一个重要方面不仅是确保企业有足够和恰当的资金，还要将企业使用的资金成本降至最低。为了达到成本最小化，首先需要了解每种资金来源的成本，这样就可以将不同资金来源组合在一起，既能满足业务需求，又能将总体成本降至最低。因此，在这一节中，我们将研究的财务理论是如何计算单个资金来源的成本和企业的总体资本成本。

（问题讨论）

　　为什么新项目的投资者更喜欢购买债务资本而不是股权资本？

股权成本

股权的价值可以用持有该股权后投资者将获得的未来回报来衡量。正如在第9章投资中所研究的那样，我们可以使用净现值技术从股票中提取未来的现金流入量，并将其折算成现值，即股价。这种方法被称为股利估价模型。

示例 10.1

公司每年支付每股 0.5 美元固定股息。现在的市场价格是 5 美元，该公司股权成本计算如下：

使用第 9 章引入的净现值技术，股票价格是未来股利的现值，折现后的投资者收益率（权益成本）。这可以用下列公式表示：

$P_0 = D/K_e$（P_0 是无股息股价，D 是股利，K_e 是股权成本）

如果我们已经知道了股利和股价，我们可以重新排列这个公式来计算股权成本（K_e）：

$K_e = D/P_0 = 0.5/5.0 = 10\%$

记住，在这种情况下，K_e 表示投资者的回报和公司的股权融资成本。

附有红利及无股息股价

如果投资者在股利支付前立即购买股票，投资者将获得股利。由于这个原因，股票的报价略有上涨，因为股息支付日期临近，包括将收到的股息，这就是附有红利股价。一旦支付了股息，新投资者将不再从股息中获益，因此股价将回落至其基本价值，即无股息股价。为了避免这种股价扭曲，估价模型总是使用无股息股价。因此，P_0 总是无股息股价。如果一只股票的报价是附有红利股价，无股息股价就是从该价格中减去即将支付的股息价格。

股息增长

如果股息年年不变，上述股息估值公式就可以用。然而，大多数公司都希望随着时间推移增加收益和红利。因此需要修改估价模型，以允许股息增长。考虑到这一点，修正公式如下：

$$K_e = \frac{D_0(1+g)}{P_0} + g$$

P_0 是指无股息股价；D_0 是指当前股息；g 是股息增长率。

这个公式被称为股利增长模型，有时也被称为戈登增长模型，以经济学家迈伦·戈登命名。

示例 10.2

公司今年支付每股 0.5 美元股息。当前市场每股价格是 6 美元，股息预计每年增长 4%，该公司股权成本计算如下：

$$K_e = \frac{D_0(1+g)}{P_0} + g = \frac{0.5 \text{ 美元} \times 1.04}{6 \text{ 美元}} + 0.04 = 12.7\%$$

债务成本

我们可以使用同样的净现值技术计算债务成本。然而，如何运用该技术将取决于债务是可赎回还是不可赎回的。

不可赎回债务

不可赎回债务证券是在没有偿还准备金的情况下发行的。公司永远不会偿还债务，但利息将继续以永久形式支付。在这种情况下，计算不可赎回债务的成本与计算没有股息增长的股权成本类似。购买这种证券的投资者正在购买未来的利息支付：

$$K_d = \frac{I}{P_0}$$

P_0 是无股息股价；K_d 是投资者回报；I 是支付的利息。

示例 10.3

一笔不可赎回的债务支付 8% 的利息，目前市场价格为 90% 美元（意思是市场价格为 90 美元，名义价值为 100 美元。利息总是按名义价值计算，因此每年为 8 美元）。投资者的需求回报可计算如下：

$$K_d = \frac{I}{P_0} = \frac{8 \text{ 美元}}{90 \text{ 美元}} = 8.9\%$$

公司税盾

示例 10.3 的计算显示了投资者回报。然而，由于公司从税前利润支付利息，所支付的任何利息都会减少纳税责任。这有效降低了公司的税后成本，被称为"税收盾牌"。在计算负债给公司造成的成本时，我们可以将上面的公式税收影响稍微修改一下：

$$K_d = \frac{I(1-t)}{P_0}$$

P_0 是无股息股价，K_d 是公司债务成本，I 是支付的利息，t 是税率。

示例 10.4

不可赎回的债务支付 6% 的利息，目前市场价格为 80% 美元。公司按 20% 税率缴纳公司税。公司债务的成本可以计算如下：

$$K_d = \frac{I(1-t)}{P_0} = [6 \text{ 美元} \times (1-0.2)] / 80 \text{ 美元} = 6\%$$

可赎回债券

可赎回债券的发行期限是固定的，并有赎回日期。可以在当前市场价格（实际上不太可能），或者在初始发行价格，或者基于发行价格的溢价进行赎回。

为了计算可赎回证券的债务成本，我们需要确定相关的现金流并计算内涵报酬率，如第 9 章所述。

示例 10.5

可赎回债券报价为 75% 美元。刚刚支付的股票利息是 9%。该债券将在 10 年后以面值（名义价值）100 美元赎回。该公司以 20% 的税率纳税。债务成本可以用内涵报酬率技术计算如下：

支付的利息是 9 美元，但公司将从 20% 税盾中获利。因此，公司净利息成本是 9 美元 ×（1-0.2）=7.2 美元 *。

表 10-1 债券在不同折现系数下不同年份的现值示例

时间	现金流（美元）	折现系数 10%	现值	折现系数 12%	现值（美元）
T0	−75.00	1.000	−75.00	1.000	−75.00
T1−T10	7.20	6.145	44.24	5.65	40.68
T10	100.00	0.386	38.6	0.322	32.20
净现值					−2.12

* 请注意，在上述例子中，税收减免只适用于已支付的利息，赎回溢价不受税收影响。

$$\text{内涵报酬率} = A\% + \frac{\text{净现值}@A\%}{\text{净现值}@A\% + \text{净现值}@B\%} \times (B\% - A\%)$$

其中：　　A%= 较低的折现率

　　　　　B%= 更高的折现率

适用于可赎回贷款股份的计算：

$$\text{内涵报酬率} = 10\% + \frac{7.84}{7.84 + 2.12} \times (12\% - 10\%) = 11.6\%$$

加权平均资本成本

如果公司资金来源多种多样，那么公司总资金成本将是每种资金来源的平均成本，并由其相对市场价值加权。因此，一旦知道了每种资金来源的成本，就可以通过简单的加权平均计算来确定资本的总体成本，证明如下。

示例 10.6

公司的资金部分来自股权，部分来自债务。公司目前的杠杆率为30%（即债务占总资本的30%，因此股权占70%）。权益成本为16%，债务成本是10%。加权平均资本成本可计算如下：

$$\text{加权平均资本成本} = (16\% \times 70\%) + (10\% \times 30\%) = 14.2\%$$

问题讨论

为什么资本成本是用市值而不是股票或债务的名义（或发行）价值来计算呢？

资本结构决策

到目前为止，在这一章中，我们已经确定了可用来为企业融资的不同资金来源。我们已经研究了每种资金来源的成本、如何识别这种成本，以及由不同资金来源的总体组合得出加权平均资本成本的方法。在本节中，我们将讨论优化企业资本结构的各种理论。

支撑资本结构理论的是在第 9 章考察投资评估时探讨的股东财富最大化

原则。在第 9 章中，我们学习了如何通过投资回报最大化实现股东财富最大化。然而，公司也有可能通过调整融资来增加价值。如果融资成本降低，同样会增加股东财富。因此，资本结构理论试图将公司的融资成本降至最低。

对资金提供者来说，不同的融资来源带来的风险程度不同。通常，风险越高，投资者的预期回报率越高，公司的成本也越高。因为股权融资带来的风险比债务融资要高，债务融资通常提供更低的回报，因此对公司而言成本更低。所以，从这种关系中得出的合乎逻辑的结论是，如果一家公司增加了债务融资相对于其股权融资（即杠杆）的水平，它就可以降低其总体资本成本。

为了理解财务杠杆水平与加权平均资本成本之间的关系，有必要了解资本成本是由三个因素决定的：

- 无风险收益率。
- 商业风险。
- 财务风险。

无风险收益率

无风险收益率是指投资者可以从完全没有风险的投资中获得收益率。这只是理论状态，因为所有的投资都有一定程度的风险，即使风险很小。然而，人们普遍认为，政府债券代表的是一种尽可能接近无风险的投资。因此，政府债券的收益率通常被视为衡量无风险收益率的良好指标。从投资角度来看，如果这种收益率可以在不承担任何风险的情况下实现，它就代表了不让投资者面临任何风险的基线回报水平。也就是说，任何风险投资必须提供至少等于无风险收益率的回报。

商业风险溢价

一项风险投资的收益率超过无风险收益率的程度取决于投资者对该投资风险的看法。这通常被称为商业风险。这种风险描述了公司所在商业部门所产生的收益可变性。有些商业活动在潜在收益可变性上的风险就是比其他活动大，因此会带来更高的商业风险溢价。

第10章 融资决策

财务风险溢价

对于股票投资者来说，如果公司有借款和股票融资，就会有额外的风险。这是因为债券的利息支付是在给股票投资者回报之前。因此，杠杆水平越高，股权投资者的财务风险就越高（图10-2）。

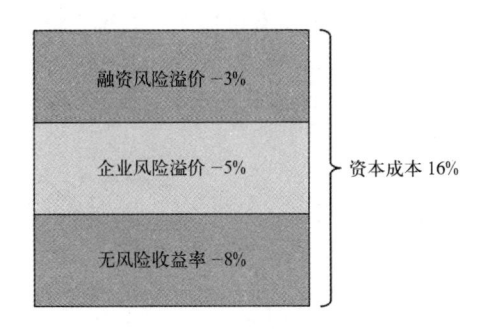

```
融资风险溢价 -3%
企业风险溢价 -5%      资本成本 16%
无风险收益率 -8%
```

图 10-2　资本成本

传统的资本结构理论

传统的资本结构理论利用上述三个因素来确定权益成本和债务成本如何随股权和债务（即杠杆）组合的改变而变化。

图10-3展示了随着杠杆率增加，权益成本将如何增加。当杠杆率为0时，公司的融资完全由股权提供，股权成本由无风险收益率加上商业风险溢价构成。然而，随着债务融资的引入，杠杆率增加，这将给股票投资者带来财务风险。因此，他们所要求的回报水平将会增加。当杠杆率接近非常高的水平时，财务风险将大幅增加，从而加速权益成本的增加。

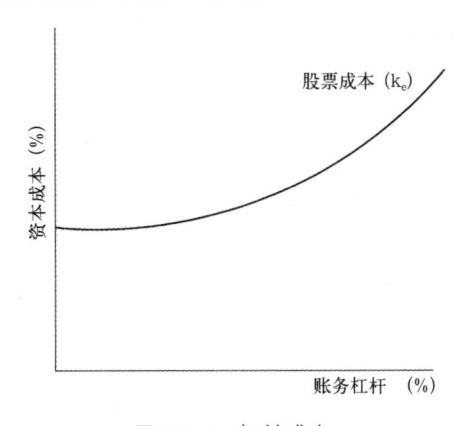

图 10-3　权益成本

在图 10-4 中，类似图表增加了债务成本。在这种情况下，由于债务投资者的风险低于股权投资者，债务成本低于股权成本。从图中还可以看出，财务风险在杠杆率较高时才会对债务成本产生影响。这是因为大多数债务都是有担保的，而且随着杠杆率的增加，债务人的风险也不会显著增加。然而，在非常高的杠杆率水平下，即使是债务人也有可能无法获得投资回报，因此将引入财务风险溢价，债务成本将开始上升。

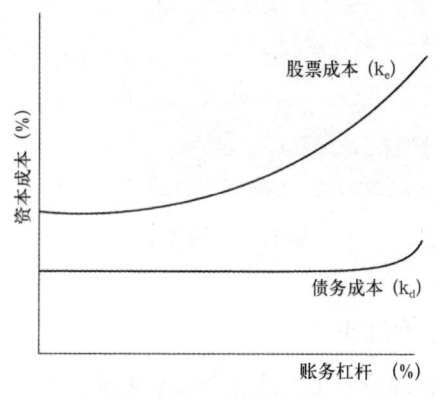

图 10-4 债务成本

如果把权益成本和债务成本结合起来，就能看到加权平均资本成本在不同杠杆率水平下会发生怎样的变化，如图 10-5 所示。

图 10-5 显示，当没有负债时，加权平均资本成本等于权益成本，因为股本是融资的唯一来源。随着更廉价的债务融资的引入，平均成本下降，从而降低加权平均资本成本。然而，随着杠杆率上升到更高水平，股票和债券投资者的财务风险都将增加，这将导致加权平均资本成本再次增加。这意味着在加权平均资本成本最低的地方会有一个最佳的杠杆率水平。

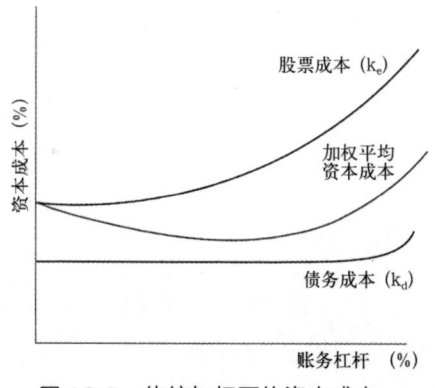

图 10-5 传统加权平均资本成本

摘录10.3 维珍回购股票，而不是减少债务

2011年，维珍在媒体上宣布了一项6.25亿英镑的股票回购计划。即使公司有非常高水平的债务（57亿英镑），管理层还是如此自信地选择用资本回购股票而不是减少杠杆水平。该举措实际上减少了获得股息的股票数量，最大限度地利用低成本债务的好处增加每个股东的利润。该举措的回报是获得高股价。

从这一分析得出的结论是：公司为了利用其较低的成本而进行一些债务融资是有益的。然而，尽管传统的财务杠杆率理论阐明了杠杆与资本成本的关系原理，但对于企业的杠杆率应达到何种水平却没有给出精确的指导。由于这种不确定性，一些学者试图建立模型，为优化资本使用率提供更精确的指导。这些模型中最著名的模型由两位美国经济学家佛朗哥·莫迪利亚尼和默顿·米勒在20世纪50年代末提出。

莫迪利亚尼和米勒资本结构理论

在20世纪50年代，莫迪利亚尼和米勒着手建立财务杠杆和资本成本之间的模型，以便更准确地证明和测量两者之间的关系。为了建立这个模型，他们引入了一些限制性假设。这些假设包括，公司在完美的资本市场中运作，没有任何税收或融资交易成本；市场由若干具有相同商业风险的公司组成；个人可以和公司以同样条件借款。基于这些假设，莫迪利亚尼和米勒在1958年发表了一篇论文，阐述了资本成本和财务杠杆之间的关系，如图10-6所示。

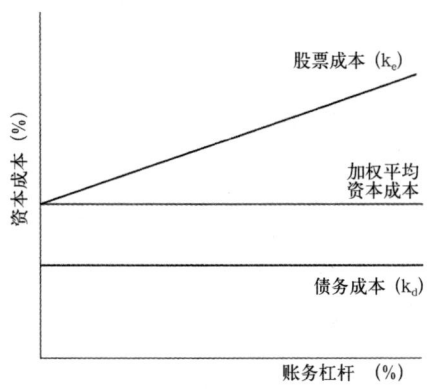

图10-6 莫迪利亚尼和米勒免税模型

在这个模型中，传统视图的曲线被修正为直线。在高杠杆水平下，债务成本没有增加；在所有杠杆水平下，权益成本的增长率都保持不变。此外，莫迪利亚尼和米勒提出，股票投资者为弥补增加的筹资风险而要求更高的回报，恰恰抵消了较低债务的好处。该模型的含义是，杠杆水平对资本成本没有影响。莫迪利亚尼和米勒得出的结论是，在完美的市场中，企业融资方式不会影响其价值。只有公司的商业活动所产生的现金流才能决定公司的价值，所以公司应该专注于产生现金流，而不是担心财务杠杆水平。

尽管这一理论在建立财务杠杆和资本成本之间的精确关系方面是革新性的，但它却因忽视重要的现实因素而受到了严厉批评。批评者认为，其中最重要的就是公司的税收对债务成本的影响。因为债务利息的支付出自税前利润，债务为公司提供了"税盾"。也就是说，支付的利息越多，公司的企业所得税就越低。因此，以债权人的利息形式向投资者支付回报，而不是向股东派发股息，是更符合税收效率的做法。因此，在1963年，莫迪利亚尼和米勒发表了第二篇论文，将公司的税收影响纳入考虑范围。针对财务杠杆的益处提出了非常不同的观点，如图10-7所示。

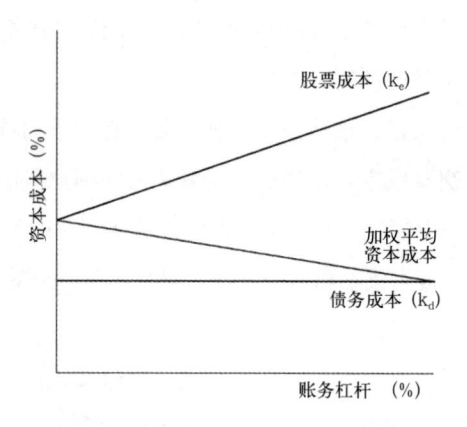

图 10-7　莫迪利亚尼和米勒含税模型

在这个修正模型中，税盾的影响是这样的：杠杆水平越高，公司获得的税收优惠就越大。因此，财务杠杆水平越高，加权平均资本成本越低。这种模式的含义是公司应该尽可能提高杠杆水平。

从实际考虑来优化融资

尽管 1963 年莫迪利亚尼和米勒模型表明，公司应该最大限度地提高其负债率水平，但在实践中，有许多问题将限制公司实现实际的负债率水平。

破产成本

莫迪利亚尼和米勒模型表明，债务成本将在所有负债率水平上保持不变，但在实践中，债务成本将增加。

当财务提供者开始担心公司收益可能不足以偿还债务时，而此时公司的负债率很高，他们将要求增加回报以弥补增加的风险，资本成本也将上升。因此，如果公司的负债水平已经很高，公司可能难以获得更多的债务融资，或者这种债务可能变得过于昂贵。

财务弹性

无论公司的表现是好是坏，利息都必须支付。另一方面，如果公司产生的现金流不足，则不必支付股息。因此，许多公司将限制财务杠杆水平，以便在困难时期给自己更多的灵活性。

> **摘录 10.4　法国电力集团通过配股来减少负债**
>
> 法国能源公司法国电力集团于 2017 年 3 月 3 日以每 10 股配 3 新股进行配股，筹集 40 亿英镑的资金，为进一步降低资产负债率进行新的投资提供资金。为了吸引投资者，新股以市场价格 34.5% 的折扣发行。

代理成本

在非常高的融资杠杆水平上，财务危机的风险增加，即无法满足投资者要求的回报。如果出现这种情况，股东和债权人的利益可能不一致，管理层可能采取有利于股东的行动，使债权人处于不利地位。正因如此，债权人在高负债率下将面临更高的风险，并要求更高的回报。这将降低最优的杠杆水平。

税收枯竭

莫迪利亚尼和米勒提出的公司应该最大限度地提高融资杠杆水平的建议，建立在税收保护的好处之上。然而，这种利益只有在有足够的利润时才能存在，而这些利润可以用来支付利息。如果没有利润，或者利息水平超过了利润水平，就不能从提高杠杆水平中获益。因此，对公司有利的杠杆水平会有实际的限制。

考虑到现实世界的这些限制，可以明确的是，杠杆水平实际上是重要的，并且存在对公司有利的实际最高杠杆水平。事实上，大多数公司都试图将杠杆率保持在一定范围内。

尽管这些现实世界的局限性可能会否定莫迪利亚尼和米勒理论，并且显示出杠杆水平确实重要，但这个理论仍然是有用的，因为它集中关注了融资在现实世界中如此重要的原因以及融资如何发挥其作用。

> **专家观点 10.3　最佳杠杆水平**
>
> 没有绝对的最佳杠杆水平，因为恰当的杠杆水平会因行业而异，并会受到诸如企业年龄、经济条件和税收利率等问题的影响。然而，债务融资超过50%的公司通常被认为是高杠杆水平的，而债务低于25%的公司则是低杠杆水平的。大多数企业的目标是债务范围在30%—40%。

股利政策

在本章最后一节中，我们将讨论股利政策问题。因为股利作为对股权投资者的回报，与企业的财务结构密切相关。与贷款利息支付不同，公司没有义务支付普通股的股息。如果公司遇到了现金流问题，或者需要为大量投资提供资金，它可能会减少甚至暂停支付股利，以便在企业中保留现金。

对财务经理来说，重要的问题是：股利支付水平会存在问题吗？也就是说，公司能否在不对公司价值产生负面影响情况下，逐年提高或降低股息水平？围绕这个问题已经有了许多理论。

股利无关理论

股利无关理论是由佛朗哥·莫迪利亚尼和默顿·米勒提出的。顾名思义，该理论假定股利支付水平无关紧要，因为投资者是现在接受股利，还是在资本收益之后接受股利，两者没有差别。如果公司不支付股利，利润将被保留，可备将来增长，这将导致股票价值的增加。因此，需要现金的投资者可以通过卖出股票实现资本收益来产生"红利"。

尽管这一理论有严格的经济模型支持，但它忽略了现实世界中决定投资者红利偏好的许多实际操作。这包括定期出售少量股票会产生现金流的成本，以及投资者个人财务和税务状况的不便利问题。下面将讨论这些因素的影响。

"在手之鸟"理论

迈伦·戈登和约翰·林特纳根据莫迪利亚尼和米勒的理论提出了"在手之鸟"理论。该理论指出，比起未来资本收益的不确定性，投资者更喜欢现在股利的确定性。基于"双鸟在林不如一鸟在手"这句谚语，该理论认为，尽管留存收益理论上应该在较长期内创造资本收益，但这方面存在太多不确定性。戈登和林特纳认为，股息支付较高的股票对投资者更有吸引力，并能获得更高的市场价格。因此，给公司的建议是尽量提高股息水平。

尽管这一建议对一些投资者来说可能是正确的，但也有投资者可能会进行长期投资（比如，投资在退休养老金上），由于他们目前的收入来自其他地方，他们可能不会欢迎招致高额税收的高股息。

留存收益理论

留存收益或剩余收益理论认为，只要公司有机会以正净现值价格将收益进行再投资，就可以避免支付股息。如果公司有吸引人的投资机会，但将当期收益作为股息返还给投资者，它将需要筹集额外的外部资金来追求这些投资机会。由于筹集外部资金的成本高于利用留存收益，这种方法将是低效的，对投资者也不是最有利的。此外，除非投资者需要从股息中获得收益，否则返还的资金给投资者就相当于公司将寻找新投资机会的责任转移到了投资者身上。就像"在手之鸟"理论一样，这种观点可能适用于一些人，但不是所有投资者。

一些投资者要求立即从投资中获得收益，他们宁愿现在获得股息，也不愿未来获得资本收益。

客户效应

在实践中，投资者会选择投资于那些拥有能满足他们投资需求并提供有最高税收效率的分红政策的公司。如果投资者的收入依赖于股利，他们会选择投资提供高股利的公司。另一方面，如果投资者有其他收入来源，而且已经缴纳了更高的所得税，那么他将青睐那些将收入再投资于资本增长的公司。通过这种方式，投资者可以以最省税的方式控制他们从投资中获得的回报（通过出售股票和实现资本收益）。投资者对特定分红策略的偏好被称为客户效应，因为公司将根据其支付的股利水平吸引更多投资者。出于这个原因，重要的是公司在分红策略上保持一致。

股利信号效应

还有一个更深层次的原因，就是为什么公司需要在分红策略上保持一致。如果没有详细的公司计划和业绩的内部信息，投资者将使用股利水平作为衡量公司财务状况的指标。如果股利年复一年持续稳步增长，这就意味着投资者认为这家公司一切都好。然而，如果这家公司突然削减股利，即使是为了给另一项高盈利的新投资提供资金，也可能被投资者视为负面信号，其结果可能是公司股价大幅下跌。

(问题讨论)

为什么不恰当的分红政策会对公司的股价产生负面影响？

小　结

在本章中，我们研究了良好融资战略的基础因素。我们探索了企业可以获得的不同融资来源，以及这些不同来源为满足公司和投资者需求提供一系列风险和回报的概况。我们还研究了公司如何优化其财务结构，以达到最小化总资本成本。

第 10 章 融资决策

问 题

1. 资本成本可以说是由 3 个要素组成的,解释它们是什么。
2. 为什么权益成本随着杠杆水平提高而增加?
3. 解释财务风险和商业风险的区别。
4. 什么是"税盾"?它如何使公司受益?
5. 公司杠杆水平的实际限度是怎样控制的?
6. 为什么股利无关理论在实践中存在缺陷?
7. 股利的信号效应是什么意思?这将如何影响股价?

答案见 www.koganpage.com/accountingfm2。

习 题

习题 10.1 CanCo 的股票当前市值为 0.8 美元,最后一次股利支付为 0.1 美元。如果股利预期年增长率为 4%,则计算权益资本成本。

习题 10.2 WendCo 发行了面值为 100 美元的 10% 债券。市场价是 90 美元无利息。如果债券按下面条件如何计算:

(1) 不可赎回;

(2) 10 年后可赎回。

习题 10.3 PresCo 以不可赎回债券股票每年支付 1 万美元利息,面值为 10 万美元,目前市场价格为 8 万美元。

如果公司税率是:

(1) 40%;

(2) 20%。

债务成本是多少?

习题 10.4 HomCo 的融资一部分来自股权,一部分来自债务。权益部分总是保持在总额的 3/4。股本成本为 16%,债务成本为 12%。计算加权平均资本成本是多少。

参考文献

1. Modigliani, F and Miller, M (1958) The cost of capital, corporation finance

and the theory of investment, *American Economic Review*, 48(3), pp 261 – 97.

2. Modigliani, F and Miller, M (1963) Corporate income taxes and the cost of capital: a correction, *American Economic Review*, 53 (3), pp 433 – 43.

补充阅读

1. Gordon, M J (1959) Dividends, earnings and stock prices, *Review of Economics and Statistics, 41* (2), pp 99 – 105.

2. Lintner, J (1962) Dividends, earnings, leverage, stock prices and the supply of capital to corporations, *The Review of Economics and Statistics*, pp 243 – 69.

第 11 章
经营决策

学习目标

使管理者能够将财务评估纳入经营决策和问题解决中。

学习成果

在学习本章后,读者将能够:
- 评估一系列决策情况的财务后果。
- 明确财务技术的应用范围和局限性。

学习重点

本章将探究各类经营决策以及可用于支持经营决策的财务技术:
- 设定销售目标;
- 预测价格变化的影响;
- 外包与内部运营/生产;
- 结构重组/业务流程自动化;
- 关闭业务部门;
- 退出产品/服务线。

管理问题

管理者需要能够评估经营和战术决策的财务影响。

引　言

在本章中，我们将讨论经营决策一些财务方面的内容，还将介绍财务决策的一些基本原则和核心决策技术。一旦理解了这些技术，我们将探究它们在更广泛领域的应用，并在一系列典型商业决策情景中展示其用法。管理者的关键技能是，对于给定的决策，知道哪一种技术最适用。

经营决策

所有的管理者都面临着经营决策。这些决策与执行战略和克服遇到的问题的最佳手段有关。有一种说法是"分析是企业智能的核心"：为了成功处理他们所面临的问题，管理者需要有系统的方法来制定决策，并使用适当的工具评估不同选择的财务影响。

典型的决策制定过程涉及许多关键步骤，如图 11-1 所示。

这些步骤包括：

- 第 1 步：识别和定义需要解决的问题。
- 第 2 步：找出解决问题的备选方案，剔除实际不可行的备选方案。
- 第 3 步：确定备选方案的成本和收益，以确认他们的财务可行性。
- 第 4 步：评估在决策中超越眼前经济利益的定性因素。
- 第 5 步：在考虑财务和质量特征情况下，选择能提供最大收益的方案。

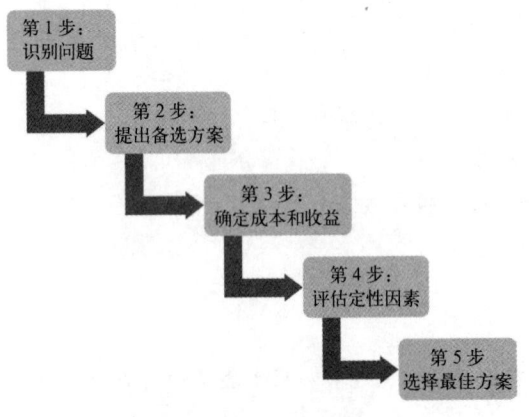

图 11-1　决策步骤

第 11 章 经营决策

在本章中，主要关注第 3 步：确定备选方案的成本和收益。同时，还将讨论第 4 步会影响决策的一些定性因素。

我们将讨论一些典型的经营决策。为了探究不同的商业情景，将在本章探讨财务决策理论的两个关键领域：本量利分析法（CVP）和相关成本。我们将依次介绍每种理论，然后通过一些与实际企业决策相关的示例演示其应用。

本量利分析法

本量利分析法研究的是不同活动水平的成本和收入（以及利润）之间的相互关系。衡量成本和收入变化的经济模型随着活动数量的增加而变得复杂。不过，为了达到管理决策的目的，可以简化这些模型，使它们易于使用，从而更容易为一般管理者所用。因此本量利分析对收入和成本如何随着企业活动的增加而变化做出了许多假设。我们将依次研究这些假设。

收入

经济模型告诉我们，随着销售量的增加，单位销售价格将会下降。这可能是真实的，然而在面对所有可能的销售水平，使用本量利分析来做决策时，我们通常会看到相对狭窄的销售范围。因此，我们可以假设，在所有层次的活动中，单位销售价格都将保持不变。在这种情况下，假设总销售收入是销量（单位）乘以单位销售价格：

销售收入 = 销量 × 单位价格

销售收入和销量之间的关系如图 11-2 所示。

成本

在财务决策中，我们通常将成本分为两大类：固定成本和变动成本。这种分类涉及的是成本与生产和销售数量变化的关系。

固定成本

固定成本不受活动水平变化的影响，因此随着活动量的增加或减少，固定成本保持不变或"固定"。举个例子，商店的租金就是固定成本。即使商店什么也卖不出去，租金也要照付。哪怕商店做得很好，销售额达到很高的水平，

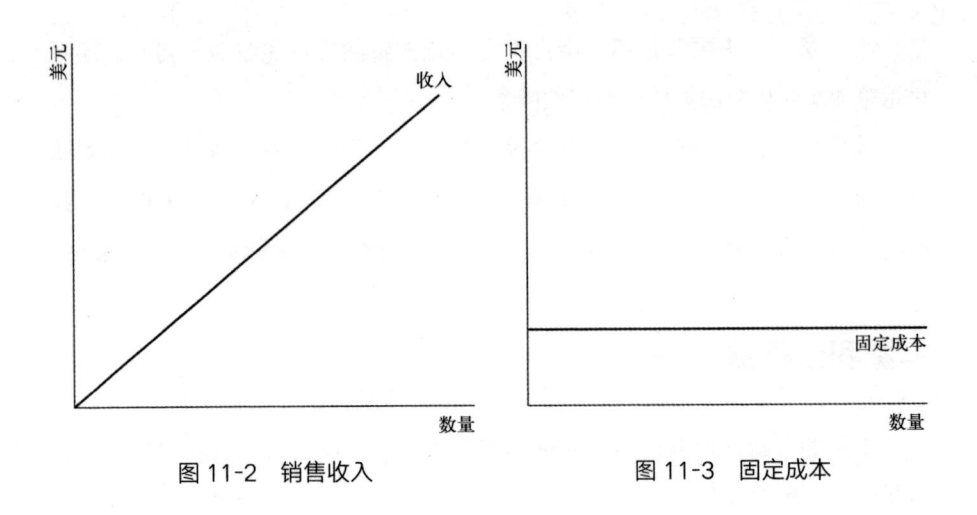

图 11-2　销售收入　　　　　　　图 11-3　固定成本

支付的租金也不会改变。

固定成本与活动量之间的关系如图 11-3 所示。

专家观点 11.1　固定成本

如果经济活动水平发生了重大变化，一些"固定"成本可能会增加。例如，企业可以在其生产部门雇用经理。经理将得到固定的薪水，这不会随着生产的变化而改变。然而，如果生产大量增加，例如，公司将实行 24 小时工作制，并实行两班轮班制，此时公司可能会聘请第二个经理，以便每个轮班有一个经理。在这种情况下，成本被认为是阶梯式成本（或步增成本），因为这一系列活动从原来恒定的成本（一个班制一个经理的成本），增加了一个"步骤"，它的成本也增加成了两班两个经理的成本。

关于固定成本需要注意的第二点是，它们被认为是与活动水平相关的固定成本，但不一定是随着时间的推移而固定的。固定成本是可能随时间变化的。例如，商店的租金可能需要每年进行一次审查，每年都会增加一次。同样，支付给经理的固定薪资可能每年会增加。

变动成本

变动成本是指与活动水平直接相关的成本，因此会随着活动水平的变化而变化。例如，直接材料的成本会随着产量的增加而增加。

在不同情况下，单位变动成本与活动量之间的关系会有所不同。例如，

第11章 经营决策

在许多情况下，由于规模经济，单位变动成本将随产量的增加而减少。当直接人工效率随着产量增加而提高时，就会出现这种情况。如果在购买大量材料时可以获得批量采购折扣，也会出现这种情况。不过，在某些情况下，单位变动成本也可能随着产量增加而增加。例如，高强度工作可能涉及向员工支付加班费。

尽管存在这些复杂的因素，就财务决策而言，通常可以假定这种关系是线性的，就像对收入的设定那样。也就是说，单位变动成本在所有活动水平上都保持不变。这意味着变动成本可以用图形表示，如图11-4所示。

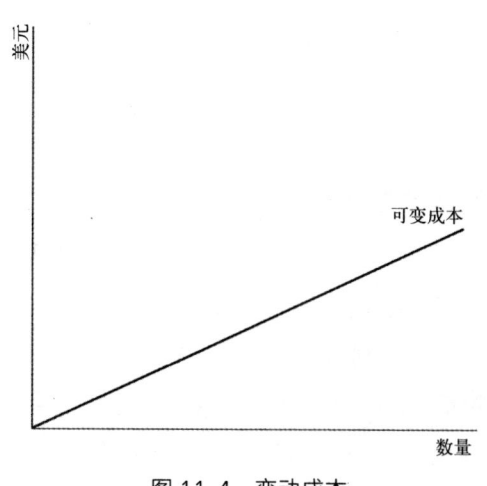

图 11-4 变动成本

总成本

一项活动的总成本由变动成本加上固定成本组成。因此，我们可以用一张图表示，通过将这两个单独的成本要素相加来绘制总成本。我们将得到一个结果，如图11-5所示。

我们已经在图11-1到图11-5绘制了收入和成本图，现在可以将它们合并到一个图中，如图11-6所示。

图11-6显示，在一定的活动量范围内，成本将超过收入。我们知道有一个达到一定的活动量实现盈亏平衡的点，这个点就被称为盈亏平衡点（BEP）。在这个平衡点上，总成本等于总收入。也就是说，企业既不会亏损，也不会盈利。如果企业的业务量大于盈亏平衡点，企业就会盈利。另一方面，如果企业

的业务量小于盈亏平衡点，企业就会亏损。

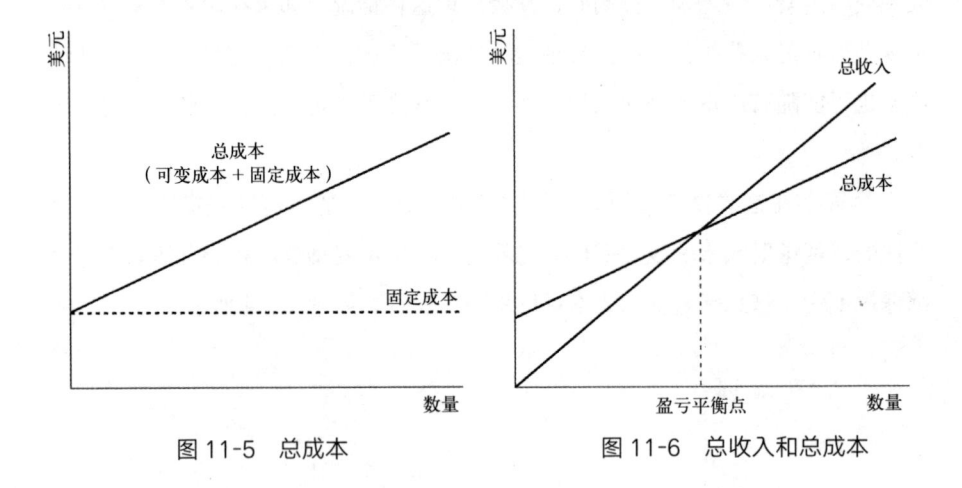

图 11-5　总成本

图 11-6　总收入和总成本

本量利分析的数学方法

虽然成本和收入之间的关系很容易用图表来展示和理解，但是用下面的利润方程表达管理决策实际上更容易：

$$利润 = PQ - (F+VQ)$$

其中，Q= 销量，P= 单价，V= 单位变动成本，F= 总固定成本

我们可以重新排列这个公式，以一种对决策更有用的方式来表示利润：

$$利润 = Q(P-V) - F$$

其中，P–V= 单位边际贡献

我们可以用这个公式来计算盈亏平衡点。盈亏平衡点发生在利润为 0 的销售量 Q 值时，图 11-6 说明了这个 Q 的值，其中总收入 = 总成本。也就是说：

$$PQ = F + VQ$$

如果我们重新排列这个公式来求 Q 的值，将得到：

$$Q = F / (P - V)$$

简单地说，这个公式是：

$$盈亏平衡点（销量）= 固定成本 / 单位边际贡献$$

（请记住：单位边际贡献 = 单价 − 单位变动成本）

示例 11.1 计算销售的盈亏平衡点

伊莎贝尔希望从一辆移动货车开始销售冰激凌。她可以以每周 206 美元的租金成本租一辆货车。伊莎贝尔估计，这辆货车每周的运行费用约为 70 美元。她还从冰激凌批发商那里获得了以下价格：

桶装冰激凌 100 个　20 美元

盒装蛋卷托 100 个　10 美元

如果伊莎贝尔以每个 1.5 美元价格销售冰激凌，那么她每周需要卖出多少个冰激凌才能实现盈亏平衡？

解答

可以用盈亏平衡公式计算出伊莎贝尔需要出售的冰激凌数量。首先，需要计算单位边际贡献：

单位边际贡献 = 单价 − 单位变动成本

= 1.5 美元 − （20 美元 +10 美元）/100=1.2 美元

盈亏平衡点（销量）= 固定成本 / 单位边际贡献 =（206 美元 +70 美元）/1.2 美元 =230 个

因此，伊莎贝尔每周需要销售 230 个冰激凌，以支付固定成本，实现盈亏平衡。

目标利润

显然，伊莎贝尔希望实现的不仅仅是冰激凌业务的收支平衡，她还需要赚钱。

本量利分析技术的另一个应用是计算为了实现目标利润必须达到多少销量。让我们为伊莎贝尔做这件事吧。

示例 11.2 目标利润

伊莎贝尔决定，她每周至少要从生意中获得 350 美元利润。为了达成目标，她每周需要卖多少个冰激凌？

解答

我们在示例 11.1 中使用的盈亏平衡公式已经告诉我们伊莎贝尔需要卖掉多少个冰激凌来覆盖固定成本。如果伊莎贝尔想要获得 350 美元利润，她需要销售足够的冰激凌来覆盖固定成本和利润。因此我们可以修改示例 11.1 中使用的公式如下：

$$目标销售量 =（固定成本 + 目标利润）/ 单位边际贡献$$
$$=（276 美元 +350 美元）/1.2 美元 =522 个$$

因此，为了赚取 350 美元利润，伊莎贝尔将需要在一周内卖出 522 个冰激凌。

安全边际

在第 9 章中，我们介绍了灵敏度分析的概念。灵敏度分析包括预测利润水平对活动水平变化的影响程度。本量利分析是执行此类分析的非常有用的工具，其中最基本的方法之一是计算安全边际。

安全边际是指预期或目标销售量与盈亏平衡点之间的销售量差距。这是一个有用的测量方法，因为它告诉企业，在企业开始亏损之前，销售额会从预期水平下降多少，如图 11-7 所示。

可以把对安全边际的分析应用到伊莎贝尔的冰激凌业务上。

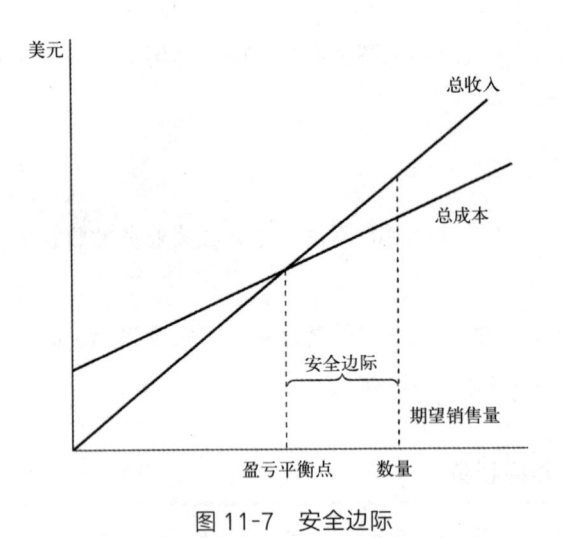

图 11-7 安全边际

示例 11.3 安全边际

伊莎贝尔希望每周卖出 550 个冰激凌。销售的盈亏平衡点是每周卖出 230 个冰激凌。伊莎贝尔的预期销售额的安全边际是多少？

解答

安全边际为 320 个冰激凌（550−230）。更有用的是将其表示为预期销售量的百分比：

安全边际 =320/550=58%

这意味着，伊莎贝尔的销量从每周 550 个的预期水平下降 320 个，即下降 58%，她才开始出现亏损。

安全边际是衡量风险的有效指标。安全边际越小，如果一周销售不佳，企业亏损的风险就越高。

专家观点 11.2　安全边际和灵敏度分析

在实践中，企业通常使用计算机进行本量利分析，再编制电子表格。使用计算机可以方便地操作数字，这样管理者就能快速识别预测的利润水平对不同变量的变化有多灵敏。

销售价格变化

本量利分析的另一个应用是计算价格变化对利润的影响。在第 8 章中，已分析了价格与需求之间的关系。一般来说，如果企业降低了价格，需求就会增加。然而，由较低价格引起的需求增加不一定会导致利润增加。因此，在改变价格之前，计算一下它对整体利润的预期影响是有用的。可以把这个分析应用到伊莎贝尔的冰激凌业务上。

示例 11.4　销售价格的变化

在卖了几周的冰激凌之后，伊莎贝尔发现她平均每周要卖出 520 个单价 1.5 美元的冰激凌。伊莎贝尔的固定成本是每周 276 美元，每个冰激凌的变动成本为 0.3 美元。

伊莎贝尔正在考虑是否将价格降至 1 美元，以增加销量。

1. 为了证明降价是合理的，伊莎贝尔每周必须售出的冰激凌最低数量是多少？

2. 如果以 1 美元的新价格每周销售 750 个冰激凌，对伊莎贝尔的利润有什么影响？

解答

伊莎贝尔目前每周卖出 520 个冰激凌，每个价格为 1.5 美元。因此，她每周的利润是：

利润 =Q（P － V）–F=[520×（1.5 美元 － 0.3 美元）]
－ 276 美元 =348 美元

为了证明降价是合理的，伊莎贝尔必须在 1 美元的新价格上至少获得同样水平的利润。

在新价格下，每个冰激凌的新贡献是：1 美元 -0.3 美元 =0.7 美元。因此，最低销售量将是：

目标销量 =（固定成本 + 目标利润）/ 单位贡献 =
（276 美元 +348 美元）/0.7 美元 =892 个

伊莎贝尔每周必须以 1 美元的价格卖出至少 892 个冰激凌，才能达到她目前以 1.5 美元卖出的水平。这表示销量增长了 372 个（892-520），增幅为 71.5%。这一分析表明，伊莎贝尔需要以较低的价格大幅增加销量，才能实现同样的利润水平。所以，伊莎贝尔要能有信心实现这么大的销量增长目标。否则，她不应该把价格降低到 1 美元，这可能会降低自己的利润。

如果伊莎贝尔的销售额以 1 美元的新价格上涨到每周 750 美元，她的利润将降至每周 249 美元：

利润 = Q（P- V）－ F=750 美元 ×（1 美元 － 0.3 美元）
－ 276 美元 =249 美元

生产系统更改

除了分析价格变化对盈利能力的影响之外，本量利分析还可以用来分析生产成本变化的影响，这对于正在进行生产系统更改的企业尤其有用。例如，活动的自动化可能会增加固定成本并降低变动成本。因为这改变了经营杠杆（变动和固定成本的组合），它将对盈亏平衡点、安全边际和不同活动水平的盈利能力产生影响。

第 11 章 经营决策

专家观点 11.3 经营杠杆

经营杠杆描述了企业的固定成本和变动成本之间的关系：

$$经营杠杆 = F/(F+V)$$

固定成本占比越大，经营杠杆越高。增加经营杠杆使企业的利润对数量的变化更加灵敏。如果产量增加，经营杠杆越高，盈利能力越强。但是，当产量下降时，效果会逆转(参见示例 11.5)。正因为如此，经营杠杆高的企业往往在销售开始下滑时会采取严厉的削减成本的方法。经理必须意识到经营杠杆对利润和风险的影响，从而做出好的企业决策。

示例 11.5 生产系统更改

安格斯公司生产床，目前生产信息如下：

材料成本	每单位 80 美元
人工成本	每单位 160 美元
变动销售成本	每单位 40 美元
售价	每张 380 美元
固定成本	每年 110 万美元
目前产量	每年 14000 张

该公司正在考虑将金属切割过程自动化，这是最重要的劳动密集生产环节。自动化涉及安装一台新的电脑切削机，每年固定费用为 50 万美元。同时，预期新的自动化切削将使劳动力成本降至每张床 120 美元。

1. 如果年销量保持在 14000 张，比较目前的生产方法和使用新的自动化生产方式两者的年度利润。

2. 如果年销量下降到 12000 张，比较目前的生产方法和使用新的自动化生产方式两者的年度利润。

解答

1. 如果销量保持在每年 14000 张：

目前的单位利润 =380 美元 -（80 美元 +160 美元 +40 美元）=100 美元

利润 =100 美元 × 14000 张 -1100000 美元 =300000 美元

采用新的自动切割工艺：

单位利润 =380 美元 -（80 美元 +120 美元 +40 美元）=140 美元

利润 =（140 美元 × 14000 张）－ 1600000 美元 =360000 美元

按照目前的生产和销售水平，拟议的切割过程自动化将使利润增加 6 万美元。

2. 如果销量下降到每年 12000 张：

按现行生产方法的利润 =（100 × 12000 张）－ 1100000=100000 美元
采用新生产方法的利润 =（140 × 12000 张）－ 1600000=80000 美元

在销量下降（销售额下降不到 15%）的情况下，拟议的新生产方式将使公司的利润减少 2 万美元。因此，在进行自动化之前，公司应该对销售预测进行详细的检查，以确信未来的销量不会下降。如果不能对此有信心，就不应改变目前的生产方法。

广告宣传活动

本量利法可用来帮助管理者自由支配如广告之类的费用。比如，为了增加销售量，公司可能会计划一场广告活动。本量利法将帮助管理者评估对整体盈利能力的潜在影响。

示例 11.6　广告活动

Digi 公司生产笔记本电脑。这些电脑售价为每台 500 美元，每台电脑的生产、销售和分销的变动成本为 350 美元，公司的固定成本每年为 9200000 美元，预计第二年的销量为 7 万台。

在最近的董事会会议上，市场总监认为 Digi 公司的电脑与竞争对手相比能提供更好的价值。因此，她提出了一项广告活动计划，以提高消费者对这一点的认识。

广告宣传活动将花费 35 万美元，营销总监相信这将使销售额增加 4%。Digi 公司是否应该进行此项广告活动？

解答

如果公司进行广告活动，固定成本将增加 350000 美元。由于销售量的增加，总利润也会增加：

增加利润 =（70000 × 4%）×（500 美元 － 350 美元）=420000（美元）

因此，Digi 公司应该进行广告宣传，因为其净影响将是利润增加 7 万美元（42 万美元 － 35 万美元）。

本量利分析技术的评价

从上面的例子中可以看出,本量利分析是一种非常简单直观的分析工具。简单直观既是它的优点,也是它的弱点。这种技术的优势在于,它消除了现实世界许多复杂因素,以便对决策的财务影响进行集中关注。这使得该技术既易于应用,又易于理解。然而,本量利分析技术的简单性也招致了批评。这种批评主要集中在潜在的假设上。这可以概括如下:

● 本量利分析技术脱离了供给和需求曲线模型可接受的经济定价理论,因为它使用的是收入和成本的简单线性公式。换句话说,本量利分析技术忽略了需求的价格弹性和规模经济。本量利分析的支持者对此批评的回应是,尽管这是事实,但分析的重点是有限范围的活动量,这意味着线性函数是真实经济模型合理准确的替代物。

● 本量利分析过于关注短期内结果,它通常被限制在一个会计期间内,因此,它忽略了长期的战略问题。

● 本量利分析通常假定一个产品。分析可以用于多个产品,但需要假设一个恒定的销售组合,即不同产品的销售比例保持不变。实际上这种情况很少发生。在现实世界中,销量的变化可能是由市场条件造成的,市场条件会在不同程度上影响不同的产品或服务。这限制了本量利分析对于提供一系列产品或服务的企业的实用性。

● 本量利分析技术假设一个简单的、单级生产过程,其中固定成本和变动成本可以明确区分。在现实世界中,生产过程是复杂的,成本的相互作用是不一样的。

● 本量利分析技术假定成本可以分为固定成本或变动成本,它不考虑更为复杂的行为成本。在现实世界中,组织及其活动是复杂的,通常很难将成本清晰地划分为固定成本和变动成本。

● 本量利分析技术假设影响一家企业的力量是静态而非动态的。在现实世界中,销售量的变化会影响定价,进而影响需求的价格弹性。产量的变化也影响到生产中所用材料的成本和直接人工成本。本量利分析技术忽略了这些变化,因此不能反映动态而又复杂的现实市场。

所有这些批评都指向在复杂组织和动态企业环境中使用本量利分析技术的简单性。静态的本量利分析意味着在动态和复杂的市场中必须小心使用它。

然而，这并不意味着该技术完全没用。本量利分析是一种快照分析。这是一种有效的快照，前提是管理者不能只考虑单一的时间，而不考虑任何变化。这种工具往往能突破现实世界的复杂性，为决策者提供简单明了的衡量标准。

对本量利分析的总结

本节演示了本量利分析如何成为管理人员有用的分析工具。然而，管理者必须意识到该技术的局限性，因此需要判断它在何时是一个合适的工具。

相关成本

第9章在投资决策背景下介绍了有关费用和机会成本的概念。在这一章里，将更详细地考察这些概念并展示它们如何应用于其他金融决策中。比如，决定购买产品或服务还是企业自己生产；或者决定放弃企业的某个产品或关闭某个部门、某个科室。

正如在第9章研究投资评估的情况一样，在评估其他行动方案时，我们总是假定目标是未来净现金流的现值最大化。

测量相关成本

与决策的相关成本是受决策影响的未来成本。与决策无关的成本是不相关的，在做决策时不应考虑这些成本。

一般来说，选择一种替代方案而不选择另一种方案可以避免的成本是相关成本。无论选择哪种替代方案，都不可避免的成本是无关成本，不应列入决策评估。图11-8列出了决策树，用于决定成本是否与特定决策相关。

● 第一个问题是："是已经发生的成本吗？"如果是已经发生的成本，无论做出什么决策都无法避免，这种成本就被称为沉没成本。它与任何决策都无关，应该被忽略。这在原则上听起来很简单，但人们常常对沉没成本的相关性感到困惑，并将它们包含在考虑中。

第 11 章 经营决策

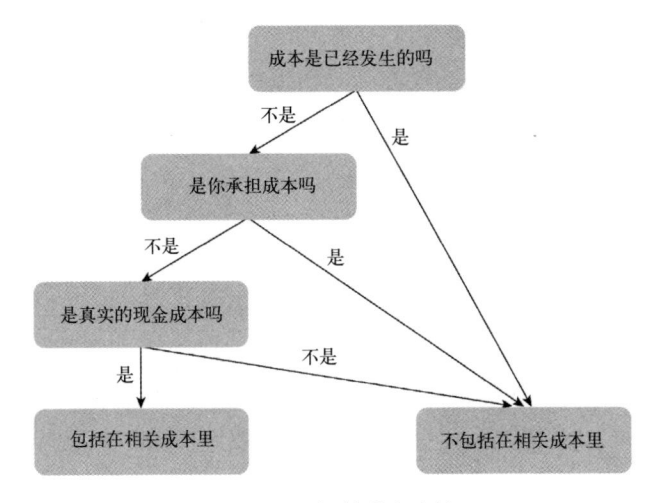

```
成本是已经发生的吗
  │不是         │是
  ▼            
是你承担成本吗
  │不是    │是
  ▼       
是真实的现金成本吗
  │是     │不是
  ▼       ▼
包括在相关成本里   不包括在相关成本里
```

图 11-8 相关成本决策

例如，经理可能会争辩说，由于组织在新计算机系统上投资了 50 万美元，如果由于存在问题而放弃该计算机系统，这笔开支就会被浪费。这个经理会争辩说，50 万美元是放弃这一系统的相关成本。然而，现实是，这 50 万美元已经被花掉了，无论现在对未来计算机系统的使用做出什么决定，这都不会改变。在这种情况下，唯一的相关成本将是用于纠正系统问题的未来成本。

● 其次，应该问："你被指定承担费用吗？"在某些情况下，成本可能还没有产生，但不管做出什么决策，企业都会承担这些成本。如果是这样，成本是无关的，不应该包括在决策过程中。

例如，企业可以对一栋建筑进行 5 年期租赁。一年后，该公司认为自己不再需要这栋楼，面临是否搬走的决策。如果根据合同规定，该公司必须在 5 年租期的剩余时间内继续支付租金，那么无论对该建筑物的使用做出何种决定，未来的租金都必须支付。因此，租金成本与该决策无关，即使它实际上尚未发生。

● 最后，应该问："成本是真实的现金成本吗？"一些成本是有效的会计成本，应该包括在盈利能力分析中，但它们与决策无关。这是与会计调整而不是直接现金支付有关的费用类别。特别常见的例子是折旧：每个会计期间，企业将为固定资产折旧记录成本，然而，与此折旧成本相关的现金支付，不能算相关成本。

例如，企业拥有一台每年以 5000 美元进行直线折旧的机器。如果企业决定出售这台机器，它将不再需要 5000 美元的折旧费用。但是，这不是相关成本，不应该包含在关于出售机器的决策中。实际情况是，最初购买机器的折旧费用所代表的是潜在现金流。正如过去发生的那样，这是一种沉没成本，与决策无关。与出售机器的决定相关的唯一成本是将其出售所产生的额外费用（如广告）和销售收入。

使用相关的决策成本

使用相关成本法来评估经营决策有两个基本步骤：第一，不考虑与决策无关的成本和收入；其次，使用剩下的成本和收入来评估替代方案，选择提供最大净收益的替代方案。

成本并不完全属于"相关"或"不相关"范畴，什么是相关成本将取决于决策的具体情况。成本可能在一个决策中是相关的，但在另一种情况下就不相关了。例如，决策的时间范围通常会影响哪些成本是相关的。下文比较短期和长期外包决策时，更详细地讨论这个问题。

让我们看看这一原则如何在共同的企业决策环境中得到应用。

生产还是采购的决策

组织经常面临"生产还是采购"的决定，也就是决定是在内部生产产品（或提供服务），还是从外部供应商购买该产品。从外部供应商购买有很多好处：

● 管理专注于组织盈利能力的活动可能更重要。
● 风险转移到外界组织（供应商）。
● 外部供应商能够进行专业化生产并创造规模经济，他们能够提供远低于组织所消耗成本的产品。
● 在多个供应商处进行采购，从而创造了更大的供应安全。
● 在需要的时候购买服务可以给组织更多灵活性，在不需要这些服务的时候又可以节约成本。

摘录 11.1　汤姆·彼得斯——"不离本行"

最著名的外包支持者之一是管理大师汤姆·彼得斯，他创造了"不离本行"这个短语。彼得斯1982年与罗伯特·沃特曼合著的《追求卓越》是畅销书之一。这本书基于当时世界上最成功的43家企业的研究，确定了成功的8个共同主题。其中一个主题就是"不离本行——坚持你知道的事业"。彼得斯在后来的工作中发展了这一原则，对这一原则的解释是，管理层应该专注于核心活动，通过外包让其他人处理非核心活动。外包开始流行起来，并在整个20世纪80年代末和90年代得到广泛应用。它被视为保持企业精简和灵活的一种方式，非核心活动可以在需要的时候被购买，并且比在公司内部自己承担的成本要低许多，企业将工资服务、法律服务、招聘和广告都外包出去。企业还将制造业外包给海外供应商，发现它们可以利用更廉价（和非工会化）的劳动力，避免监管、高税收和其他运营成本。外包也应用在公共部门，如公共交通、医疗保健和地方服务等公共领域的服务也由私营企业供应商所提供。这一趋势在21世纪公共部门和私营企业都将延续下去。

在20世纪80年代，外包的概念变得非常流行。因此，许多企业开始从外部供应商那里购买以前一直在内部提供的设施。

短期比长期

当面临只涉及短期的决定时，通常情况下许多成本是不可避免的（因此与决策有关），因为减少或消除这些成本需要采取更长时间来执行某项措施，所以从长远来看，更多的成本是可以避免的。这意味着"生产还是采购"的决策将取决于是否考虑短期或长期情况。这个原则在示例11.7a和11.7b中得到了说明。

示例11.7a　内部生产或外部采购决策——短期角度分析

斯科特公司经营一家酿酒厂，生产苏格兰威士忌。威士忌的主要成分是麦芽，它是通过加工原料大麦来将淀粉含量转化为糖。斯科特公司目前生产自己的麦芽。然而，董事会考虑从一家专门生产麦芽的外部供应商那里购买麦芽。

斯科特公司内部生产麦芽的预估每吨成本如下：

	美元
直接人工	80
直接材料（原料大麦）	260
直接（变动）间接费用	180
固定费用（分摊）	120
	640

外部供应商对 500 吨麦芽的订单报价为每吨 580 美元，这相当于 3 个月的供应量。

无论该公司是否从外部供应商采购麦芽，都将产生分配给麦芽生产的固定管理费用。任何生产人员的裁员都要提前 3 个月通知。

斯科特公司应该继续在内部生产麦芽，还是应该从外部供应商购买麦芽？

解答

从面值上看，在财务上选择外部采购更有吸引力。斯科特公司目前内部生产的成本为每吨 640 美元，从外部供应商采购为每吨 580 美元。

然而，在评估这一决策时，董事会需要比较外部报价 580 美元的价格和内部生产麦芽的相关成本。相关成本是那些会因麦芽采购而减少或消除的成本。这是一份短期合同，这一事实对相关成本产生了影响。

因为合同期为 3 个月，直接人工以 3 个月为限。所以就算麦芽是采购的，直接人工成本并不会降低。因此，这不是一个相关成本。同样，就算麦芽是采购的，固定生产费用依然会产生，所以这也不是相关成本。这意味着相关成本（也就是购买了麦芽，将被消除的成本）为：

	美元
直接材料（原料大麦）	260
直接（变动）生产费用	180
	440

这些数据显示，短期合同对斯科特公司来说在财务上是行不通的。该公司的采购成本为每吨 580 美元，但只会将内部成本每吨降低 440 美元。这意味着，做出购买决策的成本将比生产成本高出每吨 140 美元。

然而，如果公司能够就供应麦芽的长期合同进行谈判，情况可能会发生变化。

示例 11.7b 内部生产或外部采购决策——长期角度分析

斯科特公司能够与外部供应商协商一份长期合同，每年以每吨 580 美元的价格交付 2000 吨大麦麦芽，为期 5 年。从长远来看，固定生产费用和劳动力成本可以降低（没有冗余成本）。

斯科特公司是签订长期的外部供应合同来供应大麦麦芽，还是继续在公司内部生产？

解答

由于斯科特公司能够通过长期合同消除固定生产成本和人工成本，使得所有生产成本都变得相关。这意味着通过以每吨 580 美元的价格购买麦芽，斯科特公司不用生产，每吨麦芽将节省 640 美元成本。这为公司每吨节省了 60 美元。在这种情况下，购买而非内部生产的选择似乎在财务上更具吸引力。当然，最终的决定应该在评估更广泛的战略和质量因素之后做出。（这些将在下文讨论。）

摘录 11.2 瑞士豪雅的外包

瑞士钟表制造商豪雅有明确的"制造或购买"策略。该公司是世界第四大奢侈品牌手表生产商，仅次于劳力士、卡地亚和欧米茄。尽管如此，该公司生产的产品却很少，机件和其他部件是从外部供应商购买的。一些表壳是由一家子公司制造的，但大约有一半是由子公司购买的。甚至最后手表的装配也是分包的，只有最高档的手表是内部生产的，由一家子公司生产。

这一外包策略使该公司获得许多优势：将制造风险转移给供应商；来自多个供应商的采购可确保供应安全和竞争性定价；管理可以集中精力于产品开发和营销。

机会成本

第 9 章介绍了机会成本的概念。这是一种不会在损益表中找到的成本，它只用于制定决策。然而，机会成本在评估一个决定的真实财务影响时是极其重要的，因为组织正在满负荷运行，从事某一特定活动（例如，生产某一特定商品或服务）的决定就会产生无法将该能力用于其他活动的成本。

专家观点 11.4 机会成本

机会成本是指在选择一种行动而导致另一种行动会被放弃，衡量该机会丧失或牺牲的成本。机会成本总是在财务上以损失的贡献来衡量（贡献＝销售收入－可变成本）。

示例 11.7c 机会成本

回到斯科特公司考虑购买大麦麦芽短期 3 个月合同的例子（参见示例 11.7a）。斯科特公司目前正全力运转，大麦麦芽的生产需要 20 小时的生产时间，否则要使用冷冻过滤（威士忌生产过程的另一部分），冷冻过滤产生的成本是每小时 8 美元。

斯科特公司应该继续在内部生产大麦麦芽，还是应该从外部供应商那里购买大麦麦芽？

解答

根据示例 11.7a 所做的分析，我们确定了在内部生产大麦麦芽的相关成本是：

	美元
直接材料（原料大麦）	260
直接（变动）管理费用	180
	440

然而，由于斯科特公司现在正满负荷运行，因此用生产时间生产麦芽而不是冷冻过滤也存在机会成本。机会成本是以损失的贡献来衡量的：

$$20 \text{ 小时} \times 8 \text{ 美元}/\text{小时} = 160 \text{ 美元}$$

当我们将这个机会成本计算在内时，生产麦芽的总相关成本为：

	美元
直接材料（原料大麦）	260
直接（变量）管理费用	180
机会成本	160
	600

这意味着，以每吨 580 美元的价格从外部供应商购买大麦麦芽的成本在财务上比内部生产更具吸引力。因此，斯科特公司应该在 3 个月期间购买大麦麦芽，而不是使用内部生产设备进行冷却过滤。

外包质量因素的考虑

我们已经考虑过的数量因素，即内部生产的相关成本和机会成本对比购买成本，在决策过程中并没有给出全貌。其他非财务因素也应该考虑，因为它们本身很重要，同时它们可能会产生无法立即量化的财务影响。财务上难以量化因素的例子有：

- **裁员**。外包活动总是会导致裁员。当出现裁员时，员工成本会明显减少。然而，还有其他一些成本，如失去专业知识和技能方面的成本可能很难量化。将一项活动外包出去相对容易，但一旦失去了内部专业技能，这一局面可能很难逆转。

- **员工士气**。外包会减少员工数量并导致裁员，这会对员工的士气产生负面影响，还可能会对生产率水平和留任员工产生连锁反应。工作人员高流失率增加了新工作人员的征聘和培训费用，并丧失了离职工作人员的经验、知识和技能。

- **对供应商的依赖**。如果产品或服务是从外部供应商购买，而不是内部生产的，组织就会依赖外部供应商。与第三方打交道总是比处理内部问题要复杂得多，因为这可能会导致沟通速度变慢、合同正式化以及官僚作风严重等问题。

- **生产灵活性**。外部供应通常涉及正式合同，规定提供货物或服务的数量。虽然这可以在稳定交易时提供安全性，但如果业务的情况发生变化，则会降低灵活性。例如，如果生产和需求大幅减少，企业可能发现自己受到合同约束，必须购买大量不再需要的供应品。

- **满足客户的需求**。许多行业都经历了技术的快速发展和变革。因此，企业能够调整和开发产品以满足客户不断变化的需求是很重要的。如果项目是内部生产的，那么更有可能的是企业也将拥有内部的研究和开发设施。因此，外包虽然可以降低短期成本，但可能降低长期的产品开发和创新能力。

- **质量控制**。任何组织都需要确保自己能够控制产品的质量。如果所有操作和通信都是内部的，这样的控制通常会更容易。在与外部供应商打交道时，由于两个独立组织之间的沟通、文化和合同问题，质量问题可能更难解决。

摘录 11.3 生产还是购买——IBM 做错了吗？

IBM 在 1981 年推出个人电脑时，这项业务主要集中在生产计算机硬件。管理层面临的决策是这种新个人电脑的操作系统是在内部开发还是外包。他们决定将业务外包给微软，一家相对较新的小型软件开发公司。如果 IBM 能够预见到这一决策的结果，他们很可能会这样做，即选择在内部开发软件。

关闭决策：关闭业务部门

在不断变化和发展的企业环境中，组织经常面临是否关闭业务部门的决策。这可以覆盖大范围的决策情况，因为业务"部门"可能是：某产品、某类型的客户、某地理区域、某分销渠道或其他可识别的某一环节。

摘录 11.4 削减诺基亚的业务部门

芬兰公司诺基亚被认为是世界领先的手机制造商之一。然而，这家公司最初是纸张生产商，在 100 年时间内发展成为一家工业集团。它生产纸张、轮胎、鞋类、电缆、电视、个人电脑、消费电子、军事通信设备、电子元件、塑料、铝和化学制品。

20 世纪 90 年代初苏联解体时，芬兰遭受了巨大的损失。管理者提出了挑战性决策，他们选择关注正在崛起的电信行业部门。占总收入近 90% 的非电信业务都遭到了抛售。

1991 年，诺基亚超过四分之一的销售收入来自芬兰本土。然而，随着战略的转变和对手机的重新关注，诺基亚扩展到欧洲、北美、南美和亚洲。到 1998 年，诺基亚已经成长为世界上最大的手机制造商，并继续保持这一地位，直到 2012 年。

使用相关成本来评估关闭决策

放弃业务部门的决策将取决于该决策对组织整体盈利能力的影响。只有在整体利润增加的情况下，业务部门才会被关闭。因此，为了评估其影响，有必要仔细分析费用，并确保评价中只包括相关的费用。这项工作应如下：

- 整体企业盈利能力应由业务部门分析。

第 11 章 经营决策

● 评估单个部门的利润，只应该包括与决策相关的成本。
● 应通过比较损失的收入与避免的成本进行比较，来确定通过关闭该部门将损失的边际贡献。

这一方法最好通过使用下面的例子来进行解释。

示例 11.8　关店决策

布克公司是一家图书零售商，在三个不同的城市有三家大型店面。公司下一个会计期的预算损益表见表 11-1。

表 11-1　布克公司一个会计期预算损益表（单位：万美元）

	A 店	B 店	C 店	总计
销售	100	180	120	400
销售成本	48	72	51	171
毛利	52	108	69	229
销售费用				
店员薪水	14	18	15	47
门店运营成本	6.5	9.5	7	23
门店费用	2.5	4	2.2	8.7
广告	6	6	6	18
总部费用	13.5	24.3	16.2	54
中心仓库成本	12	20	14	46
总成本	54.5	81.8	60.4	196.7
净利润（损失）	−2.5	26.2	8.6	32.3

从中心仓库订购、存储和分派书籍到各个商店。据估计，中心仓库费用 60% 是固定的，40% 是可变的。商店费用是可变的，但是商店职员的工资和商店运行费用是固定的。如果商店关闭，所有商店费用都是可以避免的。每个商店都有 6 万美元广告预算，如果商店关门，这也是可以避免的。

图书公司董事们担心 A 店会赔钱。因此，他们正在考虑关闭这家商店。不过，你作为外部商业顾问，他们在做此决定之前向你咨询建议。

提问

根据预测的损失，建议图书公司的董事们是否应该关闭 A 店？

解答

在决定关闭商店 A 之前，应重新格式化预算损失表，以明确相关成本（如果商店关闭，将避免的成本）。这已经完成在表 11-2 中。

表 11-2　关店预算损失表（单位：万美元）

	A 店	B 店	C 店	总计
销售	100	180	120	400
减变动成本：				
销售成本	48	72	51	171
门店费用	2.5	4	2.2	8.7
仓库成本（40%）	4.8	8	5.6	18.4
固定成本	44.7	96	61.2	201.9
门店具体固定成本：				
店员薪水	14	18	15	47
门店运营成本	6.5	9.5	7	23
广告	6	6	6	18
中心固定成本分摊	18.2	62.5	33.2	113.9
中心固定成本：				
总部费用				54
仓库成本（60%）				27.6
净利润（损失）				32.3

最初的预算收入报表显示，A 店将亏损 2.5 万美元。因此，如果该书店关闭，公司预计整体利润会增加 2.5 万美元，将是 34.8 万美元。

然而，重新设置的预算表说明 A 店在固定成本分摊部分是正的 18.2 万美元。这意味着，如果 A 商店关闭，公司的整体利润将下降 18.2 万美元，仅为 14.1 万美元。

因此，结论应该是，A 对分摊共同的固定成本边际贡献是正值，所以该书店应保持营业。如果商店 A 关闭，这将对公司的整体利润产生重大的负面影响。

专家观点 11.5　分派和分摊固定成本

在第 8 章中，我们讨论了在确定部门或产品的总成本时分派和分摊固定成本的概念。在做决策时，重要的是要注意分派和分摊固定成本之间的区别，因为这种区别通常会对成本相关性有影响。在示例 11.8 中，因为 A 店对分摊固定成本是有贡献的，所以 A 店在这种情况下可以避免被关闭。另一方面，分摊的总部固定成本并不是相关成本，即 A 店关门，这些成本仍然会产生。

相关成本小结

本节讨论不同决策情境下的相关费用，我们讨论了以下要点：
- 决策时，应只考虑相关成本，任何被认为不相关的费用都应予以忽略。
- 相关成本是那些未来的成本，将由特定的决策改变，这可能包括机会成本。
- 任何给定的成本是否相关将取决于实际情况。
- 具体情况的选择决定了什么成本是相关的。

小　结

在本章中，我们介绍了两种重要的财务决策技术：本量利分析和相关成本计算。本量利分析使管理者能够识别必需的经营活动水平，从而避免损失和实现目标利润。它还使管理者能够分析组织变化的影响和相关风险。相关成本计算是一个有用的技术，它可以使管理者将注意力集中在那些会受决策影响的成本上。

问　题

1. 解释本量利分析中的"安全边际"概念。
2. 企业如果在降低固定成本的同时保持不变的边际贡献，会增加或减少盈亏平衡点吗？
3. 解释什么是"经营杠杆"。
4. 如果公司提高了经营杠杆，它的利润对销量变化的灵敏度会增加还是减少？
5. 解释作为决策工具的本量利分析的3个潜在弱点。
6. 阿尔法公司有200单位的X材料存货。最初的成本是每单位40美元。阿尔法公司不再需要使用原来的X材料。它可以以每件10美元价格出售存货。然而，生产经理希望在新项目中使用X材料。在新项目中使用200单位X材料的相关成本是多少？
7. 举一个成本的例子，它可能在短期内不相关，但可能在长期决策中相关。

答案见 www.koganpage.com/accountingfm2。

习 题

习题 11.1　目标利润

华思公司已经确定，如果销售 20 万单位的产品，就可以优化该产品的生产成本。董事会希望获利 30 万美元。预计有以下费用：

直接材料	每单位 15 美元
直接人工成本	每单位 10 美元
变动制造费用	每单位 20 美元
固定成本	每年 40 万美元

计算公司需要申请的单位销售价格。

习题 11.2　本量利分析和价格变化

比思公司生产和销售手机电池。产品变动成本是 4 美元，目前的销售价格是 7 美元。固定成本为每月 3.5 万美元，公司目前的年利润为 27 万美元。全年的销售需求量是不变的。该公司正考虑将售价降至单价 6 美元，以刺激销售，但尚不清楚这对销量的影响。

(1) 计算证明降价合理的最低销售额。

(2) 如销售量增至 30 万件，利润的变动百分比是多少？

习题 11.3　本量利分析和销售价格

路易斯公司是一家生产电动马达精密零件的企业。这家公司为大型工业电动机开发了新的电刷流水线。该公司预计在接下来的一年里销售 2 万辆这种新产品，并希望盈利 9 万美元。费用如下：

直接材料	每件 25 美元
直接人工成本	每单位 10 美元
变动生产管理费用	每单位 25 美元
固定成本	每年 7 万美元

提问

(1) 计算每单位所需的销售价格。

(2) 计算盈亏平衡的销售价格。

习题 11.4　生产还是采购？

卢英公司为石油工业生产许多不同的部件。管理层正在考虑是采购还是继续生产其中一种零件（零件A）。该组件目前的制造成本如下：

	美元
直接人工成本（4小时 @ 每小时12美元）	48
直接材料	24
变动管理费（4小时 @ 每小时2美元）	8
固定费用（4小时 @ 每小时5美元）	<u>20</u>
	<u>100</u>（每单位）

直接人工、直接材料和变动制造费用都直接与零件A的生产有关，如果零件生产停止，则不会产生这些费用。但是，固定的管理费用是费用的分摊，即使没有生产A零件，仍然会产生该费用。

提问

在以下三种（不同）情况下，向卢英公司管理层提供建议：

1. 采购经理已找到一家外部制造商，可以以每件90美元的价格保证供应零件A。

2. 外部供应商可以以每件90美元的价格提供零件A。如果卢英公司继续内部制造零件A，它将需要安装新的电脑控制制造系统，每年的固定成本是5万美元。

3. 外部供应商可以以每件90美元的价格提供零件A。内部制造零件A需要使用专业熟练的劳动力。如果购买零件A，劳动力可以用于生产零件B，售价180美元，制造成本如下：

	美元
直接人工成本（8小时 @12美元每小时）	96
直接材料	18
变动开销（8小时 @2美元每小时）	16
固定费用（8小时 @5美元每小时）	<u>40</u>
	<u>170</u>（每单位）

参考文献

1. Peters, T J and Waterman, R H (1982) *In Search of Excellence: Lessons from America's best-run companies*, Profile Books, London

附录 1
复式记账法简介

了解复式记账法（简称簿记）的最好方式是 T 型账户，这种账户根据其形状而得名。T 型账户分左右两边，我们称之为借方和贷方。这会联系到会计的一条金科玉律：有借必有贷，借贷必相等，否则账簿就会不平衡。

在接下来的行文中，我们将带你浏览莫比乌斯公司的每个例子，完成复式记账。

记账对少数人来说是很自然的，但是对大多数人来说，这是需要练习和仔细考虑的。不管你是 5 分钟就掌握了，还是 5 年才掌握，几乎每一个人都有一个"豁然开朗的时刻"，在这个时刻里，一切都井井有条，你无法理解之前为什么如何都搞不明白。

复式记账法步骤

第一步：创建 T 型账户

T 型账户反映交易的关键信息：

- 日期；
- 交易摘要（请注意，这通常是日记账分录另一端的名称）；
- 金额。

例如，第一笔交易涉及两个 T 型账户：银行存款和库存现金及股本。银行存款和库存现金的 T 型账户将如表 A-1 所示。

表 A-1　银行存款和库存现金

日期	描述	美元	美元	描述	日期

注意，这里的"美元"或"价值"列需要加总在一起，因为每一个 T 型账户都需要在会计期间结束时达到"平衡"。

● 一方面，财务状况表的余额，例如银行存款和库存现金，在会计期末不会停止记录，它们将结转至下一个会计期。

● 另一方面，利润表账户，例如租赁成本，只与一个会计期有关，它们一旦发生并且得到支付，就应该注销。

——稍后再谈这个问题……

第二步：写出日记账分录

当然，在学习复式记账初级阶段，写出每一个日记账分录是良好的练习方法。随着进步，你可能会不再这样一步步记录。但是，请注意，如果没有完整地记录每一个分录，并且不小心犯了一个错误（例如，转置错误、将两个借方写成一个借方和一个贷方、遗漏交易另一方），那么查找错误将变得十分困难。

问题如下：

莫比乌斯公司（1）

第一天，你选择在你和交易企业之间建立财务上的分离，并从个人银行账户中转移 1000 美元到你以新企业名义持有的银行账户——莫比乌斯公司。

日记账分录如下：

		美元	美元
借	银行存款和库存现金	1000	
贷	股本（所有者权益）		1000

有用的提示

挣扎于复式记账法的人往往不理解将账户作为借方或贷方的重要性。财务状况和经营业绩的相互联系提供了我们需要的线索。下面的记录表格可以帮助你理解。

但是，首先要记住会计公式：

$$资产减去负债等于所有者权益$$

$$（资产 - 负债 = 所有者权益）$$

要使这个等式成立，资产的增加必然会导致：

- 另一项资产减少；
- 负债的增加；
- 所有者权益的增加。

可能的例子有：

- 另一项资产减少，如现金转换成库存；
- 负债的增加，如以赊账方式从供应商处购买库存；
- 所有者权益的增加，如出售股本换取现金。

继续

我们知道所有者权益在会计期末被记作利润。这种简单的复式记账方式，既影响了财务状况表，也可能影响利润表（即影响财务状况和经营业绩）：

- 营运费用支付，如租金。
- 现金会减少（资产会减少），而利润表的租赁成本会增加。

假设这是企业在此期间进行的唯一一笔交易，到年底这段时间的租金费用就是该会计期的亏损。这一余额将被计入留存利润。

因此，会计等式成立：资产的减少被所有者权益的减少所冲销。

会计等式告诉我们，每笔交易都有两个相等和相反的记录，表 A-2 总结了这一点。

表 A-2　复式记账

	借方	贷方
资产及负债（不包括所有者权益）	资产增加 负债减少（即对财务状况的正面影响）	资产减少 负债增加（即对财务状况的负面影响）
利润表和所有者权益	费用增加 （收入减少） （即对经营业绩的负面影响；利润减少） 所有者权益减少	费用减少 （收入增加） （即对经营业绩的正面影响；利润增加） 所有者权益增加

或者用速记法（表 A–3）。

表 A-3　简化复式记账

	借方	贷方
资产及负债（包括所有者权益）	+	−
利润表和所有者权益	−	+

第三步：将这些科目写进相关的 T 型账户（表 A-4）

表 A-4　T 型账户

银行存款和库存现金							
日期	描述	美元		美元	描述	日期
第一天	初始投资资本	1000				

股本							
日期	描述	美元		美元	描述	日期
				1000	银行	第一天

第四步：关闭 T 型账户

假设这是唯一一笔交易，现在需要将结余转移到试算平衡表中，然后放入财务报表中（表 A–5）。

表 A-5　完整的 T 型账户交易记录

银行存款和库存现金						
日期	描述	美元	美元	描述	日期
第 1 天开始	余额承前	−			
第 1 天	原始投资资本	1000			
			1000	余额移后	第 1 天结束
		1000	1000		
第 2 天开始	余额承前	1000			

股本						
日期	描述	美元	美元	描述	日期
				余额承前	第 1 天开始
			1000	银行	第 1 天
第 1 天结束	余额移后	1000			
		1000	1000		
			1000	余额承前	第 2 天开始

让我们看看这里发生了什么。

原始的复式记录被张贴出来，双方都被正确地张贴在 T 型账户上。

如果这是当天唯一一笔交易，我们需要问问自己，这两笔余额是与财务状况还是与经营业绩有关，也就是说，它们是资产还是负债，是收入还是费用。显然，现金和股本都是与财务状况相关的余额。在第 2 天，由于在第 1 天没有发生任何事情消耗它们，它们将继续由企业控制（合法结算）。

因此，这些余额从第 1 天结转移至第 2 天。你会注意到，当账户被关闭时，被提取的期末余额就是结转余额账户的总数：

● 莫比乌斯公司第一天的银行存款有 1000 美元，在当天 24 小时中，既没有花一分钱，也没有任何产出。因此，公司在第 2 天开始时有 1000 美元。

● 莫比乌斯公司有 1000 美元股本。第 1 天没有卖出，也没有买入，所以他们以 1000 美元价格结束，第二天以 1000 美元价格开始。

你在开设账户时，要谨慎地将预提的金额记在正确的一边，即与它的累计金额相同，或者正好相反的平衡科目。在这种情况下，现金作为贷方来平衡账户记为 c/fwd，而作为借方记为 b/fwd。[1] 在上面表格中，你会看到一个借方表示一个正的余额，事实上，我们在银行里有 1000 美元。如果你把这个结转余额作为借方，这意味着你以负的现金（银行透支）开始。[2]

● 你想用现金换一支新钢笔吗？如果是这样，你就将一项资产换成另一项资产 [贷方现金（资产减少）；借方设备（资产增加）]。

● 你的电费是用赊账方式支付的吗？如果是，你交换了一项资产 [贷方银行（资产减少）；借方费用（利润减少）]。

第五步：总结成试算平衡表（TB）

试算平衡表是 T 型账户余额的总结（即结余清单）。这个例子中的试算平衡表很简单，因为只有两个账户（余额）。

试算平衡表有三列：

1　c/fwd 即 carried forward，指（本期）结转，也称移后；b/fwd 即 brought forward，指（上期）结转，也称承前。——编者注

2　学习会计学的乐趣就在于它每时每刻都在发生，这对于你和你周围的人来说都是如此。下次你去商店的时候，可以把这笔交易当成记账练习。——作者注

1. 账户名称（如银行存款和库存现金）；
2. 借方；
3. 贷方。

然后分别对借方和贷方两列进行求和。如果它们的值不相同，就是一个不平衡的试算平衡表，因此可以得出结论，你在某个地方的簿记犯了错误。

试算平衡表在第 1 天结束时应该如表 A-6 所示。

表 A-6　第 1 天结束时试算平衡表

	借方（美元）	贷方（美元）
银行存款和库存现金	1000	
股本		1000
	1000	1000

注意：你会经常看到借方和贷方被缩写为 dr（DR、Dr）和 cr（CR、Cr）。

第六步：从试算平衡表中提取信息，并编制财务报表

在这种情况下，这个练习很简单。我们仅有财务状况表的账户。我们知道资产和权益（股本）。财务表如下：

第 1 天结束时莫比乌斯公司财务状况报表（单位：美元）

资产	
流动资产	
银行存款和库存现金	1000
总资产	1000
所有者权益	
股本	1000
总计	1000

注意：这些是复式簿记的基础。我们已经慢慢、小心地展示了这个例子的全部内容，并解释了一些常见错误。现在，我们将加快速度，以便更快地学习其余示例。如果你有疑惑，那么回到这些基本要点上来。

莫比乌斯公司

第 2 天

接下来的表是：第 2 天，你从朋友那里借了 500 美元，为你的生意提供进一步的经济帮助。日记账分录如下：

		美元	美元
借方	银行存款和库存现金	500	
贷方	贷款（负债）		500

T 型账户如表 A-7 所示。

表 A-7 莫比乌斯公司第 2 天 T 型账户示例

银行存款和库存现金						
日期	描述	美元	美元	描述	日期
第 1 天开始	余额承前	—			
第 1 天	原始投资资本	1000			
			1000	余额移后	第 1 天结束
		1000	1000		
第 2 天开始	余额承前	1000			
第 2 天	贷款	500			
			1500	余额移后	第 2 天结束
第 2 天结束	余额承前	1500	1500		
第 3 天开始	余额移后	1500			
信贷账项（负债）					
日期	描述	美元	美元	描述	日期
			—	余额承前	第 2 天开始
			500	银行	第 2 天
第 2 天结束	余额移后	500			
		500	500	余额承前	第 3 天开始
股本					
日期	描述	美元	美元	描述	日期
			—	余额承前	第 1 天开始
			1000	银行	第 1 天
第 1 天结束	余额移后	1000			
		1000	1000		
			1000	余额承前	第 2 天开始
第 2 天结束	余额移后	1000			
		1000	1000		
			1000	余额承前	第 3 天开始

换句话说，股本账户从第 1 天起就没有变化。第 2 天结束时修订的试算平衡表，如表 A-8 所示。

表 A-8　第 2 天结束时试算平衡表

	借方（美元）	贷方（美元）
银行存款和库存现金	1500	
贷款		500
股本		1000
	1500	1500

因此，第 2 天结束时的财务状况报表应如下所示：

第 2 天结束时莫比乌斯公司财务状况报表（单位：美元）

资产
流动资产
　银行存款和库存现金　　　　　　　　　　1500

负债
非流动负债
　贷款　　　　　　　　　　　　　　　　　−500

净资产　　　　　　　　　　　　　　　　1000

所有者权益
股本　　　　　　　　　　　　　　　　　　1000

总计　　　　　　　　　　　　　　　　　　1000

第 3 天和第 4 天

第 3 天，莫比乌斯公司投资 500 美元购买了一台新电脑。

		美元	美元
借方	非流动资产（计算机）	500	
贷方	资金		500

第 4 天，莫比乌斯公司购买了价值 400 美元的原材料，并将其作为库存。因为供应商提供了信用赊账，所以支付这些购买原材料的发票所需的现金不需

要在 10 天内筹集到位。

		美元	美元
借方	库存	400	
贷方	应付账款		400

我们现在有 6 个 T 型账户：

1．银行存款和库存现金；

2．非流动资产；

3．库存；

4．应付账款；

5．股本（第 3 天和第 4 天内保持不变）；

6．贷款账户（第 3 天和第 4 天内保持不变），如表 A-9 所示。

表 A-9　莫比乌斯公司第 4 天 T 型账户

银行存款和库存现金					
日期	描述	美元	美元	描述	日期
第 3 天开始	余额承前	1500			
			500	库存	第 3 天
			1000	余额移后	第 4 天结束
		1500	1500		

非流动资产（计算机）					
日期	描述	美元	美元	描述	日期
第 3 天开始	余额承前				
第 3 天	银行	500			
			500	余额移后	第 4 天结束
		500	500		

库存（原材料）					
日期	描述	美元	美元	描述	日期
第 3 天开始	余额承前	— — — — — —			
第 4 天	应付账款	400			
			400	余额移后	第 4 天结束
		400	400		
				余额承前	第 3 天开始
			400	库存	第 4 天
第 4 天结束	余额移后	400			

(续表)

股份资本						
日期	描述	400 美元	400 美元	描述	日期
			1000	余额承前	第 3 天开始
第 4 天结束	余额移后	1000			
		1000	1000		

贷款						
日期	描述	美元	美元	描述	日期
			500	余额承前	第 3 天开始
第 4 天结束	余额移后	500			
		500	500		

在第 4 天结束时的财务状况表如下：

第 4 天结束时莫比乌斯公司财务状况报表（单位：美元）

资产	
非流动资产	
电脑	500
流动资产	
库存（原材料）	400
银行存款和库存现金	1000
负债	
非流动负债	
贷款	−500
流动负债	
应付账款	−400
净资产	1000
所有者权益	
股本	1000
总计	1000

第 5 天和第 6 天

第 5 天和第 6 天将与经营业绩有关的交易纳入会计核算。这意味着需要出具一份财务报表和利润表，而簿记和以前一样记录。

注意：为了经济和方便阅读，我们将不再编制在此期间没有变化的 T 型账户（在这种情况下，第 5 天和第 6 天的举例可见股本）。我们强烈建议，在处于学习阶段时继续编制所有账户，养成编制并关闭它们的好习惯。

在第 5 天，莫比乌斯公司用原材料生产了 30 单位的成品库存。

在第 6 天，其中的一半以单价 50 美元价格售出。其中 5 单位的成品立即收到现金。其余的以 10 天的信用期赊销给客户。

这个交易的第一部分（第 5 天）非常简单。我们只是把资产从一个地方转移到另一个地方。在这种情况下，原材料被转换成成品库存。

		美元	美元
借方	库存：成品	400	
贷方	库存：原材料		400

然而，正如文中所解释的，第二部分有点棘手。我们建议你分两个步骤来做：第一，交易的收入方面；第二，交易成本（销售成本）。如下所示：

		美元	美元
借方	现金	250	
借方	应收账款	500	
贷方	收入		750

然后：

		美元	美元
借方	销售成本	200	
贷方	库存：成品		200

见表 A-10。

表 A-10　莫比乌斯公司第 6 天财务报表

库存（原材料）						
日期	描述	美元	美元	描述	日期
第 4 天开始	余额承前	400			
			400	转移到成品	第 5 天
			—	余额移后	第 6 天结束
		400	400		

库存（成品）						
日期	描述	美元	美元	描述	日期

附录1 复式记账法简介

（续表）

日期	描述	美元	美元	描述	日期
第4天开始	余额承前				
第5天	原材料转移	400	200	转移到成品	第5天
			200	销售成本	第6天
				余额移后	第6天结束
		<u>400</u>	<u>400</u>		

银行存款和库存现金

日期	描述	美元	美元	描述	日期
第5天开始	余额承前	1000			
第6天	收入	250			
			1250	余额移后	第4天结束
		<u>1250</u>	<u>1250</u>		

应收账款

日期	描述	美元	美元	描述	日期
第5天开始	余额承前				
第6天	收入	500			
			500	余额移后	第4天结束
		<u>500</u>	<u>500</u>		

请注意，这些都是财务状况报表，并且都持有资产或负债，这些资产或负债将被转至下一个会计期间。然而，利润表账户并非如此。这些账户将在本期间结清，并将所有余额记入利润表（然后通过这些余额结转到期末作为净额结转的准备金）。

利润表账户见表A-11。

表A-11 莫比乌斯公司第6天利润表

收入

日期	描述	美元	美元	描述	日期
			250	现金	第6天
			500	应收账款	第6天
	转到利润表	<u>750</u>			
		750	750		

销售成本

日期	描述	美元	美元	描述	日期
第6天	库存	200			
			200	转到利润表	
		<u>200</u>	<u>200</u>		

财务报表如下：

第 6 天结束时莫比乌斯公司财务状况报表（单位：美元）

资产	
非流动资产	
计算机	500
流动资产	
库存	200
应收账款	500
银行存款和库存现金	

负债	
非流动负债	
贷款	−500
流动负债	
交易应付账款	−400

净资产	1550

所有者权益	
股本	1000
留存利润	550

总计	1550

莫比乌斯公司第 1 天到第 6 天利润表	
收入	750
销售成本	−200
	<u>550</u>

第 8 天到第 14 天

注意：财务报表在正文中编制过，因此不再重复。见表 A-12。

表 A-12　莫比乌斯公司第 8—14 天 T 型账户

库存（原材料）							
日期	描述	美元		美元	描述	日期	
第 8 天开始	余额承前						
第 8 天	应付账款	800		800	转换到成品	第 9 天	
				—	余额移后	第 14 天结束	
		<u>800</u>		<u>800</u>			

库存（成品）						
日期	描述	美元	美元	描述	日期	
			400	余额承前	第 8 天开始	
			800	库存（原材料）	第 8 天	
第 14 天	银行	400				
第 14 天结束	余额移后	800				
		<u>1200</u>	<u>1200</u>			

库存（成品）						
日期	描述	美元	美元	描述	日期	
第 8 天开始	余额承前	200				
第 9 天	原材料转移	800				
			467	销售成本		
			533	余额移后	第 14 天结束	
		<u>1000</u>	<u>1000</u>			

运营费用						
日期	描述	美元	美元	描述	日期	
第 10 天	银行（公众事业）	200				
第 12 天	银行（行政办公）	50				
第 14 天	银行（网络建设成本）	750	1000	转到利润表		
		<u>1000</u>	<u>1000</u>			

银行存款和库存现金						
日期	描述	美元	美元	描述	日期	
第 8 天开始	余额承前	1250				
			200	公众事业	第 10 天	
第 11 天	收入	1200				
			100	扫描仪	第 12 天	
			50	行政办公	第 12 天	
第 13 天	应收账款	500				
			400	应付账款	第 14 天	
			750	网络建设费用	第 14 天	
			1450	余额移后	第 14 天结束	

		2950	2950		

应收账款

日期	描述	美元	美元	描述	日期
第8天开始	余额承前	500			
第11天	收入	900			
			500	银行	第13天
			900	余额移后	第14天结束
		1400	1400		

收入

日期	描述	美元	美元	描述	日期
			1200	现金	第11天
			900	应收账款	第11天
	转到利润表	1800			
		1800	2100		

销售成本

日期	描述	美元	美元	描述	日期
第11天	库存	467			
			467	转到利润表	
		467	467		

非流动资本（扫描仪）

日期	描述	美元	美元	描述	日期
第8天开始	余额承前				
第12天	银行	600			
			600	余额移后	第14天结束
		600	600		

第14天结束时的试算平衡表现在应如表A-13所示：

表A-13 第14天结束时的试算平衡表

第14天	借方 美元	贷方 美元
非流动资产（计算机）	500	
非流动资产（扫描仪）	100	
库存（原材料）	—	
库存（成品）	533	
应收账款	900	
银行存款和库存现金	1450	
应付账款		800
贷款		500

（续表）

股份资本		1000
留存利润（从第 1 周开始期初余额）		550
收入		2100
销售成本	467	
管理费用	1000	
	<u>4950</u>	<u>4950</u>

直到 1 月底

莫比乌斯（5）：非流动资产的调整

以下日记账与公司在最初两周获得的非流动资产（即扫描仪和计算机）的折旧有关：

扫描仪的折旧费用

借方	折旧（利润表）	5	
贷方	计算机：累计折旧（财务状况表）		5

计算机的折旧费用

借方	折旧（利润表）	10	
贷方	扫描仪：累计折旧（财务状况表）		10

注意：累计折旧的 T 型账户与资产的原始成本分别存入 T 型账户。这使得以后需要的调整更加简单（例如，处理或重测）。

有关购买汽车、购买该资产所需的相关贷款和该贷款未付利息的分录如下：

购买汽车

借方	汽车（成本）	20000	
借方	汽车成本（额外费用）	3350	
贷方	贷款（收购汽车）		2350

汽车的折旧费用

借方	折旧（利润表）	154	
贷方	汽车：累计折旧（财务状况表）		154

购买汽车的贷款利息（未付）

借方	财务费用	90	
贷方	应收利息		90

莫比乌斯（6）：期末调整

	到期未付的安装电话线路的费用		
借方	运营费用：电话线路的安装	100	
	应付账款		100
	预付租金（需预付款账户）		
借方	预付（租）账款	1000	
贷方	银行存款		1000
	销售及相关应收账款		
借方	应收账款	20000	
贷方	收入		20000
借方	银行存款	16000	
贷方	应收账款		16000
	调整库存、应付账款和销售成本		
借方	库存（原材料）	9000	
贷方	应付账款		9000
借方	库存（成品）	8000	
贷方	库存（原材料）		8000
借方	销售成本	6000	
贷方	库存（成品）		6000
借方	销售成本	533	
贷方	库存（成品）		533
借方	应付账款	800	
借方	应付账款	7000	
贷方	银行存款		7800

附录 2

国际财务报告准则和国际会计准则

以下是截至 2017 年 6 月 27 日国际财务报告准则和财务报告概念框架列表。高级和非技术摘要可以访问 http://www.IFRS.org/issues-standards/list-of-standards/。

国际财务报告准则

序号	名称
IFRS 1	First-time Adoption of International Financial Reporting Standards
IFRS 2	Share-based Payment
IFRS 3	Business Combinations
IFRS 4	Insurance Contracts
IFRS 5	Non-current Assets Held for Sale and Discontinued Operations
IFRS 6	Exploration for and Evaluation of Mineral Resources
IFRS 7	Financial Instruments: Disclosures
IFRS 8	Operating Segments
IFRS 9	Financial Instruments
IFRS 10	Consolidated Financial Statements
IFRS 11	Joint Arrangements
IFRS 12	Disclosure of Interests in Other Entities
IFRS 13	Fair Value Measurement

IFRS 14   Regulatory Deferral Accounts
IFRS 15   Revenue from Contracts with Customers
IFRS 16   Leases
IFRS 17   Insurance Contracts

国际会计准则

序号	名称
IAS 1	Presentation of Financial Statements
IAS 2	Inventories
IAS 7	Statement of Cash Flows
IAS 8	Accounting Policies, Changes in Accounting Estimates and Errors
IAS 10	Events after the Reporting Period
IAS 11	Construction Contracts
IAS 12	Income Taxes
IAS 16	Property, Plant and Equipment
IAS 17	Leases
IAS 18	Revenue
IAS 19	Employee Benefits
IAS 20	Accounting for Government Grants and Disclosure of Government Assistance
IAS 21	The Effects of Changes in Foreign Exchange Rates
IAS 23	Borrowing Costs
IAS 24	Related Party Disclosures
IAS 26	Accounting and Reporting by Retirement Benefit Plans
IAS 27	Separate Financial Statements
IAS 28	Investments in Associates and Joint Ventures
IAS 29	Financial Reporting in Hyperinflationary Economies
IAS 32	Financial Instruments: Presentation

IAS 33	Earnings per Share
IAS 34	Interim Financial Reporting
IAS 36	Impairment of Assets
IAS 37	Provisions, Contingent Liabilities and Contingent Assets
IAS 38	Intangible Assets
IAS 39	Financial Instruments: Recognition and Measurement
IAS 40	Investment Property
IAS 41	Agriculture

附录 3
收益公告示例

IBM 公司 1 季度 13 期公告

- 稀释的每股收益：

　——公认会计准则：2.7 美元，上涨 3%；

　——营运（非公认会计准则）：3 美元，上升 8%；

- 净收益：

　——公认会计准则：30 亿美元，下跌 1%；

　——营运（非公认会计准则）：34 亿美元，增长 3%；

- 毛利率：

　——公认会计准则：45.6%，上升 0.6%；

　——营运（非公认会计准则）：46.7%，上升 1%；

- 收入：234 亿美元，下降 5%，经汇率调整后下降 3%；
- 自由现金流为 17 亿美元，下降 2 亿美元；
- 软件收入持平，经汇率调整后上涨 1%；

　——税前收入增长 4%；利润上涨 1.2 个百分点；

- 服务收入下降了 4%，经汇率调整后下降 1%；

　——税前收入增长 10%；利润上涨 2 个百分点；

- 服务项目积压 1410 亿美元，上升 1%，经汇率调整后上升 5%；

　——本季度完成了 22 笔超过 1 亿美元的交易；

- 系统和技术收入下降 17%，经汇率调整后下降 16%；
- 成长型市场收入下降 1%，经汇率调整后增长 1%；

- 业务分析收入上涨 7%；
- 智慧地球收入上涨超 25%；
- 云收入上涨 70% 以上；
- 重申 2013 全年营运（非公认会计原则）每股预期收益至少为 16.7 美元。

2013 年 4 月 18 日 IBM 于纽约州阿蒙克市宣布（纽约证券交易所：IBM），2013 年第一季度摊薄利润的每股收益是 2.7 美元，同比增长 3%；该公司的营运（非公认会计原则）摊薄利润每股收益 3 美元，同比 2012 年第一季度的 2.78 美元增长了 8%。

第一季度净利润为 30 亿美元，同比下降 1%，营运（非公认会计原则）净利润为 34 亿美元，与 2012 年第一季度的 33 亿美元相比，增长了 3%。

2013 年第一季度总收入为 234 亿美元，较 2012 年第一季度下降了 5%（经汇率调整后同比下降 3%）。

"在第一季度，我们实现了营运净利润、每股收益和营运利润率的增长，但这一时期我们没有实现所有目标。"尽管开局良好，客户需求良好，但我们并没有关闭进入第二季度的大量软件和大型服务。IBM 董事长、总裁兼首席执行官罗睿兰表示，"展望未来，除了完成这些交易之外，我们还希望能从增长计划中的投资以及改善业务不佳的行动中获益。我们仍对这种持续转型的模式抱有信心，并有能力实现 2013 年全年每股营运利润至少 16.7 美元的预期。"

第一季度公认会计准则减去营运（非公认会计准则）的调节

第一季度营运（非公认会计原则）稀释的每股盈利不包括每股 0.3 美元的费用，这个费用分别是：购买的无形资产和其他收购相关费用的摊销每股 0.12 美元，退休相关费用每股 0.18 美元。

2013 年全年预期

IBM 重申了其 2013 年的预期，希望全年营运（公认会计原则）稀释的每股盈利预期至少为 15.53 美元。营运（非公认会计原则）稀释的每股盈利预期至少为 16.70 美元。2013 年的营运（非公认会计原则）收益预期不包括购买无形资产、其他与收购相关的费用，以及与退休相关费用的摊销每股 1.17 美元。

地理区域

来自美国第一季度的收入为 100 亿美元，与 2012 年第一季度相比下降 4%（经汇率调整后下降 3%）；来自欧洲、中东和非洲的收入为 73 亿美元，同比下降 4%（经汇率调整后下降 4%）；亚太地区收入为 57 亿美元，同比减少 7%（经汇率调整后下降 1%）；代工营收为 4.26 亿美元，同比下降 16%。

成长型市场

该公司在成长型市场的收入与 2012 年同期相比下降了 1%（经汇率调整后增长 1%）。在金砖四国（巴西、俄罗斯、印度和中国）的收入与 2012 年同期相比下降了 1%（经汇率调整后增长 3%）。

服务

全球科技服务部门营收为 96 亿美元，与 2012 年同期相比下降 4%（经汇率调整后下降 2%）。全球商业服务部门营收 45 亿美元，同比下降 3%（经汇率调整后持平）。

与 2012 年同期相比，全球科技服务业税前收入增长 7%，税前利润率增长至 16.1%。全球商业服务业税前收入增长 17%，税前利润率增长至 15.1%。

截至 3 月 31 日，预计服务项目积压量为 1410 亿美元，按实际利率计算同比增长 1%（经汇率调整后增长 5%）。该公司在本季度完成了 22 项超过 1 亿美元的服务协议。

软件

与 2012 年第一季度相比，软件部门的收入持平，为 56 亿美元（经汇率调整后增长 1%）。软件税前收入增长 4%，税前利润率增至 31.5%。

IBM 的关键中间产品，包括 WebSphere、信息管理、Tivoli、社会劳动力解决方案（以前是 Lotus）和 Rational，中间产品总营收为 35 亿美元，较 2012 年第一季度增长 1%（经汇率调整后增长 2%）。与上年同期相比，营运系统收入 5.78 亿美元下降 2%（汇率调整 1%）；

WebSphere 软件产品系列的收入同比增长 6%；信息管理软件收入同比减

少 2%；Tivoli 软件收入同比增加 1%；社会劳动解决方案（以前是 Lotus）软件收入同比增加 8%；Rational 软件收入同比减少 2%。

硬件

本季度来自系统和技术部门的收入总计为 31 亿美元，较 2012 年第一季度下降 17%（经汇率调整后下降 16%）；若不包括零售商店解决方案，与 2012 年第一季度比，总收入下降 14%（经汇率调整后下降 13%），系统和技术税前损失增加了 3 亿美元。

不包括零售商店解决方案，系统总收入下降了 13%（经汇率调整后下降 13%）；与 2012 年同期相比，z 系统主机服务器产品的收入增长了 7%。用每秒数百万条指令衡量 z 系统计算能力，其总交付量增加了 27%；与 2012 年同期相比，电力系统的收入下降了 32%，x 系统的营收下降了 9%，系统存储营收下降了 11%，微电子代工营收下降了 16%。

融资

今年第一季度,全球融资部门收入同比增长 2%(经汇率调整后增幅为 4%)，为 4.99 亿美元。该部门的税前收入增长 5%，至 5.38 亿美元。

总利润

公司在 2013 年第一季度毛利率为 45.6%，而 2012 年第一季度毛利率为 45.1%。随着全球科技服务和全球商业服务增长，2013 年第一季度营运毛利率为 46.7%，而 2012 年第一季度毛利率为 45.7%。

费用

与 2012 年同期相比，总费用和其他收入为 71 亿美元，减少 3%，销售支出、一般性支出和管理支出（SG&A）费用为 56 亿美元，同比下降 5%；与 2012 年同期相比，研发支出 16 亿美元，增长了 3%；知识产权和定制开发收入从一年前的 2.55 亿美元下降到 1.83 亿美元；其他费用和收入是 6000 万美元，而上一年收入是 5800 万美元；利息支出从上一年的 1.1 亿美元减少到 9400 万美元。

营运（非公认会计准则）总费用和其他收入为69亿美元，与上年同期相比下降4%。营运（非公认会计准则）、销售支出、一般性支出和管理支出54亿美元，同比下降7%。与去年同期相比，营运（非公认会计准则）研发费用增加了16亿美元。

税前收入为36亿美元，同比下降6%。税前利润率下降0.1个百分点，至15.4%。营运（非公认会计准则）税前收入为41亿美元，同比下降1%，税前利润率上升0.8个百分点，为17.4%。

IBM的税率为15.9%，同比下降4.1个百分点；营运（非公认会计原则）税率为17.3%，较上年同期下降3.2个百分点。较低的税率主要是反映本季度颁布的税法的变化而记录的福利，包括恢复美国研发税收抵免。

净利润率为13%，增长0.5个百分点。总营运（非公认会计准则）净利润率为14.4%，增长1.2个百分点。

2013年第一季度摊销普通股的加权平均数为11.2亿股，而2012年同期为11.7亿股。截至2013年3月31日，已发行普通股11.1亿股。

包括全球融资在内的债务总额为334亿美元，而2012年年底为333亿美元。从管理部门的角度来看，全球融资债务总额为252亿美元，2012年年底为245亿美元，导致债务与股权之比为7.2∶1。非全球性融资债务总额为82亿美元，自2012年年底以来减少了6亿美元，债务与资本比率从36.1%降至34.3%。

IBM在2013年第一季度结束时，手头有120亿美元现金，并产生了17亿美元的自由现金流，不包括全球融资应收账款，同比下降约2亿美元。该公司通过9亿美元的股息和26亿美元的总回购向股东返还了35亿美元。资产负债表依然强劲，该公司处于有利地位，能够长期支持这一业务。

前瞻性和警示声明

除了本文所包含的历史资料和讨论外，本公告的意义是构成了1995年颁布的《私人证券诉讼改革法案》所指的前瞻性声明。前瞻性声明基于公司对未来业务和财务表现的当前假设，这些声明包含一些风险、不确定性和其他可能导致实际结果出现实质性差异的因素，包括以下因素：经济环境的衰退和企业IT支出预算；公司未能实现增长和生产率目标；公司创新计划的失败；投资于成长机会的风险；公司的知识产权组合未能防止竞争性产品上市；公司未能获得必要的许可证；网络安全和数据隐私考虑；财务结果和采购的波动；当地法律、经济、政治和健康状况的影响；环境、税务、公司养老金计划的不利影响；无效的内部控制；公司使用的会计估算；公司吸引和留住关键人才的能力和对关键技能的依赖；与关键供应商的关系以及与政府客户做生意的影响；通货膨胀和客户融资风险；市场流动性状况的变化和客户信用风险对应收账款的影响；对第三方分销渠道的依赖；公司成功并购和联营的管理能力；与 IBM 证券有关的风险因素；其他在公司的 10-Q、10-K 表格中，或在公司提交给美国证券交易委员会（SEC）的其他文件或参考资料中提及的风险、不确定性和因素。本公告中的前瞻性声明仅在给出日期时有效。公司没有义务更新或修改任何前瞻性声明。

本公告的信息披露

为了向投资者提供根据（公认会计准则）确定的有关公司业绩的更多信息，公司还在本公告中披露了以下非公认会计准则信息。管理层认为这些信息为投资者提供了有用的信息：

IBM 公司的业绩和期望——

- 营运（非公认会计原则）每股收益和相关损益表账户；
- 非全球融资负债对资本比率；
- 调整自由现金流；
- 调整汇率（即恒定汇率）；
- 调整了零售商店解决方案的剥离。

管理层采用非公认会计准则措施的理由，包括第一季度收益报告中所提供的补充材料，包括这份公告，将于今天提交给美国证券交易委员会。这些材料可以通过 IBM 投资者关系网站 www.ibm.com/investor 上的链接获得。

电话会议和网络广播

IBM 公司的定期季度收益电话会议可以通过链接访问，链接如下：http://www.ibm.com/investor/ events/1q13.phtml。编写的图表将在网络直播之前发布。

财务结果如下（由于取整的关系，某些金额可能不会增加；所列出的百分比是根据潜在的总金额计算的）。

IBM 公司财务比较结果
（未审计；单位：百万美元，每股金额除外）

	3个月期限，截至3月31日		
	2013年	2012年	百分比变化
收入			
全球技术服务	9605	10035	−4.3%
毛利率	36.7%	35.3%	
全球业务服务	4484	4637	−3.3%
毛利率	28.6%	28%	
软件	5572	5600	−0.5%
毛利率	87.2%	87%	
系统和技术	3106	3749	−17.2%
毛利率	32.30%	34.2%	
全球融资	499	490	1.9%
毛利率	45.8%	50.7%	
其他	142	162	−12.4%
毛利率	−158.5%	−74.8%	
总收入	23408	24673	−5.1%
毛利	10678	11118	−4%
毛利率	45.6%	45.1%	
费用和其他收入			
销售支出、一般性支出和管理支出	5577	5886	−5.2%
费用比收入	23.8%	23.9%	
研发支出	1644	1601	2.7%
费用比收入	7%	6.5%	
知识产权和定制开发收入	−183	−255	−28.4%
其他和费用	−60	−58	3.8%
利息	94	110	−14.4%
总费用和其他收入	7072	7283	−2.9%
费用比收入	30.2%	29.5%	
税前收入	3606	3836	−6%

（续表）

税前利润率	15.4%	15.50%	
所得税准备	574	769	−25.4%
实际税率	15.9%	20.1%	
净收益	3032	3066	−1.1%
净收益率	13%	12.4%	
普通股每股收益			
假设稀释	2.7	2.61	3.4%
基本	2.72	2.65	2.6%
已发行普通股加权平均数			
假设稀释	1124	1174.2	
基本	1113.7	1159.1	

IBM 公司财务状况综合报表（未审计）

单位：百万美元	2013/3/31	2012/3/31
资产		
流动资产		
现金和现金等价	10585	10412
有价证券	1407	717
应收账款和票据		
净补贴		
（净补贴2013年是2.63亿美元，2013年是2.55亿美元）	10084	10667
短期融资的应收账款		
（2013年是2.73亿美元，2013年是2.88亿美元）	16141	18038
其他应收账款		
（净补贴2013年是2000万美元，2012年是1700万美元）	1971	1873
库存，在较低的平均成本或市场		
成品	519	475
半成品和原材料	1902	1812
总库存	2421	2287
递延税收	1592	1415
预付账款和其他流动资产	4747	4024
总流动资产	48949	49433
不动产、厂房和设备	40056	40501
减：累计折旧	26459	26505

		(续表)
不动产、厂房和设备－净	13597	13996
长期财务应收账款		
（净补贴2013年6400万美元，2012年6600万美元）	11946	12812
预付养老金	903	945
递延税项	4227	3973
商誉	29025	29247
可变资本 － 净值	3601	3787
投资和其他	5011	5021
总资产	117258	119213
负债		
流动负债		
税收	4678	4948
短期债务	8725	9181
应付账款	7203	7952
应付职工薪酬和福利	3964	4745
递延收入	12971	11952
其他应计费用	4583	4847
总流动负债	42122	43625
长期负债	24672	24088
退休和非养老金退休后福利义务	19069	20418
递延收入	4409	4491
其他负债	7771	7607
总负债	98044	100229
权益		
IBM 股东权益		
普通股	50522	50110
留存利润	119713	117641
国库券－按成本计算	−125677	−123131
累计其他综合收益	−25466	−25759
IBM 股东权益总额	19092	18860
非控利息	122	124
总权益	19214	18984
负债和权益总计	117258	119213

IBM公司现金流量表分析（未审计）

（百万美元）	3个月期限，截至3月31日 2013	2012
每项公认会计准则经营活动的现金净额	4023	4291
减：全球融资应收账款的变化	1597	1424
经营活动现金净额（不含全球融资应收账款）	2425	2867
净资本费用		
自由现金流（不含全球融资应收账款）	1696	1865
收购	−58	−1319
资产剥离	10	0
股息	−948	−870
股票回购	−2593	−3015
非全球融资债务	−717	657
其他（含全球融资应收账款和全球融资债务）	3473	3094
现金、现金等价物和短期证券的变化	863	413

IBM公司部门数据

2013年第一季度

（百万美元）	外部 收入	内部	总	税前收入（亏损）	税前利润率
全球技术服务	9605	248	9852	1585	16.10%
Y-T-Y 变化比率	−4.3%	−15.4%	−4.6%	7.1%	
全球业务服务	4484	180	4664	703	15.10%
Y-T-Y 变化比率	−3.3%	−1.5%	−3.2%	17.0%	
软件	5572	831	6403	2014	31.5%
Y-T-Y 变化比率	−0.5%	−1.1%	−0.6%	3.5%	
系统和技术	3106	120	3226	−405	−12.5%
Y-T-Y 变化比率	−17.2%	−20.5%	−17.3%	−286.7%	
全球融资	499	541	1040	538	51.8%
Y-T-Y 变化比率	1.9%	11.6%	6.7%	5.0%	
总部门利润	23266	1919	25185	4435	17.6%
Y-T-Y 变化比率	−5.1%	−1.6%	−4.8%	0.0%	
冲销/其他	142	−1919	−1777	−829	
IBM 总合并	23408	0	23408	3606	15.40%
Y-T-Y 变化比率	−5.1%		−5.1%	−6.0%	

(续表)

（百万美元）	2012年第一季度 收入 外部	内部	总	税前收入（亏损）	税前利润率
部门					
全球技术服务	10035	293	10328	1480	14.3%
全球业务服务	4637	182	4820	601	12.5%
软件	5600	840	6439	1945	30.2%
系统和技术	3749	151	3900	−105	−2.7%
全球融资	490	485	975	512	52.6%
总部门利润	24511	1951	26462	4434	16.8%
冲销／其他	162	−1951	−1789	−598	
IBM 总合并	24673	0	24673	3836	15.5%

IBM 公司美国公认会计准则与经营业绩调节
（未审计；单位：百万美元，每股金额除外）

	2013年第一季度 公认会计准则	并购相关调整*	退休相关调整**	营运（非公认会计准则）
毛利	10678	95	164	10937
毛利率	45.60%	0.4Pts	0.7Pts	46.70%
S,G&A	5577	−92	−104	5381
R,D&E	1644	0	−16	1628
其他收入&费用	−60	−7	0	−67
总费用&其他收入	7072	−99	−120	6853
税前收入	3606	194	283	4084
税前收入边际	15.4%	0.8Pts	1.2Pts	17.40%
所得税拨备***	574	54	79	708
有效税率	15.9%	0.6Pts	0.9Pts	17.3%
净收益	3032	140	204	3376
每股净收益	13.0%	0.6Pts	0.9Pts	14.4%
稀释每股收益	2.70	0.12	0.18	3.00

附录3 收益公告示例

（续表）

	2013年第一季度			
	公认会计准则	并购相关调整*	退休相关调整**	营运（非公认会计准则）
毛利	11118	89	71	11278
毛利率	45.1%	0.4Pts	0.3Pts	45.7%
S，G&A	5886	−84	−36	5766
R，D&E	1601	0	4	1605
其他收入和费用	−58	−1	0	−59
总费用 & 其他收入	7283	−85	−32	7166
税前收入	3836	173	102	4111
税前收入边际	15.5%	0.7Pts	0.4Pts	16.7%
预提所得税***	769	47	30	846
有效税率	20.1%	0.3Pts	0.2Pts	20.6%
净收益	3066	126	73	3265
每股净收益	12.4%	0.5Pts	0.3Pts	13.2%
稀释每股收益	2.61	0.11	0.06	2.78

* 包括收购无形资产的摊销和其他与收购有关的费用。

** 包括与退休有关的项目，这些项目由主要与市场表现有关的计划资产和负债的变动所决定。

*** 对经营（非公认会计准则）税前收入的税收影响，是按照与适用于公认会计准则的税前收入相同的会计原则计算的，该会计原则采用年度有效税率计算结果。

香港交易及结算所有限公司和香港联合交易所有限公司对本公告的内容概不负责，对其准确性或完整性亦不发表任何声明，并明确表示，概不对因本公告全部或任何部分内容而产生或因倚赖该等内容而引致的任何损失承担任何责任。

中国铝业股份有限公司
ALUMINUM CORPORATION OF CHINA LIMITED*

（在中华人民共和国注册成立的股份有限公司）

（股票代号：2600）

2013年第一季度报告

本公告乃由中国铝业股份有限公司（"本公司"或"公司"，与其附属公司合称"本集团"）根据《香港法例》第571章《证券及期货条例》第XIVA部及香港联合交易所有限公司《证券上市规则》第13.09条和第13.10B条之规定做出。

1. 重要提示

1.1 本公司董事会、监事会及其董事、监事、高级管理人员保证本报告所载资料不存在任何虚假记载、误导性陈述或者重大遗漏，并对其内容的真实性、准确性和完整性承担个别及连带责任。

1.2 公司全体董事出席董事会会议。

1.3 公司第一季度财务报告未审计。

1.4

公司负责人姓名	熊维平
会计负责人姓名	谢尉志
会计机构负责人姓名	卢东亮

公司负责人熊维平、会计负责人谢尉志及会计机构负责人卢东亮保证本季度报告中财务报表的真实性和完整性。

2. 公司基本情况

2.1 主要会计数据及财务指标

币种：人民币

	本报告期末	上年度期末	本报告期末比上年度期末增减（%）
总资产（千元）	216015714	175016882	23.43
所有者或股东权益（千元）	42838767	43835118	-2.27
归属于上市公司股东的每股净资产（元／股）	3.17	3.24	-2.16

	年初至报告期期末	比上年同期增减（%）
经营活动产生的现金流量净额（千元）	-1091020	净流出减少 46.27%
每股经营活动产生的现金流量净额（元／股）	-0.08	净流出减少 46.27%

附录3 收益公告示例

(续表)

	报告期	年初至报告期期末	本报告期比上年同期增减（%）
归属于上市公司股东的净利润（千元）	-975040	-975040	减亏幅度为10.42%
基本每股收益（元／股）	-0.07	-0.07	减亏幅度为10.42%
扣除非经常性损益后的基本每股收益（元／股）	-0.13	-0.13	不适用
稀释每股收益（元／股）	-0.07	-0.07	减亏幅度为10.42%
加权平均净资产收益率（%）	-2.28	-2.28	减少0.14个百分点
扣除非经常性损益后的加权平均净资产收益率（%）	-4.09	-4.09	减少1.82个百分点

扣除非经常性损益项目和金额：

单位：千元 币种：人民币

项目	金额
非流动资产处置损益	-4493
计入当期损益的政府补助，但与公司正常经营业务密切相关，符合国家政策规定、按照一定标准定额或定量持续享受的政府补助除外	337113
企业取得子公司、联营企业及合营企业的投资成本小于取得投资时应享有被投资单位可辨认净资产公允价值产生的收益	578218
除同公司正常经营业务相关的有效套期保值业务外，持有交易性金融资产、交易性金融负债产生的公允价值变动损益，以及处置交易性金融资产、交易性金融负债和可供出售金融资产取得的投资收益	-34853
单独进行减值测试的应收款项减值准备转回	4251
除上述各项之外的其他营业外收入和支出	2941
所得税影响额	-81552
少数股东权益影响额（税后）	-24725
合计	776900

2.2 报告期末股东总人数及前十名无限售条件股东持股情况表

单位：股

报告期末股东总数（户）		526111
前十名无限售条件流通股股东持股情况		
股东名称（全称）	期末持有无限售条件流通股的数量	种类
中国铝业公司	5214407195	人民币普通股
中国香港中央结算（代理人）有限公司	3924987330	境外上市外资股
中国信达资产管理股份有限公司	800759074	人民币普通股
中国建设银行股份有限公司	609146645	人民币普通股
国开金融有限责任公司	415168145	人民币普通股
包头铝业（集团）有限责任公司	325767795	人民币普通股
兰州铝厂	79472482	人民币普通股
贵州省物资开发投资公司	59000000	人民币普通股
广西投资集团有限公司	39259793	人民币普通股
中国银行股份有限公司－嘉实沪深300交易型开放式指数证券投资基金	19187944	人民币普通股

3. 重要事项

3.1 公司主要会计报表项目、财务指标大幅度变动的情况及原因

☑适用 □不适用

1. 营业税金及附加增加75%，主要是本集团其他业务收支净额增加使得计提的流转税金增加所致。

2. 财务费用增加41%，主要是本集团新纳入中铝宁夏能源集团有限公司合并报表，使得有息负债规模较去年有所增长所致。

3. 资产减值损失增加8589%，主要是本集团期末主导产品价格降低使得计提的库存跌价准备增加所致。

4. 公允价值变动损失增加464%，主要是本集团持有期货合约产生的公允价值变动浮亏增加所致。

5. 投资收益增加80%，主要是本集团新纳入中铝宁夏能源集团有限公司合并报表，所获得的联营公司收益增加所致。

6. 营业外收入增加1289%，主要是本集团收购中铝宁夏能源集团有限公司产生的采矿权公允价值高于对价所致。

7. 营业外支出减少43%，主要是本集团捐赠支出减少所致。

8. 利润总额增加33%，主要是本集团严控成本费用开支，增加创收渠道，毛利率增加所致。

9. 所得税费用增加89%，主要是本集团本期大部分亏损未计提递延所得税资产所致。

10. 少数股东损益增加177%，主要是本集团控股子公司利润增加所致。

11. 交易性金融资产减少80%，主要是本集团期货及远期外汇合约持仓浮盈减少所致。

12. 应收票据增加46%，主要是由于国家货币政策紧缩，使得结算使用的银行承兑票据增加所致。

13. 应收账款增加219%，主要是由于国家货币政策紧缩、市场竞争激烈，贸易量增加，使得信用期限延长，以及新纳入中铝宁夏能源集团有限公司合并报表所致。

14. 预付账款增加65%，主要是为拓展贸易渠道，预付部分采购款所致。

15. 应收利息增加2834%，主要是对联营企业的委托贷款增加应计利息所致。

16. 其他应收款增加40%，主要是对联营企业增加委托贷款所致。

17. 其他流动资产增加52%，主要是本集团新纳入中铝宁夏能源集团有限公司合并报表，增加的待抵扣增值税进项税。

18. 投资性房地产增加，期初无，主要是本集团新纳入中铝宁夏能源集团有限公司合并报表所致。

19. 工程物资增加119%，主要是由于新纳入中铝宁夏能源集团有限公司合并报表所致。

20. 无形资产增加156%，主要是由于本集团新纳入中铝宁夏能源集团有限公司合并报表，煤炭采矿权增加所致。

21. 交易性金融负债增加288%，主要是本集团期货及外汇远期合约期末持仓浮亏增加所致。

22. 应付票据增加186%，主要是由于国家货币政策紧缩，在采购中适当增加了票据结算方式所致。

23. 应付账款增加46%，主要是由于国家货币政策紧缩，在采购中适当延长了信用期限所致。

24．预收账款增加 74%，主要是本集团根据客户信用评价，预收部分货款所致。

25．应付利息增加 77%，主要是由于本集团有息负债规模增加所致。

26．应付股利增加 71%，主要是本集团所属控股子公司计提应付现金股利所致。

27．长期借款增加 85%，主要是本集团新纳入中铝宁夏能源集团有限公司合并报表增加的长期银行贷款。

28．专项应付款增加 108%，主要是本集团新纳入中铝宁夏能源集团有限公司合并报表增加的政府专项资金。

29．预计负债增加，期初无，主要是本集团收购中铝宁夏能源集团有限公司预计应支付的采矿权价款。

30．其他非流动负债增加 58%，主要是本集团新纳入中铝宁夏能源集团有限公司合并报表增加的递延收益。

31．少数股东权益增加 39%，主要是本集团新纳入中铝宁夏能源集团有限公司合并报表增加的少数股东权益。

32．2013 年第一季度本集团实现营业收入 342.13 亿元，利润总额为亏损 9.48 亿元，较去年同期亏损 14.14 亿元减亏 4.66 亿元，减亏幅度为 32.96%；归属于母公司所有者的净利润为亏损 9.75 亿元，较去年同期亏损 10.88 亿元减亏 1.13 亿元，减亏幅度为 10.42%。

33．2013 年第一季度本集团营业毛利较去年同期增加 37%，其中：主导产品成本降低幅度在 6%—9% 之间，因成本降低减亏 14 亿元左右；但主导产品价格较去年同期降低幅度在 5%—7% 之间，因价格下降减少利润 13 亿元左右。

34．2013 年第一季度本集团仍加大力度控制生产运营费用发生，本期发生销售费用 4.58 亿元，较去年同期的 4.46 亿元增加了 0.12 亿元，剔除掉新并入中铝宁夏能源集团有限公司的 0.14 亿元后与去年同期相比略微降低；本期发生管理费用 6.45 亿元，较去年同期的 6.22 亿元增加了 0.23 亿元，剔除掉新并入中铝宁夏能源集团有限公司的 0.8 亿元后比去年同期降低 0.57 亿元；本期发生财务费用 15.18 亿元，较去年同期的 10.76 亿元增加了 4.42 亿元，剔除新并入中铝宁夏能源集团有限公司的 2.77 亿元后比去年同期增加 1.65 亿元，主要由于本集团有息负债规模增加所致，但本集团 2013 年第一季度末的加权平均利率较去年第一季度末降低了 0.43 个百分点。

3.2 重大事项进展情况及其影响和解决方案的分析说明

□适用 ☑不适用

3.3 公司、股东及实际控制人承诺事项履行情况

☑适用 □不适用

（1）2007 年本公司发行 A 股时，中国铝业公司（以下简称"中铝公司"）承诺在本公司 A 股股票上市后一定期限内，中铝公司将安排出售其铝加工业务，或者本公司收购中铝公司的铝加工业务，将收购中铝公司的拟薄水铝石业务。

本公司于 2008 年通过产权交易所公开竞得中铝公司下属五家铝加工企业股权。由于市场条件不成熟，使得中铝公司将拟薄水铝石业务注入本公司不具备条件。中铝公司在条件成熟时将继续认真履行承诺期限内的承诺事项。

（2）本公司于 2011 年 8 月 22 日发布中国铝业股份有限公司关于解决与焦作万方铝业股份有限公司电解铝业务同业竞争的承诺函，承诺力争在 5 年内通过适当的方式消除与焦作万方在电解铝业务方面的同业竞争。

3.4 预测年初至下一报告期期末的累计净利润可能为亏损或者与上年同期相比发生大幅度变动的警示及原因说明

□适用 ☑不适用

3.5 报告期内现金分红政策的执行情况

本公司已在公司章程中明确规定了现金分红条款：（1）公司充分考虑对投资者的回报，每年按当年实现的可分配利润规定比例向股东分配股利；（2）公司的利润分配政策保持连续性和稳定性，同时兼顾公司的长远利益、全体股东的整体利益及公司的可持续发展；（3）公司优先考虑现金分 红的利润分配方式。

本报告期内，本公司不实施现金分红。

中国铝业股份有限公司法定代表人：熊维平

2013 年 4 月 26 日

4. 附件

4.1

合并资产负债表

2013 年 3 月 31 日

编制单位： 中国铝业股份有限公司　　单位：千元　币种：人民币　审计类型：未审计

项目	期末余额	年初余额
流动资产：		
货币资金	12260366	10191608
结算备付金		
拆出资金		
交易性金融资产	1754	8983
应收票据	1743292	1190643
应收账款	4546464	1425219
预付款项	7415895	4481005
应收保费		
应收分保账款		
应收分保合同准备金		
应收利息	36602	1248
应收股利	189638	189638
其他应收款	3545987	2530189
买入返售金融资产		
库存	29105785	25596476
一年内到期的非流动资产	28000	28000
其他流动资产	5141209	3373007
流动资产合计	64014992	49016016
非流动资产：		
发放委托贷款及垫款		
可供出售金融资产		
持有至到期投资		
长期应收款		
长期股权投资	18207573	19213415
投资性房地产	7443	0
固定资产	97292807	81675584

(续表)

项目	期末余额	年初余额
在建工程	18464278	14382407
工程物资	415572	190100
固定资产清理		
生产性生物资产		
油气资产		
无形资产	11519148	4491491
开发支出		
商誉	2362735	2362735
长期待摊费用	311198	277702
递延所得税资产	2311933	2116986
其他非流动资产	1108035	1290446
非流动资产合计	152000722	126000866
资产总计	216015714	175016882
流动负债：		
短期借款	46660575	40313218
向中央银行借款		
吸收存款及同业存放		
拆入资金		
交易性金融负债	49177	12662
应付票据	6232202	2175710
应付账款	7144644	4883484
预收款项	2231083	1278746
卖出回购金融资产款		
应付手续费及佣金		
应付职工薪酬	475639	400807
应交税费	443211	452763
应付利息	968929	548381
应付股利	211905	123707
其他应付款	6001894	6045854
应付分保账款		
保险合同准备金		
代理买卖证券款		

(续表)

项目	期末余额	年初余额
代理承销证券款		
一年内到期的非流动负债	10475637	10946325
其他流动负债	17681830	16671754
流动负债合计	98576726	83853411
非流动负债：		
长期借款	36768894	19910787
应付债券	20708269	16724865
长期应付款		
专项应付款	242954	116979
预计负债	2030812	0
递延所得税负债		
其他非流动负债	1008005	639690
非流动负债合计	60758934	37392321
负债合计	159335660	121245732
所有者权益（或股东权益）：		
实收资本（或股本）	13524488	13524488
资本公积	13987858	13987858
减：库存股		
专项储备	115118	92193
盈余公积	5867557	5867557
一般风险准备		
未分配利润	9405364	10380404
外币报表折算差额	−61618	−17382
归属于母公司所有者权益合计	42838767	43835118
少数股东权益	13841287	9936032
所有者权益合计	56680054	53771150
负债和所有者权益总计	216015714	175016882

公司法定代表人： 熊维平 会计负责人：谢尉志 会计机构负责人：卢东亮

母公司资产负债表
2013年3月31日

编制单位：中国铝业股份有限公司　　　　单位：千元　币种：人民币　审计类型：未审计

项目	期末余额	年初余额
流动资产：		
货币资金	3871523	4939505
交易性金融资产		
应收票据	581689	651601
应收账款	2184209	1516759
预付款项	1265687	1145561
应收利息	32608	5814
应收股利	240348	240348
其他应收款	9510099	7812881
库存	13277583	12917041
一年内到期的非流动资产	28000	28000
其他流动资产	918524	992623
流动资产合计	31910270	30250133
非流动资产：		
可供出售金融资产		
持有至到期投资		
长期应收款		
长期股权投资	29815764	26096514
投资性房地产		
固定资产	51767755	52636716
在建工程	6902619	6339611
工程物资	64440	60017
固定资产清理		
生产性生物资产		
油气资产		
无形资产	2281040	2319689
开发支出		
商誉	2330945	2330945
长期待摊费用	69168	70829
递延所得税资产	1511195	1525206
其他非流动资产	322430	322430
非流动资产合计	95065356	91701957
资产总计	126975626	121952090

(续表)

项目	期末余额	年初余额
流动负债:		
短期借款	22470000	19370000
交易性金融负债	0	11222
应付票据	3600	0
应付账款	3030797	2900794
预收款项	392059	170979
应付职工薪酬	258610	257796
应交税费	253742	230190
应付利息	753638	421281
应付股利		
其他应付款	2380397	3598165
一年内到期的非流动负债	8321342	8321342
其他流动负债	17669510	16669968
流动负债合计	55533695	51951737
非流动负债:		
长期借款	8844902	9147902
应付债券	18910491	15927504
长期应付款		0
专项应付款	96880	96880
预计负债		
递延所得税负债		
其他非流动负债	479205	490292
非流动负债合计	28331478	25662578
负债合计	83865173	77614315
所有者权益(或股东权益):		
实收资本(或股本)	13524488	13524488
资本公积	14401214	14401214
减：库存股		
专项储备	45583	25686
盈余公积	5867557	5867557
一般风险准备		
未分配利润	9271611	10518830
所有者权益(或股东权益)合计	43110453	44337775
负债和所有者权益(或股东权益)总计	126975626	121952090

公司法定代表人：熊维平　会计负责人：谢尉志　会计机构负责人：卢东亮

4.2

合并利润表
2013 年 1—3 月

编制单位：中国铝业股份有限公司　　单位：千元　币种：人民币　审计类型：未审计

项目	本期金额	上期金额
一、营业总收入	34213296	33589657
其中：营业收入	34213296	33589657
利息收入		
已赚保费		
手续费及佣金收入		
二、营业总成本	36319071	35187086
其中：营业成本	33404017	32997696
利息支出		
手续费及佣金支出		
退保金		
赔付支出净额		
提取保险合同准备金净额		
保单红利支出		
分保费用		
营业税金及附加	83233	47485
销售费用	457625	446125
管理费用	645200	622358
财务费用	1517509	1075913
资产减值损失	211487	-2491
加：公允价值变动收益（损失以"-"号填列）	-28543	-5058
投资收益（损失以"-"号填列）	234330	130168
其中：对联营企业和合营企业的投资收益	198861	97518
汇兑收益（损失以"-"号填列）		
三、营业利润（亏损以"-"号填列）	-1899988	-1472319
加：营业外收入	958079	68956
减：营业外支出	5929	10440
其中：非流动资产处置损失	41	0
四、利润总额（亏损总额以"-"号填列）	-947838	-1413803
减：所得税费用	-28995	-252717
五、净利润（净亏损以"-"号填列）	-918843	-1161086
归属于母公司所有者的净利润	-975040	-1088439

(续表)

项目	本期金额	上期金额
少数股东损益	56197	-72647
六、每股收益：		
（一）基本每股收益	-0.07	-0.08
（二）稀释每股收益	-0.07	-0.08
七、其他综合收益	-44237	6664
八、综合收益总额	-963080	-1154422
归属于母公司所有者的综合收益总额	-1019277	-1081775
归属于少数股东的综合收益总额	56197	-72647

公司法定代表人： 熊维平 会计负责人：谢尉志 会计机构负责人：卢东亮

母公司利润表
2013年1—3月

编制单位：中国铝业股份有限公司　　单位：千元　币种：人民币　审计类型：未审计

项目	本期金额	上期金额
一、营业收入	11281182	11644680
减：营业成本	11178820	11779910
营业税金及附加	52139	30485
销售费用	253389	257492
管理费用	319102	369806
财务费用	773650	629370
资产减值损失	99909	-2490
加：公允价值变动收益（损失以"-"号填列）	11222	-2461
投资收益（损失以"-"号填列）	844	41023
其中：对联营企业和合营企业的投资收益	-21465	2100
二、营业利润（亏损以"-"号填列）	-1383761	-1381331
加：营业外收入	154440	27304
减：营业外支出	3888	9720
其中：非流动资产处置损失	4	4381
三、利润总额（亏损总额以"-"号填列）	-1233209	-1363747
减：所得税费用	14011	-270925
四、净利润（净亏损以"-"号填列）	-1247220	-1092822
五、每股收益：		
（一）基本每股收益		
（二）稀释每股收益		
六、其他综合收益		
七、综合收益总额	-1247220	-1092822

公司法定代表人：熊维平 会计负责人：谢尉志 会计机构负责人：卢东亮

4.3

合并现金流量表
2013 年 1—3 月

编制单位：中国铝业股份有限公司　　单位：千元　币种：人民币　审计类型：未审计

项目	本期金额	上期金额
一、经营活动产生的现金流量：		
销售商品、提供劳务收到的现金	40166561	41509164
客户存款和同业存放款项净增加额		
向中央银行借款净增加额		
向其他金融机构拆入资金净增加额		
收到原保险合同保费取得的现金		
收到再保险业务现金净额		
保户储金及投资款净增加额		
处置交易性金融资产净增加额		
收取利息、手续费及佣金的现金		
拆入资金净增加额		
回购业务资金净增加额		
收到的税费返还	40360	6133
收到其他与经营活动有关的现金	384116	106973
经营活动现金流入小计	40591037	41622270
购买商品、接受劳务支付的现金	36719807	40177772
客户贷款及垫款净增加额		
存放中央银行和同业款项净增加额		
支付原保险合同赔付款项的现金		
支付利息、手续费及佣金的现金		
支付保单红利的现金		
支付给职工以及为职工支付的现金	1904542	1835916
支付的各项税费	583207	943196
支付其他与经营活动有关的现金	2474501	695881
经营活动现金流出小计	41682057	43652765
经营活动产生的现金流量净额	-1091020	-2030495
二、投资活动产生的现金流量：		
收回投资收到的现金	16806	0
取得投资收益收到的现金	269242	85540
处置固定资产、无形资产和其他长期资产收回的现金净额	203388	5018
处置子公司及其他营业单位收到的现金净额		
收到其他与投资活动有关的现金	31846	18776

(续表)

项目	本期金额	上期金额
投资活动现金流入小计	521282	109334
购建固定资产、无形资产和其他长期资产支付的现金	2420930	2241422
投资支付的现金	234412	490000
质押贷款净增加额		
取得子公司及其他营业单位支付的现金净额	403187	0
支付其他与投资活动有关的现金	1099874	127728
投资活动现金流出小计	4158403	2859150
投资活动产生的现金流量净额	-3637121	-2749816
三、筹资活动产生的现金流量：		
吸收投资收到的现金		
其中：子公司吸收少数股东投资收到的现金		
取得借款收到的现金	20884209	25240588
发行债券收到的现金	5971500	2000000
收到其他与筹资活动有关的现金	365400	0
筹资活动现金流入小计	27221109	27240588
偿还债务支付的现金	18100772	17131398
分配股利、利润或偿付利息支付的现金	1569160	804686
其中：子公司支付给少数股东的股利、利润		
支付其他与筹资活动有关的现金	470689	0
筹资活动现金流出小计	20140621	17936084
筹资活动产生的现金流量净额	7080488	9304504
四、汇率变动对现金及现金等价物的影响	-3484	7863
五、现金及现金等价物净增加额	2348863	4532056
加：期初现金及现金等价物余额	9063593	11644741
六、期末现金及现金等价物余额	11412456	16176797

公司法定代表人：熊维平　会计负责人：谢尉志　会计机构负责人：卢东亮

母公司现金流量表
2013 年 1—3 月

编制单位：中国铝业股份有限公司　　单位：千元　币种：人民币　审计类型：未审计

项目	本期金额	上期金额
一、经营活动产生的现金流量：		
销售商品、提供劳务收到的现金	13117368	13978147
收到的税费返还	14431	4133
收到其他与经营活动有关的现金	174676	43432

(续表)

项目	本期金额	上期金额
经营活动现金流入小计	13306475	14025712
购买商品、接受劳务支付的现金	12342654	12668162
支付给职工以及为职工支付的现金	1130131	1125869
支付的各项税费	653589	579371
支付其他与经营活动有关的现金	666418	402664
经营活动现金流出小计	14792792	14776066
经营活动产生的现金流量净额	-1486317	-750354
二、投资活动产生的现金流量：		
收回投资收到的现金		
取得投资收益收到的现金	12160	23695
处置固定资产、无形资产和其他长期资产收回的现金净额	56705	15811
处置子公司及其他营业单位收到的现金净额		
收到其他与投资活动有关的现金	0	15228
投资活动现金流入小计	68865	54734
购建固定资产、无形资产和其他长期资产支付的现金	863190	999540
投资支付的现金	583000	1023110
取得子公司及其他营业单位支付的现金净额	4387630	0
支付其他与投资活动有关的现金	21087	78183
投资活动现金流出小计	5854907	2100833
投资活动产生的现金流量净额	-5786042	-2046099
三、筹资活动产生的现金流量：		
吸收投资收到的现金		
取得借款收到的现金	7900000	14508000
发行债券收到的现金	6000000	2000000
收到其他与筹资活动有关的现金	365400	0
筹资活动现金流入小计	14265400	16508000
偿还债务支付的现金	7103000	8820400
分配股利、利润或偿付利息支付的现金	550941	573149
支付其他与筹资活动有关的现金		
筹资活动现金流出小计	7653941	9393549
筹资活动产生的现金流量净额	6611459	7114451

(续表)

项目	本期金额	上期金额
四、汇率变动对现金及现金等价物的影响	53	3485
五、现金及现金等价物净增加额	−660847	4321483
加：期初现金及现金等价物余额	4396234	4081999
六、期末现金及现金等价物余额	3735387	8403482

公司法定代表人： 熊维平 会计负责人：谢尉志 会计机构负责人：卢东亮

　　截至本公告发布之日，董事会成员包括熊维平先生、罗剑川先生和刘祥民先生（执行董事）；石春贵先生、吕友清先生和刘才明先生（非执行董事）；张卓元先生、王梦奎先生、朱德淼先生（独立非执行董事）。

附录 4 复利现值系数表

年	1%	2%	3%	4%	5%	6%	7%	8%	9%	10%
1	0.99	0.98	0.971	0.962	0.952	0.943	0.935	0.926	0.917	0.909
2	0.98	0.961	0.943	0.925	0.907	0.89	0.873	0.857	0.842	0.826
3	0.971	0.942	0.915	0.889	0.864	0.84	0.816	0.794	0.772	0.751
4	0.961	0.924	0.888	0.855	0.823	0.792	0.763	0.735	0.708	0.683
5	0.951	0.906	0.863	0.822	0.784	0.747	0.713	0.681	0.65	0.621
6	0.942	0.888	0.837	0.79	0.746	0.705	0.666	0.63	0.596	0.564
7	0.933	0.871	0.813	0.76	0.711	0.665	0.623	0.583	0.547	0.513
8	0.923	0.853	0.789	0.731	0.677	0.627	0.582	0.54	0.502	0.467
9	0.914	0.837	0.766	0.703	0.645	0.592	0.544	0.5	0.46	0.424
10	0.905	0.82	0.744	0.676	0.614	0.558	0.508	0.463	0.422	0.386
11	0.896	0.804	0.722	0.65	0.585	0.527	0.475	0.429	0.388	0.35
12	0.887	0.788	0.701	0.625	0.557	0.497	0.444	0.397	0.356	0.319
13	0.879	0.773	0.681	0.601	0.53	0.469	0.415	0.368	0.326	0.29
14	0.87	0.758	0.661	0.577	0.505	0.442	0.388	0.34	0.299	0.263
15	0.861	0.743	0.642	0.555	0.481	0.417	0.362	0.315	0.275	0.239
16	0.853	0.728	0.623	0.534	0.458	0.394	0.339	0.292	0.252	0.218
17	0.844	0.714	0.605	0.513	0.436	0.371	0.317	0.27	0.231	0.198
18	0.836	0.7	0.587	0.494	0.416	0.35	0.296	0.25	0.212	0.18
19	0.828	0.686	0.57	0.475	0.396	0.331	0.277	0.232	0.194	0.164
20	0.82	0.673	0.554	0.456	0.377	0.312	0.258	0.215	0.178	0.149

（续表）

年	11%	12%	13%	14%	15%	16%	17%	18%	19%	20%
1	0.901	0.893	0.885	0.877	0.87	0.862	0.855	0.847	0.84	0.833
2	0.812	0.797	0.783	0.769	0.756	0.743	0.731	0.718	0.706	0.694
3	0.731	0.712	0.693	0.675	0.658	0.641	0.624	0.609	0.593	0.579
4	0.659	0.636	0.613	0.592	0.572	0.552	0.534	0.516	0.499	0.482
5	0.593	0.567	0.543	0.519	0.497	0.476	0.456	0.437	0.419	0.402
6	0.535	0.507	0.48	0.456	0.432	0.41	0.39	0.37	0.352	0.335
7	0.482	0.452	0.425	0.4	0.376	0.354	0.333	0.314	0.296	0.279
8	0.434	0.404	0.376	0.351	0.327	0.305	0.285	0.266	0.249	0.233
9	0.391	0.361	0.333	0.308	0.284	0.263	0.243	0.225	0.209	0.194
10	0.352	0.322	0.295	0.27	0.247	0.227	0.208	0.191	0.176	0.162
11	0.317	0.287	0.261	0.237	0.215	0.195	0.178	0.162	0.148	0.135
12	0.286	0.257	0.231	0.208	0.187	0.168	0.152	0.137	0.124	0.112
13	0.258	0.229	0.204	0.182	0.163	0.145	0.13	0.116	0.104	0.093
14	0.232	0.205	0.181	0.16	0.141	0.125	0.111	0.099	0.088	0.078
15	0.209	0.183	0.16	0.14	0.123	0.108	0.095	0.084	0.074	0.065
16	0.188	0.163	0.141	0.123	0.107	0.093	0.081	0.071	0.062	0.054
17	0.17	0.146	0.125	0.108	0.093	0.08	0.069	0.06	0.052	0.045
18	0.153	0.13	0.111	0.095	0.081	0.069	0.059	0.051	0.044	0.038
19	0.138	0.116	0.098	0.083	0.07	0.06	0.051	0.043	0.037	0.031
20	0.124	0.104	0.087	0.073	0.061	0.051	0.043	0.037	0.031	0.026

附录 5　年金现值系数表

年	1%	2%	3%	4%	5%	6%	7%	8%	9%	10%
1	0.99	0.98	0.971	0.962	0.952	0.943	0.935	0.926	0.917	0.909
2	1.97	1.942	1.913	1.886	1.859	1.833	1.808	1.783	1.759	1.736
3	2.941	2.884	2.829	2.775	2.723	2.673	2.624	2.577	2.531	2.487
4	3.902	3.808	3.717	3.63	3.546	3.465	3.387	3.312	3.24	3.17
5	4.853	4.713	4.58	4.452	4.329	4.212	4.1	3.993	3.89	3.791
6	5.795	5.601	5.417	5.242	5.076	4.917	4.767	4.623	4.486	4.355
7	6.728	6.472	6.23	6.002	5.786	5.582	5.389	5.206	5.033	4.868
8	7.652	7.325	7.02	6.733	6.463	6.21	5.971	5.747	5.535	5.335
9	8.566	8.162	7.786	7.435	7.108	6.802	6.515	6.247	5.995	5.759
10	9.471	8.983	8.53	8.111	7.722	7.36	7.024	6.71	6.418	6.145
11	10.368	9.787	9.253	8.76	8.306	7.887	7.499	7.139	6.805	6.495
12	11.255	10.575	9.954	9.385	8.863	8.384	7.943	7.536	7.161	6.814
13	12.134	11.348	10.635	9.986	9.394	8.853	8.358	7.904	7.487	7.103
14	13.004	12.106	11.296	10.563	9.899	9.295	8.745	8.244	7.786	7.367
15	13.865	12.849	11.938	11.118	10.38	9.712	9.108	8.559	8.061	7.606
16	14.718	13.578	12.561	11.652	10.838	10.106	9.447	8.851	8.313	7.824
17	15.562	14.292	13.166	12.166	11.274	10.477	9.763	9.122	8.544	8.022
18	16.398	14.992	13.754	12.659	11.69	10.828	10.059	9.372	8.756	8.201
19	17.226	15.678	14.324	13.134	12.085	11.158	10.336	9.604	8.95	8.365
20	18.046	16.351	14.877	13.590	12.462	11.470	10.594	9.818	9.129	8.514

（续表）

年	11%	12%	13%	14%	15%	16%	17%	18%	19%	20%
1	0.901	0.893	0.885	0.877	0.87	0.862	0.855	0.847	0.84	0.833
2	1.713	1.69	1.668	1.647	1.626	1.605	1.585	1.566	1.547	1.528
3	2.444	2.402	2.361	2.322	2.283	2.246	2.21	2.174	2.14	2.106
4	3.102	3.037	2.974	2.914	2.855	2.798	2.743	2.69	2.639	2.589
5	3.696	3.605	3.517	3.433	3.352	3.274	3.199	3.127	3.058	2.991
6	4.231	4.111	3.998	3.889	3.784	3.685	3.589	3.498	3.41	3.326
7	4.712	4.564	4.423	4.288	4.16	4.039	3.922	3.812	3.706	3.605
8	5.146	4.968	4.799	4.639	4.487	4.344	4.207	4.078	3.954	3.837
9	5.537	5.328	5.132	4.946	4.772	4.607	4.451	4.303	4.163	4.031
10	5.889	5.65	5.426	5.216	5.019	4.833	4.659	4.494	4.339	4.192
11	6.207	5.938	5.687	5.453	5.234	5.029	4.836	4.656	4.486	4.327
12	6.492	6.194	5.918	5.66	5.421	5.197	4.988	4.793	4.611	4.439
13	6.75	6.424	6.122	5.842	5.583	5.342	5.118	4.91	4.715	4.533
14	6.982	6.628	6.302	6.002	5.724	5.468	5.229	5.008	4.802	4.611
15	7.191	6.811	6.462	6.142	5.847	5.575	5.324	5.092	4.876	4.675
16	7.379	6.974	6.604	6.265	5.954	5.668	5.405	5.162	4.938	4.73
17	7.549	7.12	6.729	6.373	6.047	5.749	5.475	5.222	4.99	4.775
18	7.702	7.25	6.84	6.467	6.128	5.818	5.534	5.273	5.033	4.812
19	7.839	7.366	6.938	6.55	6.198	5.877	5.584	5.316	5.070	4.843
20	7.963	7.469	7.025	6.623	6.259	5.929	5.628	5.353	5.101	4.870